高等院校精品课程系列教材

创业管理 四季版

ENTREPRENEURSHIP MANAGEMENT

李华晶 编著

机械工业出版社
China Machine Press

图书在版编目（CIP）数据

创业管理 / 李华晶编著 . —北京：机械工业出版社，2020.11
（高等院校精品课程系列教材）

ISBN 978-7-111-66774-2

I. 创… II. 李… III. 创业 - 企业管理 - 高等学校 - 教材 IV. F272.2

中国版本图书馆 CIP 数据核字（2020）第 198261 号

本书立足于中国创新创业发展的现实情境，吸收了国内外创新创业教育的先进成果，通过构建创业管理的金字塔体系来解构系统性的知识脉络。值得关注的是，本书独特地借鉴了春、夏、秋、冬四个季节的更迭规律以及二十四节气的时间智慧，动态地解析了创业管理的发展规律。在实例分析方面，本书设计了“创业万花筒”专栏，并以丰富的艺术和技术案例体现了创业的艺术思维与技术行动的联动。“强基”“重特”“谋新”“务实”“妙趣”“共融”是本书的鲜明特点。

本书既可作为高等学校创新创业基础课教材，也可供研究生、MBA 学员学习使用。同时，本书及其慕课对希望了解和认识创业管理知识体系与创新实践的社会学习者也具有参考价值。

出版发行：机械工业出版社（北京市西城区百万庄大街 22 号 邮政编码：100037）
责任编辑：李晓敏 责任校对：殷 虹
印 刷：中国电影出版社印刷厂 版 次：2021 年 1 月第 1 版第 1 次印刷
开 本：185mm×260mm 1/16 印 张：18
书 号：ISBN 978-7-111-66774-2 定 价：49.00 元

客服电话：（010）88361066 88379833 68326294 投稿热线：（010）88379007
华章网站：www.hzbook.com 读者信箱：hzjg@hzbook.com

前言
PREFACE

随着创新驱动发展战略的深入实施，中国创新创业实现了从局部到整体、从现象到机制的跨越，已经成为提升就业水平的重要支撑、推动经济社会转型升级的重要动力，以及高质量发展新动能的重要源泉。从全球范围来看，中国创新创业生态当前已经成为全球科技创新和产业发展的一道亮丽风景，具有独有的体制机制势能。把这种势能更好地转化为动能，不仅需要政府和社会创造更加便捷的创新创业环境，还需要更多掌握创新创业知识和技能的市场主体与创业者的加入，这无疑对创新创业教育向高质量发展迈进提出了新命题。世界瞬息万变，创新机遇稍纵即逝，创业行动不进则退，创新创业教育更是难以一成不变，因此，我们必须紧跟创新创业实践发展动态，融合前沿理论知识，打造更加契合中国情境的创新创业教材，为创新创业教育和人才培养提供保障。

为此，本书立足中国创新创业发展情境，吸收国内外创新创业教育先进成果，力求通过构建创业管理的金字塔体系来解构系统性的知识脉络，通过借鉴一年中的四个季节和二十四节气的智慧动态地解析创业管理的发展规律。本书努力体现以下几个特点。

一是“强基”，关注时间这一创业管理的基因。社会由“固态”变为“液态”，经济从未知变为不可知，管理不是线性而是循环迭代，创业因时间而跌宕起伏，不确定性情境需要创业者反思和审视创业的时空维度。为此，本书的篇章安排以时间为核心线索，体现创业的重要时机和关键时点，始于快，精于好，创造多，成长久。

二是“重特”，突出艺术思维与技术行动的联动。艺术性和科学性是创业管理的一体两面，科技创新时代的创业管理也需要“软”艺术与“硬”技术的结合。为此，本书每章的“创业的艺术思维”和“创业的技术行动”专栏，将通过评析丰富多样的艺术作品和数字技术创业案例，探讨创业者如何实现艺与技的知行合一。

三是“谋新”，设计创业管理的春夏秋冬进程板块。从精益启动、模式创新、价值创造到永续成长，创业管理的循环进程也有四个季节：春种抢时机，夏耕精细做，秋收创回报，冬蕴深蛰伏。为此，本书的篇章分春、夏、秋、冬四个板块，逐一展示创业进程的规律和案例，最后从三伏天、三九天的修炼中进行创新展望，探讨企业家精神、可持续发展和数字化转型的未来方向，奏响创业路上的四季歌。

四是“务实”，构建指导实践的创业管理金字塔。不确定性情境下的创业行动不仅具有因果逻辑导向，还具有效果逻辑导向。为此，创业者和创业团队、创业机会、创业资源三类关键要素除了要匹配，还需要在动态的四段创业进程中协同演进。本书提出了“一套情境→二元导向→三类要素→四段进程→节点问题”的金字塔体系脉络，也勾勒出了创业管理的实践路线。

五是“妙趣”，运用二十四节气的智慧打通创业节点。二十四节气作为人类非物质文化遗产，被称为中国第五大发明，它不仅是中国传统文化的代表，还为解决创业管理的诸多难点问题提供了时间智慧。为此，本书针对创业四段进程的二十四个关键环节，运用节气智慧解决创业节点问题，以期通过有意义和有意思的知识点解析，提升读者对创业管理的认识和实践水平。

六是“共融”，倡导智圆行方的学习体验和过程。本书各章通过学习目标、创业的艺术思维、创业的技术行动、本章结语、思考与练习的串联明晰核心知识点，同时穿插“创业万花筒”专栏以展示新近探索案例，既有中国传统文化的支撑，也响应了人工智能（AI）科技创新前沿，以期在结合理论和实践的知识传授过程中，为创业学习者和实践者带来更多的反思与启发。

本书编写得到了北京林业大学研究生课程建设项目（编号 JCCB18005）、北京市共建项目 - 教学名师项目（编号 2019GJMS003）和北京林业大学教育教学研究名师专项项目（编号 BJFU2018MS002）的资助与支持。在本书创作过程中，作者同步设计推出了慕课“创业管理四季歌：艺术思维与技术行动”，该课程已在国家精品在线开放课程学习平台、国家首批双创示范基地项目“学堂在线”慕课平台上线，包含教学视频、练习题、考试题和讨论区模块，主讲老师在讲授过程中还会紧跟实践开展案例教学和课程思政探索。这是作者所在学校首个上线的在线开放课程，获得了“全国生态文明信息化教学成果”“学校精品在线开放课程”等荣誉，得到了很多高校师生和社会学习者的支持。

本书的编写绝非凭一己之力所能完成，很多学界前辈和师友同人给予了大力指导与帮助。我的博士研究生导师、南开大学张玉利教授的学术思想深邃精辟，指导我不断开启一道道有趣、有益的创业学习大门，引领我像创新创业者一样努力向前走，书稿中的很多观点论述都闪烁着张老师的思想火花。我指导的学生商迪（北京林业大学）、姚珺（北京林业大学）、仇思宁（北京林业大学）、段茹（北京林业大学）、樊菲（中国人民大学）、王祖祺（北京大学）、庞雅宁（北京理工大学）、李璟琦（西北工业大学）为本书的编写付出了辛勤劳动，给本书增添了许多创意和亮点。除此之外，其他很多老师、同门和朋友给予的大力支持，以及众多未曾谋面的慕课学习者的积极反馈，都让这次探索金字塔和演绎四季歌的创作之旅收获满满。

本书得以付梓，还要感谢机械工业出版社华章公司吴亚军先生和丁小悦女士的大力支持。他们敬业高效的工作，特别是他们结合丰富的教材出版经验为本书提出的意见和建议，让我受益良多。本书参考文献都已附在书后，感谢这些经典和前沿文献的作者为本书的编写铺垫了坚实的基石。创新创业者的鲜活实践也为本书提供了生动素材，为创新创业研究提供了源源不断的丰富案例。

本书可以作为高等学校创新创业基础课教材，也可以供研究生、MBA 学员学习使用，随书配套有 PPT 课件和练习题，有助于师生结合“创业管理四季歌：艺术思维与技术行动”慕课开展混合式教学。同时，本书及其慕课对希望了解和认识创业管理知识体系与创新实践的社会学习者也具有参考价值。

创业者永远在路上，创新创业的教研探索也是如此。本书将会根据各位读者的反馈和最新的创新创业研究成果及时进行修订。在本书出版的同时，作者在张玉利教授的指导下，以微信公众号“NET2019”中的“AI 创业”专栏为基础，结合在“学堂在线”平台上线的另一门慕课“人工智能与创业智慧”的教学积累，正在筹划出版有关人工智能创新创业的教材和其他读物，这既是对本书的延伸拓展，也是对当下科技创新时代的积极响应。欢迎各位读者提出宝贵意见和建议，期待与你交流和共创。

本书成稿于 2020 年春天，正处于新冠肺炎疫情防控的特殊时期。没有一个冬天不可逾越，没有一个春天不会来临。冬去春来，四季更迭，正如本书反映的创业管理进程：逾越一个个严寒挑战，迎接一次次春暖花开，汲汲骎骎，月异日新！

李华晶

2020 年秋

目　录
CONTENTS

第一篇

PART 1

序曲：金字塔与四季歌

| 开篇语 |

理想信念在创业奋斗中升华，青春在创新创造中闪光，创新创业教育向高质量发展迈进，创业管理者在日新月异的路上努力求索。本篇将开启创业管理之旅，从中国创新创业实践动态入手，梳理创业管理的基本内涵，构建基于思维和行动、空间和时间交融整合的创业管理金字塔体系，按照一套情境→二元导向→三类要素→四段进程→节点问题的脉络解析创业管理基础知识和新近发展，并以过程视角切入，着眼节点问题，运用四个季节和二十四节气蕴含的时间智慧，挖掘和呈现创业管理的动态循环规律，既是后续篇章学习的起点，也是创业之声的序曲。

第一章
CHAPTER1

创业管理体系

⊙ 学习目标

- 认识当前中国创新创业发展动态
- 理解创业和创业管理的概念内涵
- 了解创业思维和行动以及时空维度关系
- 掌握创业管理金字塔体系及其知识点脉络
- 理解创业四段进程特点与问题导向
- 了解传统文化思想与创新创业实践的联系

⊙ 创业的艺术思维

科学性和艺术性是管理的一体两面，创业管理体系也不例外。着迷小提琴的科学家爱因斯坦说他的很多科学成就来自音乐的启发，管理学大师认为管理是一门真正的博雅艺术，很多创业者从音乐、绘画、文学和建筑等艺术作品中找到灵感，不少创业教育也借助游戏和电影等艺术形式启发并提升学生的创新创业思维及技能水平。中国有一档很有影响力的创业励志电视节目《赢在中国》，其片尾曲《在路上》的词作者包括张瑞敏、柳传志、马云等创业者，歌中唱道："在路上，是我生命的远行；在路上，只为温暖我的人。"科学让创业远行有高度，艺术则让创业之路有温度，特别是在科技创新时代，要让高精尖的黑科技创造出五彩缤纷的美丽生活，创业者需要艺术思维和技术行动联动，追求智圆行方、知行合一。

第一节　创业管理金字塔体系

一、创业与创业管理

创新是引领发展的第一动力，是建设现代化经济体系的关键支撑，创新创业是落实创新驱动发展战略的重要载体。2015 年，中华人民共和国国务院（简称“国务院”）颁布了《国务院关于大力推进大众创业万众创新若干政策措施的意见》，明确提出“推进大众创业、万众创新，是发展的动力之源，也是富民之道、公平之计、强国之策”，是“促进社会纵向流动、公平正义的重大举措”。2018 年 9 月，国务院发布实施了《关于推动创新创业高质量发展打造“双创”升级版的意见》，指出大众创业万众创新持续向更大范围、更高层次和更深程度推进，创新创业与经济社会发展深度融合，对推动新旧动能转换和经济结构升级、扩大就业和改善民生、实现机会公平和社会纵向流动发挥了重要作用。

随着一系列政策措施的逐步落地，我国的创新创业实现了从局部到整体、从现象到机制的跨越，已经成为促进经济增长的重要动力、推动经济转型升级的重要力量、稳定和扩大就业的重要支撑。截至目前，中国建设了 120 家国家双创示范基地、730 多家省级双创示范基地，拥有 5 500 多家众创空间、4 000 多家科技企业孵化器、970 多个中央企业搭建的创新创业平台、3 500 多家创业投资机构和近 2 万亿元的资金管理规模，已成为世界第二大创业投资市场，全国每天新设企业近 2 万户，拥有市场主体 1.2 万亿个。在我国经济由高速增长阶段转向高质量发展阶段的过程中，创新创业扮演着越来越重要的角色，发挥着越来越显著的作用。如何让创业管理在新发展理念指导下推进创新驱动发展战略，形成线上线下结合、产学研用协同、大中小企业融合创新的新格局，亟待理论和实践领域予以深入挖掘与创新探索。

从学术概念来看，创业（entrepreneurship）最早由法国经济学家坎蒂隆在 18 世纪提出，特指风险承担功能，随后学者们赋予创业很多新的含义。例如，萨伊将生产要素的整合加入其中；熊彼特将创新（innovation）的概念与其紧密联系；史蒂文森和萨尔曼提出创业是一个动态过程，是不拘泥于现有资源约束下对机会的孜孜追求，而且强调创业并不一定都要创办新企业，对创业者的认识不要仅仅从经济的功能或个人的性格特质视角来界定，这样不具有普适性，因为人们总会找到例外。肯特则从更广义的语境来阐释创业，认为创业不应该局限于创办企业，还应该包含可以带来社会产出的一切活动，因此还可以存在于现有企业或非商业组织当中。德鲁克认为创业是一种蕴含新价值创造的行为，而不仅仅是一种性格特质。被誉为“创业教育之父”的蒂蒙斯教授认为，创业将会开创一个更美好的世界，不只意味着创办企业、筹集资金和提供就业机会，也不只等同于创新和突破，既需要对机会进行开发，也需要创业者高度平衡的领导艺术和激发人们创造力的能力，以此促进全人类的发展。

自 20 世纪 80 年代特别是 21 世纪以来，创业精神深入人心，创业活动蓬勃开展，创业与管理、传统管理与创业管理日益融合，创业管理已经成为学术界和实践界的重要主题。作为一门社会科学，创业管理是研究各种创业现象和机理的科学，其核心在于采用科学的方法来认识、理解、分析和指导创业行为，包括观察创业现象、跟踪创业过程、分析创业行为、揭示创业机理、总结创业规律、指导创业实践，并为制定创业政策、优化创业环境提供科学依据。创业管理与社会学、系统科学、经济学、决策科学、管理科学、行为科学、信息科学、统计学等学科交叉借鉴，揭示创业行为规律和创业过程特征，以及多重环境与多主体之间的互动、冲突与耦合机理，构建创业模型，预测创业活动的发展趋势，为创业实践提供理论与方法。

当前，大公司和新企业都在积极通过创业管理进行变革和探索创新。表面上看，新企业以大公司为标杆，扩大组织规模，实施专业化管理；大公司则通过精减人员，增强灵活性和风险承担意识，积极参与竞争，似乎在学习新企业的经营模式。这种新老企业相互学习、看似融合的背后实则是企业在探索基于创业机制的管理模式，以适应快速变化的新经济形态。基于创业机制的管理模式，是指企业在建立对环境的动态性以及环境要素的复杂性认识的基础上，以识别、发现机会为中心，以新事业活动为载体，呈现创新、超前行动和勇于承担风险等特征，实现新价值的创造。

创新是创业的核心，与创业具有不同的管理含义。根据熊彼特的观点，创新包括采用一种新的产品或一种产品的新的特性，采用一种新的生产方式（方法），开辟一个新的市场，获取或控制一种新的供应来源，实现任何一种新的组织形式。创新管理与创业管理不同，是研究各种创新现象和机制的科学，其核心在于采用科学的方法研究从一种新思想的产生，到研究、开发、试制、生产制造的首次商业化全过程。

全国大众创业万众创新活动周

为深入推进大众创业万众创新，营造浓厚的创新创业社会氛围，展示交流创新创业的重大成果，国务院决定从2015年起设立“全国大众创业万众创新活动周”（以下简称“活动周”），每年举办一次，设置不同主题，搭建创新创业展示平台，为实现创新驱动发展汇聚智慧和力量。2015年10月的首届活动周主会场在北京市中关村，主题是“创业创新——汇聚发展新动能”。2016年10月第二届活动周主会场在深圳南山区深圳湾，主题是“发展新经济，培育新动能”。2017年9月第三届活动周主会场在上海杨浦区长阳创谷，主题是“双创促升级，壮大新动能”。2018年10月第四届活动周主会场在成都菁蓉汇，主题是“高水平双创，高质量发展”。2019年6月第五届活动周主会场在杭州梦想小镇，主题是“汇聚双创活力，澎湃发展动力”。活动周期间全国其他省市也设立分会场，各地围绕创新创业举办政策宣传、展览展示、经验交流、信息发布、文化传播、互动对接、投资交易、成果转化等活动，促进创新创业要素聚集交流对接，在全社会营造良好的创新创业氛围，为加快培育发展新动能、实现更充分就业和经济高质量发展助力。

二、创业思维与行动

创业管理是知行合一的过程，创业思维与创业行动融为一体。思维方式是指思维系统中各要素相互作用和相互制约所产生的倾向性的思维结构形态或思维模式。创业思维作为一种社会科学思维，主张人本主义的价值观，与自然科学思维方式的技术中心主义价值观、形式与方法有所不同，但在科技创新时代，创业思维也有必要借鉴和吸收自然科学思维方式，通过思维共振对创业管理产生积极作用。总体而言，创业思维是一种行动导向的方法，体现了科学管理的哲学思想，认为新的投入（如知识、信息、资源、网络和行动）会拓展人们对机会的认识，强调创业团队中所有成员的共同创造。

“纸上得来终觉浅，绝知此事要躬行”，创业思维与创业行动需要合二为一。创业者面对着复杂、动态的不确定性情境，没有标准化和规范化的流程可参考，只能在创业过程中通过不断地尝试、探索来理解和摆脱创业困境，纠正和完善已有的知识结构。从行动学习理论来看，创业团队由多人组成一个行动学习集，共同解决创业中实际存在的问题，获取与该问题相关的知识，在针对问题的学习过程中引发新的质疑和反思，从而得到更有深度和多样化的见解，并付诸有效的执行，因此，创业行动也可概念化为“程序性知识＋质疑＋反思＋执行”的学习过程。行动是创业的基础，创业的结果要应用到行动中检验。

创业是一种科学，但也离不开艺术思维。艺术思维不仅能够提升想象能力，拓宽视野范围，还可以直接或间接地触动个体的感知，激发潜在的审美知觉和创意冲动，充分将创业激情和情感表达得更加细腻、丰富和直抵人心。管理学家詹姆斯·马奇提出，管理思考要从美学观点出发，要重视对想法是否有一种优美、雅致或耳目一新的特质的判断，他认为管理是真理、美、正义和学问的融合体。

科技创新时代的创业急需技术行动。作为改造自然的行动，技术行动既有观念性的行动，也有物质性的行动。观念性的行动主要体现为设计和构想，以此建构具有潜在意义的可能性世界；物质性的行动则主要体现为创造，是设计在物质层面的实现，经由创作、制造过程的检验和具体实施，设计的产物最终展现为人工物和技术系统。

艺术思维与技术行动相互嵌入，促进知行合一，对创业者和创业型企业具有积极作用。谷歌前CEO埃里克·施密特在接手成立不久的谷歌时，发现两位创始人拉里·佩奇、谢尔盖·布林为谷歌塑造了一种充分滋养创新的文化，员工如同艺术家一般工作（和游戏）。施密特认为这种工作方式有一种“生成式”的特征，即允许创新的自然生成而非符合事先的规划。在这家前沿创新技术型的企业中，无论是战略规划、产品设计还是日常的管理，艺术家般的即兴成分无处不在。苹果公司创始人史蒂夫·乔布斯曾承认公司新推出的产品是对施乐公司的“技术窃取”，并骄傲地宣称，苹果的产品之所以伟大，重要的原因在于，他们这些计算机科学家充分了解了有史以来最棒的音乐家、诗人、艺术家、动物学家和历史学家的作品或发明，并将它们运用到自己正在做的事情中。

实验游戏里品创业思维与行动

有一个经典的小实验游戏，虽然出处尚待考证，但并不影响其带来的启发。实验过程大体如图1-1所示：一个敞口透明玻璃瓶里装着几只蜜蜂和苍蝇，瓶口对着昏暗的屋内，瓶底朝向明亮的户外，问题来了：蜜蜂和苍蝇，谁先从瓶中飞出来?

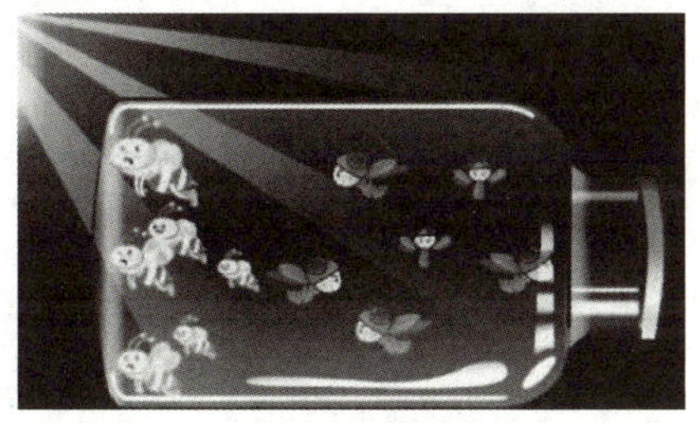

图1-1 蜜蜂和苍蝇的实验

资料来源：www.image.baidu.com.

据说实验的结果是：苍蝇。当然，我们可以在保护好小动物和人身安全的情况下，在现实中做一做这个实验，不过，很多人在没有看到真实实验过程的情况下，也依然会做出这样的判断：苍蝇会比蜜蜂先逃离玻璃瓶。这个实验在管理领域被用于分析诸多管理问题，还引发了关于创业问题的讨论。有人在认同苍蝇会胜过蜜蜂的同时，提出苍蝇身上有不少创业者特质，为此可援引苏联心理学家达维多夫的观点作为依据：没有创新精神的人永远都只能是一个执行者；只有敢为人先的人，才最有资格成为真正的先驱者。

你是否同意这个判断：苍蝇颇具创新精神而蜜蜂更像执行者？为什么？比实验游戏结果更值得挖掘的是两种不同行动路线背后的思维方式。千差万别的创业者行为表象背后的思维方式，往往具有一定的相通规律，特别是高度抽象的底层思维方式，尤其受到当前创新创业管理和教育领域的关注。

三、创业管理的时空

认识创业管理体系，需要从空间和时间两个维度进行考察。空间维度意味着创业者要适应当前与可预见未来的环境。从层次上，空间包括由微观到宏观的个体、群体、组织等；从要素上，空间包括人、财、物等资源条件及其相关设计制度等。时间维度意味着创业者要跟随时间变化做出及时调整，通过创业活动更好地适应变化的环境，实现可持续发展。而且，空间维度与时间维度紧密联系，从而让创业管理兼具系统性和动态性，这要求创业者全方位、全过程地认识和驾驭创业管理体系。清代有学者提出“不谋万世者，不足谋一时；不谋全局者，不足谋一域”，这也反映出从空间和时间两方面共同认识问题的重要性。

相比较空间维度的固态属性，当下的创业情境更具时间维度的液态属性。著名社会学家与哲学家齐格蒙特·鲍曼一直在追问“我们现在以及未来正在发生的社会本质的转换究竟是什么”，因此，他提出了“液态现代性”（liquid modernity）理念。他认为，传统社会中人们的观念、行为方式、制度等所有东西都是固态的，就像一块磐石，人们以经验为生存依托，一旦习得了一个东西，不仅不能放弃，而且更要坚守，因为只有掌握了这些积累的经验，才能活在现在，面向未来；而在现代社会中，互联网和全球化汹涌来袭，让原有的固态社会形态正以越来越快的速度式微乃至消失，“磐石”崩解了，构成世界的基底变成了瞬息万变的“流沙”。他还用“不确定性”“流动”“没有安全感”“瞬间生活”这样的词来描述这个现代化的世界，认为“在液态现代社会中，不再有永恒的关系、纽带，人与人之间互有牵连，但不再注重紧密相扣，而是可以随时松绑”。

变幻莫测的“疯狂动物城”

创业情境风云变幻，充满不确定性。以下这些用动物形容的事件或现象，你都熟悉吗？

牛和熊 牛和熊是金融圈中最为熟知的动物，自18世纪以来，“熊”就代表着股价趋势下跌，而“牛”代表着股价趋势上扬，前者表示“空头市场”，而后者是“行情看涨的市场”。“牛”代表股价长期预计上涨，主要是因为牛在打斗时，牛角是自下往上顶的。

黑天鹅　“黑天鹅”用来比喻突然发生的不测事件，形容无法预测、难以置信的小概率事件，通常具有如下特征：不可预测，人们事前往往低估发生的可能性，造成极大的影响，事后回头再看又觉得此事发生得有理。

灰犀牛　“灰犀牛”指已有苗头甚至显而易见却常常被人们忽略的风险，与“黑天鹅”相对，又互相补充。相对于黑天鹅事件的难以预见性和偶发性，灰犀牛事件不是随机突发事件，而是在一系列警示信号和迹象之后出现的大概率事件。灰犀牛体形笨重，反应迟缓，尽管你能看见它在远处，可能也毫不在意，但如果它向你狂奔而来，会让人感到猝不及防，甚至你会被扑倒在地。

独角兽　“独角兽”在美国人眼中原是一种高贵而稀有的神兽，2013年被美国投资人首先用来比喻那些在私募和公开市场上的估值超过10亿美元的创业公司，以此强调这些公司的高价值和强大的增长潜力。目前，中国和美国是拥有独角兽公司最多的两个国家。

瞪羚企业　瞪羚企业指的是高成长型企业，它们具有与瞪羚相似的特征：个头不大，跑得快，跳得高。这样的企业不仅年增长速度可以轻易超越一倍、十倍、百倍、千倍甚至更多，还可以迅速实现IPO，即在资本市场通过发行股票募集资本。

羊群效应　羊群效应是指市场上那些没有形成自己的预期或没有获得一手信息的投资者，根据其他投资者的行为来改变自己行为的现象。无论意识到与否，群体观点的影响都足以动摇任何抱怀疑态度的人，群体力量很容易使理性判断失去作用。

伦敦鲸　金融市场响当当的摩根大通银行险些在2012年命丧“鲸口”。一位代号为“伦敦鲸”的交易员对企业债的交易造成了信贷市场的剧烈波动，最终导致摩根大通衍生品押注出现高达65亿美元的史上最大规模亏损，引发市场对于金融机构风险管理的深入思考。

绿天鹅　国际清算银行（BIS）在2020年初介绍了一只“新天鹅”——“绿天鹅”，指的是那些极端的、可能引发下一场经济危机的气象事件，比如美国曾遭遇的卡特里娜飓风造成了严重的经济损失，受灾地区一度陷入了瘫痪状态。BIS认为绿天鹅事件比黑天鹅事件的风险更加突出和迫在眉睫，因为气候变化和灾害给社会与经济带来的连锁反应将更加复杂和难以分析。

那么，身处瞬息万变的“疯狂动物城”的创业者，该怎么破局呢？

当前技术和社会系统的迅速变革，使得创业管理者的思维和行动不能囿于空间维度，而是需要同时保持对时间维度的高度敏感和观念重塑。20世纪40年代产生并先后发展了系统论、控制论、信息论，70年代陆续确立了耗散论、协同论、突变论，通过对比“老三论”和“新三论”的内涵特征可以发现，时间维度日益凸显，时间价值不断升级，情境的动态变化及其复杂性愈发明显。正如2015年发表在管理领域顶级学术期刊上的一篇文章所言，创业者需要重新审视两种时间观念：钟表时间观将时间视为绝对的、集中的、恒定的、线性的和机械的，过程时间观将时间视为相对的、开放的、主观的、循环的和有机的。创业过程中的时间，不只是提升效率的静态稀缺要素，更是承载不确定性情境的动态柔性资源。如今，越来越多的学者和创业者重视对过程时间观的认识：创业不是有始有终的线性过程，而是无始无终的循环过程。

被誉为中国第五大发明的二十四节气在2016年11月被联合国列入人类非物质文化遗

产代表作名录，这项时间制度成为中国向全世界贡献的有关自然界和宇宙的知识与实践的杰作，虽然是千百年来代代相传的传统知识系统，但其所主张的尊重自然、将生产活动与季节规律相契合、追求人与自然和谐的理念，对创业管理者也极具启发：重视创业的不确定性情境，探索创业活动与时空情境变化的融通，追求创业主体与情境动态平衡的创业管理之道。

根据本节梳理的创业管理框架，结合国内外相关研究和实践，本书提炼出如图 1-2 所示的创业管理金字塔体系：创业管理是创业者在不确定性情境下的验证性、创新性、试错性和迭代性的快速行动机制，基于艺术思维和技术行动的联动，以一套情境为出发点，呈现二元逻辑导向，整合三类创业要素，形成与四个季节相通的四段循环进程，通过运用二十四节气智慧，认识和突破诸多创业节点问题，从而促进创业管理体系的优化与演进。以下章节将由此层层递进、一一解析。

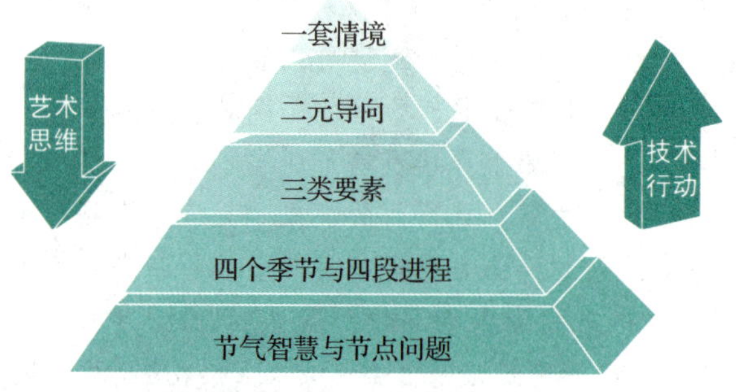

图 1-2 创业管理金字塔体系

第二节 创业管理的不确定性情境

一、从创业环境到创业场景

在早期创业研究中，学者已经开始关注一些对于创业活动至关重要的区域条件或要素，但没有开展比较系统的整体性研究。直到 20 世纪 90 年代，比较系统的整体性创业情境研究开始问世并迅速发展，但当时的研究大都使用了环境（environment）一词。创业环境指创业过程中必须面对和能够利用的各种外部要素的总和，既包括资金、技术和人力等市场资源环境，也包括政策、文化等制度规范环境，两者具有不同的作用机理：前者依托市场为创业主体提供各种生产要素资源，后者依托政府和公众，通过制度和规范为创业主体更好地获取市场资源提供保障。创业环境的塑造离不开市场和政府在资源配置与宏观调控中发挥作用，当创业环境对创业活动具有支持性时，创业者易于从环境中获取创业所需的基础设施、资本市场及开创新企业的激励条件等支持性要素。

除环境之外，在研究区域创业活动差异时还常见创业背景（milieu）和创业气候（climate）等词。创业背景不但包含一些可以度量的经济指标，而且包括定性的非经济指标（如地理、创业活动、公民领导力），以及一些难以直接测量或容易错判的经济指标（如就业人口）。创业气候则是指区域范围内能够促进创业活动的“软”要素，由经济、政治、社会、技术等方面的要素构成。

与创业环境、创业背景和创业气候相比，创业情景和创业场景的概念相对微观。情景（scenario）侧重于具体和直观的场合情形与景象，场景（scene）是由各种消费实践所形成的具有符号意义的空间。这些概念存在交叉之处，在实践中也常被交替使用，不过其侧重点有所差异。例如，一些前沿新技术成果亟待找到落地的应用场景，这里的场景与环境和情景等就并非同一事物。

场景在创业领域与消费者联系较为直接。场景理论（the theory of scenes）把对城市空间的研究从自然与社会属性层面拓展到区位文化的消费实践层面，认为空间设施和人的不同组合会形成蕴含着特定文化价值取向的场景，而文化价值取向又吸引并凝聚不同的群体，从而推动区域经济社会的发展。场景具有揭示各种消费实践活动的符号意义，通常包括社区邻里、物质设施结构、多样性人群、前述三个元素及其活动的特定组合、场景中所孕育的文化价值等。对创业者而言，场景服务就是利用场景使消费者与产品间形成共鸣，以此吸引消费者体验和购买产品或服务。

人工智能应用场景：手里拿着锤子，满世界去找钉子？

2018年世界人工智能（AI）大会召开时，我国人工智能企业数量超过千家，位居世界第二，走出了一条需求导向引领商业模式创新、市场应用倒逼基础理论和关键技术创新的独特发展路径。但新的AI技术怎么去渗透现实的商业场景，也是摆在创业者面前的问题。在大会的圆桌讨论上，有创业者提出这样的观点：AI技术好比是锤子，但锤子终究要砸到钉子才能发挥作用，要找到场景这个“钉子”也并非易事。不少创业者都认为，在AI领域的不少创业团队，都在“拿着锤子找钉子”，空有技术实力，但由于缺乏行业认知，没有找到好的应用场景，终究也是竹篮打水一场空。因此，只有在坚实技术支撑的基础上，找到高价值的应用落地场景，“锤子”才能成为“实锤”。

二、创业情境

创业情境（context）概念更具延展性和动态性。“情境”一词源自拉丁语，意为“编排到一起”或“形成联系”，并在不同学科被使用，最早出现在创业研究领域中是在20世纪90年代，内涵大致等同于创业环境，通常是指个体或群体所面临的物理层面的情境。直到2011年，一些学者重新定义了与创业相关的情境概念，强调情境是在独立于现象的外部具有促进或制约作用的情形、条件或状况，不同于环境、背景或气候等概念，对于创业活动具有重要影响。创业活动所涉及的不同具体情境包括组织情境、伦理情境、商业情境、社会情境、制度情境、社区情境等，其中的组织情境是组织内部促进创业行为的相关条件，主要体现在嵌于组织行为中的共同取向或倾向。

情境化中的“情境”则是方法论层面的“情境”，也就是研究过程中涉及的多层次信息，因此，情境化就是把与研究对象相关的事实、事件、观点整合在一起，形成一个系统的整体。具体而言，情境化是对组织外部要素的重新认识，个体和组织的活动与个体和组织所处的情境密不可分。但是，即使在个体和组织活动不断嵌入外部情境的背景下，组织研究仍会常常忽视情境的影响，因此会得出存在缺陷、缺乏说服力的结论。

在创业研究领域，很多研究人员在评价创业者的行为时倾向于低估外部因素的影响，而高估内部或个人因素的影响。近年来，这一局面开始发生变化，越来越多的学者认识到应该把创业者的行为置于其所处的情境中来理解，情境为创业者提供创业机会的同时也设定了他们行为的边界，因此情境对于理解创业行为何时、如何和为何发生以及谁将参与其中有着重要的意义。

三、不确定性

创业情境的本质属性是不确定性。但是，人们对客观世界的认识往往以确定性为方向，理性也使人类追求确定性目标，因此，为了更好地认识创业情境的不确定性，有必要了解不确定性概念的缘起。

不确定性概念是由德国物理学家海森堡在 1927 年提出的。当时，传统牛顿力学思维方式和认识方法主导着人们的认知，简单来说，也就是经典力学认为宏观粒子（质点）沿一定轨道运动，如果我们知道质量为 m 的粒子所受的力和初始条件（某时刻的位置和速度），那么它在以后各个时刻的位置和动量，原则上我们都可以得到求证，甚至可以预言它未来的无限过程，这反映了对宏观尺度下因果关系的精准确证。

但是，在微观尺度下，情况发生了根本性变化，一个确定粒子具有粒子性与波动性的双重性质（波粒二象性），观测者对其进行精确度量时，不能同时得到确定的相关结果。海森堡从试验分析出发，推导出“测不准”关系，提出了微观粒子不能同时具有确定的位置和动量的重要物理规律，将测不准关系上升为不确定性原理，彻底改变了宏观物理学范式的基本观点和方法，构建和展开了对当代科学和社会产生重大影响的量子力学的全部理论与实践。

量子管理与海尔创业

新的管理问题和矛盾的出现，使得管理学界开始探求超越牛顿原子式管理的新范式、新理论。英国牛津大学学者丹娜·左哈尔首次提出量子管理学的概念，提出“自下而上”的量子组织构想并阐述量子式管理的特征，比如应关注整体而非个体、关联而非分立、多样性而非单一性、复杂性而非线性、兼容并包而非非此即彼等。量子管理范式突破了原子管理范式中机械论、决定论和还原论的藩篱，以高度关联、测不准、物我合一、动态复杂、系统性、潜在性、不可控性等为表征，强调动态变革、复杂因果性、非连续性、去控制、倒金字塔组织结构、鼓励多元等方面。

海尔 CEO 张瑞敏说：“这是一个量子管理学的时代。”他开展的“人单合一”、集团董事局主席、人人都是创客、激活个人、自主经营体、创客机制等企业内创业实践，从左哈尔的角度来看都是量子管理的典型做法，颠覆传统科层制管理，打破对员工合理人性欲望的约束、对制度和操作流程详尽规定的约束、对企业边界的约束，让员工和各个管理环节无限互联，释放“量子态”。

四、一套情境：不确定性

创业蕴含不确定性，创业行动是创业者面对不可知未来的探索实践，因此不确定性成为大多数创业理论观点的基石，也是认识创业情境的核心所在。缺少不确定性的创业，即使获得了商业上的巨大成功，创业过程也是枯燥、循规蹈矩、难以产生成就感的，因而创业者识别、解释、回应不确定性的能力是决定创业成功与否的关键因素，不确定性是激发创业者行动、创新商业模式、推动创业进程的重要驱动力。

创业情境的不确定性由著名经济学家弗兰克·奈特在20世纪20年代提出，后来有人设计了一个经典游戏进行说明。游戏的规则是：如果你挑出一个红球，你就赢了。在你面前，有三个瓶子：第一个瓶子里红球和绿球各一半；第二个瓶子里装有球，但不知道红球有多少个；第三个瓶子里连装着什么都不知道。你会选择哪个瓶子呢？根据奈特的主张，大部分人会选择红、绿球各一半的第一个瓶子，而非概率分布未知的第二个瓶子或概率分布不可知的第三个瓶子。这样选择的原因看起来似乎显而易见。但是现在，再问问你自己，你觉得创业者会选择哪个瓶子？研究者推测，创业者可能倾向于选择概率分布未知的而不是概率分布已知的，因为创业者是冒险家，因而他们会选择第二个瓶子。

但是根据奈特的观点，所谓的创业者是那些在不确定的情况下创业的人，因此创业者实际上可能会选择第三个瓶子。创业中涉及的问题是多方面的，而且每个方面还可能变化无穷，这导致可以正确预测结果的可能性变得极低，更不用说预测后再成功解决问题了。我们用预测、风险、不确定性这三个概念来界定上述三个瓶子所代表的不同问题类型，表1-1对这三个概念之间的差异进行了比较。

表1-1 预测、风险和不确定性的比较

	预测（已知的）	风险（未知的）	不确定性（不可知的）
基本描述	一个充满稳定性的环境，未来事件可以基于过去的循环模式被决定	一个以总体趋势和局部方差为特点的环境，决策者试图将这些数据建模赋予意义，从而为决策提供信息的容差	一种不存在任何可供决策者借鉴的历史数据的情况，不能被模型化或被预测，是一种不仅未知而且不可知的未来
关键之处	数据、经验	方差和可能性	专业知识、影响力和控制
怎样前进	比以前更努力，力争制订完美的计划	稳定性、预案（基于情境的计划）	共同创造，可承受损失
如何应对意外情况	质量检查（一定是自己的错）	预测风暴，努力按原计划进行	拥抱意外事件并重新思考，它提供了新的机会
衡量成功	对比现实状况和计划，执行	对比现实状况和计划，接近愿景，把风险控制在一定范围内	看重新奇和原创，反思我们是否在别的地方更有潜力

新近研究也为认识和实施不确定性情境的创业行动提供了参考。2002年诺贝尔经济学奖获得者、美国普林斯顿大学丹尼尔·卡尼曼教授提出的前景理论（prospect theory）是分析不确定性状况下个体决策的重要理论，为理解个体决策中的非理性行为提供了认知框架。其主要观点包括：多数人在面临收益时是风险厌恶的，在面临损失时是风险偏好的；不确定状态下的决策分为编辑和评价两个过程，在编辑阶段，个体选择框架（frame）或参照点作为评价决策收益或损失的基点产生框架效应，个体对决策结果的评价不取决于结果的绝对值，而依赖结果与参照点之间的差值。其中，框架效应是指一个问题在逻辑意

义上相似的两种说法导致了不同决策判断的现象，表现之一是不一样的表达导致不一样的行为结果，就像一则小故事所描述的，当向落水的“吝啬鬼”施救时，施救者是说“快把你的手给我，我拉你上岸”还是“我把手给你，快抓住我的手”更容易成功施救？据说后一句表达更能让“吝啬鬼”伸手并获救。

当前，实践领域经常提到的VUCA（中文发音通常为“乌卡”）时代，也反映出了不确定性创业情境的特点。VUCA缘起于美国陆军战争学院针对20世纪90年代苏联解体后世界所处环境的描述，是指世界将处于易变（volatile）、不确定（uncertain）、复杂（complex）和模糊（ambiguous）的状态之中。随着技术创新和经济社会的快速发展，知识边界不断被突破，信息的超饱和不断打破暂时达成平衡的局面，VUCA概括了后互联网时代商业世界以不确定性为本质的特征。如何应对VUCA环境变化、实现企业的可持续发展，成为面向未来的创业领导者高度关注的问题。

物理原理与创业管理：熵

热力学第二定律又称“熵增定律”：一切自发过程总是向着熵增加的方向发展。“熵”作为热力学第二定律的概念，用来度量体系混乱无序的程度，进而可用于度量大至宇宙、自然界、国家社会，小至组织、生命个体的盛衰。生命系统要能输出生命活力，企业系统要能为客户创造价值，国家系统要能够实现一个国家的繁荣富强，每一个系统都要实现功能。熵增就是功能减弱，如人的衰老、组织的懈怠等，这些都反映出功能的衰退或丧失。熵减指功能增强，比如人通过摄入食物或组织通过建立秩序等实现熵减，在无序向有序的转化中实现功能增强。另一个概念是负熵，负熵是指能带来熵减的活性因子，比如物质、能量、信息，这些都是人的负熵，而新的成员、新的知识、简化管理则是组织的负熵。比如说公司倡导的“日落法”，每增加一个新的流程环节要减少两个老的流程环节，这些简化管理的动作，也是一种负熵。

华为大学出版的《熵减：华为活力之源》一书中提出，熵的概念是华为公司创始人任正非管理思想的精华。在企业发展过程中，熵增是必然趋势。管理要做的只有一件事情，就是尽量减少熵，即增强企业的生命力。例如，华为各项政策的制定，包括在业务战略、人才管理等方面，提倡与外界积极开展物质、信息交换的开放精神，不断通过多劳多得、破格提拔、人员流动、简化管理来打破故步自封的状态，促使公司实现熵减，克服队伍僵化、流程冗长、组织臃肿、环节庞杂等大企业病，激发内在活力，走向持续兴旺。在任正非看来，所有的管理和经营行为就是为了达到一个目的——防止组织生命力的衰减，阻止组织从有序趋于无序，避免组织逐渐走向混乱甚至死亡。

第三节 创业管理的导向与要素

一、二元导向：因果逻辑与效果逻辑

面对不确定性情境，创业者如何进行决策成为核心问题。确定性情境下的决策，通常是

制度化的理性决策，按预先设定的程序进行，根据预定目标在多种决策方案中进行理性选择，以确定最适合实现目标的方案。但是，在高度不确定性的创业情境下，比如当创业者创建新企业时，市场甚至尚不存在，创业者的决策目标和行动方向模糊，即便面对相同的决策问题和创意想法，创业者的行动结果也千差万别。目前，关于创业导向的逻辑有以下两种常见类型。

（一）因果逻辑

因果逻辑（causation）最早是由哲学家和逻辑学家伯克斯在 1977 年提出的。在创业领域中，因果逻辑强调以确定的目标为前提条件，主张从一组可供选择的手段中挑选出某个最优手段，去实现这一确定的目标。从创业者的决策过程来看，因果逻辑行动侧重于先进行市场调查、找到消费者需求，根据调查结果对现有市场进行细分并确定目标市场，然后制订计划，以确定能获得最大收益的战略方向，继而在后续战略实施过程中不断调整手段。

从因果逻辑来看，创业者更倾向于将机会视为一种客观存在，因此，他们是在配置和发现机会。图 1-3 是基于因果逻辑的创业过程。由图可见，创业者首先凭借自己的创业警觉性来识别业已存在的机会，然后针对机会进行竞争分析和市场调查，制订商业计划（包括如何筹集资源、组建创业团队等内容），获得资源和利益相关者的认同以实施商业计划（包括如何控制风险等环节），最终创建新企业，动态适应环境变化。在这个过程中，目标是既定的或者说是预先确定的，创业者只是在资源约束条件下寻求实现目标的最佳手段。

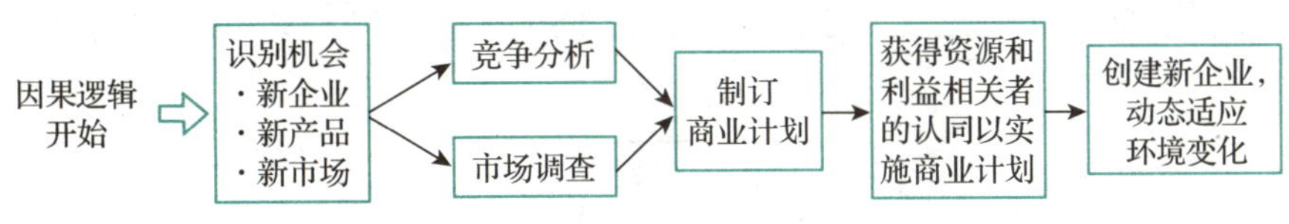

图 1-3 基于因果逻辑的创业过程

资料来源：郑秀芝，龙丹．基于过程观的创业决策研究述评与展望 [J]. 外国经济与管理，2012，34（8）：11-17.

因果逻辑的特点主要包括：一是以目标确定为前提。当目标确定之后，创业者通过因果逻辑决策模式开始围绕这个既定的目标做出一系列努力。但是目标能够确定的基础是市场存在且较完善，决策者能够较清晰地认识市场、行业，且敏锐地识别其中的机会。二是强调竞争分析。决策过程中常常采用竞争分析，比如波特五力分析和 SWOT 分析，了解内外部环境，对自身明确定位，辅助战略制定。三是选择收益最大化战略。它强调的是通过最优决策来获取最大的收益，决策者需要收集各种可能有用的信息，估测各种战略未来可能的收益，并且要预估未来的风险和不确定因素带来的损失，综合选择获得最大收益的战略。四是未来具有可预测性。花费充沛的精力，应用科学的方法预测未来可能出现的风险、损失，进而控制其中可预测的方面，但因果逻辑对于预测之外的偶然事件的态度相对消极，倾向于采取相对被动的回应性态度应对意外。

（二）效果逻辑

效果逻辑（effectuation）最早是威廉·詹姆斯教授提出的，由萨阿斯瓦斯教授创造性地引入管理学领域，改进了以前的效果逻辑决策模型，关注了环境因素，形成了以下决策过程：决策者从分析既有手段出发，在此基础上确定自己能够做到什么，积极同认识的人进行互动，从而获得利益相关者的承诺，产生新的手段或目的，实现资源的不断扩张。同时，环境变化会影响决策手段、约束决策过程。效果逻辑即基于一组既定的手段和资源，关注这些手段和资源的整合可以带来的各种可能的结果和效果，从中选择满意的结果，不强调对未来的准确预测。

从效果逻辑来看，创业者更倾向于将机会视为创造的结果，因此，他们更多是在环境变化中创造机会。图 1-4 是基于效果逻辑的创业过程。由图可见，创业行动总是嵌在一定的情境之中，环境变化无时无处不在影响着创业行动，既可能增加约束也可能减少约束、提供机会。据此，创业者与环境的互动往往会产生新的思想、观念、意向，同时还可能产生新的技术，发现新的资源，产生新的创业工具和手段，从而创造新的机会。这样的环境变化必然会导致创业者的初始意向、观念和行动条件发生变化，从而改变创业者的行动。同时，随着手段的更新，创业者会产生新的创业意向和愿望，采取新的创业行动，最后获得满意的效果。可以说，每一次行动的效果都可能是下一次行动的前提，从而形成“手段 – 目的”链。

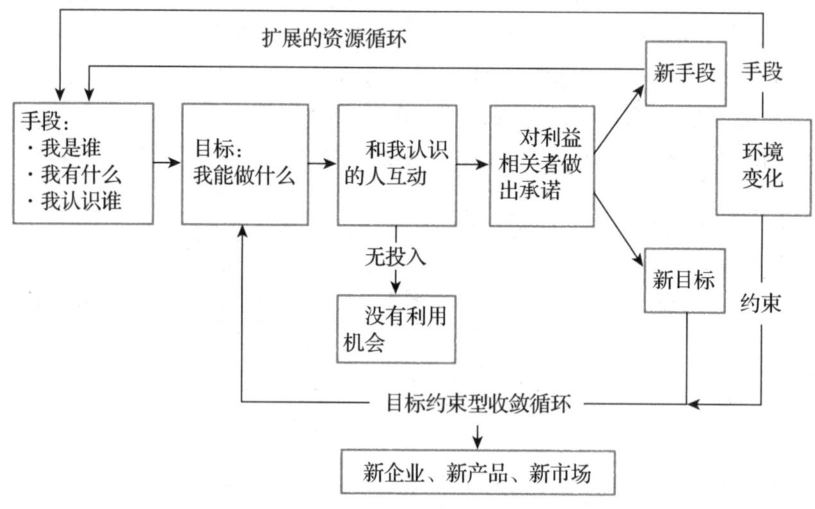

图 1-4　基于效果逻辑的创业过程

资料来源：www.effectuation.org.

效果逻辑的特点主要包括以下四个方面。一是以手段确定为前提。在效果逻辑决策中，决策者首先要明确自己拥有哪些手段，包括三个方面的内容：决策者的个体特质，即“我是谁”；决策者掌握的知识和资源，即“我有什么”；决策者的社会关系网络，即“我认识谁”。二是强调联盟合作。效果逻辑决策者更倾向与自己社会关系网络里的潜在利益相关者进行沟通合作，从而构建市场而不是发现市场。采取联盟合作的关键是同利益相关者进行谈判，建立战略联盟，提前约定好并做出承诺。三是选择损失最小战略。同因果逻辑不同，效果逻辑决策方式根据当前的财务和经营状况，来预估当前可以承受的损失或风险，再对目前掌握的手段进行多种组合以创造各种可能的结果及新手段，不强调对未来各种不确定状况的事先准确预测。四是权变应对意外事件。效果逻辑拥抱偶然性，并不认为意外事件都是破坏性的，而是积极地将有些意外事件视为机会并加以利用，通过与各种手段的结合创造更多的价值。

行动导向的创业思维

诺贝尔经济学奖得主赫伯特·西蒙教授的学生萨阿斯瓦斯教授研究并提炼出了创业思维的五大原则，强调创业思维是一种行动导向的方法，体现了实用主义的哲学思想。

原则 1：二鸟在林，不如一鸟在手。创业行动应该是手段驱动，而不是目标驱动；创业者应该运用各种已有手段或手头资源来创造新企业，而不是在既定目标下寻找新手段。

原则 2：可承受损失。创业者必须首先确定自己可以承担的损失以及愿意承担的损失有多大，然后投入相应的资源，而不是根据创业项目的预期回报来投入资源。在采取每一步行动之前，创业者都应该只付出自己能够承担并且愿意负担的投入，否则就跟赌徒差不多了。

原则 3：吸引更多的人加入进来。这也被称为“疯狂的被子原则”(源自“做被子”的创业教学游戏)，意指寻找愿意为创业项目实际投入资源的利益相关者，通过谈判、磋商来缔结创业联盟，建立一个自我选定的利益相关者网络，而不是把精力花在机会成本分析上，更不要做竞争分析。

原则 4：柠檬水原则。西方有一句谚语：“如果生活给了你柠檬，你就把它榨为柠檬汁。”实际上是要求创业者以积极的心态主动接纳和巧妙利用各种意外事件与偶发事件，这些事件在创业途中无法避免，不应消极应付或规避。很多时候，意外同时也意味着新的机会。

原则 5：飞行导航员原则。创业者不应该把主要精力花在预测未来上，而是要重视采取行动。未来取决于你现在做了什么，很多看似不可避免的发展趋势或许是可以改变的，但前提是你得采取行动。

(三) 因果逻辑与效果逻辑比较

通过以上分析可以发现，因果逻辑和效果逻辑的适用条件各有不同。表 1-2 是对因果逻辑和效果逻辑的比较，但二者的差异并不意味着彼此相互对立。在现实决策中，创业者可能根据不确定情境同时运用这两种决策方式，只是在某个具体的时段其中一种决策方式会占主导地位。

表 1-2　因果逻辑与效果逻辑的比较

比较之处	因果逻辑	效果逻辑
前提	目标是事先设定的	只有某些资源是给定的
如何认识未来	未来是过去的延续，可以进行有效预测	未来是现在主动行动的偶然结果，行动会改变未来
潜在假设	如果能更好地预测未来，我们就可以控制未来	如果能更好地控制未来，我们就没有必要预测未来
如何关注环境	专注于不确定未来环境中可预测的一面	专注于不确定未来环境中可控制的一面
决策标准	根据既定目标决策，依据预期回报选择资源	根据给定资源决策，通过资源整合设想和设计预期目标

（续）

比较之处	因果逻辑	效果逻辑
行动路径选择	根据对既定目标的既定承诺来选择行动路径	选择当前路径是为了今后选择更好的路径，抓住机遇，适时变换
适用环境	在稳定的、线性的、独立的环境中更加适用	在动态的、非线性的、不断演化的环境中更加适用
优势劣势	可以借鉴先前经验知识，难以控制未来的不确定性	随机应变地利用手段适应变化，对决策者个人要求较高
行动结果	在现有市场中通过竞争扩大市场占有率	通过联盟与合作催生新市场

创业者在创业过程中并非一直采用一种固定不变的决策方式，图 1-5 描述了因果逻辑与效果逻辑在不同时间和经历中使用的变化并由此可见五种不同的变化关系。

- 关系 R1：新创业者对因果或效果逻辑的采用倾向可能有所不同，但总体而言，随着他们不断成熟，在企业初创期的效果逻辑倾向会变得越来越明显。
- 关系 R2：专家创业者高度倾向于效果逻辑。新创业者在成长为专家创业者的过程中会在选择这两种逻辑时进行权衡，由主要倾向于因果逻辑逐渐转变为主要倾向于效果逻辑。
- 关系 R3：对新创业者来说，可利用的资源越多，就越倾向于遵循因果逻辑。对专家创业者来说，资源的可利用性并不会影响他们遵循效果逻辑的倾向。
- 关系 R4：成功的企业更有可能是遵循效果逻辑创立的，但随着企业规模的扩大，遵循因果逻辑的可能性不断增大。
- 关系 R5：其中 R5a 意味着只有一小部分富有经验的创业者能够成功地把新创企业发展成为大企业；R5b 意味着只有一小部分持续经营的企业仍由它们的创始人管理。

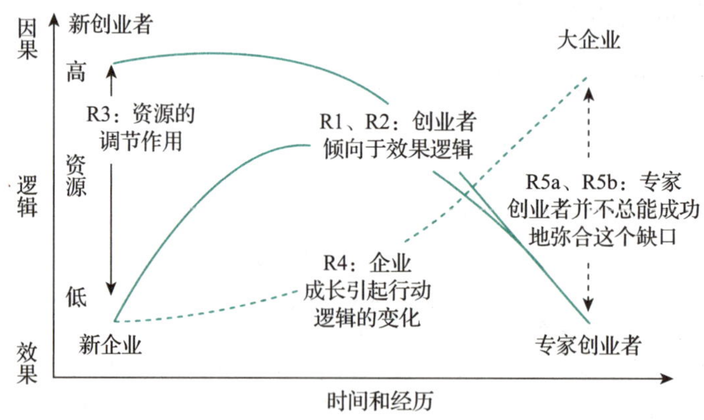

图 1-5 因果逻辑与效果逻辑的变化关系图

资料来源：方世建. 试析效果逻辑的理论渊源、核心内容与发展走向（续）[J]. 外国经济与管理，2012，34（2）：10-16.

二、三类要素：创业者和创业团队、创业机会、创业资源

创业教育之父杰弗里・蒂蒙斯提出创业是创业者和创业团队、创业机会、创业资源三

类重要因素相互匹配与平衡的动态过程。其中，机会是创业过程的核心要素，创业也是由机会所驱动的；资源是创业过程的必要支持，是机会开发和利用的基础保证；作为创业主体，创业者和创业团队在机会与资源之间起到匹配与调节作用。图 1-6 是蒂蒙斯创业三要素模型图。由图可见，由于创业过程受到情境的不确定性与模糊性、资本市场和外部力量的影响，三要素之间的匹配并非自然而然，创业者需要借助商业模式来连接各要素，并在沟通力、创造力和领导力的驱动下保持各要素之间的动态平衡。

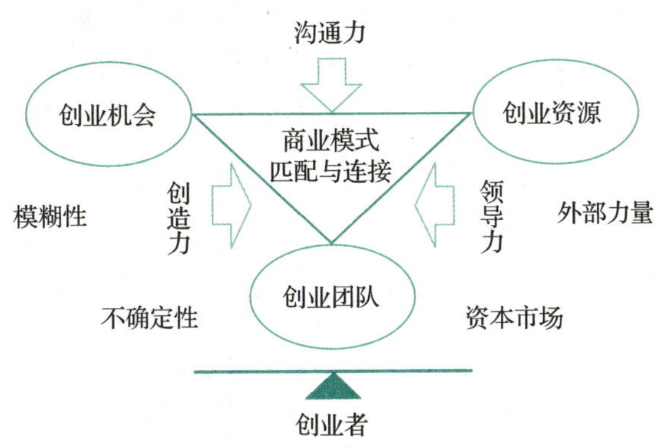

图 1-6 蒂蒙斯创业三要素模型

（一）创业者和创业团队

创业者一词源于英文单词“entrepreneur”，由三个部分即“entre”“pre”“neur”组合形成，在拉丁语词根中，“entre”的意思是“从事”，“pre”的意思是“在……之前”，而“neur”的意思是“神经中枢”。按照字面意思，创业者是指从事了一项事业（任何一项事业）并且及时形成或从根本上改变了那项事业的“神经中枢”的人。从广义的创业概念理解，大多数人都可以成为创业者；从狭义的创业概念理解，当然不可能人人都能成为创业者，创业者作为创业过程的行动主体和事业的启动领导，是一个相对独特的社会群体。

创业者与职业经理人之间存在差异。创业精神和专业化管理分别是创业者和职业经理人的关键特征。具体而言，创业精神既包括精神层面上以创新为基础的做事与思考方式，也包括物质层面上创造新价值的内容；专业化管理，特别是在一些研究和实践中所提到的“技术专家体制”，强调特殊训练和经营企业的技术，常常是既有企业或成熟企业的管理模式，至少是一般的企业管理模式，即强调通过计划、组织、领导、控制等管理职能推进管理规范化。不过二者在许多情况下也存在概念相通和实践相连之处，都是重要的管理者角色。

创业团队是由两个或以上具有共同愿景和目标、共同创办新企业或参与新企业管理、拥有一定股权且直接参与战略决策的人组成的特别团队。他们拥有可共享的资源，按照角色分工并相互依存地在一起工作，共同对团队和企业负责，不同程度地共同承担创业风险并共享创业收益。因此，创业团队研究的概念框架通常由团队规模、成员构成、共同愿景与目标、所有权与经营权配置、团队合作方式与职责、社会角色和团队存续时间等要素构成。不过，创业团队与团队创业并非相同概念，前者是一种特殊的群体，后者则是一种创业过程，表现为新企业尤其是成长导向型新企业，通常都是由两个或以上创始人组成的创业团队创办。研究发现，团队创业现象日益普遍，无论从创业所在地域或行业、创业类型还是创业者性别来看，大多数新创企业都由团队创建；从创业绩效看，团队创业无论是成功率还是新创企业的绩效表现，都要比个人创业好得多。

创业团队根据团队成员在人口特征、教育背景、技能、经验、认知观念、价值观等方面的相似性和差异性，又可分为同质性创业团队和异质性创业团队。研究发现，异质性团队更可能取得卓越的团队绩效，而同质性团队则能更高效地完成常规任务，但是，也有研究结果与上述发现不一致，更加强调核心创业者领导风格对同质性和异质性团队绩效产生的不同影响。总之，对创业团队同质性和异质性的评价，有助于在组建和治理创业团队时评估或调整成员资源禀赋和领导风格行为的作用。

四大名著里的“创业团队”

《水浒传》里的108条梁山好汉，无疑是一个合作的团队。每一场战斗的胜利，都是他们精诚合作的结果。大家各司其职，各自展现自己的专长，为梁山的日益壮大贡献自己的力量。《三国演义》中的蜀国团队被很多人视为创业团队的“黄金搭档”：刘备、关羽和张飞桃园三结义，关张二人不仅武功水平高，对刘备也极忠诚，诸葛孔明发挥着初创公司难得的CEO作用，还有一位赵子龙，对团队而言也是德才兼备。

不过，现实中的创业者马云曾在一次主题演讲中谈道：“我比较喜欢唐僧团队，而不喜欢刘备团队。因为刘备团队太完美，而唐僧团队是非常普通的，但它是天下最好的创业团队。”他还举例道：“唐僧虽然没有什么非常特别的本事，但是意志异常坚定，有很强的使命感。唐僧是一个好领导，他知道孙悟空要管紧，所以要会念紧箍咒，否则孙悟空这种人很有可能会变成‘野马’。另外，猪八戒也很重要，他是这个团队的‘润滑剂’，你别看他很‘反动’，但是他特别幽默，没有笑脸的公司是很痛苦的公司。至于沙僧，则需要经常鼓励一番。这样，一个明星团队就成形了。”

《红楼梦》中的王熙凤常被用来分析团队领导者，那么，她带领的团队与创业团队有什么异同吗？有人说她虽然很有管理能力，八面玲珑，但无法掌控全局、应对变化。大观园里没能走远的林黛玉与步步高升的薛宝钗也常被进行比较，用来分析职场新人如何打拼和成长。你怎么认识四大名著中那些团队与创业之间的联系？

（二）创业机会

创业机会是指预期能够产生价值的“手段–目的”组合，表现为未被明确的市场需求或未被充分利用的资源。如何识别和开发机会被视为创业研究的核心问题，是解析复杂创业过程的关键突破口。经典研究认为，创业是创业者在与机会互动条件下通过开展组织活动进而实现价值创造的过程，并且提出创业研究应该重点关注创业者、环境、机会、组织方式及其交叉部分。根据创业机会的“手段–目的”关系，创业机会可被分为如表1-3所示的类型。

表 1-3　创业机会分类

“手段－目的”关系	目的明确	目的不明确
手段明确	识别型机会	发现型机会
手段不明确	发现型机会	创造型机会

识别型机会是指市场中的“手段－目的”关系十分明确时，创业者可通过“手段－目的”关系的联结来辨识机会。例如，当供求之间出现矛盾或冲突时，不能有效地满足需求，或者根本无法实现这一要求时，可以辨别出新的机会。常见的用于解决用户现实问题的机会大都属于这一类型。

发现型机会则指当手段或目的任意一方的状况未知时，机会需等待创业者去发掘。比如，一项技术被开发出来，但尚未有具体的商业化产品出现，因此需要通过不断尝试来挖掘出市场机会，正如激光技术出现后数十年才真正为人们所用。

创造型机会指的是，在手段和目的皆不明确的情况下，创业者要比他人更具先见之明，才能创造出有价值的市场机会。在这种状况下，创业者想要建立起联结关系的难度非常高，但这种机会通常可以创造出新的“手段－目的”关系，并为创业者带来巨大的利润。

关于机会本体论的认识，大致可分为两种不同甚至可以说对立的观点。第一种是“机会客观本体论”，在这种观点下，创业机会是外生的，并不依赖于创业者的意识而独立存在于客观环境之中，创业者需要发现客观存在的机会。第二种是“机会主观本体论”，在这种认识下，创业机会是内生的，机会是创业者个体主观感知的产物，是可以被创业者创造出来的。不过，上述二元分立的创业机会研究范式随着创业研究的不断推进，日益呈现出交汇融合之势。

（三）创业资源

创业资源是创业过程中的要素总称。资源基础理论奠基人之一彭罗斯认为企业就是由一个行政管理框架协调并限定边界的资源集合，企业成长就是资源集合运用的结果。该理论认为有价值的、稀缺的、难以模仿且不可替代的异质性资源是企业可持续竞争优势的来源。作为新企业价值创造的基础，资源集合需经历识别、获取、整合及能力利用等一系列开发过程，不仅由此催生了新企业，也为新企业成长提供了推动力。

创业者与创业资源之间的关系主要体现在以下方面。资源识别，是创业者对资源加以评价并细化需求和确定来源的过程，在这一过程中，创业者需要关注那些对于创业活动比较重要的资源（如社会资源、知识资源、政治资源等）以及它们对企业的不同效用，资源识别过程会受初始资源和企业特征的影响。资源获取，这与企业绩效之间关系紧密，初始资源、创业网络、企业特征和创业者特性都会影响到企业的资源获取行为。资源利用，是对资源形成能力予以调动、协调和配置的过程，着眼于提升创业和企业成长绩效，企业特征以及不同战略行为或导向将影响到资源利用。资源整合，这是创业者管理资源的关键，是通过资源配置形成核心能力的过程，有助于创造新知识和新模式，并且这种效果随创业者特性、新企业特征的不同而存在差异，并受创业网络和战略行为或导向的影响，同时还影响着资源获取与绩效的关系。

正如蒂蒙斯创业三要素模型所示，创业者和创业团队、创业机会、创业资源是紧密联系的统一体。创业者动机影响机会和资源的开发，有主动动机的创业者往往拥有更多的创业机会，同时也更有可能去整合资源，以便拓展现有组织的业务甚至开拓新市场，但也意味着承受更大的创业风险。有研究发现，主动型创业者偏向创新型机会开发，采取技术及人力资本驱动型的资源整合方式；被动型创业者偏向均衡型创业机会的开发和利用，不过这类创业者的创业动机与资金驱动型资源整合是否呈正相关关系尚未得到验证。研究结果也表明，在不确定情境下，基于不同行动逻辑的创业者和创业团队，与机会和资源之间的一体化关系机理并非固定不变，还需要进行针对性解析。

创业机会如果是“风口”，创业者可以是“猪”吗

在 2001 年的互联网创业与投资机遇分论坛上，雷军作为嘉宾出席并发表了个人对于创业的看法。他表示自己多年创业最深的体会是：创业能否成功要靠“命”。所谓“命”就是在合适的时间做合适的事，创业者需要花大量时间去思考，如何找到能够让猪飞起来的风口，但如果让猪长出一对小翅膀，飞得更高就会变得容易。

“站在风口上，猪都可以飞起来”，成了日后被很多人引用的创业金句。这样看来，如果找到了创业机会的大风口，无论什么样的创业者都能“飞”起来。根据这个隐喻，在创业者和创业团队、创业机会、创业资源要素当中，似乎机会处于首要地位。不过，雷军的这句话还有一个被忽视的细节——长出一对小翅膀。“翅膀”更像是为创业者助力的资源，不过似乎不需要太多、太大。关于创业者和创业团队、创业机会、创业资源的关系，还可以用天时、地利、人和来比对，这样看来，创业机会和创业资源都不如创业者和创业团队的地位重要。你如何看待风口、翅膀和猪的关系对创业者的启发？你是否认可天时、地利、人和与创业各要素之间的呼应性和一致性呢？

第四节 创业管理的进程与节点

一、过程视角

创业研究最早以创业者个体特质为主要研究对象，现已形成了较为规范的研究框架。一些学者较早提出了能力理论，认为个体工作绩效是个体人格特征、知识、技能等因素综合作用的结果，这些因素是个体能力的构成要素或表现形式。在此基础上，很多学者从个体特质视角剖析了创业能力的表现形式，采用自我效能和自我评估的方法度量创业能力。对此，学者加特纳最早对个体特质视角的创业研究提出批判，认为应重点关注创业过程中的活动规律，由此，基于个体特质和创业过程两个视角的创业研究得以同时展开，特别是在 21 世纪，基于创业过程视角的一系列研究日益丰富，理论界和实践界越来越多的人认识到，创业是分布在经济社会广泛领域的复杂过程，而非个人英雄式创业者独自奋斗的孤立活动，如果过多依赖创业者一己之力或主观看法和做法，势必会制约新企业的创生和成长。

一般而言，创业过程有广义和狭义之分。广义的创业过程是指有市场价值的商业机会从最初的构思到创建企业以及管理新企业的过程。狭义的创业过程则指创业过程中最关键的环节，即创建新企业。目前对创业过程的研究集中在创建新企业方面，也就是研究在不确定性情境下，具有哪些特质的个体（或团队）结合哪些资源才能成功地创建新企业。以家族创业为例，家族作为创业主体对创业过程的影响，体现为家族独特性因素对机会识别和开发、资源获取与整合等的影响，并对经济发展产生两方面的作用：成立新的家族企业和在现有企业内通过创新促进现有企业的成长。

目前常见的创业过程研究模型主要包括侧重复杂性的理论模型、侧重动态性的理论模型以及复杂性与动态性并重的模型。复杂性与动态性并重的创业模型是基于创业者和创业团队、创业机会、创业资源三者的互动过程而建立的，是最贴近不确定性情境下创业过程特征的理论框架。在复杂性与动态性并重的创业模型中，创业过程围绕创业机会和创业资源两个重要环节展开，机会论学派认为创业的基本过程是对创业机会的搜寻和捕捉，资源论学派认为创业的基本过程是对创业资源的运用和构造。当前，创业过程研究呈现创业机会和创业资源一体化动向，关注一系列创业机会和创业资源等价值创造因素的创新组合，着眼未来而非过去的价值创造，同时创业者及其管理团队的主观能动性影响了整个过程。

跌宕起伏中的连环创业者

2019 年 10 月 8 日，美团点评股价再创新高，市值超越京东、拼多多和百度，坐稳中国第三大互联网公司的位置，有人说互联网三巨头将从 BAT（百度、阿里、腾讯）变身为 ATM（阿里、腾讯、美团）。美团点评 CEO、美团创始人王兴曾被称为“史上最倒霉的连环创业者”：创业 10 多年里作为 N 个项目的创始人，项目基本都被搞砸；作为曾经风光无限的人人网创始人，在人人网上市之前却将其卖掉；作为国内微博“鼻祖”饭否网创始人，网站意外被停而被新浪抢去先机；作为美团创始人，2010 年最初的想法是创建类似美国团购网站巨头 Groupon 的团购网站。后来发生的几件大事大家耳熟能详：2015 年 10 月，美团和大众点评合并完成，王兴出任新公司的 CEO；2018 年 4 月，美团收购摩拜。王兴认为，TOP=talent+opportunity+patience，创业者想要成功需要有才能、合适的机会和长期的耐心，并称自己一直保持适度的焦虑，不断地告诉团队“我们离破产只有 6 个月”。创业过程跌宕起伏，创业者在一个个连环中不断突破和前进。

创业过程不是线性的，而是非线性的，表现为一个循环过程，但又不是简单闭合的循环，而是超循环过程。超循环理论（hypercycle theory）是由诺贝尔化学奖得主、德国化学家艾肯于 1971 年提出的。该理论认为，从化学演化向生命演化的过渡中必然存在一个分子的自组织过程，通过这个过程，非生命物质依靠复杂的超循环结构实现了向生命物质演化的质的跨越。超循环系统示意图如图 1-7 所示。

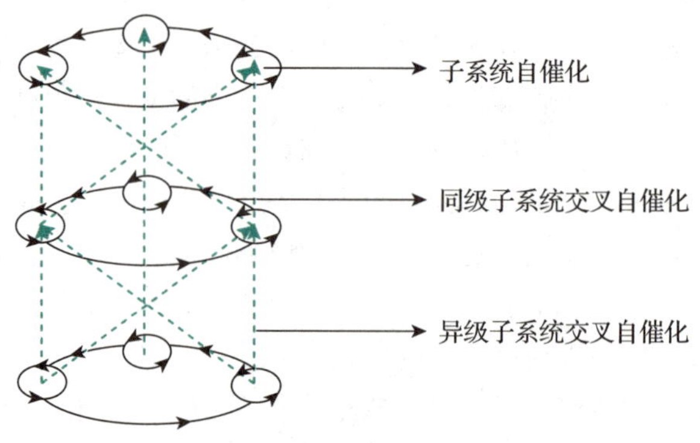

图 1-7 超循环系统示意图

超循环理论也用于创新创业研究，特别对于从过程视角认识创业管理具有启发和参考价值。创业管理体系也具有不同层次并不断演化，这个非线性、开放性的循环过程如生物进化一样，也是一个采取超循环形式的自组织过程。创业者对环境做出反应的循环只是较初级的组织形式，而超循环意味着创业的整体进程，是由若干初级循环通过功能耦合形成高级循环和质量更高一级的组织形式。在创业过程的超循环过程中，每个要素既能自我复制又能对其他要素产生催化作用，实现功能性的综合，使创业管理体系具有自组织所需的全部性质，从而能够实现自我优化和演进。

二、四段进程

创业管理的超循环进程，反映了创业者在不确定性情境下的验证性、创新性、试错性和迭代性的快速行动机制，具体包括精益启动、模式创新、价值创造和永续成长四个循环阶段。每个阶段自成体系又能对其他要素和阶段产生催化作用，实现超循环理论主张的功能性综合效应，从而使创业管理体系在自组织中不断演进。这四个阶段对创业进程而言，就像春夏秋冬四个季节，相互承接，彼此交汇，在寒暑轮回中推动创业过程持续前进（见图 1-8）。以下按照律诗“起承转合”的结构，对这四段进程进行概述，并辅以新近案例进行说明，而关于四段进程的详细阐述将会在本书接下来的四篇中逐一展开。

起：春季的精益启动，代表了创业者在不确定性情境下的验证性行动，以“快”为导向。在不确定性情境下，创业者无形无序的想法如何转化为有形有序的行动过程，需要花费时间进行评估，但是机会窗口可能随时关闭，因此如何抓准时机快速行动非常关键，就像“抢春”一样不能错过时机。同时，创业者往往不是按部就班地执行脑海中的计划，更多是在验证探索，好比做实验，需要行动快，但“快”并非钟表时间意义上的“短”，而是过程时间意义上的循环周期短，无论即时还是延时，强调的是对不确定情境的反馈性和新事业启动的精益性。

图 1-8 四个季节与四段进程

抖音和快手：为什么要快

“快”是科技创新时代变化节奏的标签。字节跳动作为后起之秀，跻身全球人工智能（AI）独角兽公司100强，并挑战互联网的巨头阵营，其旗下“今日头条”及“抖音”系列产品上线不久就在2018年与腾讯打起了“头腾大战”。创始人张一鸣有一句话广为流传：“你的行为、你的输出，都要快点看到其变化。”他回顾企业快速成长历程时曾谈道：“我们感受到不断发展的科技会为社会和世界带来很大的改变，但我们没有预料到科技带来巨大改变的时候，也引起了巨大的反作用力，科技公司也会在这个过程中经历很多挑战，”所以，不要那么容易放弃希望，“踏实去尝试，大力出奇迹。”

名字自带“快”的快速成长企业代表当属“快手”。2020年3月快手上榜全球著名商业杂志《快公司》（*Fast Company*）公布的“2020年中国十大最佳创新公司”，榜单评价“快手是短篇数字视频的先驱，每天吸引超过3亿用户”。2011年，快手前身“Gif快手”创立之初是个动图工具，虽然积累了一定用户，但天花板很容易看到，也缺乏足够想象力。创始人程一笑说当时“我们发现了一个需求，很多用户想通过更简单的视频记录生活和表达自我，但市场上没有做记录的工具，没有一个社区承载这样的需求”。2013年，程一笑与另一位创始人宿华果断将Gif快手向短视频社区转型，在用户导向和数据驱动下，团队在数据的每一次变化中寻找做对的地方，然后再不断优化，最终让快手持续成长为一款日活过亿的产品。

承：夏季的模式创新，代表了创业者在不确定性情境下的创新性行动，以“好”为导向。创业者在不确定性情境下启动的新事业，既要面向顾客需求挖掘机会价值，还要联合团队形成资源网络；既要避免风险，还要力求独特。这就需要创业者设计出创新性的商业模式来平衡方方面面的诉求，就像春天播撒的种子会在夏季散叶开花，呈现丰富面貌。平衡并非意味着折中或退而求其次，而是需要创业者掌握悖论管理的思维和能力，让商业模式既有完整体系，同时又能动态响应甚至创新引领不确定的情境变化。

“变脸”的支付宝更好看了吗

在2020年3月10日举行的支付宝合作伙伴大会上，蚂蚁金服CEO胡晓明对外公开宣布：支付宝将从金融支付平台转型为数字生活开放平台，口号也从“支付就用支付宝”改成了“生活好，支付宝”，并将在未来三年携手5万个服务商帮助4 000万个服务业商家完成数字化升级。当天，支付宝的新界面也揭开神秘盖头：首页增加了大量服务板块，包括外卖、美食、玩乐、酒店住宿、市民中心等，首页下拉可以看到由饿了么提供的“外卖到家”、由口碑提供的“超值团购”等卡片式的服务入口。从风格上看，改版后的支付宝脱去了不少原本的金融气，倒是和它的“兄弟”饿了么有了几分神似。这次“变脸”的背后是支付宝商业模式的创新，商业模式创新与“画脸”和“变脸”有相通之处，本书夏耕篇将专门解析。

转：秋季的价值创造，代表了创业者在不确定性情境下的试错性行动，以“多”为导向。创业的结果是价值创造，不只是在数量上，更是在质量上，不只是为自己，更可以为他人，创造出丰富多元的价值，就像金秋十月的果实累累。但是，如同农民也要面对收成的大小年，创业者在不确定性情境下的价值创造过程，也不总是万事俱备、风调雨顺，更多是在风云变幻中通过试错行动步步为营，收获新价值。试错对创业者而言，是行动导向的持续学习，由于这个过程必然产生试错成本，如何创造更多价值就需要创业者在反复尝试、博弈和协商的试错学习中积累经验，日臻成熟。

试错机会是最好的创业政策

以下节选自2019年获第二十九届中国新闻奖三等奖的作品《试错机会是最好的创业政策》，我们从中可以一窥创业试错与价值创造之间的联系。

2016年年初，一帮从阿里巴巴、高德等互联网企业离职的人员组建了“小码联城”创始团队。他们的梦想是，人们在乘坐公交车、地铁时，不用付现金，也不用掏公交卡，只需掏出手机移动支付就行了。但是验证这项技术，需要在公交车上投资安装专门设备，然而新技术到底能不能实现乘客快速上车，没谁能打包票。“小码联城”团队先后找了近10个城市，希望选一条公交线路进行试用，但均被婉言谢绝，没有一个城市敢尝鲜。

2016年5月，他们来到武汉，抱着一线希望提出请求，没想到获得意外支持：武汉市迅速组织国资、网信、公交等部门“会诊”，结论是“虽然没有先例，但是技术具有可行性，值得一试”。2017年5月，小码联城科技有限公司注册落户武汉。一个月后，武汉在公交车上大规模普及电子公交卡，迅速成为全国公交移动支付的标杆城市。

武汉公交集团利用大数据建立安全事故管理系统后，其精准管控使得公交车月均违章数降低了40.3%，交通事故发生率也在逐步下降。公司扎根武汉4个月就拿到了2亿元融资，陆续进驻全国70个城市，与当地公交、地铁企业开展合作，成为全国最大的公共交通互联网运营商。小码联城的愿景是“服务7亿多用户，也就是占全球人口1/10、超过中国人口一半的中国用户”，团队想让交通大数据产生更大价值，反哺城市。

合：冬季的永续成长，代表了创业者在不确定性情境下的迭代性行动，以“久”为导向。创业不只是从0到1，还意味着从1到+∞，不只表现为新企业从无到有，还体现为老企业推陈出新，就像冬季看似农闲，实则在为来年蕴藏。但不确定性创业情境使得企业永续成长并非易事，创业者需要有长期主义精神，不能只关注暂时性业绩和满足于阶段性成果，而是要获得健康长久的增长与发展。迭代意味着创业者要谨防传统的甚至已获成功的管理经验可能导致的成长“陷阱”，始终保持对不确定性情境的敏感，持续通过高水平和创新性的重复反馈过程，不断催生创业想法并使其市场化，从而让企业永葆创新发展的动力和可持续成长的能力。

与现代管理学同龄的百年 IBM 如何永葆青春

成立于 1911 年的 IBM 与现代管理学几乎同龄，曾经在 20 世纪 60～80 年代风光无限，被视为美国科技实力的象征和国家竞争力的堡垒，但在 20 世纪 90 年代因臃肿的组织结构和孤立封闭的企业文化变得步履蹒跚、濒临破产，被媒体描述为“一只脚已经迈进了坟墓”。1993 年郭士纳出任 CEO，掌舵 9 年期间让 IBM 起死回生并再次傲视群雄。郭士纳并不认为大公司就一定会动作缓慢、官僚气息浓厚、反应迟钝以及缺乏效率，“这不是大象能否战胜蚂蚁的问题，这是一头大象能否跳舞的问题。如果大象能够跳舞，那么蚂蚁就必须离开舞台”。

在 21 世纪初的笔记本时代，IBM 小黑本是商务人士的标配，不过，时任 CEO 的彭明盛在 2004 年决定把 PC 业务卖给联想，推出“智慧地球”的新发展方向。虽然 IBM 现在与普通消费者的距离看上去有点远，但其实公司始终处于人工智能、大数据、云计算、物联网、量子应用等前沿领域的领跑者地位。2020 年 4 月 6 日开始，曾任 IBM 全球云和认知软件高级副总裁的阿文德·克里什纳接替执掌公司 8 年的吉尼·罗睿兰成为 IBM 新 CEO，罗睿兰评价其“有丰富的业务运营经验，在大胆转型和业绩上表现出色”。如何领导百年老店在科技创新时代永葆基业长青，是这位新 CEO 的重任，也值得引发每一位创业型管理者的思考和探索。

三、节点问题

创业管理金字塔体系及其发展历程可以视为动态网络结构，其中包括诸多节点，仅仅关注整体网络的体系结构是不够的，还必须要考虑到节点的特性。研究发现，网络结构与个体绩效关系的结论并不统一，因此，只了解创业管理整体架构是不充分的，还需要掌握创业者个体和微观要素与创业管理整体和宏观网络产生关系的节点，尤其是时间节点，因为创业要素发挥作用的时间不同，创业整体网络结构产出的结果也会不同。因此，创业管理理论及其实践探索应避免唯结构论，还需要重视创业过程中多要素互动关系叠加的内部节点，一方面保障创业管理体系网络对具体节点的依赖程度，另一方面提升节点对网络的支撑水平从而提升整体管理效果，实现创业管理的点面结合。

创业管理的一个个节点，往往反映出一个个问题，问题导向是解构节点的关键。例如，创业者是一个关键节点，对创业者的认识需要从问题入手：为什么某些人会成为创业者？创业者成功或失败的原因是什么？在提出、分析和解答类似上述问题的过程中，创业者这个节点的内涵和作用就不断清晰与明确，也为更好地成为一名创业者提供了具体行动方向。

你会提问吗

在领导力研究领域中具有影响力的专业机构创新领导力中心（Creative Leadership Center，CLC）曾研究了 191 位成功的企业高管，结果表明，他们成功的关键在于善于创造提问的机会，并深谙如何在正确的时间提出正确的问题。还有学者通过调研访谈发现：

提问可以让人思路清晰，激发创意，同时激励团队与个人不断前进，轻松应对纷繁复杂的市场环境所带来的各种挑战。杜邦公司 CEO 贺利德曾说："我发现，每当别人向我提问时，我都会精神振奋，就好像进入了一个不同的情境里。我一整天都在努力做同样的事情，我总是在提问，很少下结论，除非了解了对方的能力、关注点以及是否具备开放的心态等，直到那时，我才会进行下一步。如果不提问，我可能就会低估相应的情境和难题，漏掉一些关键事项。"科学家李政道博士认为，能正确提出问题就是迈出了创新的第一步。

那么，提问题的方法有哪些呢？5W2H 算是一个简单实用的分析法，由第二次世界大战中美国陆军兵器修理部首创，易于理解和使用，具有启发意义，现在已经广泛应用于管理和技术等诸多领域。5W2H 分别包括以下 7 个问题：what（做什么）、why（为什么）、who/whom（谁）、when（何时）、where（何处）、how（如何）、how much/many（多少成本）。我国著名教育家陶行知还曾写过一首与之相似的小诗，名为《八位顾问》：

我有八位好朋友，肯把万事指导我。
你若想问真姓名，名字不同都姓何：
何事、何故、何人、何如、何时、何地、何去，好像弟弟与哥哥。
还有一个西洋派，姓名颠倒叫几何。
若向八贤常请教，虽是笨人不会错。

在数字化时代，企业亟待通过创新方式进行转型升级，这就需要以创业管理的快速行动机制为基础，在不确定性情境下重点关注于识别正确的问题而非形成最终的产品，要对问题进行改进或测试，从可能的问题解决方案中持续反思和学习。这就意味着创业者行动的指向不是某个最终产品，而是通过最小可行产品等方式在投放市场之前、之中和之后的各个阶段中，对自身的认知假设不断进行测试，以顾客的反应和市场的反馈为基础持续试错和迭代。因此，创业型的领导者是那些提出正确问题的人而不是说出正确答案的人。表 1-4 比较了传统的模拟时代与数字时代的情境差异以及创业者看待和对待问题的不同之处。

表 1-4 模拟时代与数字时代的比较

模拟时代	数字时代
基于直觉和权威进行决策	基于测试和验证进行决策
新想法的测试成本高昂、缓慢、困难	新想法的测试成本低廉、快速、容易
专家偶尔进行实验	每个人不断进行实验
创新的挑战是如何找到正确的解决方法	创新的挑战是如何解决正确的问题
不惜任何代价规避失败	及早地、低成本地从失败中获取经验
侧重于最终产品	侧重于最小化可行性模型以及产品投放之后的不断完善

创业管理的进程，也可以看作是打通创业节点的过程，有关春夏秋冬创业四季进程中的重要节点问题，本书后续篇章将按照图 1-2 所示的金字塔体系，结合四个季节和二十四节气智慧进行逐一解析。不过，也许有人会问：季节和节气是农耕文明智慧，还适用于认识和解决现在与未来的创业节点问题吗？其实，创业者与农民有不少相通之处。传奇创业者褚时健生前说自己的规划是"做一个好农民，带着一群好农民，把农业做好"，他的"褚橙"不只是农产品，更是"励志橙"；小米创始人雷军表示，创办小米要像农民一样一

分耕耘一分收获，不做坑人的事情；马云曾说中国人“本身每个人都是农民出身”，农业文明和商业文明要完美结合，并在湖畔大学 2019 年开学典礼上提醒学员：创业做企业的道路和农民种地是一个道理，有收成好的时候，也有不好的时候，你再强大，也会遇到年份不好的时候，这点大家还是要有思想准备。那么，带着你的问题和想法继续开启后面的四季歌篇章吧！

创业的技术行动

面对人工智能的机遇和挑战，创业者持有不同的态度。与科学家霍金的担忧相似，特斯拉创始人马斯克属于悲观派，认为人工智能是人类文明存亡的根本风险，应当予以控制；Facebook 创始人扎克伯格属于乐观派，认为马斯克“理解有限”，人工智能将来会使人们的生活更美好。不过观点相反的二人都在做着同样的事：不断开发和推出人工智能新产品。比如扎克伯格公司团队正在训练人工智能成为游戏的高水平玩家，让人工智能功能从专业性向通用性拓展；马斯克则在 2019 年 7 月高调宣布“脑机接口”研究取得突破性进展，“一只猴子已经能用大脑控制计算机”，他希望该技术能在短期内帮助到有脑部疾病的患者，从长期看实现人脑与人工智能的互联，以应对人工智能带来的威胁。不确定性情境下的创业者会有不同的行动路线，但是为人类创造价值的目标殊途同归。

本章结语

创业管理是创业者在不确定性情境下的验证性、创新性、试错性和迭代性的快速行动机制。创业管理金字塔体系脉络为：一套情境→二元导向→三类要素→四段进程→节点问题，以艺术思维和技术行动联动为支撑，与春夏秋冬四个季节规律相联系，运用二十四节气智慧打通创业节点。本书在序曲之后将以季节和节气为线索，展开创业管理四季歌的篇章，深入解析创业管理知识体系的细节。

思考与练习

1. 请结合实例比较并说明创新与创业之间的异同和联系。
2. 请以小组的形式继续思考和讨论本章介绍的“透明玻璃瓶里的蜜蜂和苍蝇”实验，结合创业者案例，比较“蜜蜂”和“苍蝇”代表的思维和行动特点，分析二者与因果逻辑和效果逻辑之间的联系。
3. 你同意“当代社会从固态向液态变化”的观点吗？为什么？这对创业管理有什么影响？
4. 查阅有关 VUCA 时代的文章，结合新近的创业企业案例，分析案例企业的创业者是如何响应不确定情境的。这位创业者成功或失败的关键因素是创业者和创业团队、创业机会还是创业资源？为什么？
5. 创业的四段循环进程和节点问题反映出创业的时空交错，请结合有关钟表时间观和过程时间观的文章研读，包括但不限于本章提到的 2015 年有关时间观研究的文章⊖，结合实际案例或个人体会，比较两种时间观之间的差异、联系以及对创新创业的启发。
6. 越来越多的学者和创业者关注中国传统文化思想与前沿创新创业实践之间的联系，你对此有什么新的想法？请举例加以说明，并与同学展开讨论。

⊖ REINECKE J, ANSARI S. When Times Collide: Temporal Brokerage at the Intersection of Markets and Developments[J]. Academy of Management Journal, 2015, 58(2): 618-648.

第二篇

PART 2

精益启动：创业的春种篇

| 开篇语 |

通过对第一篇的学习，我们了解了创业管理的金字塔体系，认识了艺术思维与技术行动融合的四季歌的总体框架。从第二篇开始，我们将围绕春夏秋冬四个板块，结合二十四节气的智慧，从创业的二十四个节点问题入手，来认识由创业管理四段进程奏响的四季歌：春种完成精益启动，夏耕展开模式创新，秋收实现价值创造，冬蕴缔造永续成长。这首创业管理四季歌正代表了创业者在不确定性情境下的验证性、创新性、试错性和迭代性的快速行动机制。

第二章
CHAPTER2

精益启动

⊙ 学习目标

- 认识精益启动的核心内涵
- 理解精益启动的主要理念
- 掌握精益启动的基本逻辑
- 熟悉精益启动的常见方法

⊙ 创业的艺术思维

说到描写春天的诗词，大家最熟悉的莫过于《春晓》。这首诗背后反映了“知”与“不知”之间极其有意思的关系。“春眠不觉晓”，意味着不觉、不知；“处处闻啼鸟”，意味着闻之、知之；“夜来风雨声”，意味着听到、知道；“花落知多少”，又意味着不知。这首诗反映的“知”与“不知”的交错关系，形象地体现了在创业管理的不确定性情境下，创业思维与行动之间的动态整合关系，如果你想要知晓春天，那么就需要通过行动让不知变为已知，但同时又会因为行动有了新的不知，这就是“知行合一”的动态过程。

“一年之计在于春，一日之计在于晨”。春晓是多么宝贵的时刻，那么，创业的“春晓时刻”是在什么时候呢？农耕时代的智慧提醒我们，春天是万物复苏的季节，农民通常都会抢抓春季生产，以免错过播种的大好时机。那么，创业者的“抢春种”是要做什么呢？本章我们来认识创业的“春种”主题：精益启动。

第一节 精益启动的核心内涵

一、精益启动的基本概念

（一）精益

精益（lean）在管理中源于精益生产（lean production）的概念，后者被誉为“第二次生产方式革命”。精益生产思想衍生于20世纪80年代丰田公司的生产方式，当时的丰田公司在缺少充足资源、资金、劳动力的环境下，为提高经营效率采用了一种自动化、拉动式、准时生产的“丰田制造模式”。此时的“精益”是以最大限度满足用户需求为目标，力求不断降低成本、提高产品质量、不断创新的资源节约型的生产方式，强调通过生产工具消除生产内部的浪费。它的基本思想是运用多种现代化的管理手段和方法，依据社会需求定义生产价值，充分重视人在组织中的根本作用，按照价值流来组织活动，有效使用和配置资源，形成以用户需求拉动产品生产的拉动式需求，为企业谋求最大的经济利益。

（二）启动

“启动”对应的英文单词为“startup”，这个英文表述也常被翻译为“创业”。中文的“创业”对应的英文表述，除了最为常见和通用的“entrepreneurship”，还有“startup”“venturing”等，比如美国的《促进创业企业融资法案》（Jumpstart Our Business Startups Act，JOBS）就用了“startup”，加拿大的联邦创业移民项目（Start-up Visa Program）也用了“startup”，而创业领域顶尖学术期刊*Journal of Business Venturing*，则用“venturing”表示创业，“new venturing”则代表新创事业、新企业等创业含义。其中，启动（startup）一词更能反映出创业的起点，而且体现了精益理念中如节约资源和消除浪费等对开始时点的要求。

（三）精益启动

虽然“精益创业”概念也已被熟知，但这个概念的提出者最初用的英文表述是“lean startup”。因此，本书用其原意“精益启动”来反映创业管理的“春种”环节。“精益启动”融合精益制造、设计思维、用户开发和敏捷开发等思想，代表了一种不断形成创新的新方法，其特征表现为循环周期极短，是一种关注用户需求以及做出决策的科学方法。“精益启动”要求加快创业循环周期，提倡验证性学习和科学实验，强调以最小的成本和有效的方式验证新产品是否符合用户需求并以此灵活调整方向。

二、精益启动的基础理论

（一）科学管理思想

科学管理（scientific management）诞生的标志是1911年出版的《科学管理原理》[㊀]，作

㊀ 本书中文版已由机械工业出版社出版。

者是被誉为“科学管理之父”的弗雷德里克·温斯洛·泰勒。他在本书的开篇写道：我们可以看到和感觉到物质的直接浪费，但由于人们不熟练、低效率或指挥不当的活动所造成的浪费，则是既看不见又摸不到的。要认识这些，就需要动脑筋，发挥想象力。也正是由于这样的原因，尽管我们来自这方面的日常损耗要比物质的直接浪费大得多，但往往是后者更让人触目惊心，而前者却容易被人忽视。

事实上，创业是一个管理活动，创业管理也需要科学管理，新创企业会因遵循了科学的管理方法而成功，因此，即使面对颠覆性、创造性甚至混乱模糊的不确定情境，创业也是能够并且必须进行科学管理的。不过，创业活动又有其独特属性，比如，在一个新的组织机构建立的过程中，直接套用成熟经营企业的传统管理方式可能会失效，这就需要在科学管理思想的指导下，对创业管理的具体问题进行新的探讨并找寻创新解决方案。

（二）精益创业理论

虽然“精益启动”有时也被翻译为“精益创业”，但不可否认的是，精益创业作为一种创新方法论，不是限于启动环节，而是贯穿创业全过程的科学理念。硅谷创业大师史蒂夫·布兰克认为，创业者要注意创业一开始只有一系列未经检验的假设，也就是一些不错的猜测，然后再积极走出办公室测试他们的假设，即进行用户开发，而敏捷开发等方式有助于实现迭代和渐进，杜绝了资源和时间的浪费。由此可见，精益创业与科学管理思想秉持的节约资源和杜绝浪费是一脉相承的。

精益创业的提出者埃里克·莱斯结合创业实践进一步认为：无论是对于个体创业或公司内部的创业活动还是对于创业型企业的成长，精益创业都是企业面对不确定的创业情境时实现新产品开发和新事业开拓的有效方法，有助于其在最小化成本的同时，高速且高成功率地达成创业目标，满足潜在用户的需求。精益创业理论是行动导向而非计划导向，主张从行动开始，用科学的试错方式（即检验假设）来获取认知，由行而知，由知而行，知行合一，通过不断循环学习的过程，最终形成认知的不断更迭与行动的不断调整，这是精益创业在管理思维上的创新模式。

（三）显形用户开发

“精益”围绕用户展开。在精益创业的学习循环中，实施主体是创业者，而循环中心就是用户。精益创业的起点是用户探索和用户互动，创业者通过这种方法探索用户痛点，进而定义出用户痛点和解决方案。在此基础上，进入用户验证环节，创业者对顾客痛点和解决方案进行科学的试错，也就是对假设进行验证。如果验证的结果是没有或欠缺顾客，那么就选择回到精益创业的起点并调整商业模式。当然，这并不意味着白费功夫或原地踏步，而是与科学实验一样必须经历的价值探索的过程。经过这样的探索，创业者确立商业模式，而且待进入商业模式的“放大”阶段，也就是从试错转向执行之后，创业者将会更多地积累用户并推动新企业或新事业的运营。

精益创业倡导的用户开发是显形的，而传统管理的用户开发常常是隐形的。隐形模式意味着创业公司为了不让竞争对手发现市场机会，或是为了形成与众不同的产品模式，会将产品设计和开发过程有意无意地隐藏起来，不会或不会很早公之于众，至多会在产品基本完成 Beta 阶段（即测试阶段）才展示给用户。而精益创业则颠覆了这种观念，坚信“让用户反馈问题”要比“保守开发秘密”更重要，强调从用户的即时反馈中获取更有价值的信息。

三、精益启动的思想脉络

（一）精益思想的提出

20 世纪 90 年代，美国学者詹姆斯 · P. 沃麦克和英国学者丹尼尔 · T. 琼斯等通过对以丰田公司为代表的近百家汽车公司进行对比分析，将丰田的生产方式命名为“精益生产”，并提出了其背后的精益思想。他们提炼出精益管理的五大原则：顾客确定价值、识别价值流、价值流动、需求拉动和尽善尽美。

顾客确定价值，是指企业要以用户为中心的价值观来重新审视产品的设计、生产和服务过程，发现无法满足用户需求的部分以及多余的功能或消耗，应消除这些浪费，将消耗降到最低，使企业和用户双向受益。识别价值流，是指企业在生产和服务的全生命周期的流程中辨别哪些是增值的活动，以及哪些是可以去掉的不增值的活动，发现并消灭浪费，寻求整体最优化的过程。价值流动，要求企业创造价值的各个活动是流动的、不间断的，并且企业要用持续改进、准时制生产方式、单件持续流动等方式保证价值链的连续流动，环境、人员、设备都是保全价值流动的前提条件。需求拉动，是指企业具备用户一旦需要就立即进行计划、设计和制造的能力，完全按照用户的实际需求进行生产，避免过早、过晚、过量库存等带来的浪费。尽善尽美，是以上四个原则互相作用的结果，也是难以达到的理想状态，但可以促成一个不断进步的企业。

（二）从精益生产到精益启动

在第一章，我们学习了时间是创业管理的基因。时间，不仅是创业管理诸多资源当中的一个要素，而且像基因一样，是推进创业管理启动并发展的本质要素。正如“科学管理之父”泰勒在一百多年前的提醒：在管理活动当中，一些有形的资源看得见摸得着，这些资源的浪费经常让人们感到很可惜，但是，需要我们警惕的是，还有很多看不见摸不着、需要发挥想象力的东西也在被浪费着，只是有些时候我们察而不觉。因此，精益启动遵循科学管理的思想，提醒创业者要重视对时间的敏感和关注。

精益启动对创业时间的管理，与农民“抢春”一样，都是生产行为，因此，创业管理的精益启动与精益生产有很多相通之处。“精益”最早来源于丰田汽车的精益生产，精益生产是一个复杂的管理体系，图 2-1 对其精益生产管理体系进行了梳理。丰田公司的精益生产反映了价值创造和资源浪费之间的联系，关注如何节约、杜绝浪费，强调管理就是“第一次把事情做对”，围绕以用户需求拉动生产的方式，形成准时生产和零库存等新的管理方法，从而使企业取得巨大且持久的竞争优势。虽然精益生产是汽车生产过程中诞生的理论方法，但是能够反映出创业管理与生产管理的相通之处，启示各行各业的管理者在价值创造的时候，避免掉入资源越多越好、做得越多越好的陷阱，不要总是想着做加法，还需要注意做减法，比如节约资源、避免浪费这样的简单做法，如果做对做好，也能创造出超高的价值。

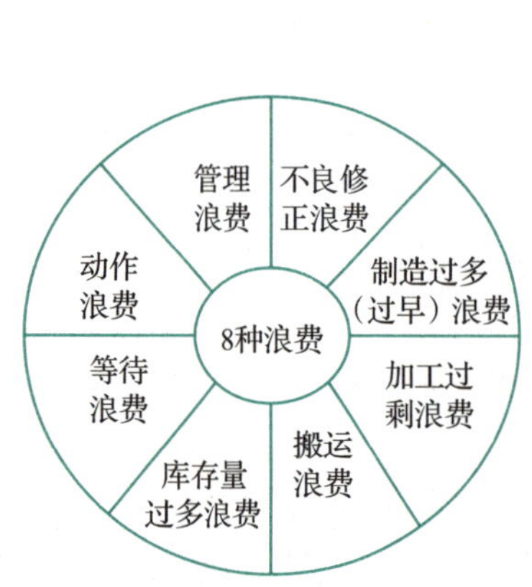

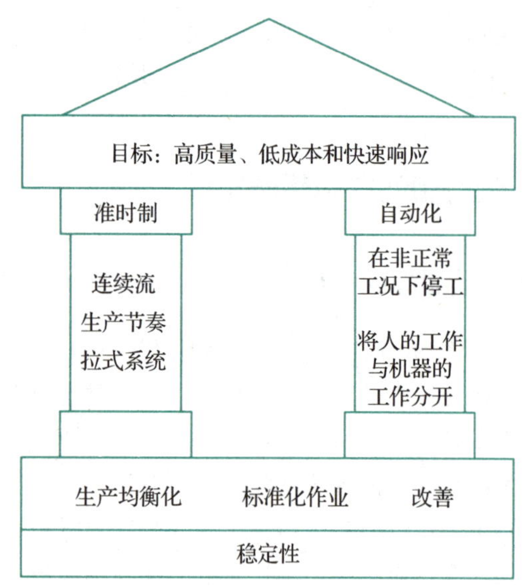

图 2-1　丰田公司的精益生产管理体系

（三）创业过程的精益启动

精益启动不仅融合了精益生产相关理念，而且是对其在创业领域的一种升华和再创造。精益启动的核心内涵，包含了精益生产已有的理论主张，同时还吸纳了如敏捷开发、顾客价值等其他管理思想。总体而言，精益启动是在总时间循环周期最短的情况下，对顾客价值的充分实现。具体而言，精益启动还可以细分为具体的管理阶段，比如确立目标顾客，做小范围实验，并根据可行产品的最小化、顾客价值的最优化以及用户的反馈信息进行产品的修改和迭代更新，然后通过这些循环步骤明晰核心认知，最终实现企业的高速发展。这是一个快速循环的过程。

因此，精益启动概念具有二元属性，一方面“精益”关注了节约资源、杜绝浪费等“做减法”的导向，强调管理手段的高效率；另一方面“启动”则关注了创造用户价值、实现创业成长等“做加法”的导向，强调管理目标的高标准。这个二元结构背后还需要保证总的循环时间周期最短。这样看来，“精益”和“启动”两个词在时间维度的整合，可以概括为：“精益”侧重“快”，即资源手段高效率；“启动”关注“好”，即价值目标高质量。当前，精益启动不只在商业创业领域，甚至在军事等领域的创新活动中也都得到了广泛且有效的应用。

俗话说“好的开始是成功的一半”，那么在创业中兼顾“好”和“快”的开始——精益启动，就成为创业成功的关键。

搜狐公司创始人张朝阳：重新发明自己

搜狐公司创始人张朝阳体验了搜狐成为中国三大门户网站之一的辉煌，也经历了微博和微信等新事物的挑战和公司再出发的艰难。曾经认为“搜狐不微博就会死”的他，2013年1月发布了一条微博，谈到自己闭关一年多，重新进入地球，发现三件事：一是人人都在用微信；二是人人都在说‘好声音’等对他来说陌生的词；三是有些人从‘骂街’和用脚投票变成了发表建设性意见和拭目以待。

2017年世界互联网大会期间，有人曝光了张朝阳的起居时间表：

4:30 起床；

5:30～6:30 冥思；

6:00 看新闻；

6:30 用搜狐的产品；

7:00～8:00 准备直播；

8:00～9:00 雷打不动在自家产品千聊上做英文直播；

13:00～18:00 密集的5个小时工作时间；

19:00 跑步。

张朝阳的日程表被安排得紧张而有节奏，用张朝阳自己的话说，他在重新“发明”自己。

曾经的互联网先行者张朝阳面对不确定的创业情境，依然在继续“重新发明自己”。这位创业者起起伏伏的经历和体验，从年、月、日到小时和分秒，也在传递与《春晓》这首诗同样的创业启示：创业者的“知”和“不知”要与行动结合，抓住“春晓”这个启动的黄金时刻快速行动，紧跟时间的节奏，把握好“知行合一”的动态过程，通过精益启动不断播种希望。

第二节　精益启动的主要理念

一、精益启动的创业要素

（一）创业者反思

反思在本质上是从经历中开发知识的重要过程。反思是一种复杂的反省思维活动，这种思维是在对某种信念抑或是某种假设性的知识产生疑惑或是怀疑的情况下，依据自身储备的相关知识基础进行推理总结，并在整个探索的过程中保持积极主动、持续和周密的思考。在反思时，创业者应当思考已经发生过的经历，努力加以理解或解释，这样就有了深入理解和深度学习，或者说产生了检验新经历的观点。反思对于在经历复杂、高度不确定情况下的工作及问题解决尤为重要。反思能提高创业者的自我意识和理解，甚至有望改变个体组织、社区、经济体和社会的本质，反思在达成变革目标上起着至关重要的作用。

（二）团队学习

团队学习是由管理学者彼得·圣吉在《第五项修炼——学习型组织的艺术与实践》一书中提出的。学习型组织的建立是获取竞争优势和实现创新成长的重要管理基础，而团队学习则是组织学习的基本单位。团队学习不仅包括团队成员的个体学习，还包括了成员之间的交互学习，是通过两种学习促使整个团队的知识利用效果达到最优的过程。传统观念中学习的过程是个体的学习，而本书提及的团队学习则是由团队成员之间的知识共享而产生的整体知识水平相对持久的变化过程，团队学习使成员不仅能从自身学习，还能从团队其他成员中学习。

团队学习与团队所面临的任务有关，它强调团队成员从错误中学习，着眼于提高团队整体知识水平并提出新的解决方案。根据绩效的反馈，团队必须找到方法识别问题、改善流程并改进他们的工作方式。团队学习不仅有助于让组织当中的成员得到健康和谐的发展，不断提升个体的满意度和幸福感，而且还能使团队和组织在变化的环境中得以生存和成长，实现健康发展。

（三）内生资源

内生资源是指创业者或创业团队自身所拥有的可用于创业的资源，如自有资金、技术、创业机会的信息等。外生资源是指创业者从外部获取的各种资源，包括从朋友、亲戚、商务伙伴或其他投资者处筹集到的投资资金、经营空间、设备或其他原材料等。内生资源的拥有状况，特别是技术和人力资源，会影响外生资源的获得和运用。

二、精益启动的创业者认知与内生增长

（一）创业者认知

创业者作为创业活动的主体，肩负创办企业和整合资源的责任，通过识别和开发创业机会收获创业效益。创业者的个体特征在很大程度上决定了创业企业的整体成长和发展。创业者认知是创业者在机会评估、企业创立和企业成长过程中用以评价、判断或决策的认知结构。换言之，创业者认知是关于理解创业者如何利用简化了的心智模型，将看似没有联系的信息拼凑在一起以帮助他们确定创造新产品、新服务，并将必要的资源汇集起来用以创业的概念。创业者的初始商业模式认知体现为商业概念假设和商业逻辑假设，这些认知内容来源于创业者的先前经验、信息扫描与心理活动机制。初始商业模式认知是新企业开展探索行动的起点，有助于指引创业者有目的地开展行动，以提升行动的有效性。创业者采取内部检验、外部检验、直接检验和间接检验等多种行动方式来检验初始商业模式认知。创业者接受行动反馈后的认知调整是创业推理的结果，相比于商业逻辑假设，源自创业者长期从业经验的商业概念假设相对难以发生变动。

（二）内生增长经济理论

美国经济学家保罗·罗默因把知识积累和技术创新纳入宏观经济分析而获得 2018 年诺贝尔经济学奖。保罗·罗默的内生增长理论是在以罗伯特·索洛为代表提出的新古典增长理论的基础上进行的扩展。新古典增长理论是以物质资本和人力资本为基础的经济增长理论。尽管新古典增长模型也强调技术创新的重要性，但在该模型中技术创新是一个外生的变量，即遵循一个外生的稳定变化路径，而实际上技术无论在微观上还是在宏观上总是

不断变化的，所以新古典增长理论不能很好地解释经济的长期增长机制。罗默的内生增长理论是经济增长理论的新发展，该理论强调基于市场利润导向所引致的知识积累与创新对长期经济增长的作用。在内生增长理论中，知识积累和技术创新是经济增长的核心要素，它们能够内生地影响劳动力和资本回报率。所谓内生，是指在市场经济条件下，知识积累和新技术的出现来源于市场主体因市场激励而引致的有意识的投资行为，即获利的可能性必将激发企业开发出新技术。

三、精益启动的四个理念

精益启动看上去是求“快”，但却不只是快，还要好，谨防“欲速则不达”，避免因片面追求速度而导致出现问题或功亏一篑。因此，根据创业管理金字塔体系，精益启动作为创业进程的起点，要让各类创业要素实现又快又好的整体联动，就需要对创业者和创业团队、创业机会、创业资源等要素运用针对性的管理理念，以响应精益启动的诉求。下面将通过一个具有代表性的经典案例，来具体解析精益启动的理念。

Groupon 的传奇成长

成立于 2008 年的 Groupon 公司，当时的成长之快令人称奇，有人说这是史上成长最快的企业之一。大家熟悉 Groupon 大多是因为帮助其实现迅速成长并取得成功的团购模式，不过，很多人可能不知道，Groupon 的团购模式并非当时创始人的原本打算。Groupon 的创始人最初计划让公司成为一个“集体行动平台”，把人们聚集在一起，解决一些独自无法解决的问题，但是这种想法和模式的成效令创始人和团队大失所望。直到 2008 年末，公司决定开始一些新的尝试，就是让人们一起团购商品。最初的创业团队缺少资金，于是他们就自己在网上发帖子，比如“进货的 T 恤衫是红色，大号。如果你想要其他颜色或尺寸，请发电子邮件给我们”。后来，他们又以 PDF 文件的方式呈现公司可以团购的商品，直到第一年的 7 月，他们才把产品合理地拼凑在了一起。虽然只是手动生成 PDF 文件，发布简单的博客，但这些已经足够把 Groupon 推向破纪录的成功巅峰，并使其成为史上最快实现 10 亿美元销售收入的企业。

（一）理念一：创业者认知先行

创业者首先要重视自身的认知，创业者认知是精益启动的关键。比如在 Groupon 的案例中，如果当时他们的创始人坚持原来的方式做下去，失败了就不再继续或失败了再重复尝试同样的方式，那么这个史上成长最快速的团队可能就不会出现了。所以，在创业的精益启动的开始，创业者团队需要先关注创业者的认知及其突破，正如创业管理金字塔中的二元导向的提醒，创业者的认知方式应避免囿于因果逻辑的思维路线（比如关注“目标是什么、怎么实现目标”），还要理解效果逻辑强调的思维路线（比如关注“我 / 我们是谁、如何通过实验和测试验证的方式实现快速行动”），推动精益启动的一轮又一轮循环。

（二）理念二：创业团队要共同学习

精益启动的创业团队合作是一个学习的过程，而不只是完成某个给定的任务。创业团队学习，意味着共同完善认知，通过学习摸索创造出一种更好的商业模式。比如Groupon团队开始的团购和后来的团购是不一样的模式，团队小伙伴通过发送电子邮件和使用PDF文件进行相关信息的传递，然后进行物品信息的收集整理。在这个过程中，他们之间更多的是在共同摸索，谁也不知道应该是什么样、最终会怎么样。因此，创业团队集聚的小伙伴不一定要同质性，更需要异质性，因为在精益启动过程中，创业团队成员不是完成计划而是实验和试错，不只是动动手执行某项任务或采取一致的行动，更多的是通过不确定情境下的共同学习来实现个人认知模式的突破，促进个人和组织的双成长。

（三）理念三：创业机会开发重反思

“春种一粒粟，秋收万颗子”。精益启动是“春种”，机会就是“种子”。机会是创业的核心，但是，播种和开发机会，不能靠天吃饭，而需要对机会进行反思。不少创业失败的案例表明，创业项目刚开始都是建立在一些已有的、已知的甚至想当然的想法上，但是这些想法并不一定等同于机会，更不一定就是好的创业机会。精益启动求“快”，但不能“盲目”，要挖掘机会背后的核心问题，要对机会进行反思，而反思机会开发的核心问题，意味着创业者要优先思考用户问题，而不是仅盯着产品功能。比如在Groupon的案例中，最初的想法是要做一个集体行动的平台，后来之所以转变为团购的模式，是因为创始人与团队通过发邮件、PDF文件和博客等实验性、试错性的行动不断挖掘用户问题，从而不断反思创业机会并逐步明确了新型团购模式，迅速地实现了10亿美元的收入。

（四）理念四：创业资源获取内生性

一提起资源，人们容易想到“钱”。资源在精益启动中的作用，有些像老百姓常说的：钱不是万能的，但没有钱是万万不能的。这句话里的“不是万能”和“万万不能”反映的正是资源对精益启动的作用，资源必不可少，但不是越多越好，资源获取内生性更为重要，内生性对创业乃至整个社会经济增长都具有特别的驱动意义。比如在Groupon的案例中，创始人和团队的资源有限，资金有约束，手头能做的事（包括发帖子、编文件等）其实是来自组织的内部，而不是先去借钱融资之后再去做事。创业者精益启动中的资源获取，就像春天农民到地里带着的种子和工具，更多的是依靠自己的双手获得，而不是坐等天气和资金等外部条件到位了再下地干活。“双手改变命运”不仅是农民春种的写照，也经常被一些创业者和企业作为激活组织的价值观。所以，这个理念引导创业者在追求价值创造的路上，要坚持科学管理思想，避免资源浪费，要坚信节约甚至极简利用资源同样能够创造价值。

以上行动理念，分别对应于创业管理的基本要素及具体的注意事项，可以总结为图2-2所示的理念框架。

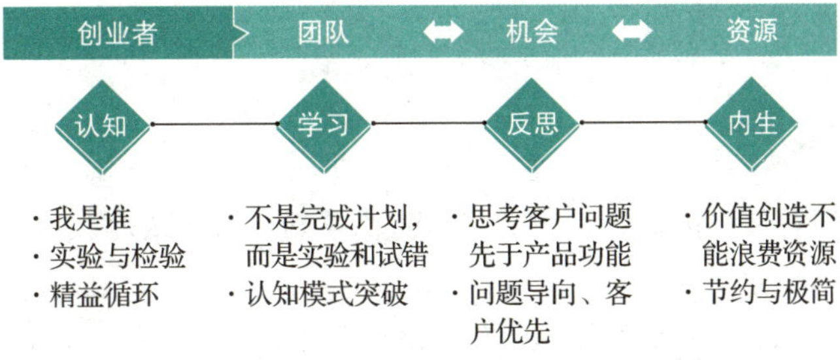

图 2-2　基于创业要素的精益启动的主要理念

最后，需要重点说明的是，精益启动作为“春种”的代表，播下的“种子”并不是限于某个具体的产品或服务，而是指创业的机会及其反映的用户问题。以大家日常学习生活中非常熟悉的保温杯为例，如果有一个保温杯的创业项目，创业者认知不能只盯在保温杯的产品功能上，比如杯子的外观、材质和保温程度等，而是先要聚焦用户问题，这样才能让创业机会真正像种子一样能种出希望，收获价值。可能有人会把产品功能等同于用户问题，其实二者并非一回事。如果强调保温杯的产品功能，我们首先会想到它一定要保温，而且越保温越好，但如果我们以用户问题为导向，首先聚焦用户遇到的问题，瞄准为用户带来的价值，就会发现保温杯的保温效果，也就是这个产品功能，可能并不是用户唯一、主要或经常关心的问题，用户痛点很可能是保温杯不够时尚、不够轻便或容易丢失等。如果这样，保温杯是否保温不再是首要问题，如何为用户带来保温之外的价值或成为行动导向。由此可见，机会反思不仅重要，而且要与创业者认知、团队学习和资源内生性之间形成联动，才能整体推进精益启动。

第三节　精益启动的基本逻辑

一、精益启动的 BML 循环

BML 循环是指精益启动以“开发 - 测试 - 认知”（build-measure-learn）三个核心环节构成一个反馈循环，整体过程包括六个步骤：想法（idea）是指创业者的商业创意；开发（build）是要建立“价值假设”和“增长假设”并尽快面向潜在顾客推出最小可行产品（minimum viable product，MVP）；产品（code）是指最小可行产品；测试（measure）是建立创新的评估体系，及时对每一个步骤和所有的阶段性行动与进展进行测试；数据（data），可以是定量的指标测量结果，也可以是定性的评估结论；认知（learn）不是指市场调查或讨论，而是指“经过证实的认知”，即通过测试体系对创新和发展策略（假设）进行检验后获得的对事实的认识。

BML 循环针对新产品和新业务的推进，表现为将一个极简的原型产品投放到市场，用最小可行产品去了解潜在用户的需求，邀请用户共同进行产品设计，通过不断的学习和有价值的用户反馈，对产品不断进行优化，使其真正满足用户的需求，适应市场，为创业者提供了避免产品认知失败的行之有效的办法，能够有力地提高创新的速度和效率，其本质是“把精益思维运用到创新的过程中”。

二、精益启动的循环原则

（一）总循环时间最小化

BML 循环强调在最短的循环周期下，以最高质量、最低成本找寻有价值的认同，从而开发出最适合市场的产品。

创业是在充满不确定性的情境下进行的产品或服务的创新。新创企业在最初并不知道它们的产品应该是什么样的，它们的顾客在哪里，而计划和预测只能基于长期、稳定的运营历史和相对静止的环境进行，这些条件新创企业都不具备。如果创业者只是自己觉得产品会非常受欢迎，因此花费巨大的精力在各种细小的问题上进行打磨，那么，在产品上市后，消费者很有可能残酷地表示他们并不需要这个东西。如果创业者的想法本身并不被市场需要，那么，这种挫败来得越快越好，因为这样就可以使创业者耗费更少的资金和精力在错误的事情上。

（二）试验性循环

总循环时间最小化意味着新企业初期开发产品的过程在实质上是试验性的。这些试验的结果是在保证 BML 总循环时间最短的情况下，让企业了解并构建一种可持续的商业模式。对应 BML 的三个核心环节，企业需要关注以下三个要点。

一是开发的结果不是最终产品而是最小可行产品。最小可行产品是创业者用最简单的方式开发的新产品，既可以是雏形交互操作的原型，也可以是一个产品界面，它通常具有以下特点：体现项目创意、采用精简模型、具备简约功能、开发设计成本低、迅速对产品功能进行测试和演示、利于直接感知用户反馈。

二是测试的过程不是调查市场而是感知用户。精益循环反馈意味着创业者与用户之间实现充分的信息互动，创业者能够通过直接或间接手段从产品用户处获取意见，通过用户反馈来了解重要的信息，包括用户的整体感觉、不喜欢或并不需要的地方、认为需要增添的新功能、应该改变的某些功能等，而获得来自用户的信息反馈则需要采用科学合理的方法，除了现场观察和实地考察，还有情景模拟和体验等。

三是认知的方向不是销售最终产品而是快速迭代再出发。BML 循环强调以最快的速度根据用户反馈的意见进行快速调整，寻找更适合的方法，不断融入新的方案，这就要求创业者时刻保持与用户的沟通，所有活动应当围绕用户进行，即便到了循环的认知环节，也要积极响应快速变化的用户需求，而不是去追求一次性满足产品的所有需求，更不能以确定最终产品进行最大化销售为终点，创业者应始终通过一次又一次的迭代不断优化产品功能，在这个过程中速度与质量同等重要。

三、精益启动的逻辑链条

（一）想法：从产品思维到用户思维

精益启动的基本逻辑贯穿于 BML 循环的过程，我们首先从循环的起点——想法（idea）入手，一起来分析一下 VLS（Village Laundry Service）公司案例故事中创业团队的想法。

VLS 公司的精益启动

由于价格高昂，在印度只有不到 7% 的人的家中拥有洗衣机。大多数人要么在家里手洗衣物，要么付钱让洗衣工来洗。洗衣工把衣服拿走，到附近的河边用河水清洗，在石头上敲打衣服去污，然后挂起来晾干，这大概要花费 2～7 天的时间。但结果是，衣服在 10 天左右才能送还，而且可能洗得也不怎么干净。阿克沙·米拉在新加坡宝洁公司工作 8 年后发现了这一商机。作为汰渍和潘婷在印度和东南亚国家的品牌经理，他希望可以让那些洗不起衣服的人能获得洗衣服务。他回到印度加入了 Innosight Ventures 创立的 VLS 公司。

VLS 开始尝试一系列的商业构想，比如在货车后面安装一台消费级洗衣机，把车停在班加罗尔街角。这项实验成本不到 8 000 美元，目标也很简单：证明人们会把衣物拿来，并支付洗衣费用。团队持续做了一周的实验，把车停在各个街角，尽可能发掘潜在顾客的所有相关信息，他们想知道该如何鼓励人们来到车旁：与清洗的速度有关吗？洁净程度是否应该在考量范围内？当人们留下衣物时他们有什么要求？通过实验，他们发现顾客很愿意把衣服交给他们清洗；但是顾客不信任放在皮卡后面的洗衣机，因为他们担心 VLS 会拿了他们的衣服逃走；顾客常常希望他们能烫好衣服；顾客宁愿花双倍价钱在 4 小时内拿回衣服也不愿等上 24 小时。

根据这些早期的实验，VLS 最终创造了一个长 4 英尺㊀、宽 3 英尺的移动洗衣亭，其中包括一台节能的消费级洗衣机、一台烘干机和一条超长延长线。这个洗衣亭使用西方洗涤剂并每天提供新鲜干净的水源。自此，VLS 的乡村洗衣服务业务大幅增长，逐渐在班加罗尔、迈索尔和孟买的 14 个地点开始营业。像阿克沙·米拉所说的：“我们在 2010 年清洗了 116 000 公斤的衣物（对比 2009 年的 30 600 公斤），几乎 60% 的生意来自老用户。去年，我们总共服务了超过 10 000 位顾客。”

这个创业项目来自印度。印度这个国家人口众多，但跟中国不太一样，当时印度存在的一个现实问题是老百姓洗衣服不方便，很多时候洗衣工把衣服在河边洗完，再找地方晾晒，效率不高，同时可能在清洁度、经济性甚至收费上也并不理想。面对这样的情境，应该有不少人想过如何帮助老百姓解决洗衣服的问题。那么，你面对这个问题时第一个想到的解决方案是什么呢？

一个比较容易想到的解决方案是：洗衣服不方便是因为洗衣机价格高昂且普通家庭买不起，那么，选用价格低廉的洗衣机不就从根本上解决问题了吗？请注意，这种想法还是在思考产品功能（比如洗衣机价格低廉），而不是精益启动强调的思考用户问题（比如洗衣服不方便），要知道，产品功能并不等同于用户问题。

（二）产品：用户价值与最小可行产品

当然，精益启动离不开具体的产品，但创业者一定要关注产品背后的用户价值，即

㊀ 1 英尺 = 0.304 8 米。

用户到底需要什么以及想要达到什么样的效果。所以，在 VLS 案例中，我们看到公司采用了一种科学家的实验方式来确定产品的雏形。首先，他们开发产品不是直接去研发洗衣机，比如通过技术创新生产一台让老百姓买得起的洗衣机，要知道这样耗费的人、财、物等资源（特别是时间资源）将是巨大的，难以实现快速启动，更重要的是也未能抓住用户价值。相反，他们用了一种看似简单粗糙的做法——在一辆货车后面安装一台能洗衣服的消费级洗衣机，然后把货车停在城市的街角，通过实验来了解顾客的想法。虽然 VLS 提供的这项服务产品相比生产物美价廉的新型洗衣机是在将产品功能最小化，但是却比生产这种新型洗衣机更可行（viable），因此，精益启动的产品（code）载体表现为最小可行产品。

（三）数据：越多越好还是越快越好

VLS 的乡村洗衣机项目之所以能够作为精益启动的典型案例，还在于这种方式的行动速度之快。与研发洗衣机相比较，这个行动非常快，而且成本低，这项服务使用现成的一辆车外加一台洗衣机需要花费几千美元，这要比研发设计一个所谓理想化的洗衣机产品的成本低很多。这也响应了本章之初“科学管理之父”泰勒提醒我们要关注的问题：如何避免有些时候看不见、摸不着、需要想象力才能解决的资源浪费。

VLS 不仅在想法和产品环节让我们感受到了精益启动之快，而且到了后面的数据收集环节，我们依然能感受到精益的资源节约逻辑。VLS 公司在一周的时间里，用货车装洗衣机的方式收集到了老百姓在洗衣服过程中关心的细节问题。有一些细节是创业团队事先就想到的，比如说老百姓来洗衣服的时候可能会关心衣服洗得是否干净以及收费高低的问题。但是，在这一周多的实验中，他们还获得了更多事先未料到的新发现，比如有些人洗衣服会愿意付双倍的价格以更快地取回干净的衣服，而不是像之前所想象的（或假设的）：大家都是为了便宜来洗衣服等。

从这些发现中收集到的数据，时间跨度不长，用户规模不大，却能够引导 VLS 团队随即对产品进行改造和优化，最终推向市场的是一个高度、宽度、摆放位置、工作流程等恰到好处的洗衣服务产品，同时还包括超长的延长线以保证能够接入电源等新细节。由此可见，精益循环中的数据，不是指当前时代所关注的大数据，并非越多越好，而是持续瞄准较短时间和较少成本的循环，以精准捕捉用户价值为标准，从而迭代和优化服务产品。因此，从某个角度看，BML 循环中的数据，不一定是大数据，可以是小数据，而且无论数据大小，目的都是认知改善和迭代优化。

（四）精益启动的总循环逻辑

通过以上分析，可以提炼出精益启动的循环逻辑（见图 2-3）。

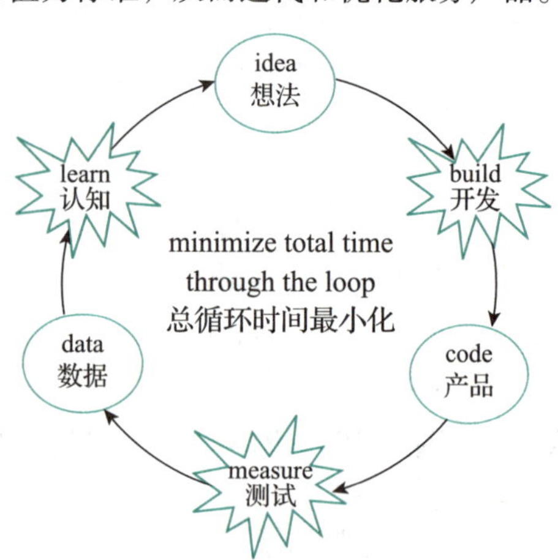

图 2-3 精益启动的循环逻辑

这个循环圈包括 BML 三个环节和 ICD 三个要素，共六个步骤。根据图示并结合案例可做出如下概括。

第一步，“想法”生成。在 VLS 案例中，“想法”体现为阿克沙·米拉想要解决用户的洗衣不方便问题。

第二步，创业项目进入“开发”环节。在VLS案例中“开发”表现为VLS创业团队针对解决老百姓洗衣不方便的这个想法，进行初步的产品构建过程。

第三步，“产品”形成。虽然中文用“产品”来表示“code”，但这里并不是指最终产品，而是指最小可行产品，在VLS案例中，“货车拉着洗衣机”就是这个项目的最小可行产品，是VLS团队开发构建的结果。

第四步，创业项目进入“测试”环节。类比于VLS案例中一两周时间的试验，创业者通过这样一个过程测试产品可能存在的问题并验证团队最初的一些想法（或者说是假设）。

第五步，“数据”集成。企业在这一环节中收集并获取有关用户需求的数据，如VLS公司收集到的用户数量、价位倾向、清洗时长偏好等一系列相关数据，据此帮助创业者及时了解用户需求。

第六步，创业项目进入“认知”环节。当然，“learn”也可以译为“学习”，不过，这个环节中的变化强调的是认知的改善或突破，可能是之前的想法或假设通过了验证，更可能是将认知向新方向调整，如VLS案例中迭代后的产品相比最初的最小可行产品有所调整，其本质是创业者认知、学习的过程。创业项目在历经“认知”环节后随即进入下一轮循环。

最后需要强调的是，上述循环逻辑的主线是由“想法—开发—产品—测试—数据—认知”六个步骤构成的，每个循环圈耗费的总时间应当最小化，而最小化的标准要以用户为核心，每个环节和要素都需要关注用户价值，围绕用户问题展开，创业者、创业团队、创业机会和创业资源等要素应当在精益启动中实现动态联动和高效匹配。

第四节　精益启动的常见方法

一、精益启动的五个方法简介

（一）重混

重混（remix）概念源于音乐艺术，意指对已有事物的重新排列和再利用，是将一个领域的资源与另一个领域的资源重新组合的配置活动，这一理念正在被更广泛地扩展到商业领域，实现诸如企业间资源、资产、能力的重新混合搭配。新价值往往产生于不同来源的思想和要素的重新组合，如劳动和资本、技术和品牌、硬件和软件、全球和区域等。在优势难以持久的当今世界，资产、能力、市场和人才的组合，比以往任何时候都重要。这种为创造新价值而进行的资源组合，称为重混。《连线》（*Wired*）杂志创始主编凯文·凯利（Kevin Kelly）将重混列为未来二三十年的重大趋势之一。重混对创新的贡献，在于它能够帮助人类打破狭隘的概念定义，突破僵化的认知定义模式和创造开放式的思维。

（二）最小化与可行性

最小可行产品包括两个重要的维度：一是功能最小化。最小化意味着产品功能要极简，关注重要且核心的功能，避免其他多余的功能，强调最小付出，其优势在于：易于宽容错误，便于清晰回馈，助于迅速启动。二是应用可行性。可行性意味着产品应用要落地，通过服务测试的开展，挖掘用户的具体需求，强调最快验证，避免陷入把可行等同于完美的误区。最小化和可行性看似矛盾，但在精益启动中却要同时兼顾，就像管理悖论一样，将二者融入整个精益循环当中，需要防止两种偏差：①片面追求功能最小化而使应用不可行，如过分压缩功能而使产品功能残缺导致无法应用；②片面追求应用可行性而使功能最大化，如过分强调应用范围之广而使产品功能过于繁杂，从而导致无法落实行动。无论最小化还是可行性，都是以验证创业想法或假设为目标。

（三）创新核算

核算是成功的关键，所有现代企业在管理中都使用了类似方法，但新创企业的未来充满不确定性，从而难以预料，无法精确地做出预测和确立阶段性目标，因此标准的核算形式不再适用。新创企业迫切需要一种新的核算方式，特别是用来支持颠覆式创新的核算方式，也就是创新核算（innovation accounting）。创新核算始于把信念飞跃式的假设转化为定量的财务模型，用以衡量新创企业做出的改变是否与既定目标相关，是否从改变中获得了真正的经验教训。创新核算使新创企业能够客观地证明自身正在学习和开发的是一项可持续的业务。

（四）五个为什么

“五个为什么”（5why）缘起于精益生产思想，精髓是把各种投入和预防大多数问题症状的方法直接联系起来。这套系统的得名来自提出五个“为什么”的调查方式，以了解究竟发生了什么，即问题的根本原因是什么。“五个为什么”分析论要求分析者按照问题的五个等级不断向每一级按比例投入解决方案。比如，一架机器停止运转了，“五个为什么”的提问过程可能体现为：①为什么会停机？（因为超负荷，保险丝熔断）②为什么会超负荷？（因为轴承不够润滑）③为什么轴承不够润滑？（因为润滑油泵不能有效抽压）④为什么润滑油泵不能有效抽压？（因为油泵的旋转轴磨损）⑤为什么旋转轴会磨损？（因为上面没有过滤器，导致金属碎屑掉进去造成磨损）像这样反复询问，有助于企业找到问题的根本原因并加以改正。

（五）转型

“pivot”这个词的英文原意是枢轴、支点、在枢轴上转动。在篮球场上，pivot 是一种运球转身的动作。在创业领域，转型这个概念常用于每个创业者迟早会面临的一项重大挑战：决定何时转型，何时坚持。比如创业者在开发一种产品的过程中，当取得的进展偏离了最初的战略假设时就需要做出重大改变。精益启动中的这种改变称为“转型”，即有条理的方向性改变，用来测试新的产品、战略和增长引擎的基本假设。当存在过多竞争、市场反应有限、创业认知改变以及部分业务过于突出的情况下，创业者可以考虑转型，但转型不是衰退或失败的标志，恰恰相反，转型显示出创业与环境的动态匹配性。

二、精益启动的方法应用导向

（一）小批量

所谓“批量”，是指一次有多少工作从一个阶段进入下一个阶段。比如，我们要封装100个信封，下意识的做法是一次性折叠100封信，再封信口，那么批量就是100。如果一次只装一个信封，并完成封信口的整个流程，在精益生产中被称为“单件流”。“单件流”代表的就是小批量的生产方式。小批量的方式在很短的时间内就能生产一件完整产品，而大批量的方式必须在最后阶段一次性完成所有产品。当生产过程中出现问题的时候，如果采用的是大批量的方式，要一直到接近流程终点才会发现问题，需要全部重新返工，而如果采用小批量的话，几乎能马上发现问题，也无须返工。精益创业的目的并非高效地开发更多的产品，而是尽可能迅速地学会如何创建一项可持续的业务。小批量方式可以让新创企业把那些最终可能被浪费的时间、金钱和精力降到最少。为此，创业者确定下来想要测试的假设，产品开发团队就应该尽可能迅速地着手设计并实施这项实验，使用最小的批量把任务完成。

（二）自适应组织

美国麻省理工学院在20世纪50年代提出的自适应控制系统的概念，是指系统按照环境的变化进行自身调整以使其行动在新的或已经改变了的环境下达到最好的或满意的特性和功能。精益启动也需要新创企业成为一个自适应组织，会根据当前的形势自动调整流程和表现。建立一个自适应组织的过程，通常表现为制订新员工培训计划，旨在让新员工在入职第一天就能够开始有效的工作，并在短时间的适应后能深度参与工作。为制订有效的培训计划，企业需要花费大量的精力将工作流程标准化，并准备新员工需要学习的概念课程。但实际上，培训计划是在企业自身发展和成长流程的演化中自然而然按序发生的。整个培训流程会经过不断适用和调整，使培训计划变得更加有效，从长期来看不会给企业带来过重的负担。当然，只盯着速度也是有害的，为了能做到恰如其分，新创企业需要有内置的速度调控器，以此协助团队找到最佳的工作节奏。

（三）增长引擎

增长引擎是新创企业用来实现可持续增长的机制。“可持续”剔除了所有能够使顾客量剧增但无长期影响的行动。可持续增长的特征体现为“新顾客是由以往顾客的行动带来的”。以往顾客推动可持续增长的方式主要有四种：口碑相传，产品使用带来的衍生效应，有资金来源的广告，重复购买或使用。这些可持续增长的来源为增长引擎的反馈循环提供了动力，使用正确的、可执行的指标来衡量发展进度对新创企业十分重要，但是到底要用哪些衡量指标却有多种可能性。新创企业必须关注那些能产生经过证实的认知的重大实验，并且增长引擎的框架结构为新创企业提供了一套相对小范围的衡量指标，这使企业可以集中精力关注最重要的几个方面。

三、精益启动的方法实施过程

（一）无处不在的重混

源于音乐艺术的重混，是精益启动非常有效的创新方法，强调的是对已有资源的快速并且创造性的利用。重混带来新价值，例子不胜枚举。全球DJ界重混“大咖”萨沙非常抢手，包括麦当娜在内的许多流行巨星都曾邀请他为他们的音乐进行重混，这些remix版本常常成为流行榜的大热作品，甚至比原曲更受欢迎。以《功夫熊猫》为代表的一些好莱坞电影，将东西方元素拼贴在一起，赚得盆满钵满。诺贝尔文学奖获得者加西亚·马尔克斯，戏仿神话传说、民间故事、宗教典故等现实与虚幻的要素，写出了《百年孤独》。哲学家叔本华，也颇像一位重混DJ，吸纳了柏拉图、贝克莱、莱布尼茨和康德等以往哲学家的思想，构建了一套“大杂烩”式的新学说。

结构主义人类学家在半个世纪以前，已经发现了重混背后的人类普遍思维规律。法国著名人类学家克洛德·列维－斯特劳斯，在他的《野性的思维》一书中写道：未开化人的具体思维与开化人的抽象思维没有高下之分，都贯穿着一个基本因素——符号，不同的思想，不过是这些符号的不同排列和组合。这与重混的思维本质不谋而合。

丹麦“重混”成为“风电王国”

丹麦虽只有不到600万人口，却是世界风力发电大国和发电风轮生产大国。在美国和丹麦的风电产品的创造性产业竞争中，丹麦胜出了。人们发现丹麦的风电产品开发基于农业设备领域的经验，而美国的风电产品虽然用了“高大上”的技术，例如空气动力学等一些创造性的技术，但是却不如丹麦基于现有农业技术的开发过程有成效，两国在风电技术的开发路径上有很大的差异（见表2-1）。

表2-1 拼凑和突破：丹麦和美国风电技术开发路径比较

行动方	丹 麦	美 国
设计方和生产方	①基于农业设备领域经验的启发式设计 ②关注焦点在于可靠性 ③注重设计方、生产方和供应方的合作网络 ④具有纵向扩展（scale-up）的步骤安排 ⑤在纵向扩展步骤内部和它们之间，努力进行产品开发	①基于航空航天框架体系的工程科学 ②关注焦点在于空气动力效率 ③忽视设计方、生产方和供应方的合作网络 ④欠缺纵向扩展的步骤安排 ⑤在纵向扩展步骤内部和它们之间，几乎没有产品开发
用户方	①面对各方用户开展直接学习 ②对提供重大投入的用户采取激励措施 ③动员并形成一个协会，发布风力发电机设备效果的比较分析结果	①针对特定有限用户群开展间接学习 ②对提供重大投入的用户鲜有激励措施 ③动员并形成一个协会，与生产方一道对政府部门进行游说
评估方	①合作开发机制 ②高度关注风力发电设备效果的检测比较 ③检测标准与正在开发的技术协同演进	①选择性机制 ②不太关注风力发电设备效果的检测比较 ③检测标准来自具有原发性的工程科学知识，且二者没有协同演进

（续）

行动方	丹　麦	美　国
监管方	①战略性引导不同行动方的活动 ②制定的政策引发了风电技术发展领域各方的参与积极性	①创造了但也意外关闭了巨大的机会空间 ②制定的政策几乎没有调动风电技术发展领域各方的参与积极性

资料来源：GARUD R, KARNØE P. Bricolage versus Breakthrough: Distributed and Embedded Agency in Technology Entrepreneurship[J]. Research Policy, 2003, 32(2): 277-300.

不可否认，当时的风电技术是一门高精尖技术，但是，这并不意味着创业者需要先填补和夯实技术知识之后才能着手创业活动。美国宾夕法尼亚州立大学拉弗·盖路德和丹麦奥尔堡大学彼得·卡诺两位学者的上述研究表明，丹麦的风电技术开发路径之所以稳步演进，并最终在风力发电产品和服务上远超美国并位居世界前列，原因之一在于创业者采取了独特的行动路线：没有仅盯着新技术的突破，而是关注已有资源的"拼凑"；不是在用新技术制作新"插曲"，而是对现有技术和市场进行"调音"。"拼凑"和"调音"其实都反映了精益启动的内涵，尤其为重混方法的运用提供了参考。

（二）不容小觑的最小可行产品

重混可能让音乐作品出得快，但最小可行产品（MVP）却提醒我们，音乐作品还要有水平。在音乐领域里有一种最小可行产品是歌曲的 demo（也可称为"小样"）。一些歌曲在正式完成之前，其作者会把它的 demo 版本发布出去，让大家提前听一听，虽然 demo 并不完善，但却会对作者完成最终音乐作品起到重要作用。新创企业最初推出产品的过程，也很像音乐人在推出新的音乐作品之前先推出 demo 的过程，他们在此基础上根据听众的反馈形成下一步的作品。巧合的是，体育领域里也有一个 MVP，是指最有价值的球员（most valuable player），其实，最小可行产品也可以视为"最有价值球员"，因为它对赢得整场创业"比赛"也至关重要。

我们再通过图 2-4 理解 MVP 对创业思维和行动的启发。图 2-4 的上半部分体现的是一种传统的思维方式，当想要生产汽车的创业者面对一个轮胎时，首先想到这事不可行，因为一个轮胎无法造车，想要生产汽车需要拥有四个轮胎和车身等各种各样的零件，于是，这种思维方式下的创业者一直没有采取行动，直到万事俱备的那一天（现实中可能并没有那一天）。图 2-4 的下半部分展示的是 MVP 的思维方式，当创业者面对只有一个轮胎的情况时，他会想到先在这个轮胎上加块木板，快速形成第一个初级产品：滑板。随后，又有了铁棍，虽然依然无法造车，但是，滑板却实现了升级换代，如此循环下去，再到自行车、摩托车甚至汽车，我们看到创业者在 MVP 的思维和行动路线下不仅实现了快速行动，而且不断使得产品推陈出新。

图 2-4　传统的与 MVP 的创业思维和行动

图 2-4 （续）

资料来源；www.image.baidu.com.

（三）关注细节的创新核算

假设我们重混了一首歌，有了一个样片（demo），然后把样片发布到平台上，之后你会关心什么指标呢？可能有人会说：点击量最为重要，因为点击越多，说明听的人越多，喜欢的人也会相应增多。果真如此吗？可能大家还会想到其他指标：收藏量、转发量、下载量、评论量和评论内容等。如果一首歌点击量很高却少有人评论，而另一首歌点击量一般却有较大比重的听友在评论，你会认为哪首歌更加成功呢？与此类似，精益启动的创业者要时刻提醒自己，创新活动也需要仔细推敲，因为有些指标是具有虚荣性的，而有些指标需要重点关注。

虚荣指标意味着一些衡量指标让创业者感到自己好像在进步，但实际上却没有取得什么实际进展。比如新歌上线后，每天都会有很多人来听，点击量从 10 000 人不断上升到 15 000 人，好像每天都在增长，但是，小心这里面可能暗含着虚荣指标问题。如果每天的点击量都来自新听众，这就意味着很多人听了第一次后不再听第二次，换句话说，这个看似美好的点击量数字的增长，只表明用户接触率的上升，但并没有保留住用户。

这就需要为新创企业设计一套新的核算制度，具体流程包括使用最小可行产品确定企业目前所处阶段的真实数据；尝试把增长引擎从基准线逐步调至理想状态，这期间可能要经过多次尝试；而后，做出决策：转型还是坚持。比如在产品研发中，创业者通过将同期群（cohort，也称同期群组）和产品生命周期相结合进行分析，防止虚荣指标的欺骗性，找到更有价值的真实指标。由此可见，创新核算意味着创业者在快速循环的精益启动过程中需要关注看似乏味的细枝末节，通过细分业务选择正确的导向和路径，为此，新创企业要及时衡量进度，确定阶段性目标，据此优化工作分配，明确职责。

（四）打破砂锅问到底的“五个为什么”

“五个为什么”传递的创业理念，不是问了多少个为什么，而是对创业问题本源的一种“打破砂锅问到底”的科学方法。比如新款手机发生爆炸事故，问题根源会是什么？第一个“为什么”可能找到电池或电路板的原因，而通过“五个为什么”层层剥茧，我们很可能会发现问题的根本原因并不在于电池或电路板本身，而在于这款新手机研发求快导致的生产供应环节出现的偏差。如果没有打破砂锅问到底，也许解决方案只是囿于生产环节，而不会触及出问题的本源，即研发与生产脱节。

“五个为什么”在运用过程中要注意以下几个方面：一是按照比例投入。这是指按问题的五个等级，不断向每一级按比例投入解决方案，当症状较轻时，投入得少些，而症状较重时，则要多投入，除非遇到重大问题，否则不做大笔投入。二是调节运行速度。对新创企业而言，团队运行得太快也是一种危险，为了争取时间而牺牲产品质量，会造成疏失错漏。问题越多，对解决方案的投入也越多。因此，“五个为什么”应当帮助团队找准问题，当危险的严重程度降低后，创业团队的运作又可以重新加速。三是结合学习认知。“五个为什么”不只和具体执行相关，也和学习认知的速度紧密相连，是一种有效的组织技巧，可以与小批量方式结合使用，为企业提供所需的认知和行动架构，帮助其对出现的问题快速做出响应，并且不会造成过度投资或过度开发。

（五）打好方向盘的转型

我们通过采用共享经济模式的租衣平台 Rent The Runway 公司（以下简称 RTR）的几次转型来理解精益启动的转型特征，当然，这个过程也可以呈现精益启动的循环逻辑链条。

RTR 成立于 2009 年，专为参加特定活动的人们提供设计师礼服租赁服务，被称为“线上租衣鼻祖”。两位联合创始人詹妮弗·海曼和詹妮·弗雷斯有了这个金点子后，并没有马上开工打造 RTR 的租借服务，而是找到一批品牌供应商、设计师和目标用户，请他们体验 RTR 的服务模式，并收集一切反馈意见（尤其是那些质疑的声音）。

例如，她们通过了解顶级设计师的反馈，认识了项目的不足之处，意识到自己的生意可以和这些供应商共赢合作而不是成为竞争对手，现在 RTR 已经拥有 200 多个合作设计品牌。再如，她们用自己的储蓄买了一百件品牌礼服（型号都是她们能穿的，以免生意失败，没人穿），然后在哈佛大学和耶鲁大学里试着推广这批礼服，看看谁是潜在客户以及在没有试穿的情况下租借体验如何。这次试验让她俩有了新的发现，她们不必提供太多型号而是可以只提供两种型号。当然，挑战伴随着整个过程，她们在打好转型方向盘时，始终坚持用户问题导向，比如在加强和客户的一对一交流、提高发货和退货速度的同时，RTR 还派生出该商业模式的一个副产品：干洗服务。

通过转型实现增长，创业企业有必要关注以下增长引擎：一是黏着式增长引擎，它意味着要非常仔细地追踪用户流失率，如果取得新用户的比率超过流失率，产品用户量将会增长；二是病毒式增长引擎，它意味着让产品名声在人群中实现病毒式快速传播，依靠人和人之间的传递提高产品认知度，带动增长；三是付费式增长引擎，虽然也是由反馈循环提供动力，但除此之外，每位顾客在“生命周期”内会为产品支付一定的费用，扣除可变成本后，剩下的部分通常被称为顾客的“生命周期值”，这项收入可用于企业继续成长的投资。

创业的技术行动

旷视科技：抢先一步

多次登上 CB Insights《全球 AI 独角兽公司 100 强》榜单的中国企业旷视科技的创始人印奇认为：“人工智能本质上就是一场技术革命。任何一项技术的早期，都面临着性能不够成熟、成本很高的问题。如果直接面向消费者，往往很难规模化。而很多传统行业对效率的提升有很大的需求，能最先适应人工智能技术的应用。”换言之，人工智能创业之初，直接用前沿的人工智能技术创作“插曲”很难，而将并不完美、尚待完善的人工智能技术直接对现有市场“调音”更易。

在人工智能的赛道上，技术实力固然重要，但能否实现商业化落地也极为关键。相比美国，中国企业在行业应用中跑得更快、更稳。2015年，在很多人工智能新玩家还没诞生的时候，旷视科技和支付宝就抢先在行业中推出了刷脸登录功能，后又陆续推出人脸身份验证平台，一举攻下了几乎所有银行、互联网金融和互联网应用的用户身份审核市场。之后旷视科技更是和蚂蚁金服共同实现了全球首个“刷脸支付”的商用落地，再次显示出其惊人的产品化能力和增长速度。

本章结语

精益启动就是创业者的“春种”，他们像农民一样快速抢占“春天”的黄金时机，开启充满希望的新事业。不过，我们还需要继续探寻“春天”的细节，精益启动的黄金时机是何时？下一章将会从春季的六个节气入手一一解析。

思考与练习

1. 如何理解精益启动的核心内涵？这对创业者认知有什么挑战？
2. 什么是BML循环？BML循环为什么要求总循环时间最小化？
3. 精益启动逻辑链条围绕用户价值展开。请结合你所了解的创业者或创业企业案例，谈一谈他们是如何实现“创业价值与用户价值统一”这一目标的。
4. 精益启动的常见方法有哪些？请以小组讨论的方式，设计一个创业项目，并分析如何在项目初期应用这些方法。
5. 你还知道哪些反映春天的音乐或绘画艺术作品？请结合这些作品对春天的描述，谈一谈精益启动与农民春种的异同。

第三章
CHAPTER3

春季节气智慧与精益启动节点问题

⊙ 学习目标

- 认识创业者的特质和内涵
- 了解创业者的投入成本
- 理解创业团队的组建和治理
- 认识创业想法的内涵和生成方法
- 掌握创业机会开发的规律
- 理解创业资源的类型和获取

⊙ 创业的艺术思维

在第二章的精益启动部分，我们学习了创业者“抢春种”的精益启动快速循环逻辑，本章将继续关注创业的“春种”部分，进一步探讨春季节气智慧与创业节点问题。说起歌唱春天的音乐作品，《春天在哪里》可能最为大众熟知。这首歌问了一个好问题：春天在哪里？创业者“春种”忙，但不能“盲”，创业的“春天”在哪里？其实，《春天在哪里》这首歌里面就藏有答案，为我们理解春季节气智慧和创业节点问题提供了思路。歌词这样写道：春天在小朋友的眼睛里，春天有红花，春天有绿草，春天有会唱歌的小黄鹂。这幅春天的图景也映射出创业管理金字塔体系的三类要素：创业者（小朋友）和创业团队（小黄鹂）、创业机会（在小朋友眼睛里）、创业资源（红花绿草）。在这些要素互动的情境下和歌声里，我们将从春季的六个节气入手，认识并解决创业者在“春种”时经常遇到的节点问题。

第一节 立春：谁是创业“春姑娘”

节气 X 创业

立春，季节类节气之一，时间通常在公历每年的2月4日前后。“立”即开始，“立春”便是春天的开始。《立春》诗有云：“东风带雨逐西风，大地阳和暖气生。万物苏萌山水醒，农家岁首又谋耕。”这一时节，人们明显感觉到温暖，草木萌动。民谚有“立春阳气生，草木发新根”。春天，意味着风和日丽，意味着耕耘播种，更意味着万物生长。

创业管理中的创业和创业者也与“春”有着微妙的联系。创业，就好似耕耘播种，而创业者，正是“春姑娘”。创业者是主导劳动方式的领导者，是0到1的创业现象的创造者，是需要具备使命感、荣誉感、责任感的人，是组织运用服务、技术、器物作业的人，是一种具有思考、推理、判断能力的人，是能使人追随并在追随的过程中使他人获得利益的人，是新事业的启航者。创业者就如同“春姑娘”一般浇灌呵护着创业种子，同时努力为创业种子的成活、成长、开花、结果做着最大的努力。

一、创业者的基本内涵

著名经济学家理查德·坎蒂隆在18世纪首先将“entrepreneur”引入了经济管理研究领域，提出了“创业者”的概念。他认为创业者是组织生产经营并在面临风险的情况下做出决策的人。随后，一系列学者开始重视“创业者”这一概念，并从不同的角度做出了解释。亚当·斯密在《国富论》中定义了创业者的角色，认为创业者是企业活动的计划者和组织者，这是关于创业者角色的雏形。此外还有学者认为创业者是能够识别市场中的创业机会，并且能够利用各种创业资源将这些创业机会进行开发并从中获得利益的人。从广义来讲，参与创业过程的全部人员都可以被称为创业者，因为这部分群体都参与了创业企业的创建与发展；从狭义来讲，参与创业活动的核心人员才可被称为创业者，因为只有创业活动的核心人员才具备创业者的特点（如创新性、风险承担性、先动性等）。综合国内外学者的观点可以发现，创业者是指参与到创业过程中并能够对创业过程的核心环节发挥主导作用的人，他们主导机会的识别和开发、资源的获取和整合、新产品的生产和运营等关键活动，并且能够引导创业价值的产生和创造，推动创业过程不断向前发展。

二、创业者的理论视角

（一）创业者天赋说

古典政治经济学的奠基者、著名经济学家理查德·坎蒂隆在《商业性质概论》中赋予了创业者“风险承担者”的描述。其后，萨伊的“超级劳动者”（superior laborer）、亚当·斯密的“工业人”（industrial man）等也都是古典主义经济学家针对创业者经济内涵的较早定义，创业者也被赋予了超乎常人的特质，这些都一直影响着后来的研究。尽管到了19世纪，新古典主义经济学家也仍未将创业作为研究主体单独提炼，但19世纪之后的研究则开始关注创业者对于整体活动的影响，这一时期的研究突出了创业者个人及其创业精神在经济发展中的作用，创业活动在精英思想的主导下被视为少数特质人群的特殊活动，而且创业被视为具有优秀人格和心理特质的少数人群的专属行为，由此形成的创业者特质论开始流行。不可否认，大多数有影响力的创业者在其以往的经历中，总有某个或某些方面的过人之处，比如他们的胆识、毅力、眼光等，这就加剧了学术界对于创业者与非创业者之间的差异以及创业者特质是否天生具备等问题的争论。“创业成功与否取决于创业者的天赋”，这样的观点至今仍然很有市场，由此出现了“创业者是无法培养的，创业者是天生的”的说法。

（二）创业者行为说

20 世纪 70 年代的两次石油危机导致了世界经济衰退，同时也引发了学界对“创业者神话”的质疑，开始反思以人格和心理特质为主题的创业研究和结论。美国哈佛大学在 20 世纪 40 年代创办了创业历史研究中心，这也是世界上最早的创业研究中心。他们的主要任务之一就是试图找寻出能够从芸芸众生中识别出创业者的科学途径。可是，在漫长的时间里，他们的研究和努力并没有换来答案。时任中心主任阿瑟·科尔教授曾感叹：“在十余年的时间里，我们执着于定义‘谁是创业者’，却一直没有成功，因为我们每个人都有着各自的定义，而且我坚信，其他学者也都在对创业者进行着不同的界定。”20 世纪 80 年代以后，创业者特质理论更是全面受到学界的质疑。部分学者提出创业的本质是创新，并提出创业精神可以通过系统学习获得，越来越多的研究显示：并未发现创业者在心理层面有别于常人的显著证据的存在。萨阿斯·萨阿斯瓦斯指出，更准确的区分方式并不是将人们简单地分成创业者和非创业者的二分法，而是应该将这种人群差异看成一个概率分布。在这个概率分布中，有一些人只要不存在难以突破的限制条件，就会自然而然地成为创业者（即“天生的创业者”）；有一些人即使在有利的条件下也不会踏上创业的征途（即“天生的非创业者”）；至于大部分人，在某种条件下，他们可能会成为创业者，而在其他条件下，他们可能不会成为创业者。当前，虽然创业者的特质研究依然在继续，但与此同时，创业者的行为也日益受到关注。一些学者强调，创业者是整个创业活动的实施者，是发现、评价和利用创业机会的主观能动的主体，是推动创业进程并影响创业成败的关键要素。

三、创业者的知行分析

立春，是春季的第一个节气，拉开了万物复苏的大幕。春回大地，春姑娘来了。那么，谁是创业四季的“春姑娘”呢？答案正是创业者自己。创业者就是通过精益启动开始创业之旅的“春姑娘”，但不是从天而降的神话人物，而是可以通过后天习得并得以成长的创业管理者。

（一）关于创业者的谬论与真相

开启创业之旅的人正是创业者自己。创业者虽然可以用“春姑娘”进行比喻，但却不能被神化。可惜的是，现实中对创业者的不少认识都存在将创业者神化的倾向，这些固化的认识，比如创业者具备很多常人无法或难以学习的特质和禀赋，其实与现实中的很多调查和案例存在偏差。表 3-1 对常见的关于创业者的谬论与调查研究发现的关于创业者的真相进行了对比。

需要说明的是，表 3-1 列出的只是关于创业者的部分观点和发现，并没有涵盖所有的想法和研究结论，其目的在于提醒我们避免对创业者产生错误认知，要通过研究发现总结的科学规律来认识创业者。毕竟，创业者是创业过程的起点要素，更是最富生命力、最具能动性的要素，关注创业者这个特殊群体具有必要性，这有助于人们找到发现和评价创业者的标准。

表 3-1 关于创业者的谬论与真相

谬 论	真 相	谬 论	真 相
远见卓识	起步阶段通常没有明确的目标，但有明确的愿景	意志坚强	意志坚强？是的，但这并不奇特
预见未来	不迷信能预测未来的推测、判断和市场研究	有创造力	创建新事业，但并不一定都是原创的
敢担风险	不大喜欢冒险；善于降低和分散风险	傲慢自尊	傲慢自尊？只是有时如此
极其自信	自信？其实与普通人差不多	控制欲强	控制欲强？有时如此，但谁又不是这样呢
坚决果断	坚决果断？是的，但很多人也都如此	高度乐观	过度乐观可能是一种性格缺陷

（二）创业者的创新技能

虽然不能将创业者的特质加以神化，但是创业者的个体特质在创业过程的前端，对创业意图的形成和落实等起着至关重要的作用。纵观整个创业研究的发展脉络，我们不难发现，无论是将创业置于经济活动框架中的古典主义和新古典主义经济学家，还是 20 世纪中期以后将其融入人文社会科学的多元化特质论研究的学者，都能够找出创业者在企业初创时期在个人进取、价值取向和自信、乐观、向上的态度等方面上的特质以及技能提升的重要作用。如果从创业的核心属性——创新性的角度去重新审视创业者的特质和技能，我们可以从中取得正面的启示和实践的经验。

创新特质是创业者的基因，它蕴含了以下五种技能：一是联想。有创意的创业者善于把似乎互不相干的问题或点子连接起来，从中挖掘新的方向，直到他们找到适合自己企业的创新点子。例如，苹果公司前 CEO 乔布斯对书法的兴趣就引致了以图形为基础的使用方便的 Mac OS 操作系统的产生。二是观察。最具创新能力的创业者常常是“很细致的观察家”，他能够首先观察到用户遇到的种种不便，通过对这些行为细节的解析，得出有效解决问题的构想，并创造出受欢迎的新产品。三是实验。这反映了创业者积极尝试的态度和作风，当面临挑战时自己想办法解决，将最初的想法做各种尝试，最后建成独到的商业模式。四是质疑。创业管理在实际生活中其实就是在解决问题，一个人也许善于观察或做实验，但如果他没有任何疑问，就不太可能去观察、探索并得出结论，因为他可能从没有想过这些问题，因此，超强的质疑能力也是必不可少的。五是建立社会网络。谈到人脉，容易让人想到社交活动，对创业者而言，社会网络的建立有助于他们与观点完全不同的人建立联系，从而扩大自己的知识范畴，促进创新想法的生成。

乔布斯的“想象”

披头士乐队主唱约翰·列侬的《想象》(*Imagine*) 是苹果公司创始人乔布斯最钟爱的歌曲之一。歌曲节奏舒缓，让人精神放松，但是，藏在歌声里的，还有一股暗涌的激情。歌曲开篇唱道：“想象这个世界没有天堂，只要你试一下，这事很简单。想象这个世界没有地狱，在我们的头顶只有天空。想象世间所有的人，只为今天而活。想象这个世界没有国家，只要你去做，这事并不难。”结尾处，更加契合乔布斯身上的创业特质，“你也许会说，我是个做梦的人，但我不是唯一的一个。我希望有一天你会加入我们，那世界将会合一”。创业者是创业的起点，乔布斯的传奇和他钟爱的这首歌，为我们展示了一幅浩大的创业景象。场景中心是王者般的创业者，他们在“想象”的引领下前行。《想象》这首歌唱出的那股无形的却能震撼人心的“想象”力，不就是创业者身体中蕴藏着的能够创造奇迹的无限潜能吗？最重要的是，“如果你愿意，这个奇迹就会实现”，这也正在这首歌里最打动人心的一句歌词。

（三）创业者的先前经验

20 世纪 90 年代以来，关于创业者在创业之前的经验（“先前经验”）的研究进入创业学者的视野。研究发现，对创业有影响的先前经验主要有：行业经验，即曾经在新企业所处的同一行业中工作过的经验；创业经验，即创建并管理新企业的经验；管理经验，即从事领导及管理工作的经验；与新产品开发、特定的技术研发及与某类顾客打交道的独特经验；其他职能经验，如从事研发、市场营销、财务等工作的经验。先前经验对机会的识别及所发现机会的创新、资源获取、战略选择、新企业生存和成长绩效有影响。还有研究认为，行业经验、管理经验比创业经验对新企业绩效的正向影响程度更显著，创业者从中积累的人力资本和社会资本以及工作所处的社会阶层等也会对创业产生深刻影响。更为重要的是，这些经验可以通过后天获取，能够被有意识地积累和提升，因此，对先前经验的研究具有较为广泛的应用价值。

（四）创业者特质嵌入过程

当实践中的创业者面临两难选择、遇到挫折困惑时，他们能否积极面对，会受到创业者特质的影响，特别是随着创业企业的生存和发展，创业者特质的作用程度和方向也会发生变化。为此，更有价值的认识是，将创业者特质嵌入创业过程中进行动态分析。在创业活动的前端，特别是对创业意图的形成方面，创业者特质可以作为一个自变量或中介变量加以研究：是否正是由于或经由这些心理层面的意义，导致或影响了创业意图的形成。而在创业活动过程的中端和后端，这些因素又在某种意义上对于创业决策和经营活动起着调节作用。总体上，创业者特质嵌入整个创业实践过程的始终，因为创业行为是一个动态持续性的发展过程。

由此可见，创业行为是指创业者在分析并识别创业机会的基础上，充分利用可控资源开发创业机会并对其进行综合管理的系列活动，也是为使新组织成长而实施创新性的任务组合。在这个过程中，创业者起到整合资源、识别并开发创业机会的作用，处于核心地位。创业行为主体就是创业者，创业者特质直接或间接决定了创业者在创业过程中所采取的行动和策略。因此，开启创业“春天”的“春姑娘”就是创业者。

第二节 雨水：创业汗水和泪水

节气 X 创业

雨水

雨水，降水类节气，时间通常在公历每年的2月18日或19日，预示着降雨的开始。这天之后雨量渐增，“东风解冻，散而为雨”很好地描述了雨水节气的特点。雨水过后，日照时数和强度增加，气温回升加快，来自海洋的暖湿空气开始活跃，并渐渐挺进。与此同时，冷空气虽在减弱的趋势中，但仍不甘示弱，与暖空气频繁地进行着较量，不甘退出主导的地位，也不肯收去余寒，两相对抗中便产生了连绵的降雨。

这连绵的降雨就好像创业中的汗水与泪水。久久不愿散去的冷空气就好似创业路上那一个个困难与桎梏，创业者在创业的道路上，得随时待命，在救火员、调解人、警察、谈判者、保姆、清洁工等角色之间切换，解决公司、团队和消费者面临的各种问题，在艰辛的努力下不断前进，洒下辛劳的汗水。各个行业的创业都需要强大的承压能力，承受公司财务上的反复波动以及个人情绪的起起落落，有时流下辛酸的泪水也在所难免。然而，创业并不是一条直线，在遭遇逆境和失败时，创业者不能停下来，而要带着汗水与泪水不断前进。

一、创业面临风险

风险是在一定条件下可能发生的各种结果变动的不确定性。新创企业充满不确定性，因此面临的风险因素是无法回避的，而新创企业必须快速发展，否则就会加剧创业风险，被迫退出市场，直接导致创业失败。创业风险就是创业过程中所存在的风险，直接来源于五个缺口：融资缺口、研究缺口、信息与信任缺口、资源缺口、管理缺口。其根本来源是“创业环境的不确定性，创业机会与创业企业的复杂性，创业者、创业团队与创业投资者的能力和实力的有限性”，而创业风险就是由以上原因导致创业活动偏离预期目标的可能性及其后果。

二、创业承担成本

创业是有成本的，这些成本对创业活动形成阻碍。创业者需要付出大量的时间和精力获取并整合有效的创业资源，并且承受巨大的风险和压力。资源的获取与整合贯穿整个创业过程。创业者要能够有效识别各种创业资源，并且积极借助创业者和新创企业的内外部力量对资源进行组织和整合，更好地创造价值。但是在不确定情境下获取资源具有很大的风险，创业者需要为此承担一些必要的成本。创业成本指在创业过程的各阶段中所有的资源投入，从狭义上看，主要指生产要素成本，包括资金、劳动力、土地、原材料等；从广义上看，创业成本还应考虑市场风险、创业者情感、社会资源损耗、创业失败成本等方面。此外，还存在创业的机会成本，因为选择了创业，创业者失去了其他职业选择的机会。

创业成本主要包括两个方面。一方面，各种生产要素成本。创业者在整个创业进程中，不断向创业企业投入各种资源，如厂房、设备、资金等；同时，很大比例的创业者在创业筹资过程中会向亲朋或银行借贷，产生个人债务。一旦企业失败了，这些钱或资产就极有可能全部损失掉。不仅如此，创业者还有可能被要求承担远远超过个人净资产的连带责任，甚至有些时候由于创业所欠下的债务多年才能偿清。另一方面，市场和社会成本。全球化的市场、不可预测的竞争者动向、快速的技术变化和信息的快速迭代使得创新创业活动面临的不确定性增加，创业者为了避免失败要时刻保持对市场的警觉和感知，尤其是在快速变化的非连续性环境中，不少白手起家的创业者在资源获取上往往依托其社会网络，比如最开始的创业资金往往从家人、亲戚、同学、朋友等比较亲近的社会关系人处借来，这就意味着创业者几乎要全身心投入，使得工作和生活的边界日益模糊。

三、创业者应对风险的投入

雨水，春季的第二个节气，很容易让人联想到这个时候应该来一场及时雨了。比如，“立春”后的创业者此时应该得到天降雨水的相助，但是很可惜，天上不会送来一个“春姑娘”，因为“春姑娘”就是创业者自己。同样，天上也不会轻易降下雨水，那么，雨水来自哪里？此时的“雨水”实则就是创业者付出的汗水和泪水，创业者用这些“雨水”应对创业启动中的风险挑战和艰辛困苦。

（一）创业维艰需要创业者投入

创业是在高度不确定情境下的试错性行动，这就意味着创业者在启航时要意识到这是一件“比难更难的事”。例如，情境的不确定性、创新创业活动的新颖性、机会窗口的短暂性，以及创业者面对的时间压力和信息超载，都增加了创业者犯错和失败的可能性。失败对创业者来说是痛苦的、具有破坏性的经历，它会带来创业者财产的损失、自尊的降低和社会地位的下降。

创业者除了有形的物质投入，还有无形的情感投入。创业者与其所创建的企业之间总是存在着一种紧密的情感上的联系，创业者的创业动机不仅仅是为了个人获利，也包含了对于产品、市场和顾客的忠诚、个人的发展以及自身价值实现的需要。创业者的创造行为是他们对美好事物或是一些理想的主观表达。一般地，创业者对创业活动中的情绪投资越持续（创业者经营新企业的时间越长），情绪成本越高。一旦创业失败，会带给创业者悲痛、伤心、自责、内疚、愤怒、焦虑等许多负面情绪，使其产生无助感，对自我价值和能力产生怀疑。这就不难理解为何有人说创业最大的风险在于创业者的心理健康状况。

（二）推动创业进程需要创业者投入

创业者是有梦想的一群人，但实现创业梦想的道路充满艰辛，风险与挑战时刻相随，因此，创业者首先是需要全身心投入，不是靠天吃饭，而是用自己的汗水和泪水作为创业路上的“雨水”，浇灌创业的“种子”，使其生根发芽并茁壮成长。

麻省理工学院心理学教授卡梅隆·哈罗德曾用一张图（见图 3-1）反映了创业者的心理起伏。第一阶段“无知的乐观”(uninformed optimism)：创业正“驶向”过山车的顶端，此时创业者经历到的是一种高度兴奋与紧张的感觉。第二阶段“知情的悲观”（informed pessimism)：随着创业到达曲线的顶端，创业者会获得更多信息，但是也会感受到紧张以及畏惧。第三阶段“价值危机”(crisis of meaning)：创业者经历着恐惧和绝望，感觉自己很无助，正站在悬崖边上准备跳下，这是一个关键时刻——可能走向“崩溃 / 毁灭”，也可能得到支持并越过转角。第四阶段“知情的乐观”（informed optimism)：创业者经历了大风大浪，一切似乎尽在掌握之中，此时可以说进入了一种谨慎的乐观状态。

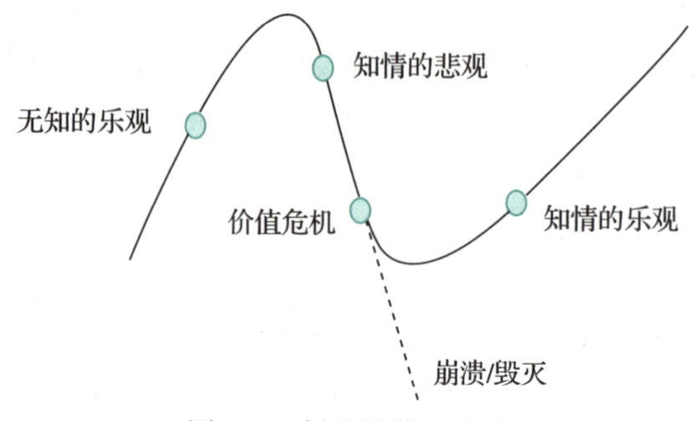

图 3-1 创业就像过山车

这张图反映出创业像一个过山车的过程，其间伴随着创业者在上升期的乐观和下跌期的悲观，这些乐观和悲观情绪交织的背后，也是创业者全身心投入的得与失的交错。刺激的过山车场面，反映了创业维艰，也正是在这样的起起落落之中创业者不断成长，用辛勤的汗水和悲喜的泪水诠释起死回生的精彩历程。真正的难题不是拥有的梦想过于伟大，而是创业者在半夜一身冷汗地惊醒时发现，梦想变成了一场噩梦。正如本·霍洛维茨所言：“为了使梦想成为现实，创业者必须经过无数个日夜的艰苦奋斗、奋力拼搏，用足够的努力去实现梦想，避免梦想变成噩梦，让自己陷入旋涡。”

创业者永远“在路上”

中央电视台曾经有一档非常有影响力的创业励志节目《赢在中国》，节目主题歌是《在路上》。这首歌的词作者包括张瑞敏、柳传志、马云、牛根生等创业者，歌词述说了创业者的付出和创业之路的艰辛，更有创业者对梦想的坚持。

让我们一起看看歌词，同时结合所熟知的创业者故事，体味创业者“在路上”洒下的汗水和泪水：

那一天，我不得已上路，为不安分的心，为自尊的生存，为自我的证明。路上的心酸已融进我的眼睛，心灵的困境已化作我的坚定。在路上，用我心灵的呼声；在路上，只为伴着我的人；在路上，是我生命的远行；在路上，只为温暖我的人。

第三节　惊蛰：惊醒创业小伙伴

节气 X 创业

惊蛰

惊蛰，物候类节气，时间通常在公历每年的3月5日或6日。“蛰”是“藏”的意思，惊蛰时节，春雷催生，冬眠蛰伏的虫子受到惊动，从泥土里钻出来，开始了新的一年的活动，无论是动物还是植物，都进入了旺盛的生命期。正所谓“过了惊蛰节，春耕不停歇”，惊蛰过后，天气回暖，春雷始鸣，提醒农民开始新一年的农耕劳作。

在创业路上，“惊蛰”意为“惊醒创业小伙伴”，其实就是寻找创业合作者、组建创业团队的过程。创业团队是少数且能够互补的创业者为了实现共同的创业目标而组建的团队。他们在集体创新、分享认知、共担风险、协作进取的过程中，形成特殊的情感，创造出高效的工作流程。创业者从单打独斗到集体智慧，需要创业团队的成功组建和有效治理。没有团队，创业或许可以起步，但想要成长壮大，创业团队不可或缺。

一、创业团队的组建与治理

（一）创业团队的组建

创业团队由两个或两个以上的个体组成，为了达成共同的创业目标和各自的重要利益，共同积极参与创业的重大决策和具体的创业活动。初创时期，创业团队组建的目的在于成功地创办新企业，随着企业成长，创业团队可能会发生成员的进出变化。新组建的高管团队是创业团队的延续，其目的在于发展原来的企业或开拓新的事业领域。创业团队成员往往处在企业高层管理者的位置上，他们会对企业重大问题的决策产生影响，甚至会关系到企业的存亡；创业团队成员往往拥有公司股份，以便团队成员拥有更强的责任感来参与决策和关心企业成长；创业团队成员所关心的往往是公司全局性的、战略性的决策问题；创业团队成员对公司有一种浓厚的感情，其连续性承诺（由于员工对组织的投入而产生的一种机会成本，足以让成员产生不离开组织的倾向）、情感性承诺（个体对组织的认同感）和规范性承诺（个人受社会规范的影响而不离开组织的倾向）都较高。

（二）创业团队的治理

创业团队治理需要解决的核心问题是创业团队成员间的互动关系。与组织间关系一样，创业团队成员之间既不是等级关系，也不是纯粹的市场关系，而是同时拥有所有权和经营权、相对独立却又相互依存地进行分工协作的伙伴关系。创业团队治理是团队成员间的一种激励与控制机制，即通过采用一整套包括正式与非正式的制度安排来合理地界定和配置创业团队成员间的权利与责任，协调其互动合作关系，使得团队成员在求同存异的基础上能有效地平衡好个体人力资本优势和团队效应，以保证创业决策的科学性、有效性，从而实现成功创业，在团队整体收益最大化的基础上最大化团队成员的个人收益。

二、创业团队的构成与演化

（一）创业团队的认知能力

创业团队的认知能力嵌入创业的情境中，通过团队成员间的心智交互，促进团队内部知识的组织、分配与加工，从而实现对团队特定任务的共同理解、团队专长知识分布的准确把握以及团队认知过程的监督和反思，促使创业团队作为一个协调的整体来完成创业任务。对创业团队的认知可以从以下三方面进行理解：第一，从状态观出发，强调在开展创业任务时团队成员间心智模型的相似性和共同理解力；第二，凸显团队互动过程在形成创业团队认知中的重要作用，强调团队互动的本质在于团队内部知识的组织、分配与加工过程；第三，从能力视角来看，创业团队通过多主体间的心智交互，能够及时感知团队内外部的环境变化并进行适时调整。因此，创业团队认知的内涵中应体现出具有动态性特征的认知调节功能，凸显元认知（对认知的认知）理论中对认知的监测和控制能力。

创业团队认知的前置因素可以分为认知基础要素、认知互动要素以及情绪体验要素。认知基础要素是指创业团队完成认知任务过程中可利用的知识结构、技巧或资料库等，这些要素决定了创业团队的认知需求以及对信息的加工程度。创业团队由多个成员个体构成，团队成员的个体差异是影响创业团队认知形成的最基础变量。团队认知是团队成员在不断交替互动的过程中所构建的认知。因此，团队认知属于社会化的认知现象，其很大程度上取决于任务情境中团队成员的互动。

（二）创业团队的成员异质性

创业团队的成员异质性指的是创业团队成员在个体特征上的分布差异，即创业团队成员在性别、年龄、专业知识、教育背景、价值观和人格等特征上存在的差异，而且这种差异能够在团队成员之间形成能力以及资源的互补，同时也能导致团队成员之间产生团队冲突。

通常情况下，创业团队在新企业开始创建之前就已经存在。因为创业团队中成员在性别、年龄、价值观、教育背景以及社会背景等方面各不相同，所以创业团队不可避免地存在成员异质性的问题。社会认同理论奠定了研究团队异质性的理论基础，认为个体对于自己所在群体的成员身份的认识是产生群体行为的基础条件，个体对于某群体的认识会严重影响个体的态度、感觉以及行为。团队异质性指标不应仅仅包括团队成员在年龄、性别、教育水平、种族、任期等人口统计学特征上的差异性，还应当包括团队成员在经验、认知、专业知识技能、教育背景、社会背景以及价值观等深层特质上的差异性，并且团队异质性与团队目标的实现和团队绩效之间具有显著相关性。

（三）创业团队的演进变化

创业之初，创业者资源禀赋匮乏，仅有未经证实的人力资本，但随着创业活动的推进，创业团队成员的人力资本逐步得到证实，从而引发团队在演化各阶段中的人力资本结构的优化与创业团队治理模式的改进。在创业团队的组建阶段，团队人力资本未经证实，创业团队治理更倚重关系治理模式。在创业团队的发展阶段，团队人力资本逐步得到证实，创业团队治理采用关系治理手段与契约治理手段并重的治理模式，随着新创企业的成长，关系治理手段逐步减弱，而契约治理手段则逐步增强。在创业团队的解体阶段，团队人力资本基本完成证实，创业团队治理更倚重契约治理模式。

三、创业团队的属性与作用

惊蛰，春季的第三个节气，原意是天上春雷惊醒了蛰伏的小动物，而在创业精益启动的过程中，则意味着“惊醒”了创业的小伙伴。创业的“春姑娘”——创业者，在雨水时节洒下了自己的汗水和泪水，到了惊蛰节气，他们不再是一个人战斗，而是有了一群可以与之共同完成创业之旅的创业伙伴。

（一）创业团队像大合唱团还是像小乐队

图 3-2 中的左右两张图片分别是大合唱团和小乐队，不知大家觉得创业团队更像左侧图片还是右侧图片？有人可能选择左边，因为大合唱团代表大家心往一处想，劲往一处使；但也有人可能选择右边，因为小乐队中每个人发挥着不一样的作用，而且每个人又必不可少，在相互配合中完成独一无二的作品。创业团队到底像大合唱团还是像小乐队，这个问题没有标准答案，却可以为我们组建创业团队提供思路：不仅需要考虑团队成员，还需要关注创业情境。

图 3-2　两种团队组织形式

资料来源：https://image.baidu.com.

创业团队的英文是 entrepreneurial team，可缩写为 ET，而说起 ET，不少人会想起一部电影——《外星人》（*the Extra-Terrestrial*）。事实上，创业团队与外星人存在着内在联系：创业团队的组建是把一群平凡人组合在一起，但是这群人开创的新事业却像“外星人”般不平凡。

创业团队有两个重要属性，分别为创业和团队。创业，代表创业团队所具有的创业导向。创业意味着需要承担风险，需要创新，需要在创业的道路上超前行动，也就是意味着要在创业管理金字塔中的不确定性情境中开展工作，通过团队进行创业手段和目的的匹配。团队，代表创业团队由多人构成的组织形式，无论是大合唱团还是小乐队，都由具有一定规模和角色规范的一群人构成，但是要注意团队并不等同于群体。团队是一种特殊的群体，这个群体存在能力的差异、责任的共担、愿景的一致性等特点。由此可见，创业团队的组建不仅要从团队属性出发，关注每位成员具备的不同优势和劣势，同时还要考虑创业属性，让团队成员在不确定性情境中发挥最大化作用。

一般而言，成员在团队中扮演的角色有9种定位（见表3-2），创业团队的组建就是要把具有某些特性的成员安排在最能够发挥其个人潜能的位置上，同时伴随情境变化让彼此之间形成动态协同，以实现团队功能的最大化。

表3-2 团队角色的9种定位

角色	角色描述	可容许的缺点	不可容许的缺点
栽培者	解决难题，富有创造力和想象力，不墨守成规	过度专注思想而忽略现实	即使与别人合作会取得更佳结果，也不愿与他人交流思想
资源探索者	外向、热情、健谈，发掘机会，增进联系	热情很快冷却	不遵循安排，令顾客失望
协调者	成熟、自信，是称职的主事人，阐明目标，促使决策的制定，分工合理	如果发现其他人可完成工作，就会不愿亲力亲为	完全信赖团队的努力
塑形者	具有激励性，充满活力，在压力下成长，有克服困难的动力和勇气	易沮丧与动怒	无法以幽默或礼貌的方式平息局面
监控者	冷静，有战略眼光与识别力，对选择进行比较并做出正确选择	有理性的怀疑	失去理性，讽刺一切
团队工作者	协作、温和、感觉敏锐、老练，具有建设性，善于倾听，防止摩擦，平息争端	面对重大事项优柔寡断	逃避承担责任
贯彻者	纪律性强，值得信赖，有保守倾向，办事高效，把想法变为实际行动	坚守教条，相信经验	阻止变化
完成者	勤勤恳恳，尽职尽责，积极投入，找出差错与遗漏，准时完成任务	完美主义	过于执着
专家	目标专一，自我鞭策，甘于奉献，提供专门的知识与经验	为了学而学	忽略本领域以外的技能

由于成员各自扮演不同的角色，团队属性和创业属性会交织在一起，因此，创业者就需要发挥好创业团队的领导作用，通过创造力与沟通能力来挖掘问题，掌握关键要素，使得创业活动在动荡复杂的环境中得以顺利开展并取得实效。研究表明，平衡力是创业团队领导者的重要能力，因此，创业者需要掌握高度平衡的领导艺术来影响成员，使其对创业发展和结果产生最大化的积极作用。

（二）创业团队助力创业者开发机会和整合资源

创业者组建创业团队的过程，也是开发机会和整合资源的过程。对此，我们可以通过携程网创业团队这个代表性案例进行分析。

携程团队：沈南鹏如何“惊醒”创业小伙伴

这个创业团队中的4位成员具有各自不同的特点。开启携程创业之旅的第一人就是创业者沈南鹏，他从美国回来后找来了大学和少年时期的同学梁建章和季琦，三人不约而同想做互联网旅游，但同时发现他们都不懂旅游，因此又找来了同为大学校友、团队第4位成员、时任某旅游集团高管的范敏，4个人组成了携程网的创业团队。其他3位“小伙伴”之所以愿意响应沈南鹏的号召，正是因为沈南鹏的创业想法等像春雷一样“惊醒”了他们，吸引他们在创业者的行动基础上加入创业之旅。关于4个人之间的关系，范敏有这样一段评价：“我们要‘盖楼’，季琦有激情，能疏通关系，他就是去拿‘批文’、搞来‘土地’的人；沈南鹏精于融资，他是去找钱的人；梁建章懂IT，能发掘业务模式，他就去‘打桩’，制定出整体框架；而我来自旅游业，善于搅拌‘水泥’和‘黄沙’，制成‘混凝土’去填充这个框架，‘楼’就是这样造出来的。”

携程网创建之初，沈南鹏找来同学和高管组建创业团队，但他并不是简单地找来一些认识的人，而是围绕互联网旅游这个创业机会的开发组建团队。因此，创业团队的组建不是规模越大越好，“多一个人就多一份力量”在这里可能并不奏效，而是应该紧紧围绕创业机会来展开，人多并不意味着机会开发得好。同时，除了更好地开发互联网旅游的机会，我们看到携程网团队的组建也是在整合资源。正如案例故事中范敏对各成员的评价，4个人拥有不同的资源和能力（比如人力、技术、社会网络等方面），而且各有特点，这样的团队组建有助于多种资源的充分整合。由此可见，创业团队不仅要做“1+1”的组合，而且要让成员的加入达成1+1>2（甚至是+∞）的创业效果，更好地开发机会和整合资源，从而创造出无限可能和创新成果。

创业团队并非组建成功就万事大吉，后续的动态管理也不容忽视。作为一种管理组织形式，创业团队需要注意高层决策的治理作用，符合公司治理对结构制衡的要求。代理理论认为，高层管理团队与创业战略的关键节点在于经营者激励约束问题。团队对于创业战略发挥的作用不仅取决于其胆略以及掌握的相关知识，更取决于对经营者的激励约束水平。根据代理理论，经营者与所有者之间的利益越一致，经营者就越有动力为实现企业长期价值的最大化而努力工作，从而提高对创业战略的支持力度。不过，创业团队与传统管理团队存在差异，它是一种特殊的管理团队，独特之处在于创业团队在战略行动上要与机会和资源做出最适当的搭配，并且要能随着事业的发展做出调整，实现动态平衡。因此，良好的创业团队治理必须要能及时地进行调整，掌握活动的重心，使创业活动重新获得平衡。由于机会的模糊性、市场的不确定性、资本市场的风险性以及外在环境的不确定性等因素的影响，创业过程充满了风险和挑战。因此，“惊蛰”节气提醒创业者，用梦想“惊醒”创业小伙伴加入之后，还需要精心设计团队组建和治理的管理机制。

第四节　春分：创业想法“分水岭”

节气 X 创业

春分，天文类节气，时间通常在公历每年的3月20日或21日。这一天，太阳直射赤道，昼夜平分。《月令七十二候集解》中有云：“分者半也，此当九十日之半，故谓之分。”在二十四节气中，立春是春天的开始，立夏是春天的结束，前后90天，春分正好在立春、雨水、惊蛰三个节气之后，每个节气15天，三个节气正好45天，恰好是春季的一半，所以春分有平分春天的意思。

创业想法就是创业“春天”的分水岭。创业者面对不确定的情境，在与外部资源、市场等因素的交互过程中形成创新性想法，但并不是所有的想法都能转化为创业机会，只有当创业想法逐渐明晰，创业者能够基于此进行机会的开发和探索时才能转化为创业的实际行动。所以，创业想法的形成预示着创业有可能向机会再到行动转化，是创业思维与行动之间的重要转换点。春分之后，昼长夜短，踏青开始，在创业中，意味着在创业想法之后，创业思路从模糊到清晰，然后从头脑中搬到现实中。

一、创业想法

创业想法，在实践领域常被直接称为 idea，也多被翻译为创意。创业想法是具有创业指向同时具有创新性甚至原创性的想法，是将问题或需求转化成逻辑性的架构。它让概念物象化或程序化，而不只停留在单纯的奇思妙想。创意的形成是一个过程，尽管时间可能很短。创意与点子的不同之处在于创意具有创业指向。在创意没有产生之前，机会存在与否的意义并不大。在商业领域，想法是商业活动中关于投入产出方式的新颖意图，产生于不确定问题的直观判断，由创业者的愿景和意志推动，围绕企业的建立和运作而展开。商业创意体现了创业者对不确定性情境的商业利用的独特方法。熊彼特对商业创意做了经验描述，指出产品、技术、市场、原料、组织等方面的创意，有可能导致生产函数的重构，使经济形态发生本质变化。

二、创造性破坏

对于商业创意的理解，与熊彼特的创新理论直接相关。在熊彼特看来，经济发展的本质，不是从不均衡向均衡的趋近，而是从一种不均衡向另一种不均衡的飞跃。前者是边际改进，后者是结构变化，只有后者才能说明经济形态的本质更新。按照这种说法，经济发展就被解释为一个“边际改进—结构更新—新边际改进—新结构更新”的过程，其关键在于“创造性破坏”的作用。传统观点认为，利润是由于不均衡而产生的剩余，可以通过商业竞争加以消除。但是，熊彼特的观点认为：利润不仅不能通过竞争消除，反而是竞争的结果，产生于竞争者的商业创意。

创新作为“创造性破坏”，在内容上是对原有商业活动方式的改变，体现为边际改进的失灵，需要从根本上重构生产函数；在形式上是对原有认识路径的改变，体现为理性分析的失灵，需要从根本上重构观念模型。创业活动的特征正是在面对不确定性因而理性分析失灵的情况下，以独特的创意活动开创新的商业运作空间，这一活动的效果不能事先预知，只能事后认识。

创业想法作为一种创新，通过两个方面的特征体现出来：一是决策情境的不确定性；二是行为结果的不确定性。实际上，这种不确定性普遍存在于社会生活之中，是社会发展客观性的来源。想法的独创性，不仅在于“前无古人”，而且在于难以从已有知识中推演出来。只有当人们面临既没有先例可循，也难以依靠理性推断加以处理的情况时，创业想法才会产生，而不确定性问题正是这样的情境问题。由此可见，创业想法的创新性与创业管理金字塔顶端的情境不确定性存在着深刻的内在联系。不确定性不仅是创业活动必须解决的特殊问题，而且是创业想法赖以产生的必要条件。正是不确定性问题的存在和处理，提供了创业想法的客观需要和实际契机，进而引导着创造性破坏及创新结果的产生。

三、创业想法的动态过程

春分，作为春季六个节气中的第四个节气，具有一定的独特性。"分"意味着像分水岭一样，标志着时节的更替。在创业的四季歌进程中，这个标志就是"创业想法"。说到想法，我们会想到另一个类似的词"梦想"(dream)，但在春分时节，起到里程碑意义的不是虚幻模糊的"梦"，而是可以转化为行动的"想法"，就像创业的"种子"一样播种并生根发芽。

（一）创业想法的构思与评价

创造力是创业想法构思的基础。创业想法意味着创造出某种新的、有用的东西，创造力的核心是新颖性和实用性的结合。1926 年，格雷厄姆·华莱士进行了开创性的创意研究，提出创造性思维可分为以下四个阶段：准备阶段，聚焦于对问题的想法并探索问题的维度；酝酿阶段，问题已经内化为潜意识，但从外部看没有任何事情发生；顿悟阶段，创意者"感觉"解决方案已在路上，从潜意识进入到自觉意识的创意迸发，表现为暗示和洞悉环节；验证阶段，想法经过有意识的证实和阐述，到最后应用的过程。

新颖性是创业想法评价的关键。新颖性包括：全面新颖，包括行业专家在内的每个人都认为该想法新颖；行业外新颖，除行业专家外的每个人都认为该想法新颖；明显性，比如大多数商业人士都认为该想法比较明显。新颖性有几个重要优势：能够在一段时间内没有竞争的情况下赚钱，能够（更早）拿到（更多的）风险资金，能够更早获得知识和技能，能够获得锁定（网络效应），能够对想法进行专利保护等。同时，新颖性也存在劣势：首创的想法容易被别人抄袭，因为不费力、成本也更低；教育市场接纳这个新想法的同时也令所有竞争对手受益；新想法也不能满足所有的需求。

（二）从创业想法到创业机会

创业来源于想法，但是创业想法并不直接等同于创业机会。图 3-3 是创业想法向创业机会转化的过程，图中创业想法的产生有其内在路径环节，图右侧的创业机会涉及探索、开发和利用环节。在创业的外部因素与内部因素的交互过程中，创业想法是一个里程碑事件，在此之前更多是外部因素的推动、拉动和启动影响，而在此之后，更多的是创业者意愿等内部因素推动机会的探索、开发和利用。因此，创业想法在精益启动的进程中，就像春分在春季中的地位，起到了"分水岭"的作用。

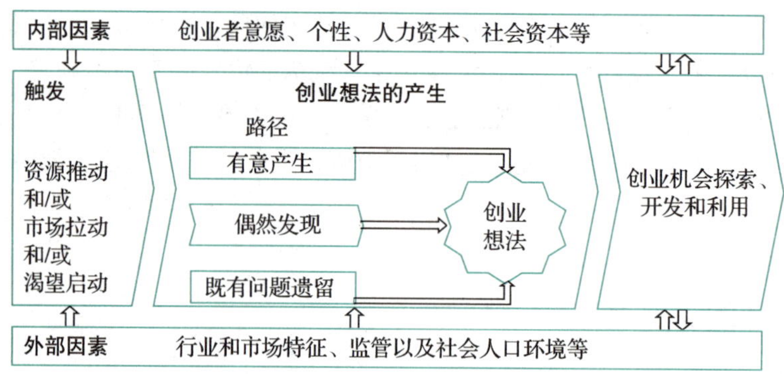

图 3-3　创业想法向创业机会转化的过程

资料来源：刘佳，李新春. 创业机会开发：理论前沿与研究动态 [J]. 学术界，2013，28（12）：216-225，312.

扎克伯格的创业“火光”

《火光》（*Lighters*）是说唱巨星埃米纳姆和“情歌小王子”布鲁诺·马尔斯共同演唱的歌曲，这里面有被Facebook创始人马克·扎克伯格非常喜欢的歌词。歌曲开始是马尔斯的深情吟唱：“这首歌送给你我，跳出梦境，让梦想成真……敞开双臂，睁开双眼，现在我只想看见，充满火光的夜空。”之后是埃米纳姆强劲的大段说唱，“我永不允许你们这些懦夫搅乱我的世界……战士坚持战斗，点亮你的火把，让火光直指天空”，然后紧接着是扎克伯格最喜欢的一句：“我做了一个梦，梦里的我是王者。梦醒过后，我仍然是王者。”美国《财富》杂志一位资深科技记者这样评价扎克伯格：他很清楚Facebook未来要怎么发展，虽然年轻，却有本事找到一群能力优异又跟他志同道合的高手组成管理团队，“他的视野非常非常大”。

我们回忆一下，Facebook是如何从当年扎克伯格宿舍的一个恶作剧变成一个国际化社交平台的。如果说扎克伯格的社交平台是一个创业机会，那么宿舍的恶作剧就像一个创业想法，像春分这个节气的分水岭作用一样，从想法到机会的转换标志着创业过程的继续推进。但是，有一点要注意，创业的行动离不开想法，但并不是有了想法就意味着马上开始创业，还需要挖掘创业想法如何跟创业实践有效结合，毕竟创业想法与创业机会还有距离，但是有了这个想法，也许就能继续往下走。

创业者爱做梦，但让梦变为现实的，正是像“火光”一样的想法。机会源于创意，但创意不能是一闪而过的“火花”，而是应该变成“火把”，为创业者照亮后面的道路，像创业机会一样引领创业行动。从想法到机会，让火光照亮天空，把创业者的梦想变为现实，为梦醒时分的创业者指出王者之路。创业想法变成一道“火光”，是“蓦然回首的灯火阑珊”处《火光》中所唱的被点亮的手中“火把”。

创业想法产生并转化为机会，可以通过多种方式、方法，比较常见的有：测试、转型和迭代，“自挠其痒”（为自己解决一个问题或取悦自己），做自己喜欢的（问自己真正喜欢做什么、做什么事情能保持生产力），刺猬原则（把发散性选项收窄到做一个成功的初创企业），改变世界，解决难题，随波逐流（注意、预测和把握趋势），“山寨”（原封不动、稍加改动或组合出新模式等），预测未来，分门别类，找到竞争性优势，“移花接木”，小众点子，找到被遗忘的想法和类比推理等。

第五节　清明：机会开发要清明

节气 X 创业

清明，物候类节气，时间通常在公历每年的4月5日或6日。《岁时百问》中记载：“万物生长此时，皆清洁而明净，故谓之清明。”清明节，其得名与此时的气象物候特点密切相关。清明一到，气温升高，大地呈现春和景明之象，这一时节万物“吐故纳新”，是重要的农事节令，因而农谚有“清明前后，种瓜点豆”之说。

清明节，万物清洁而明净，如创业机会的开发，也要清晰而明了。创业因机会而存在，创业机会的开发需要事先通过信息的获取、加工和处理进行评估。在经济高速发展的今天，创业机会日益增多，但竞争也愈发激烈。面对不确定性情境，创业者要在复杂多变的环境中发现机会，识别出哪个或哪些机会适于转化为创业活动，以及应以何种方式进行机会的开发。不明晰的创业机会可能导致错误的开发手段或方式，继而引发预想外的问题，甚至失败。梦想也许虚幻，想法可能粗糙，但机会必须要“清”“明”。

一、创业机会开发的基本概念

在创业研究领域，机会开发是指对源于创业机会的产品和服务进行有效的、全方位的生产和运营，是投入全部资源创办有效的生产和运营系统的管理过程。创业机会开发是创业者利用感知到的以前未知的或未见的方法去产生一个“目标－结果”的框架，通过对所处环境的评价，利用自身的能力整合创业资源，并通过开发产品、服务或开拓新市场的方式创造价值的行为。

虽然创业机会开发与创业机会识别在概念上存在着一定的重叠，而且机会的识别、评估和开发往往形成循环迭代性，但在创业中，机会开发与机会识别也具有一定的区别：首先，在创业的过程上，机会识别要早于机会开发，机会识别是创业的前端，识别机会后，潜在创业者要做出机会开发决策，才有可能将识别的机会转化为切实可行的商业活动；其次，在结果上，机会识别的结果是要形成具有可行性的创业机会，而机会开发阶段要形成的是一整套商业模式，并依此来开发机会的价值。还需要注意的是，机会开发虽然与机会探索一样都需要投入资源，但它与机会探索存在区别，主要表现在：机会开发过程通常需要投入全部资源，而机会探索过程只需投入部分资源；如果机会探索没有通过，创业者可以做出退出的决策，损失的是沉没成本，而如果机会开发失败，创业者面临的则是创业失败。

二、创业机会开发的基础理论

（一）创业机会识别和开发模型

对创业机会进行开发，需要创业者组织必要的资源，将已识别的机会予以实现。为了更好地理解创业机会开发，我们可以通过以下模型来明晰机会识别与开发的全过程及其内部机理。

图 3-4 是创业机会识别和开发模型，主要包括以下模块：个人特征（如创业者的创造性、乐观性）、先验知识、社会网络、创业警觉性、创业机会类型、机会识别与开发的核心过程。其中，个人特征和先验知识对于创业者社会网络具有重要影响，创业者建立社会网络有利于其对创业机会保持警觉性，进而对机会进行识别和开发，而机会识别与开发的核心过程又受到创业机会类型差异的影响。由图可见，创业过程体现为“感知—发现—机会评估—机会开发—新企业形成”的脉络，新企业成功创立源于对机会感知、发现、评估和开发各环节的成功把握，而且机会开发过程是循环互动的，创业者在机会开发的不同阶段都会对机会进行评估，从而识别更多的机会或及时对最初的创业想法进行调整。

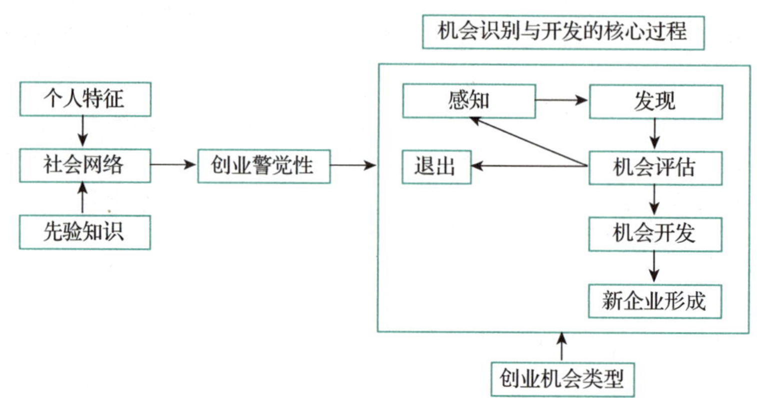

图 3-4 创业机会识别和开发模型

图 3-5 是遵循“机会探索—机会开发—退出”的逻辑路径构建的机会探索与开发的过程模型。由图可见，机会探索阶段包括机会发现、信息搜寻、资源评价和机会选择，如果创业者发现机会可行性不高，或是遇到资源障碍无法开展机会开发活动，他们常常会选择退出（P1）；如果创业者认为机会可行，并且能够组织相应的资源，便会进入机会开发阶段（P2）。机会开发阶段涉及组织、协调、战略更新和学习等活动，在开发过程中，如果创业者通过评估与分析发现了新的创业机会，则会同时进行已有机会开发和新机会探索两项活动（P3）；如果创业者专注于一项创业机会，则通常会在机会开发结束后以参与管理、出售或业务剥离等方式退出该项创业活动（P4），并重新定位未来职业或投资选择。

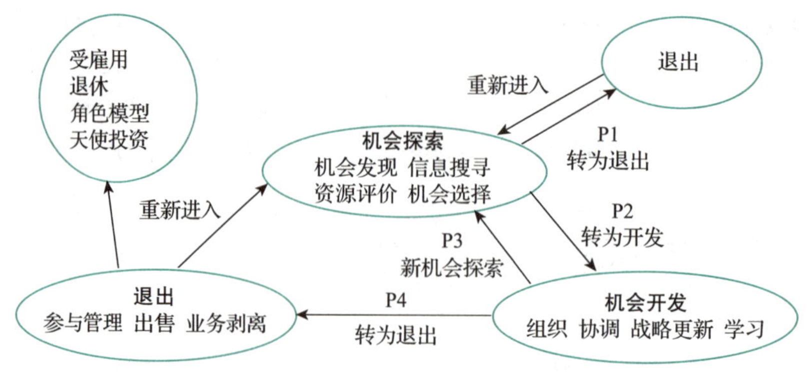

图 3-5 机会探索与开发的过程模型

（二）建构主义视角

建构主义是一种世界观。与实证主义不同，建构主义是一种通过理解和诠释来分析、了解社会世界的重要研究方法。根据这种世界观，每个人在寻求对自身的生活和工作世界的理解时，会依据自己经历的某些事物建构自己的主观意义。建构主义不是一种阐释如何确定创业机会和采取创业行动的实在理论，而是一种主张如何从主体间社会关系的角度去考察创业机会如何生成和创业行动有何意义的理论。这种理论是对传统的主客二分思维的超越，它对创业机会研究具有三方面意义。

第一，创业机会不是主客分立而是社会建构的过程。主客二分思维中的机会是“客观存在的”，创业者是世界之外的旁观者。建构主义认为，机会是在社会互动过程中生成的，没有独立于创业者的创业机会，创业者和创业机会两者不可分离，是相互交织在一起的。第二，创业机会的社会建构是不断演化的过程。建构主义创业机会观认为，机会生成不是一次性的社会建构产物，而是一个不断建构、演化的过程，是在历时、开放的过程中不断演进而生成的，不是客观既定的，机会在被建构的同时被创业者赋予了目的和价值，体现了创业者的主观能动性以及自我历练和成长超越。第三，创业机会的社会建构过程是一种关系的存在。所有关于机会的知识和认知图式都是社会建构的，而且是根植于特定历史和文化背景中的人际协商和对话的结果，创业者－机会耦合关系主要是由创业者通过思想、话语和行动建构的，而不是完全由客观条件决定的。创业者社会性地建构机会、创建新企业，同时也在社会性地建构自己。

三、创业机会开发的注意事项

通过前面几节，我们认识了立春、雨水、惊蛰和春分这四个节气对创业过程中的创业者、创业投入和成本、创业团队和创业想法等节点问题的启发。本节将在春分节气基础上，探查清明节气与创业节点问题。上一节的创业想法是创业的分水岭，创业者在此里程碑事件后需要面对创业机会的开发问题。下面，我们通过了解一位年轻创业者曾经经历的创业起伏，认识机会开发背后需要创业者清楚和明白的问题。

掉渣饼的急速兴衰

27岁的武汉女大学毕业生晏琳，由于自己是湖北人，很喜欢家乡的一种小吃——土家的掉渣饼。在工作几年后就产生了一个想法：为什么不去开个掉渣饼店呢？但是要把这个想法变成创业项目就要如“清明”节气所示，对机会开发要清楚、要明白。

有了这样的想法，晏琳就去向自己的家人、朋友以及长辈请教怎么做掉渣饼。在2005年年初，晏琳的第一个土家族烧饼店在武汉开张。开张当日便出现卖断货的销售状况，这不仅让晏琳自己大吃一惊，也震动了武汉三镇的小吃界。紧接着，“掉渣烧饼”很快就风靡武汉，进而席卷全国众多大城市，众多加盟店如雨后春笋般涌现。“土得掉渣”的“中式比萨”，特别是那条买饼的长长的队伍，对早已告别物质匮乏年代的现代都市人来说，实属一个罕见的现象。

然而，2006 年 3 月中旬之后，掉渣烧饼开始退热——商家没有钱赚了，消费者尝鲜的热情开始退去。在淘宝网、易趣网等网站上以 3 000 元、100 元、80 元甚至 38 元的价格公开叫卖掉渣烧饼的配方、设备、材料、供货商名录、店头设计标准等一系列文件资料，似乎进一步注定了掉渣烧饼走向衰败的结局。无论如何，由起点加速度起跑，盛况空前，然后"百家争鸣"，直至遭遇尴尬，接下来则戛然熄火，掉渣烧饼似乎创下了"最短命"纪录。

（一）机会开发的"手段－目的"关系要清楚

正如前文所言，机会开发是一个复杂的管理过程，从实践层面看，机会开发的内在架构体现为"手段－目的"的匹配关系（见图 3-6）。"手段"是指如何解决问题，包括解决什么问题和用什么特殊方法解决问题，从而形成新的产品和服务的设计。"目的"是指市场在哪里，包括谁是你的客户以及客户的诉求是什么，从而明确新的产品和服务的市场定位。匹配关系意味着手段与目的二者之间的契合协同。

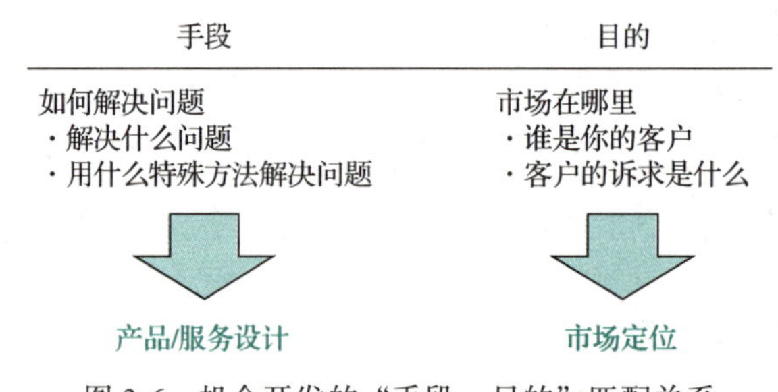

图 3-6 机会开发的"手段－目的"匹配关系

在掉渣饼的案例中，晏琳采取的相应手段主要有：使用土家掉渣饼的生产工艺，购买设备和租用小店面。她的目的是：满足当地人甚至全中国很多地方的人吃上这种特色小吃的需求。创业机会开发就是实现目的和手段之间的匹配关系。可能有人好奇，这种特色小吃的创业机会新意看似有限，怎么当时会火遍全国呢？这就要看一看"手段－目的"匹配关系内部的新老问题。在图 3-6 的基础上进一步解析，可以得出"新手段－新目的""新手段－老目的""老手段－新目的""老手段－老目的"的多种组合，这就需要创业者清晰认识机会开发的细节。在当时的情境下，晏琳用的是新手段还是老手段？是为了实现新目的还是老目的？

（二）机会开发的动态变化属性要明了

机会开发不仅有其内部结构，而且还是一个动态变化的过程，换言之，手段与目的之间的匹配不是一锤定音，还需要积极响应变化，实现演进。正如掉渣饼案例所示，即便是成功起步并快速成长的新创企业，创业之路也会遇到各种各样的新问题，处理不当就会迅速倒下。2007 年，中华人民共和国商务部出台了特许经营的相关条例，2007 年 5 月 1 日起施行，当时媒体还提到了掉渣饼等失败案例带来的教训，有人说是由于特许经营法规环境不完善导致的，晏琳本人事后总结是自己的管理知识和能力有限导致的。无论外部还是内部原因，这些教训都在提醒创业者在机会开发时要积极响应环境的动态变化。

在掉渣饼案例的基础上，再结合当前两个传统特色小吃“德州扒鸡”和“周黑鸭”的创业历程，不难理解机会开发的演进性。“德州扒鸡”有百年历史，与“道口烧鸡”“符离集烧鸡”“沟帮子熏鸡”并称为“四大名鸡”，驰名中外，但是，如今的德州扒鸡不如过去那么畅销抢手了，甚至在有些地方还不如一些卤肉熟食店自制的烧鸡。“周黑鸭”最早只是一个街边 20 多平方米的小店，正式注册品牌至今十余年，已成为拥有上千家直营连锁专卖店的上市公司，不过近两年也遇到了业绩下滑的危机。这些案例都反映出创业机会开发是一个过程，起步的“手段 - 目的”匹配关系不一定（有时也不应该）一直保持不变，需要根据创业不确定性情境进行动态调整。就像“周黑鸭”创始人对变化的感受：“学习只有一个目的，就是让我们不断变化。”

这就是清明节气向创业者传递的信号：虽然是春季节气，但是不能被想法冲昏头脑，需要清楚创业机会开发的内在机理，明白机会开发是变化的过程，这样才能将想法转换成具有创新性和创造性的机会，让创业之路延续。

第六节　谷雨：资源胜似毛毛雨

节气 X 创业

谷雨，降水类节气，时间通常在公历每年的 4 月 20 日或 21 日。“谷”是粮食作物的总称，“雨”即“雨生百谷”的意思。谷雨已是暮春时节，这时气温稳定，空气湿润，雨量充沛，极适宜农作物的抽芽及成长。民谚有“清明见芽，谷雨见茶”，谷雨时节，田中的作物新种，最需要雨水的滋润，所以有“春雨贵如油”之说。

谷雨是万物生长的催化剂，而创业管理的春季进程中，资源就是滋润企业成长的“春雨”。创业研究将新企业概念化为一系列资源的集合体，实践当中，我们也看到优秀的创业者创造性地汇集人力、资金、技术等资源，通过建立个人信任、积累人脉资源、制订创业计划以及测算不同阶段的资源需求量等做法不断推进机会开发之路，从而在市场上占有一席之地。

一、创业资源的基本类型

物质资源，指创业和经营活动所需要的有形资产，如厂房、土地和设备等，有时也包括一些自然资源，如矿山和森林等。财务资源，包括资金、资产、股票等，由于缺乏抵押物等多方面原因，创业者从外部获取大量财务资源比较困难，初期财务资源主要来自创业者个人、家庭成员和朋友。声誉资源，是一种无形资产，包括诚实、信任、尊重、同情和声望等，被视为商业运营成功的关键因素，重要性高于有形资产。组织资源，通常指组织内部的正式管理系统，包括组织结构、作业流程、工作规范、质量系统、信息沟通、决策系统以及组织内正式和非正式的计划活动等。智力与人力资源，包括创业者和创业团队的知识、训练、经验，也包括组织及其成员的专业智慧、判断力、视野、愿景，甚至是创业者本身的人际关系网络。社会资源，主要指由人际和社会关系网络构成的关系资源，能使创业者有机会接触到大量的外部资源，有助于通过网络关系降低潜在的风险，提升合作者之间的信任和声誉。技术资源，由关键技术、制造流程、作业系统、专用生产设备等构成，与智力和人力资源的区别在于，后者主要存在于个人身上，随着人员的流动会流失，而技术资源大多与物质资源相结合，可以通过法律手段予以保护，形成组织的无形资产等。

二、创业资源的理论视角

（一）资源获取

创业之初，创业所需的各项资源往往只能依靠创业者通过自身努力获取，由于新创企业的高度成长性，在其迅速成长扩张的过程中，组织很快就发展到一定规模之上，创业者很快就会发现，通过自身努力获取的资源远远不能支持企业的发展，为了使企业能够继续发展，创业资源或者说外部机构给予企业的资源，是相当必要的。

获取创业资源的意义有以下几点。第一，它有利于新创企业克服“小”和“新”的缺陷，减少制度压力及合法性不足的困惑，是新企业获得生存、成长以及持续竞争优势的战略选择之一；第二，它是新创企业取得卓越绩效的基础，在获取所需资源之后，新创企业的首要任务是利用获取的资源高效地识别和开发创业机会，以快速适应环境变化，促进新创企业的生存和成长；第三，发挥不同资源的价值为新企业做出不同的贡献，比如，运营方面的资源主要依靠产权的形式实现企业对该类资源的控制，为日常运营提供支持和保障，这对短期绩效有显著影响，通常在稳定的环境中发挥最大作用；知识方面的资源通常难以被竞争对手模仿，这些技能、专业知识或才能对企业的长期绩效和竞争优势有显著影响，通常在不确定的环境中发挥最大作用。需要指出的是，获取资源时不同类型的资源往往并不是绝对独立的。

（二）资源约束

不确定的情境往往意味着资源的约束性，比如技术创新和研发活动总是受到资源的约束和限制。企业规模是企业资源的存量形式，对企业研发投入的影响较为复杂。由于创业初期企业普遍规模小、资金缺乏、知识和社会关系积累有限，技术创新能力和引进、吸收、消化创新能力受到企业资源的限制。相比较而言，规模较大的创业型企业资源较为充沛，抗风险能力较强，在技术创新和研发活动所需资金和风险抵抗能力方面常处于优势地位。一些研究已证实企业规模越大，技术创新和研发支出力度越大。同时，也有研究认为，缺少资金、设备、雇员甚至缺少产品，实际上是创业常态，同时也是新企业的一个巨大优势，因为这会迫使创业者依靠自有资源集中精力于销售上，进而为企业带来收益。为了让公司持续经营下去，创业者在每个阶段都要问自己，他们怎样才能用更少的资源获得更多的利益。

（三）“机会－资源”一体化理论

机会开发与资源开发密不可分，有效地融合机会开发和资源开发行为是创业成功的关键。“机会－资源”一体化理论认为创业行为是“机会－资源”一体化行为，即创造性地开发资源以追求机会进而实现价值创造的一系列行为。该理论认为创业机会的成功开发与资源的合理配置密不可分，资源获取等活动贯穿整个机会开发过程。首先，高效的资源开发行为能够促进创业机会的识别，获取关键资源是企业机会识别的第一步，企业通过不断获取新的资源，指导机会的开发；其次，机会评估需要依据企业初始资源禀赋和未来价值创造来进行；最后，机会利用活动同样需要企业不断获取、调动和配置相应的新资源，直至成功开发机会。因此，“机会－资源”一体化理论认为在创业过程中机会与资源之间是一个复杂且动态的相互作用的过程。

三、创业资源的独特作用

谷雨，是春季的第六个节气。谷雨和雨水虽然都有雨，但有很多不同之处，而且作为春季的最后一个节气，这个节气又具有独特之处。

（一）从自有资源到外部资源

雨水节气是一年中第二个节气，也是春季的第二个节气。雨水时节农历还是正月，所以天气还是比较寒冷的，但相对冬季节气而言降水会多起来。谷雨是春天的最后一个节气，该节气之后，夏天就到来了，这也意味着炎热即将到来。

在创业的春种季节，即精益启动进程里，雨水象征着创业者自己的投入，因为在初期往往依靠创业者自有资源，而谷雨代表着外部资源的加入，与自有资源一道夯实创业的资源根基。俗语说“春雨贵如油”，对应的是谷雨时节，这时的雨水跟油一样贵，相应地，这个阶段从外部获取的创业资源也是非常难得的。还有一句谚语“谷雨无雨，后来哭雨”，意思是如果谷雨这天没有下雨的话，未来降水会非常少，这样便影响到农业的收成。同样，在这个阶段如果创业者还得不到外部资源的助力，对正处于成长期的创业项目来说并不是件好事，仅仅依靠原来的自有资源难以维系或推进创业进程。

自助到他助：京东创业路上的资源

京东创始人刘强东曾在2018年3月的全国政协会议记者会上这样介绍京东融资之前的艰辛之路：“我是1998年开始创业，2007年因为融资第一次被媒体报道，这之间整整10年。这10年里，我有整整6年住在六郎庄，但不是住在农民的房子里，而是住在农民搭的工棚里面，绝对是四处漏风……我有4年是住在自己的办公室，不仅是为了省房租，最主要是发现做了互联网之后，客户的需求是24小时的。为了确保我们的服务是同行里最好的，但又因为（那时）我们的企业没有钱，所以我自己做客服。”

2006年年底，刘强东在经营京东商城极为缺钱的困难阶段，提出想融资200万美元，结果今日资本创始人、总裁徐新给京东投了一笔1 000万美元的资金，截至2014年5月京东在纳斯达克上市总共投了3 000万美元，最终获得了100倍以上的回报。徐新曾说：“京东是我投的最成功的案子，让我感慨的还是我投对了人。”她认为，创业者是红花，投资人是绿叶，她赞赏刘强东在当时面对最初两笔融资时所做的关键决策，即扩品类、自建仓储物流。

（二）资源的生产性与复杂性

资源包括不同类型，精益启动的资源获取并非来者不拒、越多越好，虽然资源如“毛毛春雨”，但也要防止资源滥用。图 3-7 对创业资源的生产性与复杂性进行了解析，反映了不同创业资源在这两个维度上处于不同位置、发挥不同作用。

“谷雨”时节的资源获取，意味着创业者要秉持科学管理原则，吸收但不能浪费资源，要注意节约和优化组合资源，让不同资源实现高效率的配置。

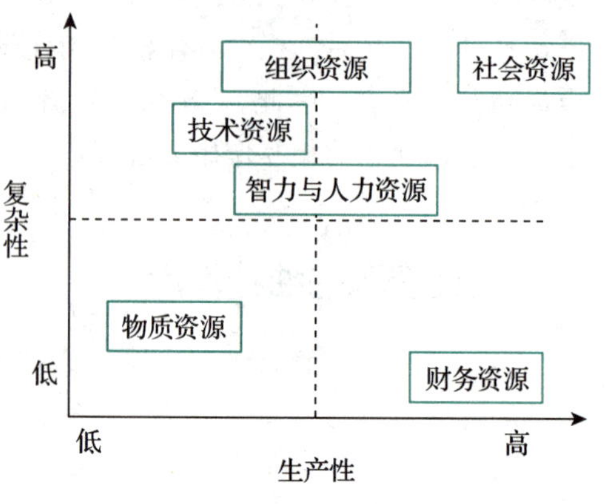

图 3-7 创业资源的生产性与复杂性

创业的技术行动

科大讯飞：实力与机会的结合

科大讯飞是第一家由中国在校大学生创业成功的上市公司，也是当下中国人工智能概念股的龙头企业。从十几年前的小作坊到现在专门从事智能语音技术研究的国家级骨干软件企业，科大讯飞给中国语音界带来了很多技术创新，开发的技术也被广泛应用于信息安全、电信、金融、教育、农业等领域。创始人刘庆峰的创业之路，可以说是从“天才学霸”到“商界精英”的完美转型。

刘庆峰从小就对数学具有浓厚的兴趣，到了初中，开始自学立体几何、微积分、线性代数。而后，刘庆峰在高考中以高出清华大学录取分数线 40 分的成绩，被中国科学技术大学（以下简称“中科大”）电子工程系录取。彼时，国内语音界有“南北二王”，“南”指的是中国科技大学的王仁华教授；“北”则是清华大学的王作英教授。刘庆峰正是在这个时期被选中加入了王仁华教授的人机语音通信实验室，并牵头做一个语音合成系统，该系统不但保证了音质，还具备了优良的语音自然度，合成的语句近乎人声，成为 1998 年国家“863 计划”成果比赛中最为轰动的科研成果。就在这一年，IBM 发布的语音系统，使人们第一次在电脑上不用键盘就可以输入文字，被评为科技界十件大事之一。在 IBM 影响下，英特尔、摩托罗拉、东芝等国外 IT 巨头都建立了语音研发中心。与此同时，中国国内掀起了一股大学生创业的潮流。

就是在这样的背景下，拥有雄厚技术实力的刘庆峰，抓住国内语音技术的创业机会，集结了一批中科大校友开始创业。1999 年 6 月，安徽硅谷天音信息科技有限公司成立，半年后，改名科大讯飞，就此开始了企业的成长之路。

本章结语

本章通过春季的六个节气介绍了创业的精益启动进程中常见的六个节点问题。立春，即发现开启创业旅程的“春姑娘”，也就是创业者，那么创业者是什么样的人？这是创业的首要问题。雨水，创业进程伊始的“雨水”，由创业者自己播撒，投入的汗水和泪水折射出创业者要做什么的答案。惊蛰，“惊醒”创业小伙伴，创业路上不再是创业者一人孤单前行，如何组建和治理创业团队也是重要问题之一。春分，创业想法是分水岭，从想法到机会再到行动如何转化，创业者需要解析想法的独特之处。清明，对机会开发的内在机理和动态变化问题，不能模糊含混，要清楚明白。谷雨，创业资源好比这个时节的“春雨”，帮助创业者解决创业启动初期的难题。

结合本章开始提到的歌曲《春天在哪里》，我们从歌声中也听出了上述节气涉及的创业者（小朋友）和创业团队（小黄鹂）、创业机会（在小朋友的眼睛里）、创业资源（红花绿草）三类创业要素。春种之后，将迎来火热的夏季，你熟悉的反映夏季的艺术作品有什么呢？找到“春天”的创业者，将会谱写什么样的夏季篇章呢？

思考与练习

1. 创业过程充满不确定性，并且需要创业者的先投入、高投入。请思考创业者在创业过程中会面临哪些风险，创业成本包括什么。
2. 你认为创业者是天生的还是可以培养出来的？请结合你了解的创业者案例阐述你的观点，总结创业者共有的特质。
3. 从“创业想法”到“创业机会”的转变中，需要很多条件的共同参与，是否有一些因素至关重要呢？结合你知道的案例，谈谈你的认识。
4. 请以小组讨论的方式准备一个校园文创项目。结合自身所处的情境，谈一谈如何进行创业团队的组建和资源的整合。
5. 请结合春季某一个节气的特征，围绕相应的创业节点问题，通过自己或他人的创业经历或感悟，找一找节气规律和创业节点之间的联系与区别。

第三篇

PART 3

模式创新：创业的夏耕篇

| 开篇语 |

通过第二篇的学习，我们认识了创业管理的“春种”进程——精益启动，了解了春季的节气智慧与精益启动的节点问题。第三篇我们将开启“夏耕”进程——模式创新，学习夏季的节气智慧与创业节点问题。农民春种要“抢”，创业者精益启动循环要“快”，那么，在百花盛开的夏季，创业者又需要什么样的思维和行动呢？本篇将继续探寻创业管理四季歌中传递的创业者在不确定性情境下的验证性、创新性、试错性和迭代性的创业行动机制。

第四章
CHAPTER4

商业模式创新

⊙ 学习目标

- 认识商业模式创新的价值逻辑
- 理解商业模式画布与画脸之间的联系
- 掌握商业模式创新的核心要素即价值主张的内涵和类型
- 理解商业模式创新的关键脉络即价值传递的相关要素及其关系
- 认识商业模式创新的系统观和设计思维以及常见的模式类型与特点

⊙ 创业的艺术思维

在与夏季有关的艺术作品中，广为熟知的是《生如夏花》，这既是诺贝尔文学奖得主泰戈尔创作的一首诗的诗名，也是中国歌手朴树写的一首歌的歌名，相信不少人都会吟诵这首诗，哼唱这首歌。诗中写道：我相信自己 / 生来如同璀璨的夏日之花 / 不凋不败 / 妖冶如火 / 承受心跳的负荷和呼吸的累赘 / 乐此不疲。歌中唱道：一路春光啊 / 一路荆棘呀 / 惊鸿一般短暂 / 如夏花一样绚烂。在这些作品当中，我们感受到了夏天的两个非常重要的元素：花与美。在精益启动的春种之后，开出的美丽花朵是什么呢？

创业从“种子发芽”到“开花”，就像创业教育之父蒂蒙斯的形容：毛毛虫要变成蝴蝶。蝴蝶和花朵一样美丽绚烂，反映了创业进程进入到这样一个阶段：模式创新。“模式”意味着创业的“种子”不再是粗糙的雏形，而是绽放出花朵般丰富的轮廓；“创新”意味着创业的“种子”不只是被播撒在土中，还可以被培育出花朵般美丽的效果。那么，创业的模式是什么样的轮廓？创新之美需要怎样培育呢？本章我们来认识创业的“夏耕”主题：模式创新。

第一节　商业模式创新的内涵体系

一、商业模式与商业模式画布

（一）商业模式

在实践领域，商业模式（business model）通常被定义为“创业是如何赚钱的”。虽然这一说法简单又易于理解，但却较为笼统，也未能反映商业模式的核心。学术界对商业模式的定义尚未形成统一表述，研究视角也较为复杂，常见做法是从三个层面对商业模式的内涵进行界定：经济层面、运营层面和战略层面。在经济层面，商业模式常被描述为创业的盈利模式，是企业获取利润的方式；在运营层面，商业模式则被描述为企业的运营结构，重点说明企业是通过何种内部流程和基本构造进行设计并以此来创造价值的；在战略层面，商业模式被描述为对不同企业战略方向的总体考察，关注价值主张、组织行为、增长机会、竞争优势和可持续性等问题的定位。

（二）商业模式画布

商业模式画布（business model canvas，BMC），也被称为商业模式九宫格，是一种用来描述商业模式、可视化商业模式、评估商业模式以及改变商业模式的通用语言，它具有直观、简单、可操作性强的特点。在创业项目和大公司中，商业模式画布都起到了健全商业模式、将商业模式可视化及寻找已有商业模式漏洞的作用。在项目运作前，创业者通过这种头脑风暴可有效避免错误，减少失败决策带来的损失，并且有助于他们设立创新型项目或打造与众不同的商业模式。

图 4-1 为商业模式画布，其 9 个关键要素按照从左到右、自上而下的顺序，分别包括：重要伙伴（key partnerships，KP）、关键活动（key activities，KA）、核心资源（key resources，KR）、价值主张（value propositions，VP）、客户关系（customer relationships，CR）、渠道通路（channels，CH）、客户细分（customer segments，CS）、成本结构（cost structure，CS）和收入来源（revenue streams，RS）。需要说明的是，以上并非按各要素的重要性排序，在运用商业模式画布讨论商业模式时，并不是需要创业者根据要素的上述顺序展开，而是需要根据具体情境进行全局性和长远性设计。

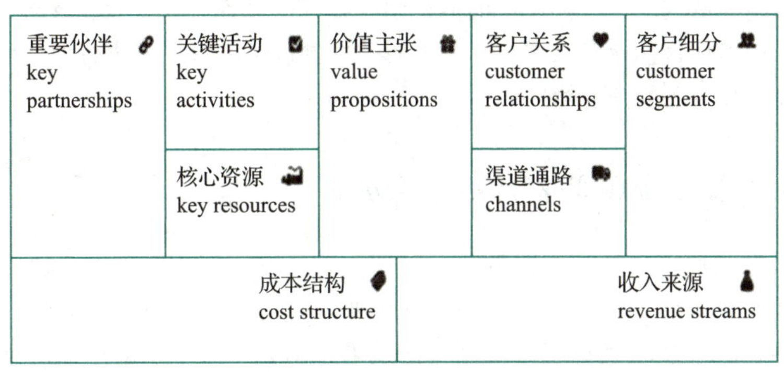

图 4-1　商业模式画布

商业模式画布的优点在于，它可以让讨论商业模式的会议变得高效率、可执行，而且错误的方案会容易被发现和删除，以此防患于未然，优秀的方案会在较短时间内被确定下来，同时产生很多备选方案用来应对变化。

二、商业模式创新的核心问题

（一）商业模式创新：从价值到价值链

在创业进程中，商业模式作为一种系统性视角，解读的是企业创造价值、传递价值和获取价值的过程，其中，价值是商业模式的核心问题。价值在认识论上反映了客体能够满足主体需要的一种效益关系，在创业活动中表现为创业者提供的创新产品和服务承载的属性及功能与客户主体需要之间的一种效益（或效用、效应）关系。虽然创业价值的内涵具有一定抽象性和概括性，但是普遍存在于创业活动的方方面面。

商业模式作为创业价值的实现架构，包括一系列活动，而这些活动又包含多个基本活动和多个辅助活动。在生产经营过程中，这些互不相同但又相互关联的活动构成了一个创造价值的动态过程，即价值链。图 4-2 所示的波特价值链分析模型是价值链分析中常见的工具之一。

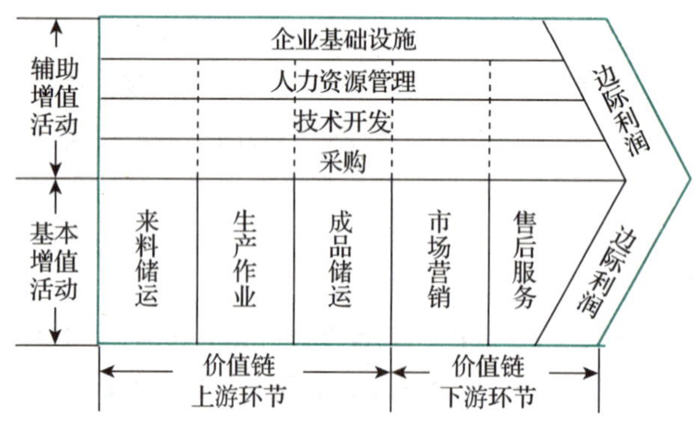

图 4-2 波特价值链分析模型

商业模式创新意味着价值链创新、价值创新，这也是商业模式研究的意义所在，通过价值创新，才能够实现商业模式的创新。因此，价值链理论视角有助于为商业模式研究提供理论分析脉络与依据。通过梳理价值链，创业者可以对各业务领域涉及的关键活动进行系统分析，从而抓住这些业务领域的运行本质并发掘价值增值点，进行商业模式的创新并选择适合企业自身发展的商业模式。

（二）商业模式创新：兼顾商业价值和社会价值

价值是贯穿商业模式的核心线索，但是创业者从商业模式实现的价值不仅限于商业价值，同时还意味着实现社会价值，因此，商业模式的价值具有社会属性。如果每一次微观的创业活动都能实现某种程度的创造性成果，那么一个个创新单元的集聚就将形成宏观上的创新，进而有助于市场经济改革、宏观政策调整等顶层设计的实现。另外，创新将有助于社会生产力的提升。针对技术体系和服务体系的创新与提升将有助于开拓新的市场需求，促进传统产业升级和新兴产业协调发展，将最大限度地解放和激发“科学技术作为第一生产力”“创新作为引领发展的第一动力”背后所蕴藏的巨大潜能。同时，商业模式的创新拓宽了创业价值创造的道路，也将知识、技术以及市场机会更好地融合。

创新创业将有助于社会制度改革的进一步深化，激发劳动者自主就业，通过打破分割促进资源流动，这就需要全社会创造出更为有利的条件和环境，从制度和具体措施上为其保驾护航。同时，创新创业的进程还将激发整个社会的创新意识和精神，进而促进中国特色社会主义精神文明建设，形成积极向上、奋发进取的社会氛围，以及崇尚创新创业的价值导向和文化氛围，使开放创新与协同创新并进，带动我国更好地融入全球化的创新网络。在我国“双创”战略背景下，对创新的定义应为广义的创新意识和精神，创业同样不应被狭义地理解为“创立企业”，而是“面向社会需求创造性地从事自己的工作和事业”，即创新性的创业。因此，创新创业除了具有创造经济价值的强大功能之外，还应该具备合理配置社会资源、有效解决社会问题的能力，创造出更多的社会价值。

（三）商业模式创新：内外兼修与大小兼顾

商业模式创新是内外兼修的过程，需要考虑内部和外部诸多影响因素，因此可以视为一个内外兼修的过程。随着经济环境的迅速发展，企业先前成功的主导商业模式无法与环境相匹配，无法再为企业创造出原有的价值，反而使企业面临着内部的惯性、冲突和环境所带来的风险。这些制约因素也成了企业进行商业模式创新的诱因。内部的管理认知、资源能力、组织活动以及盈利模式，与外部的技术创新、情境因素、市场机会和价值网络等因素共同影响着企业的商业模式创新。在内外部驱动因素的共同作用下，企业认识到商业模式创新的必要性，进而主动进行资源配置和结构调整，获取商业模式创新必需的资源要素，实现前摄式的商业模式创新。但有时，内外部的制约因素也会限制企业商业模式原型的发展，倒逼企业进行商业模式创新。企业不断地与制约因素碰撞、反馈和互动，从而调整自身的结构，并最终形成创新的商业模式。

商业模式创新是大小兼顾的过程，不仅是新创企业的关注点，也是已经成立的在位企业进行内部创业管理的重点，因此，商业模式创新涵盖大小企业的创新发展。在位企业与新创企业的区别在于以下几点。首先，在位企业在处理新商业模式时，需要同时考虑企业商业模式原型和新商业模式的管理，以及两者之间的冲突和协调。新创企业则不存在这个问题，新创企业的惯性制约来源于企业创始人的教育背景和工作经验，新创企业的生存和成功高度取决于创始人克服巨大挑战、开发和实现商业模式创新的能力。其次，新创企业的商业模式创新面临着比在位企业更大的风险，其来源之一便是环境的动态性。商业模式创新影响着新创企业的竞争地位和存活概率，所以新创企业必须思考其创新型商业模式是否容许必要改变，能否持续地进行商业模式创新。风险的另一个来源是在产业中企业之间竞争的动态性，新创企业需要事先评估在产业中的在位企业是否会对自己的创新性商业模式进行模仿，再决定采用什么样的商业模式参与竞争。

三、商业模式创新的价值逻辑与画布、画脸

（一）价值逻辑

说到模式，我们会想到一个整体，商业模式作为一个整体到底包括什么，理论界和实践界众说纷纭。有的将其视为类似商业计划书一样包罗万象的框架，甚至像一个筐，什么都可以装；有的将其聚焦在盈利模式，关注的是现金流；当前更多的看法是将价值视为商业模式的核心，以价值链、价值网、价值圈甚至价值生态系统等为视角的分析并不鲜见。

以人们的手掌为例，商业模式像手掌一样，包括不同的组成部分（比如长短、粗细不一的手指），但是，并不是把这些组成部分罗列到一起就构成了一个整体。一个灵活有力的手掌，不会因为手掌的固定模式而让手指僵化，而是让手指在看似固定的结构中相互配合、自如行动，从而让手掌发挥出更多、更新的功能。俗语说“十指连心”，也反映出商业模式不仅表现为一种形式架构，背后还蕴含价值本质。

商业模式的外在形式多样，但不直接等同于一本计划书的框架、一种盈利模式的现金流形式，也表现为诞生于制造业生产运营的价值链分析模型的演化形式，特别是考虑到互联网背景下对价值网和价值生态圈的关注，我们不难发现，无论是框、流、链、网、圈抑或生态系统，这些观点都反映出商业模式是一套价值逻辑。有句古话说，“授人以鱼，不如授人以渔”，若“鱼”代表着商业模式的外化要素，那么“渔”则体现出商业模式的价值逻辑。

这个价值逻辑内部有要素，外部有结构，而且能够动态演化。就像夏花一般，商业模式有花朵的外形（要素和结构），且绽放出美丽的效果（在传递过程中带来的价值）。因此，商业模式的要素内容、体系架构和动态演化这三个关键环节缺一不可，创业者需要去仔细打磨和耐心耕耘。

图 4-3 概括了商业模式创新的三个层次。左边反映了三类目标：告知、展示、带入；右边反映了三种方式：文本、故事、进路。由上到下组合起来分别是：用文本告知价值逻辑，用故事展示价值逻辑，用进路带入价值逻辑。不难看出，由上到下的三个层次分别体现出商业模式的要素内容、体系架构和动态演化三个环节，价值逻辑不断深入演化。

图 4-3 商业模式创新的三个层次

按照这种层次逻辑，商业模式仅通过告知是不够的，还要被展示出来。但是，创业者要避免展示的商业模式空有其表，就像夏花要绽放出美丽的效果，在创业过程中，商业模式吸引人更为重要，要能把客户带入到商业模式当中，让客户体会到创新产品和服务的

价值。所以，尽管商业模式这套价值逻辑具有抽象性，但创业者必须将它外化成一种让客户能够感知并理解的形式，它既可以是一组精心构思的文本，也可以是一段令人感动的故事，最终成为一套创业实践的行动进路。

（二）从画布到画脸

20 世纪最重要的哲学家之一路德维希·维特根斯坦在其《逻辑哲学论》一书中提到：“事态的存在是事实，事实形成逻辑图像，这个图像就是思想。”商业模式逻辑的事实，应当非价值莫属，因此，商业模式画布可以视为商业模式价值逻辑的图像思想。虽然商业模式画布已经在实践中用于指导创业项目，但是在实操环节，画布的 9 个要素数量不算少，内在关系也较难掌握，更重要的是这个模式还需要具有创新独特性。

为此，我们可以在商业模式画布的基础上，进一步提炼其背后生动的价值逻辑。从图 4-1 中我们不难看出，画布左上角的三个区域（重要伙伴 KP、关键活动 KA、核心资源 KR，即 3K 区域）都朝向创业活动的内部，右上角的三个区域（客户细分 CS、客户关系 CR、渠道通路 CH，即 3C 区域）都朝向创业活动的外部，左下角的区域（成本结构 CS）期望是下行趋势，右下角的区域（收入来源 RS）期望是上扬趋势，而价值主张区域（VP）则处在最中心位置。

通过上述分析，一张“脸”的轮廓逐渐浮现（见图 4-4）：3K 区域像右眼，看着内部的头绪；3C 区域像左眼，看着外面的世界；下行的 CS 和上扬的 RS 形成的曲线，像微笑着的嘴巴；稳坐正中央的 VP 像极了鼻子。联结并联动眼睛、嘴巴和鼻子等要素的“筋络”就是价值。如此看来，“脸”可以视为商业模式价值逻辑的一种图像，而创业者对商业模式的设计和创新，与画家画脸就有了相通之处，有报道称亚马逊等企业最初的商业模式就诞生于创业者画在餐巾纸上的涂鸦线条中，所以说，创业者也有必要像画家一样学习画脸之道，以便画好商业模式这张“脸”。

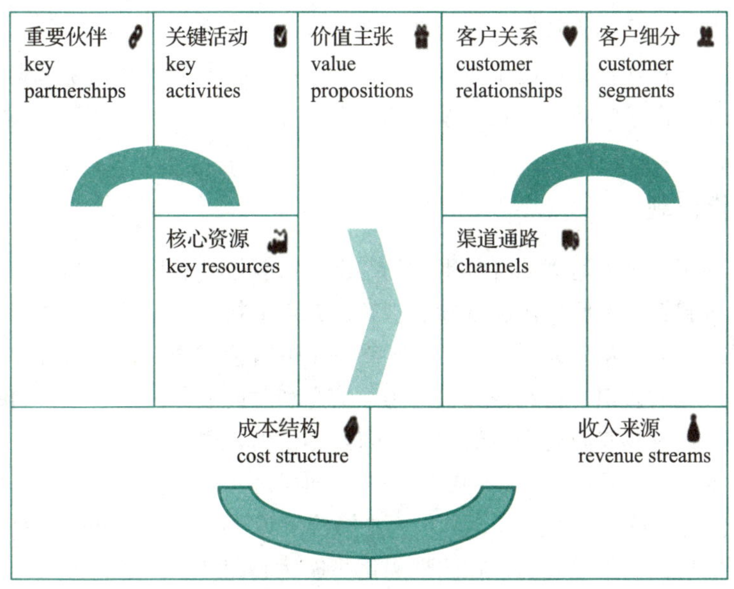

图 4-4　商业模式画脸

把商业模式从画布解析为画脸，并不意味着商业模式创新就只是靠“美貌”，也要看实力。在创业领域里，商业模式创新与技术创新经常被对立起来进行比较，但是创业者并不希望自己的商业模式像流星一样稍纵即逝，而是希望“美貌”和实力能够双“丰收”。那什么样的“脸”能达到这个效果呢？在《蒙娜丽莎》画作中带有神秘微笑的脸恐怕是最佳答案（见图 4-5）。这幅画让多少艺术家孜孜以求这张脸的完美之道，多少科学家用 X 光等技术不懈探索这张脸的神秘力量，但至今都未找到最终答案。作者达·芬奇是具有科学素养的艺术家，也可以称为具有艺术素养的科学家，他不仅为彼得·德鲁克“科学性与艺术性是管理的一体两面”观点提供了佐证，更用蒙娜丽莎的微笑为我们反思商业模式之“脸”提供了思路：商业模式创新既有艺术性也具科学性，价值逻辑不是局限的静态结果——选择或设计出某种商业模式（好比达·芬奇最终完成的这幅画作），还蕴藏着融合的动态过程——创新商业模式（好比这幅画历久弥新）。

图 4-5 蒙娜丽莎的微笑

资料来源：www.image.baidu.com.

第二节 商业模式创新的核心要素

一、商业模式的价值主张与创业的价值观

（一）商业模式的价值主张

在商业模式画布的九宫格中，价值主张作为核心要素，是指在客户界面、伙伴界面和内部构造中那些能够为客户、伙伴和员工创造价值，并最终为企业带来显著价值的关键要素形态的组合，它是企业将在哪里和如何创造或发掘价值的思路的清晰概要表达。商业模式的价值主张用来描述为特定客户细分创造价值的系列产品和服务，并主要回答以下问题：我们该向客户传递什么样的价值？我们正在帮助我们的客户解决哪一类难题？我们正在满足客户的哪些需求？我们正在为客户细分群体提供哪些系列产品和服务？

（二）创业的价值观

价值观反映了一个人对周围各种事物的意义、重要性的总体评价和总的看法，是基于人的一定的思维感官之上而做出的认知、理解、判断或抉择，也就是人认定事物、辨别是非的一种思维或取向，从而体现出人、事、物一定的价值或作用。价值观代表个体主观对主客观关系重要性的认识，含有认知、情感、信念和意向成分，是一个较为稳定和不易改变的心理过程，而且具有历史文化的属性。东西方价值观概念既有很多核心的共性，也基于特定历史时期、特定发展阶段、特定社会文化而显现出一些差异。

表 4-1 是罗克奇价值观调查表，其中，终极价值观（terminal values）是一个人希望通过一生而实现的目标，用以表示存在的理想化终极状态和结果；工具价值观（instrumental values）是达到理想化终极状态要采用的行为方式或手段。

表 4-1 罗克奇价值观调查表

终极价值观	工具价值观
舒适的生活（富足的生活）	雄心勃勃（辛勤工作、奋发向上）
振奋的生活（刺激的、积极的生活）	心胸开阔（开放）
成就感（持续的贡献）	能干（有能力、有效率）
和平的世界（没有冲突和战争）	欢乐（轻松愉快）
美丽的世界（艺术和自然的美）	清洁（卫生、整洁）
平等（兄弟情谊、机会均等）	勇敢（坚持自己的信仰）
家庭安全（照顾自己所爱的人）	宽容（谅解他人）
自由（独立、自主的选择）	助人为乐（为他人的福利工作）
幸福（满足）	正直（真挚、诚实）
内在和谐（没有内心冲突）	富于想象（大胆、有创造性）
成熟的爱（性和精神上的亲密）	独立（自力更生、自给自足）
国家的安全（免遭攻击）	智慧（有知识、善思考）
快乐（快乐的、休闲的生活）	符合逻辑（理性的）
救世（救世的、永恒的生活）	博爱（温情的、温柔的）
自尊（自重）	顺从（有责任感、尊重的）
社会承认（尊重、赞赏）	礼貌（有礼的、性情好）
真挚的友谊（亲密关系）	负责（可靠的）
睿智（对生活有成熟的理解）	自我控制（自律的、约束的）

商业模式作为一套价值逻辑，离不开客户、员工、创业者价值观的支撑和影响，因此，创业者在进行商业模式设计和创新时，不能忽视从事这些活动的人的价值判断和观念。

二、价值主张的类型和定位

（一）价值主张的类型

客户价值主张（customer value proposition，CVP）是指创业者在一个既定价格上向客户提供能够帮助客户完成任务的产品或服务。主要探究的问题有：为什么客户从你的公司而不是你的竞争对手那里购买产品或服务？他们为了什么而支付费用？你的公司如何才能比竞争对手做得更好？你公司的产品和服务能否为客户提供与众不同的价值？从客户角度看，商业模式的价值主张就是为客户创造价值的要素形态或要素形态的组合，它清楚陈述了企业在何处及如何创造价值，这是连接企业与外部客户的通道。

员工价值主张（employment value proposition，EVP）是从客户价值主张引申出来的一个概念，是对吸引员工和应聘者的组织中各因素的清晰、独特的描述，包括工作特点、工作环境、工作方式、与管理者建立的关系、管理者行为以及组织的整体特征等。主要探究的问题是：员工为什么选择到你的公司而不是其他公司工作？员工价值主张是建立创业品牌的重要元素，跟企业文化一样，它并不是简单地贴在墙上、公布在公司网站或公众号上的口号，而是在员工、前员工、潜在员工心中的一杆秤，是企业在员工内心中形象的一个基本判断，与招募和聘用人才、打造卓越的员工体验、增加人才储备、提升员工敬业度、持续向相关的目标人群传达公司的雇主品牌信息等都息息相关。

创业价值主张（entrepreneurial value proposition，EVP）意味着创业者或创业型企业为客户提供价值的同时又为自己创造价值。在这个过程中需要考虑以下常见问题：收益模式（如市场规模、交易规模、购买频率、附加性产品销量等）、成本结构（如工资成本、直接与间接成本等如何分配以及规模经济等）、利润模式（比如，为实现预期利润，每笔交易所应产生的净利等）、资源利用速度（比如，为完成目标数量，创业企业应以多快的速度来利用企业的资源等）。

（二）价值主张的定位

为了实现商业模式创新，作为核心要素的价值主张通常具有以下定位。①新颖独特：产品或服务需满足客户从未感受和体验过的全新需求；②立足性能：改善产品和服务性能是传统意义上创造价值的普遍方法；③个性定制：以满足个别客户或客户细分群体的特定需求来创造价值；④进阶优化：可通过帮助客户把某些事情或流程做好、做优或简化来创造价值；⑤设计主导：产品因优秀的设计脱颖而出；⑥品牌挖掘：可以通过让客户使用并展示某一特定品牌而发现和认可其价值；⑦价格杠杆：以更低的价格提供同质化的价值来满足对价格敏感的客户细分群体的需求；⑧成本优势：帮助客户削减成本是创造价值的重要方法；⑨风险抑制：帮助客户抑制风险也可以创造客户价值；⑩便利可达：把产品和服务高效地提供给以前接触不到它们的客户。

在商业模式画布中，所有元素都有可能成为商业模式创新的触发点，但是大部分商业模式的创新往往起始于一个新的价值主张，因此，创业者通常会提出一个新的价值主张，进而对商业模式元素进行创新设计过程。商业模式价值主张的创新，能够为企业带来积极结果，包括新技术的商业化、企业核心能力的构建以及企业交易边界的拓展等。

三、定位价值主张：画鼻子

在商业模式画布的这张“脸”中，价值主张对应“鼻子”。就像鼻子处于脸的中心位置一样，价值主张是实现商业模式创新的核心要素，是承载商业模式价值逻辑的最为突出的载体。正如《西游记》里猪八戒的经典形象，一张脸中最突出的当属鼻子。

资料来源：www.photophoto.cn.

创业者在价值主张设计过程中常常会面临以下困惑：会议缺乏效率、团队目标不一致、项目愿景被过分夸大、一个好想法却以失败收场、对客户而言非常重要的价值却难以找到落地方案等。这些问题反映出现行商业模式的模糊、发散，因此，就需要价值主张像

"鼻子"一样发挥突出作用，从而让商业模式设计变得高效，平衡团队成员间的经验和技术，避免将时间浪费在无效创意上，测试和交付客户所期望的产品或服务。为此，创业者在设计和创新价值主张时，需要注意以下三个方面。

（一）价值主张内涵要清晰

价值主张一定是从客户视角出发，真正找到目标客户的痛点需求，只有客户认为你有价值，你才有价值。创业所提供的新产品或服务都是给客户提供一种价值，然后在创造价值的过程中来实现创业者或创业企业的利益。如果没有确定一个清晰的客户价值主张，打造或重塑商业模式就无从谈起。虽然价值主张由产品和服务承载，联结着目标客户，但是背后的推动力量是创业者或创业企业，因此，也需要与员工主张的价值进行连接，形成联动。例如，阿里巴巴坚持为客户打造"天下没有难做的生意"平台，但这个价值主张不能流于形式，要想将口号落实就得将无形主张转化为有形行动。我们从以下案例中可以看出，无形的价值主张既可以由产品和服务承载，也需要通过量化手段对内进行考核和落实。虽然这种考核并非标准做法，却能反映出价值主张内涵需要清晰、明确。

阿里巴巴的价值观考核与创业成长

马云（阿里巴巴创始人）：价值观是我们前进路上操作方法的指导，是创始人制定的。价值观不是虚无缥缈的东西，是需要考核的。不考核，价值观就起不到任何作用。企业文化是考核出来的。如果你的企业文化是贴在墙上的，你也不知道怎么考核，那就全是空谈。我们十多年来每个季度都考核价值观，业绩和价值观一起考核。每年的年终奖、晋升都要和价值观挂钩。业绩好但价值观不过关的员工是不能晋升的。同样地，热爱公司但因为帮助别人导致自己业绩没有完成的员工，也不被接受。只有这两个都做好了才行。这是一套完整的考核机制。

彭蕾（阿里巴巴创始团队成员之一，曾任首席人力资源官）：一个企业的发展就像一个小孩子的成长，在这个过程中一定要有明确的规范。员工要知道该怎么做，不该怎么做。价值观不是惩罚人的工具，而是做事情的准则。我们考核的目的是要让大家明确对价值观的解释。被考核的不是文化，而是你在公司中行为处事的方式。比如，敬业的最好表现是什么？大家在看到绩效考核之后就知道该怎么做。在制定制度时，我的理想是3年后就不用考核价值观。考核不是目的，真正的目的是要让正确的价值观深入人心。我希望我们的价值观能自然地引导大家的行为。

（二）核心价值主张要坚挺

价值主张包括诸多内涵细节，首先要确立坚挺的核心价值主张，让其发挥引领作用，就像挺立的鼻尖代表着核心方向。核心价值主张聚焦于企业如何用所获取的主要资源向客户提供产品和服务并创造客户价值，它是企业从资源获取到产品和服务的提供的全部过程中的主导价值主张，体现出企业商业模式的核心逻辑。

华为公司不同阶段的核心价值主张

在这里使用“核心价值主张”一词而没有用“核心价值观”，是因为核心价值观是企业文化体系中的概念，而核心价值主张所包括的内容范围宽于企业文化，涉及了商业模式的方方面面。以下阶段划分和内容不是华为公司的观点，但是能反映出华为公司在创业成长过程中，商业模式创新背后的价值主张演变。

第一阶段（1987～1996 年）：尚未形成系统的核心价值主张体系，也没有规范的企业文化文本，价值主张基本上是竞争型的，即针对竞争对手确立，比如 1992 年华为提出的目标是超越四通。这个阶段的价值主张比较分散，分别针对研发、营销、生产、新员工和行政部门等设置。

第二阶段（1997～2004 年）：从感性走向了理性思考，由“摸着石头过河”走向了系统的顶层设计，但更多的是一个假设体系，在变和不变的过程中不断深化，正如任正非在 1998 年 3 月 23 日《华为基本法》审定会上说的一句话：“《华为基本法》通过之时就是其作废之时。”

第三阶段（2005～2010 年）：在全球化时期，华为力争做得更规范一些，让华为的核心价值主张与国际接轨。这期间新的愿景、使命和战略中出现最多的一个词就是“客户”，价值主张思考基点由“我们”转向“客户”。

第四阶段（2011 年至今）：组织变革期的背景是华为“登顶”，也进入了“无人区”，“以客户为中心”是方向，“以奋斗者为本”是导向，“长期坚持艰苦奋斗”是长期的价值主张，强调质量、服务、成本和优先满足客户需求。

（三）价值主张管理要稳健

商业模式创新能够为企业创造新的竞争优势，获取新的市场资源，发现新的经济增长点，从而提升绩效，其中，价值主张虽然能够随时间进行演进，但其管理需要稳健，不能没有章法，要让价值主张为创业管理过程提供新的范式，从整体上重新构建商业模式的边界和体系。换言之，商业模式创新面临各种在传统管理里遇不到的多维度挑战，创业者对价值主张的管理体现了非线性和动态性管理的能力，但这种稳健管理能力又不同于静态的稳定管理。一个具有代表性的案例是星巴克的“第三空间”价值主张，通过下列分析，我们可以看出，在竞争激烈、动荡的环境中的创业者和创业企业，虽然为客户提供的产品和服务不断推陈出新，但对价值主张的管理是稳步推进的，商业模式阵脚未乱。

星巴克的“第三空间”

20 世纪 70 年代，美国社会学家雷·欧登伯格从城市及社会的研究角度，提出了“第三空间”的概念。他将居住的地方称为“第一空间”，花大量时间用于工作的地方称为“第二空间”，而“第三空间”则是居住和工作地点以外的非正式公共聚集场所。“第三空间”的概念，更突出地强调了非正式公共聚集场所的社交作用，如咖啡馆、茶馆、酒吧、社区中心等都属于“第三空间”。

“第三空间”通常具备以下属性：第一，空间是中立的，所有人都受欢迎；第二，它是一个杠杆，社会各个阶层的人都可以被平等相待；第三，其主要活动为谈话交流与信息共享；第四，具有较高的可达性，没有物理、政策或货币壁垒。

在餐饮行业中，星巴克最早提出“第三空间”这个概念。自创立以来，星巴克就被植入“第三空间”的DNA，成为精神生活切割后的闲散地。星巴克前董事长霍华德·舒尔茨甚至将其升级为“社区”理念。在舒尔茨看来，“社区”正是人们去星巴克的真正原因，而并不只是为了享用咖啡或其他饮品，如果某一天星巴克失去了成为“第三空间”的能力，它就失去了一个最主要的卖点。

因此，星巴克想要给人们传递的就是它作为现代人的“心灵绿洲”“栖息之地”的理念，它为每日被家务琐事禁锢的家庭主妇、围着工作团团转的白领、奔波于教室图书馆宿舍的学生等各类人群，提供了一个更为轻松自由、无拘无束地畅谈的场所。星巴克想要做的就是在都市人的生活中扮演仅次于家和办公室的第三重要的角色，成为现代人真正需要的“第三空间”。

2018年6月，中国最大的星巴克旗舰店——星巴克甄选北京坊旗舰店开业，这是继半年前，星巴克全球最大门店形态（烘焙工坊）在上海开幕后，在中国市场上的又一重要动作。“早上可以来喝一杯咖啡，下午来饮一杯茶，傍晚又可以来品酒聚会”，时任星巴克中国区CEO蔡德舜在接受媒体采访时如此表示，他希望星巴克能够成为一个让客户“从早上喝到晚上”的全天候空间。他还透露，星巴克希望通过不同门店形态的组合，进一步强化“第三空间”的价值主张，加深用户体验。

2018年8月，雀巢与星巴克在官网发表联合声明称，雀巢以71.5亿美元收购星巴克零售咖啡业务，授权交易已经完成，雀巢将获得星巴克零售咖啡业务的永久性全球营销权，能在星巴克门店以外销售包装型咖啡等星巴克产品。两个咖啡巨头在零售领域的较量，或将因为此次协议成为过往，星巴克与雀巢方面对于此次合作均寄予厚望。值得注意的是，此项协议仅涉及星巴克实体店以外的产品和服务，不涉及星巴克在全球的2.8万家咖啡店。作为“第三空间”的实体店，始终是星巴克坚持驻守的“根据地”。

第三节 商业模式创新的关键脉络

一、价值传递的含义

确定好客户价值和企业价值之后，这些价值该如何实现传递呢？从逻辑上讲，创业者或创业企业只有拥有了独特的客户价值主张和创业价值主张，才可能去谋求实现这种价值主张的资源和能力。创业想法往往忽视创业者自身资源与能力的局限，它可能确实包含着机会，但也可能是别人（具有与之相匹配的资源和能力的人）的机会。

商业模式可以视为由产品流、服务流和信息流组成的结构，包含对参与者角色、潜在利益和收入来源的描述，这种认识将商业模式的内容由单纯的企业内部方面发展为企业内外部因素的结合，使创业者更加关注利益相关者的互动对于企业效益的影响。显然，这反映了价值传递的作用，这也正是互联网时代企业运行方式的特点。有些商业模式价值的研究引入了“流程”“渠道”“产品流”等概念，这些概念都在为商业模式中的价值传递提供佐证。表 4-2 列举了有关商业模式中价值传递的代表性研究观点。

表 4-2 有关商业模式中价值传递的代表性研究观点

研究者	研究观点
Amit 和 Zott（2001，2007）	商业模式影响企业价值创造和价值获取的可能性；作为价值的源头，商业模式提供了一个企业价值创造和获取的机理，且有别于产品市场战略
Osterwalder 和 Pigneur（2005，2010）	基于信息系统理论，他们认为商业模式能反映企业提供给不同客户的价值，并反映为创造、营销和传递这种价值以实现有利可赚的可持续收入流所必需的能力、合作伙伴和关系资本；商业模式描述了组织创造、传递和获取价值的原理
Shafer 等（2005）	商业模式是对企业在价值网中创造和获取价值的潜在核心逻辑及战略决策的陈述。创造和获取价值的核心逻辑是商业模式的基础
Lecocq 等（2006）	RCOV 模型——“R”代表资源（resource），“C”代表能力（competence），“O”代表组织（organization），“V”代表价值主张（value proposition）。价值主张保证收益的数量和结构，同时，外部和内部组织决定成本的大小和结构，而它们共同决定（解释）利润
Chesbrough（2007）	商业模式执行两个核心功能：价值创造和价值获取
Johnson 等（2008）	企业可以通过整合商业模式的 4 个要素——客户价值主张、盈利模式、关键资源、关键流程来创造和传递价值
Richardson（2008）	基于对文献的广泛梳理，他提出一个综合观点：商业模式包括 3 个部分——价值主张、价值创造和传递体系、价值获取体系
Teece（2010）	商业模式用来描述价值创造、传递和获取机制的设计或结构，其实质在于定义企业向客户传递价值、诱使客户支付价值和将客户支付转化为利润的方式
Casadesus-Masanell 和 Ricart（2010）	商业模式是对支持客户价值主张和成本 - 收益结构（意在传递价值）的逻辑、数据和其他事实的精确描述
Sosna 等（2010）	已成立的企业需要更新商业模式，以抵御对它为利益相关者创造价值和为自己获取充分价值的持续能力的威胁
Sabatier 等（2010）	他们将商业模式组合（business model portfolios）定义为企业向客户传递价值以确保企业中长期生存和未来发展的一系列方法，探析了小型生物科技企业如何利用不同的商业模式设计来产生附加价值和获取利润
Wirtz 等（2010）	商业模式是一个企业的运行和产出系统，是企业运行和创造价值的方式。商业模式包含以下几个次级模式（或领域）：企业资源投入（投入领域）；资源如何转变成产品或服务（价值产生领域）；产品、服务如何传递给客户（分配领域）；如何从商业合作中产生或获取收益（收益领域）
Sorescu 等（2011）	商业模式是一个包含相互依赖的结构、活动和流程的特定体系，这些结构、活动和流程服务于企业为客户创造价值和为自身及合作伙伴获取价值的组织逻辑。零售商业模式的目的在于准确描述如何为客户创造价值及如何为零售商和合作伙伴从市场中获取价值。他们提出了 6 个商业模式设计主题：隶属于价值创造范畴的客户效率、客户有效性、客户参与以及隶属于价值获取范畴的运行效率、运行有效性、客户绑定
George 和 Bock（2011）	研究人员在调查职业经理人员对商业模式概念的理解中发现：在职业经理人员的观念中，资源结构、交易结构和价值结构是商业模式潜在的 3 个维度。价值结构是决定价值创造和获取行为的规则、期望和机制，是界定、支持和控制价值创造和获取的组织机制，它可能持续地提供高水平指导方针用以连接企业家对可获取价值的认知与创造和获取价值最大化的战略决定

（续）

研究者	研究观点
Velamuri（2011）	通过文献梳理，他探讨了价值创造和价值传递的新形式
Beltramello 等（2013）	价值创造是任何商业模式的核心。企业从发掘新的商业机会、新的市场和新的收入来源中获取价值
Bocken 等（2014）	商业模式有 3 个基本要素：价值主张、价值创造和传递、价值获取

二、价值传递的两端

（一）客户端

在商业模式价值逻辑体系中，我们参考商业模式画布九宫格，可将客户端分为以下三个部分。

1. 客户细分 这个概念用来描述想要接触和服务的不同人群或组织，主要回答的问题是：我们正在为谁创造价值？谁是我们最重要的客户？通常，我们可以将客户细分为五种群体类型：一是大众市场，价值主张、客户关系和渠道通路全都聚集于一个大范围的客户群组，客户具有大致相同的需求和问题；二是利基市场，价值主张、客户关系和渠道通路都针对某一利基市场的特定需求定制，这种群体类型常可在供应商与采购商的关系中找到；三是细分市场，客户需求略有不同，细分群体之间的市场区隔有所不同，所提供的价值主张也略有不同；四是多元化市场，客户需求多样化，经营业务要以完全不同的价值主张迎合有完全不同的需求的客户细分群体；五是多边平台或多边市场，它服务于两个或更多的相互依存的客户细分群体。

2. 客户关系 这个概念用来描绘与特定客户细分群体建立的关系类型，主要回答的问题是：我们每个客户细分群体希望我们与之建立和保持何种关系？哪些关系是我们已经建立了的？这些关系的成本如何？如何把这些关系与商业模式的其余部分进行整合？通常，我们可以将客户关系分为六种类型：一是个人助理，企业与客户可以通过呼叫中心、电子邮件或其他销售方式等个人助理手段进行互动；二是自助服务，企业为客户提供自助服务所需要的全部条件；三是专用个人助理，企业为单一客户安排专门的客户代表，通常是向高净值个人客户提供服务；四是自助化服务，它整合了更加精细的自动化过程，可以识别不同客户及其特点，并提供与客户订单或交易相关的自助式服务；五是社区，利用社区模式与客户或潜在客户建立更为深入的联系，如建立在线社区；六是共同创作，与客户共同创造价值，鼓励客户参与到全新和创新产品的设计与创作中。

3. 渠道通路 这个概念用来描述如何与客户细分群体接触和沟通以传递价值主张，主要回答的问题是：通过哪些渠道可以接触到我们的客户细分群体？我们如何与他们沟通？我们的渠道如何整合？哪些渠道最有效？哪些渠道成本效益最好？如何把我们的渠道与客户的例行程序进行整合？通常，企业可以选择通过自有渠道、合作伙伴渠道或两者混合来接触客户。其中，自有渠道包括自建销售队伍和在线销售，合作伙伴渠道包括合作伙伴店铺和批发商。

（二）组织端

在商业模式价值逻辑体系中，我们参考商业模式画布九宫格，可将组织端分为以下三个部分。

1. 重要伙伴 这是让商业模式有效运作所需的合作伙伴与供应商的网络，主要回答以下问题：谁是我们的重要伙伴？谁是我们的重要供应商？合作伙伴都执行哪些关键业务？我们正在从合作伙伴和供应商那里获取哪些核心资源？伙伴关系通常可以分为四种类型：在非竞争者之间的战略联盟关系；在竞争者之间的战略合作关系；为开发新业务而构建的合资关系；为确保可靠供应的购买方－供应商关系。

2. 关键活动 关键活动用来描述为了确保其商业模式可行必须做的最重要的事情，主要回答的问题是：我们的价值主张需要哪些关键业务？我们的渠道通路需要哪些关键业务？我们的客户关系需要哪些关键业务？我们的收入来源需要哪些关键业务？关键业务通常可以分为三种类型：一是制造产品，与设计、制造及发送产品有关，是企业商业模式的核心；二是平台或网络，网络服务、交易平台、软件甚至品牌都可看成平台，与平台管理、服务提供和平台推广相关；三是问题解决，为客户提供新的解决方案，需要知识管理和持续培训等业务。

3. 核心资源 核心资源用来描述让商业模式有效运转所必需的最重要的因素，主要回答以下问题：我们的价值主张需要什么样的核心资源？我们的渠道通路需要什么样的核心资源？我们的客户关系需要什么样的核心资源？我们的收入来源需要什么样的核心资源？核心资源通常可分为四种类型：一是实体资产，包括生产设施、不动产、系统、销售网点和分销网络等；二是知识资产，包括品牌、专有知识、专利和版权、合作关系和客户数据库；三是人力资源，在知识密集产业和创意产业中，人力资源至关重要；四是金融资产、金融资源或财务担保，如现金、信贷额度或股票期权池。

三、价值传递：画眼睛

在商业模式画布这张“脸”中，想要实现客户端和组织端之间的价值传递，创业者或创业企业要有“火眼金睛”，不仅要能看到外部的客户和内部的组织，还要能将内外部信息融会贯通，从而使创业者通过设计和创新商业模式掌控全局。正如《西游记》里孙悟空的经典形象，有一双能洞察全局的“火眼金睛”。

资料来源：www.photophoto.cn.

（一）关键脉络地图

图 4-6 是商业模式创新的关键脉络地图，图中反映了价值传递的构成：图中央是客

户、员工和创业价值主张；左侧代表着价值向外传递，对接市场需求要“灵”，将市场需求与客户细分、客户关系和渠道通路打通；右侧代表着价值向内传递，对接组织能力要“活”，将组织能力与关键活动、重要伙伴和核心资源打通；向上积极响应不确定性情境的变化，价值传递效果要创新；向下落实在创业者具体行动上，价值传递过程要流畅。

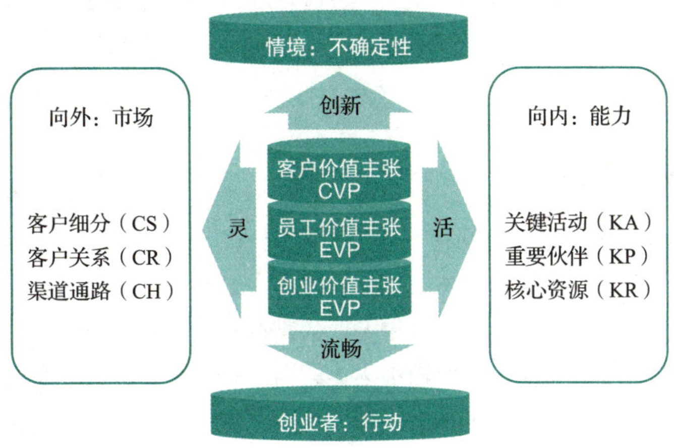

图 4-6　商业模式创新的关键脉络地图

价值传递意味着商业模式之“脸”的“双眼”能够“眉目传情”，但也需要注意以下案例反映的传递误区，结合图 4-6 来看，导致误区的原因主要是未能将地图中的上下左右各环节充分联结和打通，从而造成价值传递片面偏颇和模糊发散的情况，就像人的双眼出现斜视或散光问题，或是被蒙住了双眼，造成盲人摸象或寸步难行的窘境。

上岛咖啡传递了什么价值

上岛咖啡由陈文敏于 1968 年在台湾创立，历经近 30 年的发展，从不起眼的街角小店来到大陆，在海南开出第一家大陆店。抢滩大陆市场，它比星巴克和 Costa 都要快一步。在 2000 年左右这个绝佳的“空档期”，很多人第一次去的咖啡厅就是上岛咖啡。

它的打法简单直接——开放加盟，不到 10 年，在大陆就有了 3 000 家门店。上岛咖啡的加盟方式简言之就是：给钱就行！品牌收取初次加盟费和后期续约费，加盟门店独立核算、自主经营。

早些年，初始加盟费每年 20 万～30 万元，还有每年 5 万～6 万元的加盟管理费。初期筹备，加盟店需从总部进货，价格比市场上高 50%。总部也会派驻经理、厨师，工资由加盟店支付。经营中遇到问题，加盟者也可向总部求助。很多老板以为开这样一个店，上档次，赚钱容易，经营也轻松。但是，事实情况呢？每年几十万元买的就是一块招牌。到底怎么经营，基本全靠自己摸索。难怪京东创始人刘强东曾说：“5 年之内全国开出几千家上岛咖啡，加盟不用去选店、培训，只收加盟费。这种商业模式有违消费者利益。”

虽然在大陆市场有先发优势，但随着星巴克、Costa 等外资咖啡品牌来袭，除了产品、价格之争，后来者在品牌运营上更是给上岛咖啡重重一击。在客单价差不多、客户群相同的情况下，星巴克和Costa在品牌打造、客户体验上的优势很快显现。而上岛咖啡仍在“吃老本”，依仗着品牌既有的知名度，仍专注于扩张和收更高的加盟费，疏于管理，怠于重新规划。面对竞争，上岛咖啡不积极应对，甚至对于“各自为政”的门店也放之任之，曾经的“高端商务会谈场所”沦落到“抽烟打牌会所”，对于品牌形象的负面影响可想而知。

粗放加盟，疏于管理，上岛咖啡选择这一商业模式就是在自掘坟墓，以致问题频出，加上放任不管，错失了自救机会。如果说上千家门店关闭是对品牌的重创，那每个加盟店老板的损失也是一笔笔的血汗钱。

（二）商业模式要素耦合

商业模式的首要条件是提出独特、富有吸引力的价值主张，帮助客户解决重要难题，进而开辟新市场。价值的差异性和新颖性使目标客户对企业形成强依赖性，企业就有可能制定高溢价、高扩张性的策略，最终带来企业的高盈利性和高成长性。但是，商业模式设计的外部客户导向会导致企业放松对内部运作的高标准、严要求，从而造成内部运营效率或管理水平的滞后，再加上资本市场上多种因素对股价的复杂影响，商业模式对市值的影响就显得相对较弱。

因此，商业模式的构成要素之间应当具有耦合性。研究发现，企业在考虑商业模式中客户价值主张、业务活动系统和盈利方式之间的交互作用后，商业模式对企业绩效的总体影响的数据拟合效果更好，这说明商业模式的构成要素之间的匹配对企业绩效具有显著影响，影响程度超过对任何单一构成要素的改变。究其原因在于，商业模式不是单一要素而是多个要素构成的系统。决定系统功能的不是要素本身，而是要素之间的关系。当构成要素之间协同耦合时，系统内部就会形成相互增强的良性循环，系统力量将显著提升。

由上可见，创业者或创业企业要想把握住商业模式创新的关键脉络，不仅要高度关注客户价值主张的独特性和精准性，以使企业脱颖而出并快速成长，同时还要促进商业模式构成要素之间的紧密耦合，让商业模式发挥出最佳功能，将客户价值的定位、创造、保护和获取多个环节打通并实现协同。

第四节　商业模式创新的系统设计

一、商业模式创新的系统观

（一）复杂适应系统视角

商业模式创新系统，亦可被视为一个复杂适应系统（complex adaptive systems，CAS）。从复杂适应系统视角看，不同的系统结构代表着复杂适应系统的不同状态，而不同的状态又会形成不同的适应性。美国桑塔菲研究所的科学家们指出，复杂适应系统存在“有序”和“混沌”两种截然不同的状态，以及另外一种有序与混沌之间的中间状态，即“混沌的边缘”。这一中间状态使得系统不至于作为稳定整体而陷入“有序”的僵化，也不会完全处于“混沌”的极端混乱状态。这种复杂系统演化过程中出现的“混沌的边缘”是一种处于稳定与不稳定或有序与无序之间的有界的不稳定状态，这时系统需要进行全局的调整以适应环境，所以这时的系统最具创造力，同时也将实现复杂适应性。

商业模式结构构建了一个“适应性地形”，商业模式演化的过程就是企业通过商业模式设计在这个“适应性地形”上爬行的过程，同时也是商业模式这一复杂适应系统从“有序”到“混沌的边缘”再到“混沌”的过程。简单而有序的商业模式结构代表着“平缓的地形”，或者说系统处于“有序”状态，这时，商业模式具有简单适应性；复杂而有创造力的商业模式结构代表着“有起伏但变化不剧烈的地形”，或者说系统处于“混沌的边缘”状态，此时的商业模式具有复杂适应性。商业模式创新可以看成是在相同结构的商业模式的适应性地形上的爬行过程，也可以看成是在不同结构的商业模式之间的转换过程，组织适应性的进化嵌于这种商业模式的超循环演变过程中。

（二）商业模式创新与技术创新融合视角

商业模式创新和技术创新的关系归结起来主要有以下四种。第一，商业模式创新和技术创新互为独立行为。在创新问题研究中，技术创新与商业模式创新经常被区别对待甚至对立起来。第二，技术创新影响商业模式创新。技术创新对商业模式创新起显著催进作用，技术创新是主导性因素，商业模式创新是被动接受的，或商业模式至多是技术投入和经济产出之间转化的桥梁。第三，商业模式创新影响技术创新。商业模式创新驱动技术创新，通过不同方式对技术创新发挥作用，适当的商业模式可以促进技术成果的商业化。基于此，新产品研制计划只有与商业模式有机整合，才能确保“走向市场”和“获取价值”。第四，商业模式创新与技术创新具有复杂的关系。技术创新与商业模式创新之间的紧密联系，具有协同性和耦合性，商业模式不当将导致技术创新收益降低，甚至迫使企业撤销新技术的应用或退出市场。商业模式创新和技术创新相互影响并形成复杂关系，呈现出不断融合的趋势。颠覆性创新理论的提出者克里斯坦森认为，如果企业的技术没有同颠覆式商业模式相结合，即使公司抓住了颠覆性技术，也不能成功使其商业化，创新史上这样的案例并不少见。

企业为实现商业模式创新与技术创新的融合可以从以下角度切入：一是为技术创新设计恰当的商业模式，企业可选择超过其机会成本的、可实现的、企业价值最高的商业模式，至于是采取全新设计的商业模式还是沿用已有商业模式并不重要；二是掌控技术创新，以为商业模式创新构建优势“门槛”，因为商业模式创新要想建立长期的有效优势，需要掌控某种稀缺的资源或能力，或商业模式可以持续地升级，这些有效优势可以通过技术创新来构建；三是为利益相关者设计商业模式并推动技术创新，因为对内外部利益相关者而言，真正需要的并不是某种产品、服务或原料，而是对某种问题的解决，如果创业者或创业企业能为利益相关者设计一种优良的商业模式，并以此推动技术创新并销售创新产品，就实现了双赢。

二、商业模式创新的系统类型

（一）效率导向型的商业模式

效率导向型的商业模式系统侧重简单而有序的商业模式结构。当平均交易成本降低时，交易效率会提高。所以，这类以效率为中心的商业模式以降低交易成本、提高效率为其价值获取的源泉，并以此为主题来设计商业模式的价值传递内容、交易结构和治理模式。

首先，从内容上看，效率导向型商业模式不强调改变产品或服务的种类，不致力于扩张消费市场，也不着眼于增加参与交易的企业数量。它主要强调如何通过当前的利益相关者之间的交易，将现有的产品或服务以更低成本、更高效率的方式满足当前消费市场的需要。效率导向型商业模式会通过将客户需求集中起来，扩大购买量和促进供应链合理化，加速交易流程和增加订单量，从而使个体商户和客户都获得好处。加速交易的流程也能增加商业模式的柔性，使商业模式可以灵活增减能处理的交易数量。

其次，从交易结构上看，在效率导向型商业模式下参与交易的各利益相关者以及缔约方的现金流结构、收入分配方式、成本核算方式都以简单、高效为目标。交易各方会尽可能减少相关参与企业的库存成本及在交易过程中的沟通成本（营销、通信等的费用）；他们会有效地组织交易顺序并灵活调整交易机制，从而尽量减少交易过程中的失误，使得客户购买更简单、便捷。因此，从交易结构上看，效率导向型商业模式是有序而高效的。

此外，从治理模式上看，遵循效率导向型商业模式的相关企业通过共享的方式管理信息、资源和商品的流动。在交易过程中，相关企业的交易是透明的，所有信息、资源和商品的使用及流动都是有章可循的；核心企业会提供信息给交易各方，帮助交易各方了解商品质量和性质；交易参与各方也会相互提供对方所需的信息。因此，效率导向型商业模式能使相关参与企业依据较为全面的信息做出决策。这类商业模式在交易中所涉及的各种交易机制，如奖励、惩罚或协调等的管理机制、法律法规、信息流、物流和资金流的管理制度等都通过信息透明、共享来制定。

（二）创新导向型的商业模式

创新导向型的商业模式，侧重复杂而有创造力的商业模式结构系统。创新导向型商业模式强调企业在引进新产品或新服务的同时，通过新的生产、分销、营销方法或拓展新的市场是企业创造价值的潜在源泉。具体而言，创新导向型商业模式系统在价值传递的内容、交易结构和治理模式上具有以下表现。

从内容上看，创新导向型商业模式系统强调尽可能汇聚更多的交易参与企业，引入规模很大或品种很多的产品和专利，提供更多产品、服务和信息的新组合。因此，在创新型商业模式下，产品或服务的种类较丰富，参与交易的企业数量颇多，他们会借助创新能力及各种品牌、技术、知识产权资源满足多种多样的消费需求。

从交易结构上看，在创新导向型商业模式中的各参与企业进行交易的方式是创新而与众不同的，参与交易各方之间可选择的交易方式（如现金流结构、收入分配方式及成本核算方式等）都会发生不同程度的变化以提升原有商业模式的价值；它们之间的合作关系（如直销、外包等）也是新颖而独特的，并非仅依靠商业机密和（或）版权。借助这些交易结构的创造性改变，在创新导向型商业模式下的各参与企业能在行业中拥有卓越的竞争力，并有可能实现跨越式发展。

从治理模式上看，参与企业采用了创新的激励机制和灵活的规章制度，核心企业是这一商业模式的开拓者，并不断地通过商业模式创新进行价值创造。所以，以新颖主题为中心的创新导向型商业模式是企业通过提供新的交易激励模式、设计新的交易机制等方式实现对原有潜在资源的价值提升，价值升级是其重要的特征之一。

三、商业模式创新的设计管理

（一）设计思维的基本步骤

设计思维对商业模式创新非常重要。设计思维强调企业要设身处地地去体验客户需求，并对传统的步骤进行了重新定义，通常包括以下 6 个步骤（见图 4-7）。

第一步，移情（empathize）。企业要开展研究，以便开发关于客户言行、思考和感受的知识。想象一下，如果你的目标是改善新客户的体验，在这个阶段，你可以与一系列的实际客户进行交谈，直接观察他们做了什么，他们的想法是什么以及他们想要什么，并问自己一些问题，比如，“什么可以促使或鼓励客户的购买行为”或者“他们在哪里存在购买障碍”，收集足够的观察结果，你就可以真实地感受到客户的需求和想法。

第二步，定义（define）。综合你研究或观察客户时发现的问题，在确定客户需求的同时，开始寻找创新机会。在定义阶段，汇总你在“移情”阶段所洞察到的问题，结合所有观察结果，绘制客户体验图，分析不同的客户是否有共同的痛点，识别未满足的客户需求。

第三步，构思（ideate）。创业者要集思广益，与创业团队讨论出一系列大胆的创意点子，以确定在定义阶段识别的客户需求，给自己和团队最大限度的自由，以想出足够多的创业想法。在这个阶段，你需要把团队成员聚集在一起，汇集不同的想法，然后，让他们彼此分享和讨论，在多次融合后形成新的想法。

第四步，原型（prototype）。这个阶段需要为想法的一个子集建立真实的可视化表达，其目标是解析想法的哪些部分是有效的。在这个阶段，你需要根据对原型的反馈衡量想法的影响和可行性，根据反馈进行更改，以快速、简约的方式形成一个概念模型，然后分享给其他成员。

第五步，测试（test）。在收到原型反馈后，你需要问自己“这个解决方案能否满足客户的需求”以及“是否有助于客户的感受、想法或他们的任务”，然后将你改善的原型放在真正的客户面前，以确认是否实现了满足客户需求的目标。当你的构想得以实施时，仍需要继续沿用此方式进行测试。

第六步，实施（implement）。这个阶段将使构想生效，确保你的解决方案具体化并触及最终客户的生活。

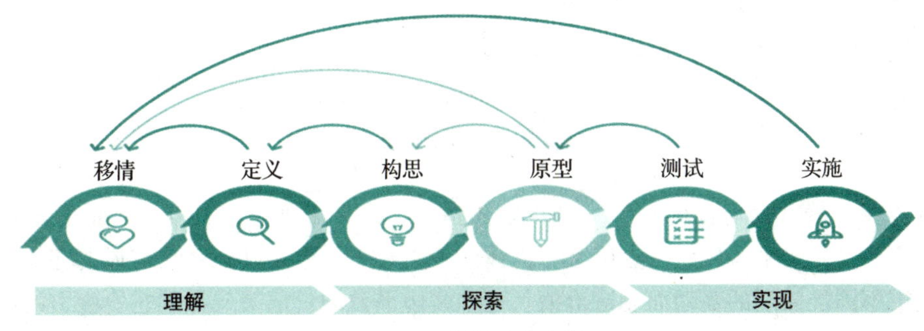

图 4-7 设计思维步骤

（二）设计模式的常见导向

商业模式创新的设计，通常有以下几种导向。

1. 以分拆模式为导向的设计　一般而言，企业从事的活动分为三种不同类型：新产品开发、客户关系管理以及基础设施管理。每种类型的活动有着不同的经济、竞争和文化规则（见表 4-3）。这三种类型的活动在现实中可能共存于同一家企业中，而在理想情况下，它们各自存在于相互独立的实体中以避免冲突或不必要的消长。但由于三种活动的规则不同，商业模式创新可以以分拆模式为导向，聚焦某类相对独立的活动，从而使竞争规则趋于一致。

表 4-3　三种类型活动的比较

规则	新产品开发	客户关系管理	基础设施管理
经济规则	早期市场进入可获得高溢价和大量市场份额：速度是关键	高昂的客户开发成本要求从每个客户手中获取高份额：范围经济是关键	高固定成本使得高产量成为获得低单位成本的关键：规模经济是关键
竞争规则	能力之争：进入门槛低，大量"小玩家"争奇斗艳	范围之争：少量的大玩家主导市场	规模之争：迅速固化的市场，少量大玩家主导市场
文化规则	以雇员为中心：呵护创意明星	高度服务导向：客户第一	聚焦成本：强调标准化、可预期和生产效率

2. 以长尾模式为导向的设计　长尾商业模式在于少量多种地销售自己的产品，它致力于提供相当多种类的小众产品，而其中每一种的卖出量相对较少。将这些小众产品的销售汇总，所得收入可以像传统模式销售所得一样可观。它不同于传统模式，以销售少数的明星产品负担起绝大部分的收益。长尾商业模式要求低库存成本以及强大的平台以保证小众商品能够及时被感兴趣的买家获得。长尾模式的示意图如图 4-8 所示。

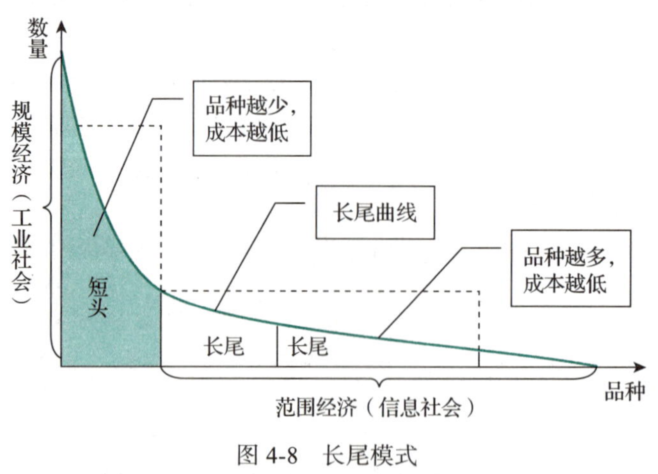

图 4-8　长尾模式

3. 以平台模式为导向的设计　平台模式将两个或更多独立但相互依存的客户群体连接在一起。这样的平台对于平台中某一群体的价值在于平台中其他客户群体的存在。平台通过促进不同群体间的互动而创造价值。一个多边平台的价值提升在于它所吸引的客户数量的增加，这种现象被称为网络效应。这种商业模式的核心资源就是平台，3 项关键活动通常是平台管理、服务实现以及平台升级。多边平台的运营者需要关注如下问题：我们能够为我们平台的各“边”的群体吸引到足够数量的客户吗？哪一“边”对价格更敏感？如果对该群体施以补贴是否可以吸引到他们？另一“边”群体的加入所创造的收益是否足以补偿补贴的成本？

4. 以免费模式为导向的设计　在这种商业模式中，至少有一个关键的客户群体是可以持续免费地享受服务的。新的模式使得免费提供服务成为可能，不付费的客户所得到的财务支持来自商业模式中的另一个客户群体，至少有一个客户群体会持续获得免费的商品，比如，一些多边平台提供的免费产品或服务，其实是建立在平台取得广告收入的基础上的。

5. 以开放模式为导向的设计　开放的商业模式适用于通过与外部合作伙伴系统地配合而创造和获取价值的企业。这种模式可以是由外而内地于企业内部尝试来自外部的理念，也可以由内而外地向外部合作伙伴输出公司无用的理念或资产。

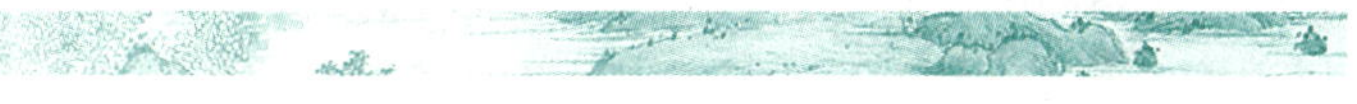

Uber 的商业模式创新

Uber 是一家按需提供交通服务的企业，它在全世界的范围内掀起了一场革命，彻底改变了出租车行业。该公司独特的商业模式，让每一个用户只需要点击一下手机就能够找到一辆出租车，车辆会在最短的时间内到达用户的所在地点，并且将用户送至他们想去的地方。

早些时候，人们要想打车，就必须站在街上，而且还要做到“眼快、手快、腿快”，发现空车，马上招手，然后尽快上车，免得被其他人“捷足先登”。这种打车的方式造成了不方便，例如长时间的等待，而且很多出租车还存在车费过高的问题。这种问题困扰着每一个有打车需求的人。究其根本，是出租车数量过少，而且出租车公司定价过高，出租车的定价缺少监管和控制，但是人们又没有其他选择。除此之外，还有另一个问题更加让人难以忍受，那就是在一些高峰时间段，例如上下班时段，在马路上找到空车基本就是一件不可能的事情。

Uber 看到了这个“打车难”的问题，并且希望用技术手段来解决这个问题，于是开发了一个移动端应用。这个应用让人们可以在手机上完成整个打车的操作。这个应用迅速在用户之间得到了普及，继而在出租车行业中掀起了一场革命。Uber 的应用软件于 2010 年正式上线，由于很好地解决了人们面临的打车问题，在极短的时间内便完成了大规模传播。

毫无疑问，Uber 不仅仅是在出租车行业内掀起了一场革命，而且建立起了一种全新的商业模式，这个模式可以让企业接触到本地的消费者。很多后来的初创企业都在复制 Uber 的商业模式，而且他们中很多企业还对这种商业模式进行了发展。凭借这种商业模式，无数创业者已经在许多垂直领域中都建立起了成功的初创企业。

Uber 对商业模式的创新，在租车行业产生了巨大影响。按照精益创业的观点，创业企业是一个暂时性的组织，必须找到可重复、可升级的商业模式才能开始蜕变，逐渐化身为一个生生不息的伟大事业体。创业者意图开发的创新产品或服务能否为客户、合作伙伴、企业自身创造价值，取决于他对商业模式的选择，而不仅取决于产品或服务本身的内在特征。许多创业企业的成功，并不是因为产品创新性有多强，而是因为开发出了一套切实可行的商业模式。商业模式不仅能使初始创业资源得到最好的利用，并让机会背后的价值得到最好的开发，还能使潜在的投资者读懂初创企业的商业逻辑并对是否投资做出快速决策。因此，认真设计并深入了解自己商业模式中的每个环节，并且不断去分析、精进，必然是身为一个创业者最基本的功课。

（三）设计过程的原则要点

商业模式创新的主要原则可以用 SMART 来概括。S 代表背景（stage），即商业模式创新要依托于价值主张背景，而不能脱离价值定位；M 代表管理（management），即商业模式创新需要有管理章法，而不是为了变化而变化；A 代表解决（answer），即商业模式创新要解决客户问题，从客户身上找答案；R 代表迭代（repeat），即商业模式创新要让内生能力迭代，而不只是推出一些新产品和服务；T 代表执行（take），即商业模式创新要落实在市场行动中，避免纸上谈兵、忽视执行。

在咖啡“江湖”里品味不同的商业模式

瑞幸咖啡（luckin coffee） 2017 年 10 月起试营业，2018 年 5 月 8 日正式营业，瑞幸咖啡在不到 7 个月的时间里实现了 14 个城市近 1 200 家门店的布局，迅速成长为国内第二大咖啡连锁品牌，并向星巴克宣战。瑞幸咖啡由神州优车集团原 COO 钱治亚创建，基于用户的线上社交联系，以近乎“病毒式”的营销手段，让用户极大限度地享受补贴优惠。自进入咖啡市场之日起，瑞幸咖啡就因为激进的广告营销、火爆的“烧钱”补贴和疯狂的融资能力，在市场上引发了高度关注甚至质疑。2019 年 5 月 17 日，瑞幸咖啡在美国上市，不过当时很多人依然关心的是：瑞幸咖啡成功了吗？ IPO 之后，它将面临哪些难题？

连咖啡（Coffee Box） 连咖啡于 2014 年成立，主要业务为咖啡外送，以提供星巴克、Costa 等咖啡的外送服务起家。在移动互联网的大潮中，连咖啡于 2015 年从星巴克等品牌中剥离，开始独立运营。连咖啡号称瞄准非重度咖啡用户和即饮品喜好者，填补星巴克在外送领域的空白。2016 年 4 月，连咖啡宣布完成 B 轮融资 5 000 万元人民币，由华策影视领投。2018 年 3 月，连咖啡宣布完成 1.58 亿元 B+ 轮融资，由启明创投领投，高榕资本跟投。连咖啡的商业模式主要靠填补咖啡市场外卖领域的空白来获取用户，在星巴克尚未布局的空白市场中疯狂输出。除此之外，“喜茶”“一点点”“奈雪的茶”等网红饮品的火爆，也在一定程度上对星巴克在中国市场的份额形成了冲击。

咖啡之翼与莱杯咖啡 咖啡之翼于 2019 年 6 月与智能咖啡机运营商莱杯咖啡达成收购协议，本次收购涉及业务、团队、软硬件、点位、经营、管理等多个方面。咖啡之翼从 2000 年第一家咖啡店开业以来，在 130 多个城市开出了 300 多家店，于 2017 年底启动智能咖啡机业务——“自由翼”。咖啡之翼曾于 2017 年挂牌新三板，于 2019 年 4 月完成股东回购，摘牌私有化，准备 IPO。莱杯咖啡则是 2015 年以自助咖啡机进入咖啡市场的，曾在9个月内连获3轮融资。这次收购之前，双方在技术、团队、运营上已经有过一些合作，收购完成后，莱杯咖啡只保留当前已投放的部分渠道，主体业务将并入咖啡之翼原有的智能咖啡机品牌“自由翼”。两款智能设备将统一使用咖啡之翼的品牌，在不同渠道场景下共同出现。据了解，莱杯咖啡原本在全国投放了800多台设备，本次收购完成后，咖啡之翼旗下的智能咖啡机有效投放数量上升至近4 000台。

咖啡陪你（caffe bene） 这曾是韩国最大的咖啡连锁企业之一，鼎盛时期在全球有1 200多家连锁店，涉足中国、美国、菲律宾等市场。2012年刚刚进入中国市场时，曾声称要开5 000家门店，赶超星巴克，如今却在中国全面崩溃。据了解，在巅峰时期，咖啡陪你在中国拥有700多家门店，曾创下每年开200家的纪录，开店速度直追当时已经进入中国市场十几年的星巴克。在开到700多家店的时候，咖啡陪你因疯狂扩张而埋下的隐患悉数浮出水面。2017年，韩国当地时间7月24日下午，咖啡陪你创始人姜勋在他位于首尔瑞草区的家里自杀身亡。一年之后，2018年10月15日，咖啡陪你在华合资企业由于债务危机，终致破产。

在商业模式创新的设计过程中，企业还需要注意做到：将新产品和服务深深嵌入一个成功的商业模式中；始终围绕对客户最为重要的工作、痛点和收益展开；高度关注亟须改善的工作、未解决的痛点和没有意识到的收益；紧紧瞄准那些只需要解决一点就可以给客户带来很大改善的工作、痛点和收益；敢于超越功能性的工作，涉足情感和社交工作；要与客户定义成功的标准保持一致；注意那种大多数人都有的或是少部分人愿意花重金去改善的工作、痛点和收益；善于挖掘区别于竞争对手关注的工作、痛点和收益；至少在一个方面远远超越竞争对手；很难被复制。

创业的技术行动

商汤科技：1+1+X的人工智能商业模式

致力于计算机视觉和深度学习原创技术的创新型科技公司——商汤科技，是中国人工智能领域的“领头羊”之一。公司拥有强大的技术研发能力，并独创了“1（基础研究）+1（产品及解决方案）+X（行业）”的商业模式，让公司从高精尖创新的学术团队成长为如今驱动多个行业、全生态、智能化升级的平台型企业，同时，也成为科技部指定的人工智能开放创新平台。

商汤科技联合创始人、首席执行官徐立是技术研发出身，深知技术创新对企业发展的重要性，确立了从底层技术出发，构建自主可控的原创技术平台的路线。同时，他还着重投入了超算中心的建设，搭建了规模达14 000块的GPU超算集群，以加速基础技术的研发迭代以及应用演化。这也使得商汤科技不断推动中国原创领先算法的迭代升级，证实了用原创技术获得商业化成功的正确性。“创以致用”，徐立与团队一起推动了人工智能技术在各产业的落地应用，维护公共秩序、打击暴力犯罪、寻找走失老人，助力社会发展，守护城市安全。以“1+1+X”为商业模式的商汤科技，整合了领先的原创技术以及平台化的产品和解决方案，不断推动人工智能在智慧城市、智能手机、移动互联网、汽车、教育等行业的全面落地，驱动十余个领域的变革，为智慧城市、智能手机、互娱广告、自动驾驶、金融、零售、遥感、医疗影像识别、教育等行业进行赋能，并在多个垂直领域的市场占有率位居首位。

本章结语

商业模式创新就是创业者的“夏耕”，在创业进程中也有“生如夏花”的季节，创业者用如同美丽夏花般的创新商业模式向客户和社会展现新事业的价值。特别是潜藏在商业模式画布里的“人脸”轮廓，也反映出商业模式创新的价值逻辑，不仅要有“美貌”，还要有“实力”。在本章的咖啡创业案例中，同是一杯“咖啡”，“味道”却各有不同。不过，我们还需要继续探寻夏天的细节，探索如何精耕细作才能让夏花避免昙花一现。下一章将会借鉴夏季六个节气的智慧进行一一解析。

思考与练习

1. 根据商业模式画布，请你围绕一个具体案例，谈谈商业模式创新内涵体系的要素。
2. 请你尽可能多地列出你听过或熟悉的咖啡领域的创业案例，并用一两句话概括出这些案例企业的商业模式的价值主张，从客户视角谈谈这些价值主张的异同及其商业模式创新的启示。
3. “商业模式创新看外貌，技术创新重实力”，你同意这样的观点吗？请简述原因，并谈谈如何能够让商业模式创新与技术创新融合。
4. 根据模式创新的关键脉络地图，以小组讨论的方式结合具体创业项目或案例，进行商业模式创新分析。
5. 除了《生如夏花》，你还知道哪些反映夏天的艺术作品？请结合这些作品对夏天的描述，谈一谈商业模式创新与夏季农忙时节相联系的地方。

第五章
CHAPTER5

夏季节气智慧与模式创新节点问题

⊙ 学习目标

- 理解创业决策的概念和类型
- 认识创业型领导的理论发展和内隐要点
- 理解新产品开发与客户开发的异同及新理念
- 掌握市场定位的内涵、环节和主要工具
- 掌握商业计划和发现驱动计划的相关知识并理解商业计划的情境依赖性
- 认识盈利模式的内涵和现金流的变化问题

⊙ 创业的艺术思维

商业模式画布中的“脸”与创业者的“脸”是否存在某种联系呢？有文章从这个角度探讨了创业者如何“变脸”。研究表明，人的进化与生存环境有着十分密切的联系，美国艺术家兼研究者尼克莱·兰姆和计算基因组学博士艾伦·昆绘制了人类未来长相图，提出人的脑袋将变得更大、眼睛将变得“过分”大、眉骨更为突出、鼻子更加笔挺。这些强有力的线条显示出人脸将变得更加立体，背后的动因在于改变人类生物学特征与满足自身需求之间的抗衡。在创业过程中，最有冲击力的刺激是创新。创新是一种打破现状的破坏力，也是解决问题的创造力，而且充满高风险。这样跌宕起伏的刺激，势必会影响创业者的脑细胞活动，进而可能通过复杂的机制影响到创业者的外貌。马云或许可以作为例证之一。在央视《对话》节目现场，当听到观众说自己是外星人时，马云这样回答：“我觉得我当年长得也挺帅的，但后来慢慢就变成这个样子了。”借用一首老歌的歌词来描述这一现象：你看，你看，创业者的脸偷偷地在改变。本章就在介绍画布和画“脸”的商业模式创新的内容之后，从夏季节气智慧入手，带领大家认识并解决创业进程“变脸”背后的节点问题。

第一节 立夏：有“破”有“立”的创业决策

节气 X 创业

立夏

立夏，季节类节气，时间通常在公历每年的5月5日或6日。“立”意为开始，“夏”意为夏季。立夏后温度明显升高，炎暑将临，雷雨增多，是农作物进入旺盛生长的一个重要时节。农谚有“立夏三朝遍地锄”，在立夏时节，农作物生长渐旺，农民插秧耕田，田间管理日益繁忙。

创业者也有“立夏”时节，在完成创业的启动阶段后，新创企业将面临更多的管理和决策问题，这就需要创业者在纷繁复杂的商业模式要素之间进行编排设计，针对大小、新旧等各类问题进行有“破”有“立”的创业决策。创业决策是在高度动态、复杂的条件下，对创业过程中的动态行为进行评价、判断和选择的过程，涉及机会评价决策、创业进入决策、机会开发决策、创业退出决策、决策过程中的启发和偏见、创业决策者特征以及决策情境等诸多方面，就像农民锄地一样，创业者需要在这个时节对春种的小苗精耕细作。

一、创业决策的基本概念

创业决策是对高度动态、复杂的条件下创业过程中的动态行为进行评价、判断和选择的决策过程。对于创业情境下的决策机制研究起源于20世纪末期，大多是从描述并归纳创业情境下创业者的独特决策过程入手，挖掘创业者决策过程的内在机制和影响因素。对于何为创业决策以及创业决策具体包括哪些范畴的问题的回答，经历了界定简单、狭隘，逐渐走向丰富、广义的发展过程。早期学者认为创业决策就是创业者是否选择创业或者在面临创业机会时是否选择对创业机会进行开发的选择行为，将创业决策界定为创业者个体面对创业机会时所做出的取舍选择，并且认为这种决策具有高风险性和过程性等常规决策行为的特性。随着对创业情境、创业过程以及创业本质理解的深入，人们对于创业决策的内涵，也有了更为深入的认识，开始将创业决策从单一的是否选择创业拓展到整个创业过程。

近年来，生态理性概念成为认识和分析创业决策的新视角。基于有限理性假设的经典决策理论难以充分解释和预测不确定性条件下的创业者决策机制，因此，“生态理性”是对传统理性决策的重要贡献和补充。该理论指出，人类的决策行为并不是一种封闭的纯理性行为，而是一种运用有限的认知资源对不确定的环境进行探索，以使认知能力与环境的结构更加和谐的动态行为。该理论支持者认为，快速节俭模式（fast and frugal heuristics）是人类在不确定性环境中最重要、最有效的决策模式。创业的生态理性决策则主张管理者以启发式为代表的适应性决策逻辑，而并非以完备性为代表的预测性决策逻辑进行决策。适应性决策逻辑具体包括四类规则：基于无知的决策规则、单一理由决策规则、排除规则、满意性规则。总体而言，创业的整个过程就是创业决策的过程，创业活动为创业决策提供了独特的情境，创业者通过做出决策来影响创业的走向和进程。

二、创业决策的主要类型

（一）因果逻辑决策

因果逻辑是传统管理理论研究讨论较多的一种决策方式。它的特点就是以目标为导向，以预测为基础，基本思路在于未来可以预测、目标可以预定。创业者要做的就是发掘和利用最可行的手段去实现预定的目标，以回报最大化为原则，通过预测、分析来决定行动方案。在需要承担风险的情况下，创业者更关注预期回报的大小，寻求能使回报最大化的机会，而不是致力于降低风险。

因果逻辑在稳定、线性的环境下较常被采用，因为在这样的环境下，决策的任务就是根据某种标准（如既定目标下的回报最大化）在可供选择的工具和方案中做出理性选择，以实现预定的目标。遵循因果逻辑的决策者常常十分注重竞争分析，关注不确定性未来的可预测方面，尽量把不确定性控制在可预测范围内，并且会尽力规避意外。

在创业过程中，遵循因果逻辑决策的典型路径是：创业者首先识别机会，发现推出新产品、开发新业务或是挖掘潜在市场的商机，然后通过竞争分析和市场调查，根据目标消费者特征把潜在市场分成几个独立的细分市场，并确定每个细分市场的潜在购买力，再制订商业或创业计划，通过争取利益相关者的认同和获得开发机会所需的资源来实施计划，随着时间的推进不断适应环境，最终实现预定的目标。

（二）效果逻辑决策

效果逻辑是学者为了抽象创业现象，探索创业本质所概括出的一种超越古典决策逻辑且创业者所特有的思维方式，这可能是目前解释创业者在不确定性情境或市场不存在的情况下创建新企业的独特行为的最有说服力的理论之一。这种行为方式不同于人们习惯的因果逻辑，它的出现一方面与情境不确定、未来不可能完全预测的现实有密切关系，另一方面又是对传统因果逻辑的补充与发展。

效果逻辑是指创业者不在意预测信息，在不确定性情境下识别多种可能的潜在市场，投资他们可承担损失范围内的资源，并以与外部资源持有者互动过程中建立利益共同体的方式整合更多的稀缺资源，充分利用突发事件来创造可能结果的一种思维方式。在充满不确定性并难以预测的情境中，具体任务、目标无法明确，但创业者具备的资源或拥有的手段是已知的，他们只能通过现有手段的组合创造可能的结果。

因果逻辑从给定的目标出发，重点在于从现有手段中筛选出最优方案以实现预设目标；效果逻辑通常是从一组给定的手段开始，重点在于从这组手段中创造出可能的结果。因果逻辑关注在给定的目标和可能的手段下应该做什么；效果逻辑则强调在给定的手段和可能出现的结果下可以做什么，在这里，目标不是预先设定的，而是随着时间的推移，创业者和利益相关者根据他们的设想对目标不断加以调整。

（三）即兴而作决策

即兴而作（improvisation）概念最早是指在没有事先准备的情况下同时进行创作和执

行的行为方式。即兴而作引入管理学研究后，被学者们认为是在环境动态变化、不确定性高且资源匮乏的情况下，在遇到突发情况或事先计划不周时，组织可以用来把握机会的方式。后来，研究发现即兴而作可用来描述想法的形成和执行几乎同时完成的创业决策行为，也就是说，创业者在发现机会以后，既不制订商业计划也不进行直觉推断，而是随即决定迅速开发机会。即兴而作是一种特殊的创业决策方式。

即兴而作具有普适性、可移植性和可及性等特点，最重要的特征是“即兴”和“创作”。即兴，是指遇到突发事件能即刻通过调动一切可利用资源来应对；创作，是指应对行动不但要迅速，更应有创意。因此，即兴而作的结果常常难以预料。不确定性和时间压力是迫使创业者采取即兴而作这种决策方式的两个重要因素。依据这两个因素，即兴而作决策可分为 4 种类型，即事前计划、发现型即兴而作、修饰型即兴而作和完全即兴而作。其中，事前计划是指当不确定性较低且时间充裕时，决策者可以按计划行事，没有必要进行即兴而作；当时间紧迫或是不确定性上升时，决策者难以制订翔实的计划，因而必须即兴而作。发现型即兴而作是指在不确定性程度高且时间压力较小的情况下，决策者不可能进行全面分析，更重视发现新知识或新创意，因此，创作重于即兴，这时的即兴而作就是所谓的发现型即兴而作。修饰型即兴而作是指在不确定性低但时间紧迫的情况下，外部环境基本处在决策者可控的范围内，时间压力是驱使决策者快速行动的重要因素，因此，即兴重于创作。完全即兴而作是指在环境不确定性高、时间压力大的情况下，决策者不可能收集充分的信息来制订周密的计划，时间迫使决策者快速行动，在完全即兴而作中，即兴和创意同时存在且同等重要。

（四）直觉决策

创业直觉决策的理论依据首先是自然决策理论。自然决策理论最早源于对棋艺大师的观察。棋艺专家通过感知技能识别大量复杂的、先前储存在记忆中的模式，不必逐一衡量变数便能根据直觉判断出一手好棋。同样，创业者通常必须在一定时间内就复杂、动态的情况做出市场、危机处理、技术创新等各方面的决策，尽管创业者所面临的决策时间的紧迫性相对较低，但他们经常要同时考虑多个决策，导致时间紧迫性增强，这便迫使他们不断诉诸直觉判断。因此，基于自然决策理论，很多老练的创业者凭借专业训练或实际经验和知识的积累，被视为创业领域的专家，他们的直觉判断在成功的创业活动中功不可没。

还有一种解释来自启发式偏见理论。这种理论对专业技能及专家判断持怀疑态度。有研究对比了人工判断与统计模型预测的结果，发现后者往往比前者更准确，富有经验的专家即便在各自熟悉的领域中，也很可能会在直觉的引领下做出不正确的选择或判断，因此，研究建议在很多情况下创业者应该借助计算或统计模型来做出决策。正是由于存在这样的偶然性，即便是经验丰富、以往创业绩效突出的优秀创业者也不能完全凭借直觉进行创业决策，乔布斯、马云、史玉柱等杰出企业家在创业过程中经历的坎坷与他们的直觉判断不无关系。启发式偏见理论承认了创业直觉判断存在不足之处，并且提醒创业者注意避免偏见，提高直觉判断质量。表 5-1 所示为自然决策理论与启发式偏见理论对创业直觉决策的看法差异。

表 5-1　自然决策理论与启发式偏见理论对创业直觉决策的看法差异

比较方面	自然决策理论	启发式偏见理论
观点立场	强调专业人士在直觉判断方面的卓越之处	强调直觉决策错误或不足，认为统计模型优于专业直觉判断
研究方法	强调研究情境的真实性，广泛使用认知任务分析、实地观察等方法分析复杂条件下的判断与决策	实验方法
专业表现的衡量	以研究对象的过往表现为基础，通常以同行判断为标准，缺乏量化的测度方式	多采用量化方式，以“最优化”作为衡量标准，通过对比优化线性模型预测与研究对象的决策准确性来判断
直觉来源	聚焦于专家的“熟练性直觉”，以经验、专业技能积累为基础，能够较好地识别问题所处的情境，做出准确度相对较高的判断	主要关注简单的“启发性直觉”，专业经验基础匮乏，准确度较低，容易产生系统误差

不过，自然决策理论研究与启发式偏见理论也存在共通之处，主要体现在以下四个方面。首先，前者从未肯定专业直觉判断完全正确，而后者从未对直觉判断完全否定，甚至其计算或统计便是以专业经验为基础，因此，二者都认为专业直觉判断具有一定作用，也存在部分不足。其次，前者也会借助实验或模拟环境，而后者所开展的实验往往是以实际观察为基础，二者趋向于互相借鉴和补充。再次，二者构成互补，设计精准的模型可以更好地界定专家与专业技能，而这些量化模型的设计通常是以业内质性数据为基础。最后，熟练性直觉与启发式直觉在客观上共同存在并共同发挥作用，这为两个理论流派的合作提供了现实必要性与可行性。

三、创业决策的“破”与“立”

(一)“破”旧

正如基本概念和理论观点所示，创业决策是一个做选择的过程，面对过去，创业决策要“破”旧。理想和现实之间经常存在鸿沟，创业者在进行决策时，不得不进行得失取舍。我们从下方这个科技界最富争议决策之一的案例中可以看到想要突破自我、放弃 PC 业务的惠普决策之难。

惠普决定不放弃个人电脑业务

当一家公司宣布为其某个部门或是公司整体寻求“可替代战略方案”的时候，往往意味着它准备分拆或出售自己的业务。2011 年，当惠普宣布为其 PC 制造部门寻找“可替代战略方案”的时候，整个华尔街都震惊了。那个时候，惠普的 CEO 是李艾科，他称惠普将会进行重组，撤销 PC 电脑部门及其移动平台 WebOS。而且，惠普还准备收购企业软件公司 Autonomy，调整该公司的重点业务。不久之后，李艾科被解雇，梅格·惠特曼继任惠普CEO，但是她准备沿袭惠普公司的传统，继续保留PC电脑部门，并且让公司恢复昔日的荣耀。惠特曼的观点是：分拆PC部门的成本太高，没有PC和打印机，惠普就不再是惠普。

这个不放弃PC业务的决策，现在被媒体评为科技界最富争议（甚至愚蠢）的决策之一。可是，当年媒体的报道也并未一边倒地支持惠普放弃PC业务，以下是2011年8月20日《华尔街日报》一篇文章的报道。

分析师认为，剥离后的PC业务由于销售渠道和元器件采购方面的优势不再，很难与宏碁等低成本电脑厂商竞争，PC行业的现有厂商最有可能成为买家。近几个月，李艾科和其他几个股东一直在关注着惠普股票的“交易折扣”。他们认为这是消费者对惠普公司的定位不清造成的：惠普到底是一家以客户为导向的PC生产商，还是一家企业软件销售商？据知情人士透露，在今年早春，李艾科还是倾向于保留PC业务。但是由于PC价格不断下降，平板电脑日渐火热，这些让惠普明白继续留在PC领域挣扎只会使公司在实体商品的道路上越走越远。于是，董事会决定放弃PC业务，而剥离是最简单的方法。惠普可能会把自己的PC业务卖给一家私人股权投资公司或另一家科技公司。当中有两位参与决策的人士认为，目前最有挑战的是惠普的高管们希望根据美国证券交易委员会（SEC）的规则尽快公布他们的决定，即使这项决定会让PC业务的出售更加困难。

（二）“立”新

面对不确定性情境，创业者做选择不只要面对过去，更需放眼未来。在上一章的案例中，星巴克通过与雀巢合作剥离掉门店外的零售业务的同时，还在关注外卖市场。星巴克对外卖这个新领域的决策经历了一个“立新”的过程，通过这个案例，我们可以看到一个企业是如何通过创业决策来推动新的商业模式形成和完善的。

外卖市场是“第三空间”吗

中国的外卖市场已经形成了规模庞大的版图，而星巴克的外卖业务在中国市场的动作却并不快。星巴克中国区负责人王静瑛曾表示：“我们在考虑外送业务时，也在想这个业务给客户带来的体验和在门店通过伙伴所带来的情感连接与体验，是不是一样优质？这一点是我们所担心的。”随着互联网咖啡、精品咖啡、便利店咖啡的迅猛发展，星巴克正面临着前所未有的冲击，它不得不调整自己的策略。

发展最快的阵营是主打外卖的互联网咖啡。例如，2018年3月，连咖啡宣布完成1.58亿元B+轮融资，计划继续加快扩张步伐；与连咖啡不同的是，诞生于2017年10月的瑞幸咖啡一入局就对标星巴克，以外卖业务切入，迅速跑马圈地。行业人士评论道，外卖对星巴克而言无疑是一把“双刃剑”，做得好，可以打通线上线下，占领并覆盖更多的市场，但使用失当，则可能导致线上和线下“左右手互搏”，甚至损害了品牌，落入对手的竞争陷阱。

2018年10月18日，星巴克官宣北京、上海的门店已基本实现咖啡外卖全城覆盖，同时也在前几天进驻广州、深圳、成都、杭州、天津、南京、武汉、宁波和苏州9个城市，预计将尽快推广超过30个城市和2 000家门店。面向咖啡外卖市场，星巴克可谓来势汹汹。此外，星巴克还将与盒马鲜生深度合作，借助盒马鲜生以门店为中心的新零售配送体系，共同打造首家进驻盒马鲜生的品牌外送厨房，为下单用户提供最快30分钟免费送达的星巴克现制咖啡，进一步提升星巴克的外送体验。这些外卖政策反映出星巴克正在对“第三空间”进行重新定义，无限的市场空间有待更多尝试和探索。

第二节 小满：永不满足的创业领导

节气 X 创业

小满，物候类节气，时间通常在公历每年的5月21日或22日。“小”指小麦刚开始灌浆，“满”指麦类夏熟作物籽粒饱满。“小满”的含义是夏熟作物的籽粒开始灌浆饱满，但还未成熟，只是小满，还未大满。《月令七十二候集解》:“四月中，小满者，物至于此小得盈满。”小满时节，是自然界中最适宜植物生长的时候，农田管理十分重要。由于农事繁忙，湖北民谚有“立夏到小满，亲家来了都不管”。

创业者经过个人努力奋斗，又有了团队小伙伴的加入，新事业似乎开始有模有样地建立雏形了，这一时期正如小满节气，是企业蓬勃发展、需要加强管理的阶段，所以创业者不能满足于现状，而更需要不断提升领导能力。新创企业的发展需要创业领导者具有良好的思考、推理和行动方法，不仅要关注寻求机会和优势的行为，还要有完整缜密的实施方法及讲求高度平衡技巧的领导艺术。创业型领导者要能够利用积极的、创造性的发现以导向和掌控环境所带来的机会，并且关注客户、产品、预期结果的取得以及价值创造。可以说，在创业路上的领导者并没有满足的时刻，而是在阶段性小成就的基础上不停追寻大梦想。

一、创业型领导的基本概念

创业型领导是通过创造一个组织愿景来动员、号召忠于此愿景的追随者，探索和开发战略价值的领导方式。在特质视角下，创业型领导主要包含愿景、风险承担、创新、机会识别以及坚定的意志等内容。在过程视角下，创业型领导被理解为领导者通过自身行为来激发他人的内在动机，引领组织实现机会的识别、开发，并最终转化为价值创造的过程。

创业型领导主要包括6个维度：一是培养具有创业精神的能力。这种具有创业精神的能力能够而且应该通过组织的内部有意识地培养来获得。二是保护那些对现行企业模式有威胁的创新。破坏性的创新能够实现企业战略重组，而且能够潜在地使得组织转向更有效的企业模式。三是让企业不要错过机会。创业型领导者必须为组织成员明确机会的“雷达防线”。四是向主导逻辑挑战。创业型领导者应该对有关行业和市场的一些关键的假设定期地进行检查，看看是否还有效。五是重复思考“假象问题”。当大多数的经营问题被重复审视的时候，往往会变得清晰，并且得到延伸，或者得到一个与以往完全不同的理解。六是连接创业和企业战略。战略应该为创新计划划定恰当的范围，但是自发的创新和发现也会影响未来战略的内容。上述这些创业型领导维度能够促进企业更好地识别和利用机会，从而创造价值以推动企业不断成长。

二、创业型领导的理论解读

（一）领导理论与创业理论

领导是一种能够影响一个群体实现愿景或目标的能力。这种影响的来源可能是正式的，如来自在组织中拥有的管理职位。由于管理职位总与某种程度的既定正式权威有关，人们会自然地认为领导角色也来自他在组织中所处的地位。但是，并非所有的领导者都是管理者，当然，也不是所有的管理者都是领导者。仅仅依靠组织提供给管理者的某些正式权力，并不能保证他们可以实施有效的领导。我们发现那些非正式任命的领导者，即那些影响力来自组织的正式结构之外的领导者，他们的影响力常常与正式的影响力同等重要，甚至可以说更为重要。换句话说，在一个群体内部，领导者可以通过正式任命的方式产生，也可以从群体中自发产生。领导理论与创业理论之间存在紧密联系，表 5-2 对比分析了两个理论的关注点。

表 5-2 领导理论和创业理论的关注点

维 度	领导理论的关注点	创业理论的关注点
愿景	愿景是激励跟随者在提高组织绩效的同时追求卓越业绩和其他目标导向行为的主要动力（Baum 等，1998；Kirkpatrick 等，2002；Zaccaro 和 Banks，2001）	愿景的属性（简洁、清晰、精练、挑战性、稳定性、激励性、着眼未来和值得向往）和内容（成长理念）与新事业成长相关（Baum 等，1998）；跟随者需要通过投入、参与和使命加以激发（Keller，1997）
影响力	各种领导定义的共同之处是影响其他人实现目标的能力（Hunt，2004）。在纵向和横向的影响中，理性说服被广泛使用（Yukl 和 Falbe，1990）	创业者不仅能发现机会（懂得方式和手段），而且能够整合资源实现他们的愿景。当需求具有合法性且与创业者价值和客户需要一致时，理性说服和鼓舞人心的感染力会发挥作用（Cartner 等，1992）
在创新和创造性情境下领导	领导创造性的员工需要技术专长与创造性，还要运用大量直接和间接的影响策略	创业型领导意味着创意的产生、组织和实现（创意的产生在新事业早期很关键，而创意的组织和实现在后期非常重要）
计划	在复杂动态的环境中，人们必须协调好自身活动。计划对绩效发挥着核心作用	创业者需要在脑海中对未来行动有个清晰的模拟过程，避免在战略选择中可能存在的偏见（Busenitz 和 Barney，1997）

（二）传统领导与变革型领导理论

变革型领导是指领导者通过魅力模范、智力激发、动机鼓舞和亲和感召来激发下属的高层次需求，使下属最大限度地发挥自己的潜力，积极为组织的共同目标而努力，并达到超过原来期望结果的领导方式。表 5-3 是传统领导理论与变革型领导理论的对比。

表 5-3　传统领导理论与变革领导理论的对比

传统领导理论	变革型领导理论	传统领导理论	变革型领导理论
计划	愿景 / 使命	创造顺从	创造承诺
分配责任	传达愿景	强调契约性责任	刺激额外的努力
控制和问题解决	引起动机和激发鼓舞	重视理性、减少领导者对成员的依附	对成员感兴趣并靠直觉
创造例行事项和均衡	创造变革和革新	对环境的回应	对环境有前瞻做法
权力维持	赋予成员自主权		

（三）内隐领导方向

内隐领导是指储存于领导者与追随者（如下属或员工）等个体心目中关于领导者应具备的特质和行为的认知结构或原型。这种认知结构或原型，是一种认知图式，往往处于意识的边缘，不会外显出来。但是，如果个体心目中的内隐领导在特定现实情境和任务中被激活，就有可能发挥出神奇的力量，改善追随者的表现并最终提升组织绩效。内隐领导理论认为，个体对领导者的内隐认知，是采用自陈式量表测度领导者出现误差的重要来源。换言之，通过自陈式方式直接考量出的领导，之所以不精确，根本原因在于外显学习特有的意识控制会对测度的评估过程产生干扰，并忽视了个体认知层面对领导原型的无意识加工的信息。内隐领导理论为创业型领导者提供了新的行动方向。

从创始人到永不满足的领导者

早在 2006 年时，扎克伯格就邀请桑德伯格来担任 Facebook 的首席执行官。桑德伯格当时也有这样的想法，因为她已经在谷歌经过了几年的磨炼，她也想要在新的、更高的层次上进行挑战。但是，就在这个时候，桑德伯格发现自己怀孕了，她认为自己不可能同时应付怀孕和首席执行官这两份“工作”。于是，她拒绝了这个邀请，但是，在桑德伯格的心中还是有些许遗憾的。

桑德伯格后来还是进入了 Facebook，她非常庆幸这次机缘巧合。2007 年，桑德伯格生完女儿后，她决定寻找一个新的职位。就在这时，扎克伯格也决定为 Facebook 寻找一位合适的首席运营官。事情就是如此巧合。2007 年的圣诞节，桑德伯格和扎克伯格在一个朋友家里见面了。由于事业、性格等原因，两个人一见如故，很快就聊到了一块儿。经过一番思考，桑德伯格决定去 Facebook 担任首席运营官。此时的扎克伯格已经看好了桑德伯格，同时，他也希望通过两人之间尽可能多的接触和交流，更加坚定自己选择的正确性。

2008 年 3 月，桑德伯格正式在 Facebook 上班。去 Facebook 上班的第一天，桑德伯格希望自己能给员工们留下一个好印象，并拉近彼此间的距离。桑德伯格在与员工们见面后，接着就参加了 Facebook 高管们的一个会议。这是由 Facebook 的一个叫作“M 团队”

组织的、高级别的、由Facebook的8位资深高管组成的会议。这次会议讨论的关键问题是：一个最优秀的评分系统该如何设计和制定？

在谷歌，桑德伯格接触过和使用过许多评分系统。于是，她表态说："应该把评分系统分为五个档次，首先确定有一类居中，然后其中有两类在顶端，有两类在底部。"会上有人问桑德伯格："为什么要这样划分，依据是什么？"桑德伯格对此提问进行了一番解释。会议结束后，扎克伯格走到桑德伯格身边，非常真诚地向桑德伯格道歉说："我真的很抱歉。"桑德伯格疑惑地看着扎克伯格说："为什么要这样说？"原来，扎克伯格认为有人在会议上对桑德伯格的提案有疑虑，这是对桑德伯格权威的质疑，是自己没有及时帮助桑德伯格树立威信，是自己的错。

作为一个女性高管，桑德伯格经历了太多的质疑。会议上有些员工对她的意见产生质疑，桑德伯格觉得这不算是什么问题，但扎克伯格却因此来找桑德伯格表达歉意，她还是非常感动的，她认为，这表明扎克伯格对于自己未来的工作还是给予了非常大的信任的。桑德伯格进入Facebook后，Facebook内部的各管理层发生了不小的变动，很多人都离职了。由于桑德伯格将Facebook的基础业务定位为广告业务，导致Facebook的很多"元老们"纷纷离去。

在Facebook工作一段时间以后，桑德伯格和扎克伯格两个人坐下来进行了一次敞开心扉的沟通。作为女人的桑德伯格说出了自己内心当中的委屈和抱怨。这时候，Facebook年轻的首席执行官扎克伯格安慰桑德伯格这位大姐姐说："想要赢得每个人的喜欢的这种想法会阻碍你的发展。"桑德伯格是一个自信而坚强的女人，但是，有时候，她也需要温暖和依靠，幸好身边的朋友和亲人能够给予她鼓励和支持，自己的老板扎克伯格也能给予她理解和赞同，这些都在一定程度上给了桑德伯格莫大的安慰。

这一对领导者和被领导者之间的互动很好地反映出了创始人努力向员工心中内隐形象靠拢的转型过程，保持"永不满足"的态度，不断完善领导方式。

三、创业型领导的内隐要点

（一）关注追随者认知

领导理论缘起于个体认知，而认知主义研究发现，个体的社会认知喜欢走捷径，不是对关于他人的所有信息进行感知，而是倾向于感知那些最明显、对形成判断最必要的信息的现象。因此，个体会在心目中形成关于领导者特质和行为的假设和预期，对领导者进行分类，在心目中架构出某种领导原型，而这种原型预设会影响追随者自身的工作态度和行为。因此，创业型领导要密切关注追随者的认知。

领导者虽然在明处，但是，产生影响力的领导者形象，更多地内隐于心，而不是外显于形。为此，首先需要区分两种学习类型：一是外显学习，也就是个体可以有意识地觉察和控制自己的学习行为，通过实际数据和经验、观察，以一定目的导向做出努力；二是内隐学习，意味着个体在不知不觉中获得某种知识，学习某种规则，是一种无意识、自动化的认知过程，个体的判断与行为会潜移默化地受到某种无法清晰回忆的经验的影响，但是个体意识层面却无法觉知和外显这些经验规则。

（二）突破感觉阈限

内隐领导具有无意识的倾向性，往往处于意识的边缘或者说感觉阈限之下。感觉阈限（sensory threshold）作为心理物理学的术语，反映的是心理体验与物理能量之间的关系，是指在刺激情境下感觉经验产生与否的概念，通常用测量感觉系统感受性大小的指标来衡量，也就是用那些刚刚能引起感觉的刺激量来表示。但是，内隐领导的感觉阈限，并不是轻易就能够被明确的，内隐领导的激活，离不开特定现实情境和任务对感觉阈限的突破。

新近研究发现，人类对挑战权威的惧怕和担忧是生物进化与社会化的结果，内隐认知来源于一般性的、社会性的观念，并不一定源于实际的工作经历。换言之，生物进化以及社会化对内隐领导的影响，可能远远超出个体当前的组织以及工作中与领导的关系。因此，为了适应具有威胁的社会和组织环境，个体的认知系统会发展并形成大量避免自身伤害和资源损耗的内容，比如“领导不喜欢受到下级的质疑和否定，所以沉默是最安全的”。

对此，创业型领导的影响力应该是对这种“沉默”的杀伤力，更是对“谏言”的助推力。被誉为第一位成功的职业经理人的通用汽车前总裁阿尔弗雷德·斯隆开创了“争议决策”模式，杜绝没有异议的讨论。他非常善于倾听他人的意见，为了避免个人好恶影响企业经营决策，故意把自己孤立起来，不与其他主管建立私人联系，即便他本人喜好交友。

（三）建立双向反馈

如果领导者只是根据自身固有的一套标准来评估下属的追随力，而这套固有标准与下属的实际追随力有偏差，那么就会导致领导者对追随者评价难以精准。

最新研究认为，依据认知分类模型，个体会将头脑中被激活的内隐原型与实际影响力进行匹配，从而形成对领导者与非领导者、追随者与非追随者、有效领导者与无效领导者、有效追随者与无效追随者的区分和判断。如果匹配失败，那么内隐原型将被重新被归类或定义；如果匹配成功，内隐原型将直接影响个体对待领导者或追随者的态度与行为。因此，内隐领导需要与内隐追随相对接，让内隐领导不是一个单向的施动路线，而是形成回路的反馈机制。

需要注意的是，文化因素已经被证实为内隐领导的重要影响因素，所以，研究在中国情境下的内隐领导问题，就必须关注中国数千年封建制度和等级文化的影响，以及中国的组织领导者和追随者与西方人在认知图式上的差异。例如，已有跨文化研究表明，不同国家的文化赋予了领导原型不同的特征，因此，内隐领导的理论研究和实践探索，需要扎根于博大精深的中华文化。

第三节　芒种：不能“盲”种的市场定位

节气 X 创业

芒种，物候类节气，时间通常在公历每年的6月6日或7日。“芒”指麦类等有芒植物的收获，“种”即谷黍类作物的播种。此时的小麦、大麦等夏熟有芒作物，饱满成熟，农民可以开始收割了，其他秋熟有芒作物可以播种了。正所谓“芒种忙种，忙收又忙种”。这一时节的长江中下游进入丰水期，人们在雨中忙于夏种和夏收，民谚“春争日，夏争时”，“争时”即指这个时节的收种农忙。

正如农业生产中有“芒种不种，再种无用”之说，创业管理也是如此，也有“芒种”时节，但目标市场定位不能盲目，需要有明确的市场导向。这就意味着创业企业在市场细分的基础上，从满足显在的或潜在的目标客户的需求出发，依据自身条件，为自己选定特定的市场。创业者领导团队运筹帷幄，通过科学的市场定位和卓越的市场细分，推动商业模式创新“开花结果”。

一、市场定位的基本概念

1. 市场定位 市场定位并不是对一件产品本身做些什么，而是在潜在客户的心目中做些什么，可以看成是企业想让客户感知企业的方式，以及回答目标市场客户为什么购买某企业自己的而非其竞争对手的产品或服务。市场定位的实质是使本企业与其他企业严格区分开来，使客户明显感觉和认识到这种差别，从而在客户心目中占有特殊的位置。

2. 市场细分 市场细分是指识别市场的重要特征并据此勾勒出细分市场的轮廓，通常使用人口特征和消费模式特征相结合的方式来定义细分市场。但是，很多创业者进行市场细分时往往忽视了现代市场营销学奠基人之一西奥多·莱维特很早提出的警告：客户不是想买一个 1/4 英寸[⊖]的钻孔机，而是想要一个 1/4 英寸的钻孔。很多人对莱维特的洞见无不称是，但不少人仍然根据钻孔机的类型和价位对市场进行细分；他们衡量钻孔机的市场份额，却没有衡量钻孔的情况；他们与竞争对手进行比较的，也只是钻孔机的特点和功能，而不是钻孔的效果；他们总是忙于增加产品的特色与功能，认为这将改善产品定价，增加市场份额，其实，此举往往是南辕北辙，因为他们的产品改进与客户毫不相干。

3. 目标市场 创业者在选择目标市场时应该比较不同细分市场的吸引力，然后选择最具吸引力的市场作为目标市场。即便某个细分市场具有一定规模和发展特征，并且其结构也很有吸引力，创业者仍需将其自身的目标和资源与该细分市场的情况结合在一起考虑。新企业在选择目标市场时面临的最大挑战是，选择一个具有足够吸引力和差异性的市场，从而免得使自己与其他企业拥挤在一起。企业选择的目标市场，还必须与其商业模式、创业者和其他人员的背景及技能相一致。此外，企业还要持续地监测目标市场的吸引力。由于社会偏好不断发生着变化，尽管企业自身没有犯错，但目标市场仍然可能会失去吸引力。

二、市场定位的主要环节

（一）客户视角细分市场

尽管市场细分非常重要，但常被创业者忽视。忽视这项重要活动可能会导致对新产品或服务的潜在市场规模的错误评估。例如，一个新企业打算面向手机用户开发游戏软件，当年手机游戏市场的规模可达 410 亿元，而创业者认为该产品的整个市场潜力也是 410 亿元，则是错误的。很明显，市场机会需要被更好地界定。创业者需要识别 410 亿元的手机游戏市场中的不同细分市场，这样才能服务于自己具有独特优势的目标市场。

⊖ 1 英寸 = 0.025 4 米。

为此，创业者应当紧紧立足客户视角来思考市场细分的问题。在客户眼里，市场的结构十分简单，正如莱维特所说，客户不过是希望把自己手上的事情做好。客户若发现自己需要完成某项工作，他们基本上会借助某些产品来实现这一目的。因此创业者的任务就是：了解客户生活中不时会出现并可能借助本企业产品来完成的各项工作。创业者若能了解这些工作，设计出能完成这些工作的产品以及提供相关的购买和使用体验，并在产品宣传中强化产品的特定用途，那么客户一旦发现这一产品可以帮助自己更好地完成此项工作，便会去购买。

（二）目标导向选择市场

选择最具吸引力的细分市场作为目标市场，还需要创业者将自身目标和资源与目标市场紧密结合。有些细分市场虽然本身有较大的吸引力，但因为它们不能推动创业者完成自己的长远目标，反而会分散创业者的精力，因此不得不被放弃；即使某个细分市场符合创业者的目标，创业者也必须考虑新企业初创阶段是否具备在该细分市场获胜所必需的技术和资源。

无论哪个细分市场，创业者想要在其中取得成功，就必须具备一些必要条件。如果创业者在某个或某些方面缺乏某个细分市场所必需的能力，并且无法获得这些能力，创业者就必须放弃这个细分市场；即使创业者已具备必要的能力，也不能保证创业者确实能在该细分市场取得成功，同时还需要建立优势，以压倒竞争对手。如果创业者无法在细分市场创造某种形式的优势地位，就不应贸然而入。

（三）价值诉求耕耘市场

价值曲线是一种非常有帮助的市场定位工具，通过明确顾客看重的关键性价值要素，评价企业产品或服务在这些价值要素方面的差异水平，据此指导或调整企业发展方向。它的核心是不把主要精力放在打败竞争对手上，而是放在全力为客户与企业自身创造价值飞跃上，由此开创新的“无人竞争”的市场空间，甩脱竞争对手，开拓属于自己的一片“蓝海”。若要通过价值曲线来进行企业的市场定位，必须重点回答以下问题：哪些行业中被认为理所当然的因素应该被剔除？哪些因素的含量应该降低到行业标准以下？哪些因素的含量应该提升到行业标准以上？哪些行业内从未提供过的因素应该被创造？

一旦企业以某种方式进行市场定位后，只有坚持到底，才能实现最初的梦想。若客户试用了企业的产品或服务后不满意的话，不完全的市场定位则会为企业留有调整的余地。在互联网时代，产业链进一步缩短，减少了中间环节和渠道，效率得到提升，从价值链的角度看，创业者需要关注产业链变化对价值链的影响，综合分析市场情境，重新审视价值链各环节的规模效应和范围效应，重视市场深耕，通过价值创造不断开拓新的市场空间。

这些跨界咖啡的市场定位瞄向了谁

可口可乐的 Costa 即饮咖啡　2018 年，可口可乐以 51 亿美元收购 Costa，2019 年 3

月正式在中国市场推出Costa即饮咖啡，这意味着中国市场上出现了两款由可口可乐运营的即饮咖啡：Costa咖啡和乔雅咖啡。那么，这两款咖啡之间会“打架”吗？可口可乐相关负责人表示两款产品的定位不同：Costa定位于专业的高端咖啡品牌，针对的核心人群是对咖啡有一定了解、追求更优质咖啡的品质生活追求者；乔雅咖啡主要针对20岁以上、充满活力、中等收入的年轻白领。

农夫山泉的“炭仌”咖啡 2019年初，农夫山泉联合物美推出了现磨咖啡机；5月，趁着夏季碳酸饮料的销售高峰期，又推出了即饮碳酸咖啡“炭仌”，打出了“厚重咖啡+轻盈气泡”的新奇组合概念。“炭仌”主打大众咖啡冷萃取、精品咖啡的定位，推出RTD（ready-to-drink）系列，包括低糖拿铁、无蔗糖拿铁和无糖黑咖三款产品，突出无糖或者低糖、无香精以及无防腐剂的特色，在2019年官方旗舰店的“双11”预售中通过薇娅直播推广，1小时卖出65 000箱。

中石化的“易捷咖啡” 2019年9月3日，连锁便利店品牌中石化易捷发布全新品牌“易捷咖啡”，首店落户苏州，中国石化的加油站咖啡正式面市。据报道，“易捷咖啡”是中石化易捷集团基于新零售理念推出的全新自有咖啡品牌，契合中国石化的加油站场景，它包括三种不同定位的系列产品，即92#（黑白咖啡）、95#（时尚特饮）、98#（精品系列）。

三、市场定位的三类工具

芒种节气充满着忙碌的意味，但是要注意不能盲目。对创业的模式创新来说，芒种节气带来的启示在于市场定位不能盲目。创业之路走到现在，想法变成机会，似乎产品该随着决策和领导顺其自然地出现。但其实，产品是要瞄准用户，推向市场，那么，创业者在市场定位这个重要节点，不能盲目、茫然，而需要精准、精确。为此，创业者可以借助以下三种常见的工具进行科学有效的市场定位。

（一）目标市场模式矩阵

目标市场模式矩阵如图5-1所示。横轴M代表不同的细分市场，纵轴P代表不同的产品种类，阴影区域代表所定位的目标市场，常见的五种目标市场模式：一是市场集中化，企业选择一个细分市场，集中力量为之服务；二是产品专门化，企业集中生产一种产品，并向所有客户销售这种产品；三是市场专门化，专门服务某一特定客户群，尽力满足他们各种需求；四是选择性专门化，企业选择几个细分市场，每一个对企业的目标和资源利用都有一定的吸引力；五是完全覆盖市场，企业力图用各种产品满足各种客户群体的需求，即以所有的细分市场作为目标市场。

（二）产品－市场矩阵

产品－市场矩阵如图5-2所示。横轴代表市场，包括现有市场和新市场；纵轴代表产品，包括现有产品和新产品，由此构成四个区域，每个区域的市场定位导向有所不同。当产品的新旧程度和市场的新旧程度产生不一样的匹配过程的时候，需要的是不一样的市场定位方式，其中，左上角是渐进性管理导向，左下角和右上角是演化性扩展导向，右下角则是革命性创造导向。需要特别注意的是右下角这一区域的创业机会大多不是被识别出来的，而是被创造出来的。

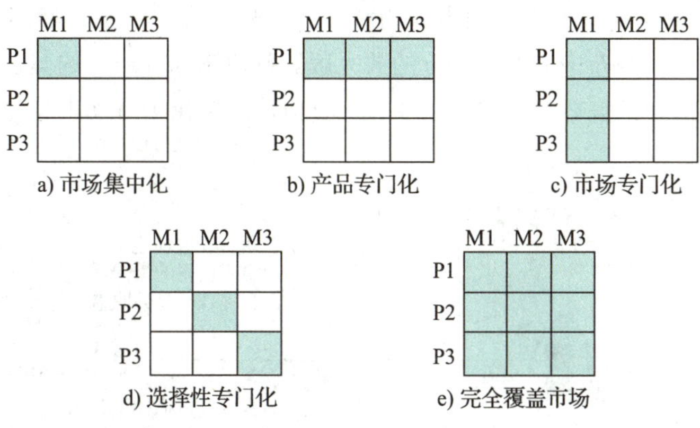

图 5-1　目标市场模式矩阵

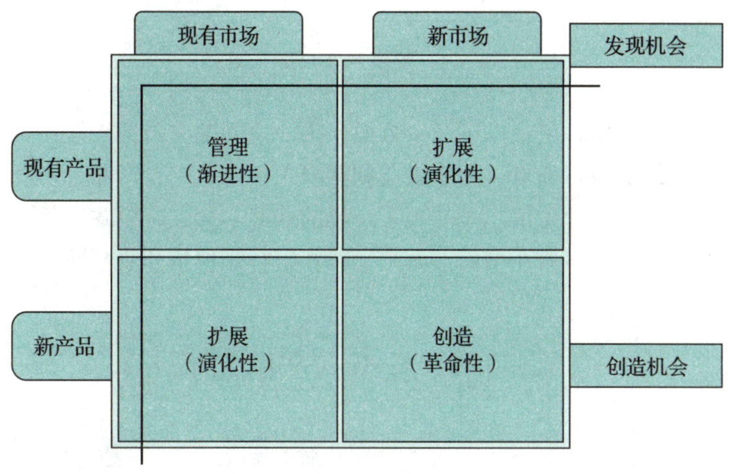

图 5-2　产品 – 市场矩阵

福特汽车的创始人亨利·福特说：“如果我问当时的消费者，你们需要什么呀？消费者会说，我们需要一匹跑得更快的马。”这句话反映出来这样一个问题：为什么企业看似已经很清楚地了解客户，但推出的新产品却无人问津？原因可能在于客户不一定能说清楚或说准确自己到底想要什么，甚至客户可能不知道自己想要什么。如果当时的亨利·福特根据客户的反映去饲养或销售跑得更快的马，可能他的马未必能卖得出去，更不可能去开创福特汽车这一革命性公司。

苹果公司创始人乔布斯也曾说过类似的话：“其实有时候客户也不知道自己想要什么。”这句话曾被误解成他不重视市场、不重视消费者，其实背后不是不重视，而是避免盲目。在消费者尚不知道或熟悉智能手机的时候，创业者挖空心思进行大量的客户调查、专家访谈、小组专题讨论和问卷调研，也难以得出客户想要一部智能手机的需求。这就对应了产品 – 市场矩阵的右下角区域：创造机会、创造客户需求、创造新的产品市场。

（三）价值－客户契合图

价值－客户契合图（见图 5-3）也有助于创业者更加清晰准确地把握市场定位。图左侧为价值图，包括所有产品和服务清单、痛点缓解方案以及收益创造方案，这也是商业模式画布中的价值主张的放大版；图右侧为客户图，包括客户痛点、期望收益以及客户工作，这也是商业模式画布中的客户细分的放大版。价值图和客户图的契合会使创业者精准定位目标市场，清晰把握客户，也为创业者的价值传递提供了行动工具。

图 5-3 价值－客户契合图

价值图与客户图的契合包括以下三个方面。第一，问题－方案契合：企业相信自己的价值主张能解决识别的客户痛点、期望收益和客户工作。第二，产品－市场契合：客户对产品的积极反应意味着企业价值主张受到了市场的欢迎。第三，模式－情境契合：可实现和可盈利的商业模式不是停留在书面上而是反映在银行账户里和收益回报上。

第四节 夏至：产品来了

节气 X 创业

夏至，天文类节气，时间通常在公历每年的6月21日或22日。“夏”是夏季，“至”是到来，“夏至”意为最炎热夏季的到来。夏至这天，是北半球一年中白昼最长的一天，南方各地从日出到日落为14小时左右。夏至时节，农作物生长旺盛，需要充分的田间管理，提高农产品的质量。

在创业管理进程中，“夏至”便是产品到来，这个节点同样需要创业者像夏至节气的农民一样，在产品一线做好开发模式和产品策略。例如，创业者为新产品设计导入开发模式以获得更多的客户，为新产品规划包括成本领先和差异化等的竞争策略以开拓更大的市场。可以说，商业模式创新的回报价值与创业者对新产品的掌控密不可分。产品到来的火热时刻，也是创业者如火如荼深度挖掘客户价值的开始。

一、传统的新产品导入流程

从广义上看，新产品概念具体可以包括新发明的产品、改进的产品以及新的品牌，通常体现在三个方面的“新”：一是在科学技术方面，新产品可能是源于某一领域的重大发现；二是在生产销售方面，新产品可能在功能或形态上与原来的产品相比有所改变，存在差异，或者只是单纯由原有市场进入新的市场；三是在消费者方面，新产品是指那些能进入市场、给消费者提供新的利益或效用而被消费者认可的产品。

（一）新产品创意形成

在这一阶段，创业者往往会抓住灵光一现的奇思妙想，有时甚至将创意写在一张餐巾纸上，然后将其转变成一组核心理念，以此作为实施商业计划的大纲。接下来，他们要弄清楚围绕产品的一系列问题，包括：产品或服务的理念、产品特征和价值分别是什么？产品能否开发？产品开发是否需要进一步的技术研究？客户群体有哪些？怎样才能发现这些群体？

在这一阶段，创业者会确定一些关于产品的基本假设，包括竞争差异、销售渠道和成本问题，以及如何更好地向风险投资人或企业高层介绍产品的情况及其带来的利益。此时的商业规划包括市场规模、竞争优势和财务分析等。企业通过统计市场研究和客户评论，推动问题评估及商业规划。

（二）新产品开发

在这一阶段，公司各职能部门相继建立，相关的开发活动被分配到各团队实施。营销部门负责确定商业计划中描述的市场规模，开始定位产品最初的客户。在组织机构分明的初创企业（即热衷于流程开发的企业）中，营销部门甚至会针对目标市场进行一两次焦点小组测试，与产品管理团队一起制定市场需求文档，以便工程部门确定产品的最终特征和功能。营销部门开始设计销售演示内容，编写销售材料（包括网站、演示词和数据表），聘请公关公司。在产品开发阶段或内部测试阶段，企业通常会聘请一位销售副总监。

与此同时，工程部门开始忙着明确特征和开发产品。产品开发通常会扩展为“瀑布式”的几个相互关联的步骤，每一个步骤都强调最小化已定义产品特征组的开发风险（见图 5-4）。这一流程源自创业者的愿景，随后被扩展为市场需求文档（以及产品需求文档），然后进一步扩展为详细的工程技术规范。接着，工程部门便开始夜以继日地加班工作。“瀑布式”开发流程一旦启动就无回头之路，产品即使出了问题也不可能再进行修改。通常情况下，这一流程会持续不断地进行 18～24 个月甚至更长，中间即使出现任何有利于企业的变化或新创意，该流程也不会中断。

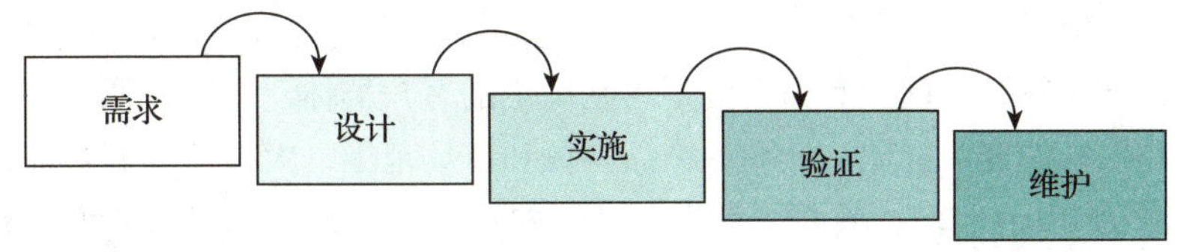

图 5-4　产品开发的“瀑布”模型

资料来源：布兰克，多夫．创业者手册 [M]. 新华都商学院，译．北京：机械工业出版社，2013（7）.

（三）新产品测试

在内部测试阶段，工程部门继续按照传统的“瀑布式”模型开发产品，以首次客户交付日期为目标安排开发进度。进入外部测试阶段，与少数外部用户一起测试产品，确保产品达到既定的设计目标。营销部门负责开发完整的营销沟通方案，建立企业网站，为销售人员提供各种支持材料，展开公关和演示活动。公关机构负责调整定位，联系知名媒体和博客，营销机构负责展开品牌塑造活动。

营销部门和第一批外部客户（他们可能自愿付费参与新产品测试）完成测试签约后，开始建立选定的销售渠道，扩充分支销售机构并为之配备员工。外聘的销售副总监负责实现商业计划中规定的营收方案，投资者和董事会成员开始按照首次客户交付的订单数量衡量销售进度，首席执行官则负责推广产品或联系总公司以寻找新的投资。

（四）新产品发布和交付

产品投入运营后，企业进入“烧钱模式”。公司举行大型新闻发布会，营销部门推出一系列活动创建最终客户需求。在营销部门的参与下，企业会聘请一家全国性销售机构，为销售渠道设定配额和销售目标。董事会根据销售执行情况与商业计划的对比衡量企业的表现。

支持营销活动和建立销售渠道需要耗费大量资金。如果企业不具备早期资产变现的能力，势必要从外部筹集资金来支持运营。首席执行官会根据产品发布活动的情况以及营销和销售团队的发展规模，向投资者募集资金。在互联网泡沫经济期间，企业在产品发布时会利用 IPO 吸引投资，但目前尚无证据表明企业经营会因此取得成功。

综上，可以概括出传统的新产品导入流程（见图 5-5）。很多初创企业会借助这种以产品或流程为中心的开发模式把自己的第一款产品推向市场，这种基础模式同时也比较适合那些已明确客户群体、产品特征、市场范围和竞争对手的成熟企业。

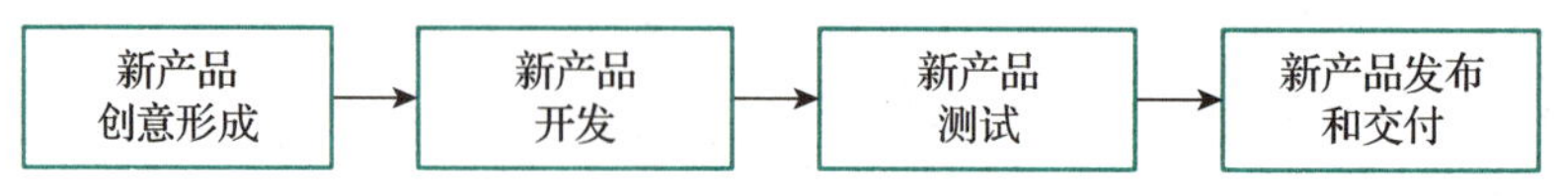

图 5-5 传统的新产品导入流程

二、以客户为核心的新产品开发流程

商业模式是一套价值逻辑体系，价值虽然以产品为载体，但本质上是客户感知的价值。传统的新产品导入流程并未充分挖掘客户价值，创业者还需要以客户为核心重新审视新产品背后的价值开发。

实际上，越来越多的创业者面对的不再是确定的客户群体、产品特征、市场范围和竞争对手，而是未知的客户群体、模糊的产品特征和市场范围，大多数创业者都是在缺乏商业模式假设测试（如在市场、客户、渠道、定价方面），以及缺少将假设转变为实际系统化流程的情况下启动创业的。因此，创业者需要采取一种有别于传统产品开发模式的新的产品开发流程——以客户为核心的新产品开发流程（见图 5-6），它具体包括以下四个阶段。

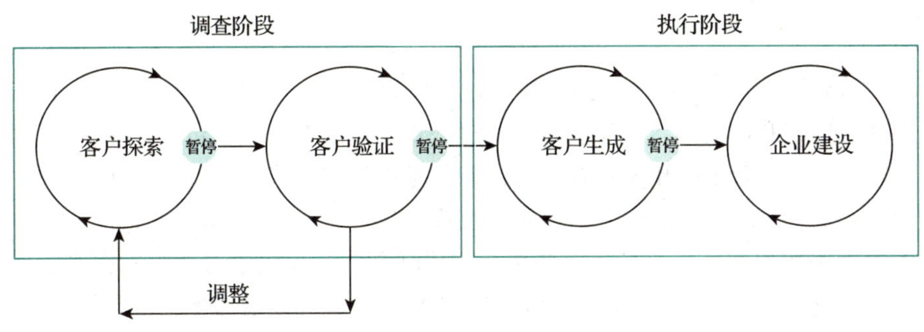

图 5-6　以客户为核心的新产品开发流程

（一）客户探索

在客户探索阶段，创业者将他对企业的愿景转变成商业模式相关要素的假设，并创造一组实验对每一个假设进行测试。为实现这个目标，创业者必须丢掉主观猜测，走出办公室测试客户对每一个假设的反应，真正倾听客户的想法，深入了解他们的问题，了解他们认为哪些产品特征能够解决这些问题，了解他们的企业是如何寻找、批准和采购产品的，从他们的反馈中获取有效信息，然后对商业模式做出调整。在初创企业中，创业者负责说明产品设想，利用客户探索发现客户群体和相关市场。

在客户探索阶段，创业者有可能需要对商业模式进行调整。失败是不可避免的，是创业发展过程中必不可少的一部分。对商业模式的误解或错误假设也经常会出现，这时就需要创业者重新发问：客户群体有哪些？他们需要解决的问题是什么？哪些产品特征可以解决这些问题？有多少客户愿意为这些解决方案买单？

（二）客户验证

客户验证阶段用于证明经客户探索阶段测试和迭代过的业务是否具备可重复与可升级性的商业模式，是否可以提供大量客户以帮助创业者建立具有盈利能力的企业。在验证过程中，企业需利用新的测试方法进一步测试针对更大规模客户的业务升级能力（如产品、客户获取、定价和渠道活动等方面），这些方法不仅测试的客户规模更大，也更为严格，而且是定量式的。在此过程中，初创企业应为营销和销售团队开发销售路线图，或是验证其需求创造计划的可行性。简而言之，就是要回答：投入 1 元的营销和销售资源能否创造出 2 元以上的收入（或用户、访问量、点击率等）？开发出的路线图应当在此阶段通过向早期客户预售的方式进行现场测试。

在客户验证过程中，企业需要利用最小可行产品在客户面前测试产品的主要特征。客户验证可证明客户群体的存在，确认客户会接受新产品，并验证客户具备真实且可衡量的购买意图。客户验证阶段与客户探索阶段一道，起到的是提炼、巩固和测试商业模式的作用。完成这两个步骤可以明确产品的核心特征和市场的存在，确定客户群体，测试客户对产品的期望价值和需求，发现财务型买方，确立定价和渠道战略，检验拟定的销售循环和流程。

（三）客户生成

客户生成建立在企业首次成功销售的基础上，是企业加速发展、花费重金扩张业务、创造终端用户需求和推动销售渠道的阶段。这一步骤紧随客户验证过程，在了解如何获取客户之后再大笔投入营销费用，这样做可以有效地控制现金或风险资本的无效损耗，保护初创企业最宝贵的资产——现金。客户生成过程因初创企业类型不同而不同。有些企业进入的是竞争对手明确的现有市场，有些企业需要开创产品和竞争对手都不存在的新市场，还有些企业通过重新细分现有市场或建立利基市场的方式开发低成本的混杂模式。每一种市场类型战略都需要不同的客户生成活动和成本。

（四）企业建设

当创业者和他的创业团队找到可升级和可重复的商业模式时，便会进入客户开发流程的最后阶段。此时，这个创业团体已不再是以调查探索为目标的临时性组织，而是变成真正意义上的已建成企业了。在这一转变过程中，企业建设应当关注的是把团队精力从“调查”模块转移到“执行”模块，将非正式的以学习和探索为导向的客户开发团队，转变成正式的结构化部门，如销售部、营销部、商业开发部等，并为每个部门招聘副总监。这些部门主管此时要关注的是组建各自的部门，以实现公司业务规模的扩展。

在图 5-6 中，每一个步骤都用单向循环箭头组成的圆圈表示，表明每一个步骤都可以进行迭代。与此相反，传统产品导入模式根本不提供回头审视的机会，任何中断和调整都意味着失败。实际上，大部分创业过程都是无法预测的，创业者在这一过程中肯定会多次犯错，直到最后才能找到正确途径。对初创企业来说，它们必须不断重复客户开发流程中每一个循环步骤，直到达到“逃逸速度”才能顺利进入下一个步骤。这个流程打通了企业初期所有与客户相关的活动，形成一个由四个步骤构成的流程。其中，前两个步骤构成产品开发的调查阶段，后两个步骤构成经过开发、测试和验证之后的产品开发执行阶段。

三、JTBD 理念

JTBD（jobs to be done）常被翻译为“雇用工作”或“待办任务”。JTBD 作为一种产品理念，意味着客户购买产品在本质上其实是在“雇用”（即使用）这个产品来完成某个特定的“工作”（即达到某种结果），这一系列“工作”的集合也就是产品所能满足的客户需求。

总体而言，JTBD 关注产品可帮助客户完成工作的效果而非产品功能本身，这有助于创业者更好地了解是什么驱动着客户行为，认识人们怎么通过某些步骤来完成他们想要做的事情。同时，JTBD 也启发创业者到情景中观察客户的行为方式，看看人们是如何找到某种方式来解决问题的。

一杯奶昔的故事

美国有一家速食连锁店，花了几个月的时间，研究如何增加奶昔的销售量。他们针对一些奶昔消费者进行问卷调查，询问他们要增加哪几种口味，降低多少价格，才会愿意多买一些奶昔，并且依照问卷结果进行了多项改变。只不过几个月后，业绩仍不见起色。

后来，这家奶昔店舍弃了问卷调查，决定以不同的方式来思考问题：究竟顾客买奶昔是为了解决生活中的什么“工作”？

改用这个观点出发后，某天他们在店里用了18个小时观察顾客：顾客都何时来买奶昔？他们穿什么？他们是独自来买吗，还会顺便买其他东西吗，是堂食还是外带？

结果显示，有不少顾客都是在早上9点以前独自来买奶昔，而且他们几乎都只买奶昔，买完就直接开车离开。研究人员便好奇地访问了这些客人：“为什么你想来这儿买奶昔？你买奶昔的用途是什么？”

他们很快地发现，这些早上来买奶昔的客人都想“雇用”一杯奶昔完成同样的“工作”：他们开车上班的路程遥远又无聊，需要一些东西来为整个路程增添乐趣。他们现在不饿，但他们知道再过两三个小时就会饿了。相较于易掉屑的甜甜圈、不充饥的香蕉，这杯浓稠的奶昔刚好可以让他们在通勤路上拿着慢慢喝，而且还可以维持几个小时的饱足感。

因此，研究人员终于明白了，这些客人最在意的不是奶昔的口味，他们要的不过是“帮我维持清醒、有事做、使早上开车上班更有趣”的东西罢了。也就是说，对通勤者而言，在奶昔里加入果粒、巧克力碎块会让每一口奶昔都变得有趣（产品的结果），这可能会比口味、容量、价格（产品的功能）更为重要。

JTBD中的“工作”通常分为两种核心类型（见图5-7）。“主要工作”更容易使人们被更高层次的结果驱动；“相关工作”是为人们需要的更高层次的结果做贡献的，是支撑最终结果和过程成立的先决条件或基础任务。产品所服务的工作中都包含消费者的两类需求，一类是功能型需求，包含消费者实际需求、客观性需求，是“工作”被成功完成的清晰定义；还有一类是情感社交型需求，指消费者主观的、情感上的需求。情感社交型需求背后隐藏着消费者关注的两个方面：个人方面和社会方面。在个人方面，消费者关注解决方案的体验感如何；在社会方面，消费者关注在使用这些解决方案的时候，其他人怎么看待他。

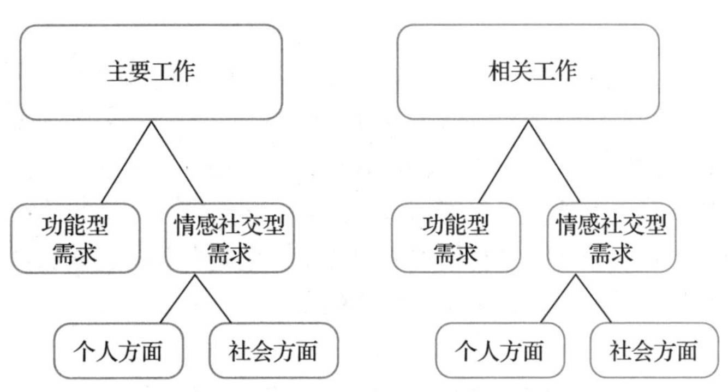

图5-7　JTBD的工作分解

举个例子，假设客户的“工作”是“前往其他城市参加研讨会”，那么，功能型需求为“用时少于1天、能够带足生活必需品、花销不超过预算”，个人方面的情感需求有“舒适、空间自由、干净的饮用水、在旅途中个人情绪受到关注”，社会方面的社交需求有“在旅途中保持体面、互不侵犯的私人空间”。

颠覆性创新理论之父克里斯坦森提出，JTBD 要求企业对“雇用工作”进行调研，最佳的开始方式就是自我观察。在你做某件事时，问问自己为什么要做，是为了完成什么“工作”？当你不使用该产品完成这个“工作”时，会用什么来替代？我们要更加深入思考自己做事的原因，因为如果你的生活中出现了某些问题，其他人也可能存在类似问题，与其询问他人的需求，不如试图设身处地来思考什么样的产品可以改善这些问题。理解情景（包括物理环境以及个人感受等）对企业来说非常重要，但它并不生产数据。由于关于情景的信息是安静和被动的，而且没有数据参考，也无法倾听对方诉说，因此你只能认真观察。当创业企业围绕“雇用工作”开发产品时，就更能理解客户所处的情景，也就更容易成功。

第五节 小暑：热火朝天完善计划

节气 X 创业

小暑，气温类节气，时间通常在公历每年的7月7日或8日。“小”是指炎热的程度低，“暑”是炎热，小暑为“小热”之意，是说炎热的夏天到了，但还没有达到最热的时候。小暑时节，正值初伏前后，大部分地区进入高温多雨的季节，阳光充足，雨量充沛，故有“小暑雨涟涟，防汛最当先”的说法。

小暑在农业生产中属于较为炎热但不是最热的节气，在创业管理中则对应在运营过程中“热火朝天”的商业计划的完善。商业计划指在战略导向下通过确定的商业模式实现阶段性战略目标的系列计划和行动方案，既是对创业的指引，也是对创业机会识别和开发的再论证。制订商业计划应深入分析行业发展趋势，选择业务发展方向，制定经营目标和行动计划。

一、商业计划的内涵和作用

（一）商业计划的内涵

商业计划（business plan，BP）是一份全面说明创业构想以及如何实施创业构想的文件，是对所要创立的企业是什么以及将成为什么的描述。商业计划各主要部分的顺序安排及其具体内容，应该由创意的性质以及创业者想在计划中尽力传达的信息来决定。

通常，商业计划基本框架包括以下部分。

（1）执行摘要：对新企业的总体情况做出简短、清楚、具有说服力的概括。

（2）愿景、使命与核心价值观：陈述创业的动机、企业要做什么、企业所期望的宏伟蓝图。

（3）新创意及产品的形成背景和预期目标：描述创意和产品能解决的核心问题，给顾客带来的价值，以及预期能实现的目标。

（4）市场营销分析：描述谁打算使用或购买你的产品或服务，客户为什么想使用或购买它。

（5）竞争者、竞争环境和竞争优势分析：阐述现有竞争、应对方法、定价以及其他相关事项（这部分内容有时是独立出现的，有时包含于市场营销分析中）。

（6）开发、生产和选址：产品或服务所处的开发阶段。这部分主要输出企业如何开始实际生产并提供产品或服务，以及有关企业坐落于何地的信息。如果企业运营的其他相关信息对理解企业做什么以及它为什么有巨大的经济潜力来说也是重要因素的话，那么也可能被包含在本部分内容之中。

（7）管理团队：描述企业管理团队的经验、技能和知识，有关当前所有权的信息也应包含在这个部分里。

（8）财务部分：提供有关公司当前财务状况的信息，并预期未来需求、收入，以及所需资金数量、这些资金什么时候需要、它们要被如何使用、现金流、盈亏平衡分析等。

（9）风险因素：讨论企业将面临的各种风险，以及管理团队防范风险所应采取的措施和步骤。

（10）收获或退出：如果企业获得成功，投资者将如何取得收益（如企业在何时以何种方式公开上市）。

（11）时间表和里程碑：规定有关企业的每个阶段（如开始生产、初次销售、突破盈亏平衡点等）将在何时完成。本部分可以是独立的，在适当的情况下，它也可以被包含在其他部分。

（12）附录：提供详细的财务基本信息以及高层管理团队成员的个人简历。

（二）商业计划的作用

商业计划的重要性不仅在于创业者需要用它来打造创新的商业模式，更重要的是创业团队需要用它来厘清方向，融资的伙伴们需要依据它来分析创业项目。可以说，商业计划是“毛毛虫变蝴蝶”的过程当中非常重要的一个元素，不仅创业企业需要，既有企业在开创新事业的时候也需要。创业主体主要包括创业者、创业团队和合作伙伴。创业者在创业过程中要系统思考新创企业的各个要素，在创立企业之前梳理好自己的思路；创业团队的重要作用是规范和促成创业团队努力工作的态度，全力以赴地解决创业过程中的各个细节问题；合作伙伴所发挥的重要作用是形象地推销新企业，即向潜在投资者、供应商、重要职位候选人等介绍创业项目或新创企业。

从计划行为理论（theory of planned behaviour，TPB）视角来看，商业计划发挥作用的关键在于让商业计划影响行为主体的知觉，从而激发创业意愿并带来创业行为。计划行为理论认为，人的行为意愿是行为结果知觉、社会规范知觉和行为控制知觉共同作用的结果（见图 5-8）。

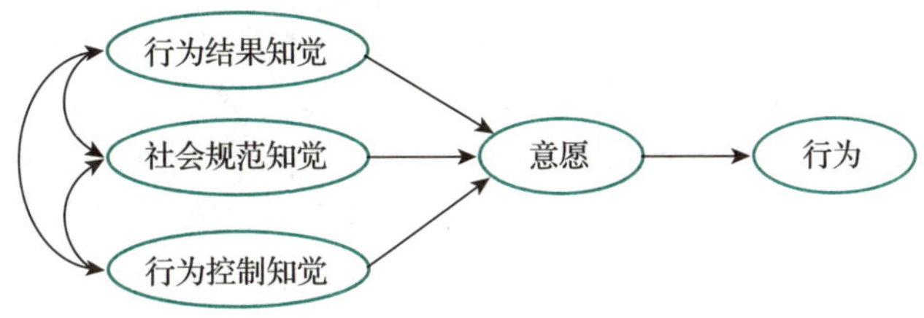

图 5-8　计划行为理论框架

行为结果知觉是主体对特定行为的可能性后果以及这种后果对个体影响的评估，从而产生对特定行为的喜欢或不喜欢的态度；社会规范知觉是主体对行为的社会规范性期望的理解，是对社会压力或社会规范的主观认知，是社会评价、父母意见、朋友及周围人的看法等对个体的影响；行为控制知觉是主体对行为的自我控制程度，即对行为过程的容易或困难程度的主观认知。尽管人的这些知觉不一定有充分的依据或充分的理由，甚至还可能是有偏见的，但个体是理智地或理性地追随自己的这些知觉并产生相应的行为意愿的，并进一步产生与行为意愿相一致的行为。

二、发现驱动计划的理念

沃顿商学院的伊恩·麦克米兰和哥伦比亚大学商学院的丽塔·麦格拉思提出了发现驱动计划（discovery driven plan，DDP）理念。从 BP 到 DDP，意味着创业者计划不是追求一锤定音，而是依据创业过程当中的每个小发现、每个小进步，甚至每一次小的挫败来不断地完善商业计划。在 DDP 视角下的商业计划编写，目的在于学习，而不是完成，创业者要在大举投资之前将假设转化为知识，并在重要的检查点验证假设。

具体而言，DDP 强调把计划分解为“走一步，看三步”，创业者需要事先定好“检查点”。创业者的资源（如精力、人脉、财富）必须分批投入，一开始投入的资源只为抵达第一个“检查点”，到达后根据收集到的反馈来修正计划，重新设定未来的“检查点”，然后再投入一部分资源，如此不断反复循环，具体过程为：①制定一个有真实价值的挑战；②详细阐述运营情况预测；③识别竞争性的市场标准；④识别并记录假设；⑤识别主要的检查点；⑥在投资之前于检查点验证假设。需要注意的是，DDP 提醒人们采取“小步”行动，在每一步评估假设，根据评估结果来决定是停止项目还是沿原方向继续前进，或者转变方向继续前进。

创业者要制订一个 DDP 计划，必须要自问如下问题：在这个计划背后存在哪些假设？我需要证实哪些假设才能说明这个计划是可能成功的？在“代价越小越好，速度越快越好”的前提下，我如何一一检验这些假设？当收集到什么样的反馈时，我可以对这个计划追加投入？什么样的反馈说明这个计划完全失败，我必须中止计划？

任鑫：学会假设自己的想法是错的

2014 年 1 月，创业两年的“今夜酒店特价”正式被京东集团收购。创始人任鑫当时在《财经天下》周刊中总结了那两年的创业路，以下为他的一些体会：

我犯了一个特别傻的错误。有段时间总觉得，我们会做成一个大公司，而且很快就会变得很大，会需要很多人。尽管当时我们只有 50 多个人，我们还是在上海市中心租了一套可以容纳 100～150 人的现代化办公楼，结果办公室里一直空着一半的位子。最后我们只好赔了违约金，撤退到了一个地段偏僻的园区内。

我们还犯了一个冒进错误，理所当然地以为一切都会按照我们预期的发展。实际到了后期，移动互联网的营销成本整体上去了，想要完全靠自己来与携程竞争就很难了。

如果可以重来，我宁可付出更高的成本外包一个质量很高的后台运营团队，即使每单的成本比自己运营更高，也比自己做效果好，因为这样灵活性更高，当发现订单量没有那么高的时候，我就可以及时把这块撤掉。好比家里要装宽带，可以选择每月 200 块钱或每年 1 700 元，你当然会觉得后者划算，但假如你三个月后就搬家了呢？

在产品没有做好之前，应该“偷偷摸摸”地开发，等到测试完成，相对成熟的版本上线之后，再“高歌猛进”，否则只能浪费资源。

如果要总结自己的经验教训，我想说：要学会假设自己的想法是错的，这样就会更虚心地去尝试，考虑多种可能性。我很喜欢的科幻小说《三体》里有一句话非常经典：无知和愚蠢不是生存的障碍，傲慢才是。

三、商业计划的情境依赖性

创业活动具有高度的情境依赖性，商业计划奏效的关键不在于创业者是否应该制订计划，而是创业者是否根据自身的初始资源禀赋和外部环境条件灵活地选择了创业计划的制订方式。图 5-9 列出了不同创业情境下商业计划的制订方式。

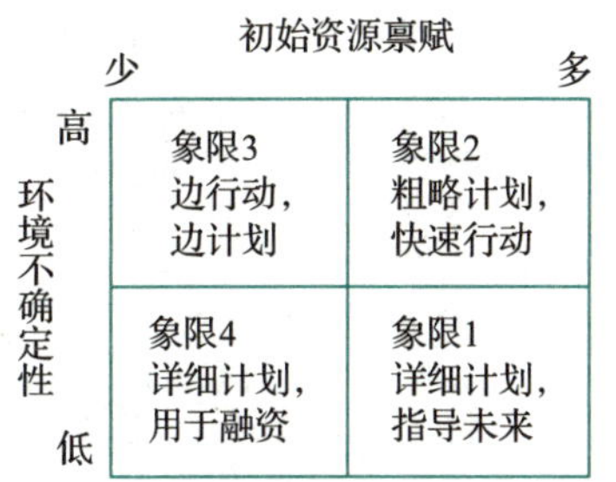

图 5-9　不同创业情境下商业计划的制订方式

在象限 1 中，环境不确定性较低，而创业者拥有大量的初始资源禀赋，因此应该事先制订详细的创业计划，并把它作为未来创业和经营活动的战略指南。成熟产业内的创业活动符合这种情形。成熟产业一般市场规模较大，客户需求稳定或增长缓慢。此外，由于产业内的主导设计已经确定，客户对产品的功能配置和架构安排有了共同的认知，因此，产品创新主要是渐进式创新，风险也比较小。如果创业者有过在相关产业工作的经历，并且积累了丰富的经验以及社会资本和人力资本，能对相关产业的发展前景做出比较准确的判断，那么就能够把握住创业机会，进入被大企业忽视的利基市场。在这种情况下，详细的创业计划能够为未来的创业活动提供指导，也不大可能出现机会被他人利用或迅速消失的状况。

在象限 2 中，环境不确定性较高，创业者拥有大量的初始资源禀赋，因而可以制订粗略的创业计划，但必须快速采取行动，并在发现计划有错时及时修改计划。成长产业中的创业活动比较符合这种情况。成长产业本身为创业者提供了很多机会（如迅速扩大的客户需求）；成长产业的市场规模巨大，因此有足够的空间容纳新企业。更为重要的是，既有企业由于先前进行了投资而常常被锁定在旧技术上，因此，它们在市场上并没有规模优势和先动优势，与此同时，成长产业的市场往往由于竞争结构不断变化、各既有企业的相对市场份额不稳定而呈现出高动荡性。相比之下，创业者却能够利用成长产业市场的不确定性。在成长产业的市场上，由于产业的主导设计尚未确定，创业者可以利用丰富的产业经验，以比既有企业更快的速度转向有可能成为主导设计的技术，在竞争对手尚未实行大批量生产之前把握住有望占据行业领导地位的机会。

在象限 3 中，环境不确定性很高，而创业者只有很少的初始资源禀赋，因而创业者不应该制订任何计划，而应该直接采取行动。新兴产业内的创业活动比较符合这种情况。新兴产业的主要特征就是低客户需求和高不确定性，产品和服务对潜在的客户来说经常是陌生的，因此不具备市场生存能力。此外，技术可行性可能仍然是不确定的，分销渠道和供应商来源也存在很多问题。由于新兴产业里新产品实现商业化腾飞的时机难以预测，因此，这种产业对任何创业者来说都是一种难以应对的不确定性环境。等到新产品实现商业化腾飞时，已经在市场上拼搏一段时间的企业可能因资源濒临枯竭而无法利用与开发机会，而且还有可能被过时的技术和能力所束缚。因此，此时创业者应该采用“摸着石头过河”的方式，边行动，边计划，通过试错来探索一条正确的创业和发展道路。

在象限 4 中，环境不确定性很低，创业者的初始资源禀赋也很少。这时，创业者应该动用有限的资源来制订详细的创业计划，以争取外部融资并获得创业所需的其他资源。虽然这是一种“孤注一掷”的行为，但考虑到环境不确定性很小，并且创业者已经清楚地感知到创业机会，只是缺乏创业所需的资源，因此有必要通过制订创业计划来寻求外部资源，以便取得创业成功。

综上可见，商业计划制订作为创业活动当中的一个节点，须要从情境依赖的视角进行审视，而不是简单地将计划和行动割裂开。在现实中，很多创业者的行为还表现出即兴发挥的特征，计划和行动形成一个连续过程，更准确地说，计划和行动在时间上并没有先后顺序。

第六节 大暑：盈利不能头脑发热

节气 X 创业

大暑，气温类节气，时间通常在公历每年的 7 月 23 日或 24 日。“大”指炎热程度高，大暑为农历 6 月“大”热之时，正值“中伏”前后，是一年中最为炎热的一段时间。古语说：“大暑乃炎热之极也。”大暑时节，气温最高，农作物生长最快，同时，很多地区的旱、涝、风灾等各种气象灾害也最为频繁。

创业的“大暑”时节，就是企业经营管理中现金流飞速运转的时候，此时的创业者经历了精益启动和模式创新诸多节点，特别是完善商业计划后，不能因为一时盈利或为了短期盈利而“头脑发热”，应该通过财务可行性分析等手段谋划盈利模式。现金流是企业的血液，现金流的畅通与否关系到企业能否正常运转，因此创业者应反复权衡现金流入与流出，掌控净现金流量的相对平稳，塑造可持续的盈利模式。

一、盈利模式的基本概念

（一）盈利模式的定义

盈利模式就是企业以市场需求为导向，以核心竞争力为支撑，将资金、人才、技术、品牌、外部资源等要素有机整合，实现企业利润和客户业务价值双赢的动态有机系统。这一概念来源于管理学者迈克尔·波特在《竞争优势》一书中提出的“价值链”，它可以从多个视角进行解读，不仅涉及产品、服务和信息流的体系结构，而且关注收入和利润的来源，既是企业取得利益的重要途径，也是企业赖以生存和持续成长的重要保障。盈利模式由相互联系、相互作用的一系列因素共同构成，与企业自身内部因素和外部环境因素都有密切联系，而且在一定程度上具有稳定性和连续性，一经确定便急需一定的时间和条件保证其顺利实施。

盈利模式是商业模式的关键，创业者要在市场竞争中逐步形成可以实现盈利的资源整合方式和路径。但必须明确的是，商业模式不同于盈利模式，商业模式是企业在市场上创造价值的方式，虽然包含盈利模式，但盈利模式只是商业模式的其中一部分。举例来说，如果你开的是早餐店，把原来价值 10 元的面包、火腿和鸡蛋做成一个可以卖 50 元的三明治，那你主要创造价值的方式就是“把食材变成食品”的这个过程，需要对早餐店的商业模式诸多环节及其内在联系进行设计甚至创新。但是，早餐店的盈利模式，则可能涉及以下的赚钱方式：一个三明治卖 50 元；采用会员制，会员每个月交费 1 000 元；顾客只选择白面包不用再额外交钱，但是想要加火腿、鸡蛋，则每增加一项食材就多收费 20 元；无论什么样的早餐都只收取固定费用，不加价，但是顾客必须要一边吃早餐，一边看广告。

（二）盈利模式的类型

根据企业收益结构，盈利模式可分为传统的产品盈利模式与知识产权盈利模式两大类。传统的产品盈利模式因产品的同质性而竞争激烈，这种以产品为中心的企业要想降低成本，通过实现规模经济降低单位固定成本是有效手段，但仅从生产成本而非产品价值角度扩大生产与销售，企业面临的生产和销售压力将更大。另外，成熟的管理手段已经或正在被信息化，当每个企业都可便捷地拥有这些方法和工具时，几乎都能开发出同样质量的产品，因此，想通过传统的产品盈利模式来保持企业竞争力将越来越难。

知识产权盈利模式意味着收益更多地来自新产品的销售收入，甚至是专利授权许可收入、技术咨询收入、技术转让收入、技术服务收入等，高端收入占有较高的比重。当前，企业转型升级的根本在于创新盈利模式，打造出更具内涵的持续竞争力，比如将传统的产品盈利模式向知识产权盈利模式转变，通过自主创新战略和高新技术提升价值和产品质量。如果企业定位于高新技术产业，则技术资产、智力资产等占资产比重应高于一般企业。从资产负债表上看，扣除土地使用权的无形资产是轻资产，因为土地使用权形式上具有“轻”的特征，但实质上不具备高知识含量的特征。从表外资源来看，能为企业带来持续盈利能力的隐性资产是轻资产，如企业家能力、客户资源、管理流程等。

二、盈利模式的分析方法

（一）盈亏平衡分析法

盈亏平衡分析法是评价盈利情况的一种重要方法，根据成本中固定成本和变动成本与产量的关系对某一方案进行技术经济分析。所谓固定成本（也称固定费用）是指总额在一定期间和一定业务量范围内不随产量的增减而变动的成本；变动成本（也称变动费用）则是指总额随产量增减而成正比例变动的成本。由于企业生产的固定成本是相对不变的，某产品的生产与否以及生产多少，只取决于产品的边际利润。在其他条件一定的情况下，只要产品的边际利润大于零，在产品实现销售后，销售收入除了冲抵全部变动成本外，还能使企业获得一定的收益，以冲抵一部分固定成本支出，企业就可以考虑该产品的生产。

（二）利润模式分析框架

利润获取方式和途径是盈利模式的重点之一，美国管理专家亚德里安·斯莱沃斯基提炼的利润模式分析框架对盈利模式设计和创新具有指导与参考价值。斯莱沃斯基认为，利润模式是企业层面的盈利体系设计，围绕利润而展开，不是像过去一样以价值链个别环节为核心进行竞争，而应当以客户价值为核心，因此，传统的产品数量和市场份额为中心的“昨天”利润区，应当向以客户和利润为中心的“今天”利润区转变。表 5-4 列示了斯莱沃斯基利润模式的要素、要解决的问题及其具体内容。

表 5-4　斯莱沃斯基利润模式

要　素	要解决的问题	具体内容
客户选择	我希望为哪些客户提供服务	我能够为哪些客户提供价值？哪些客户可以让我赚钱？我希望放弃哪些客户
价值获取	我如何获得利润	如何为客户创造价值，从而获取其中的一部分作为我的利润？我采用什么盈利模式
产品差别化 / 战略控制	我将如何保护利润流	为什么客户要购买我的产品？我的价值判断与竞争对手的有何不同，特点何在？哪些战略控制方式能够响应客户需求或对抗竞争对手
业务范围	我将从事何种经营活动	我希望向客户提供何种产品、服务和解决方案？我希望从事何种经营，起到何种作用？我打算将哪些业务进行分包、外购或与其他公司协作生产

客户并不是不变的，利润区也会随着市场和环境的变化而不断转移，而且随着社会的加速发展，这种变化只会越来越快。因此，创业者也需要不断调整和改变，以便让企业跟上利润区的转移。当企业利润停滞不前时，创业者可以试着改变当前的盈利模式，去寻找新的利润区。斯莱沃斯基使用提问的方式给出了寻找利润区的 12 个步骤：

- 谁是我的客户？
- 客户的偏好如何变化？
- 谁应该是我的客户？
- 怎样才能为客户增加价值？
- 如何让客户首先选择我？
- 我的盈利模式是什么？
- 我目前的企业设计是怎样的？
- 我真正的竞争对手是谁？
- 我最难对付的竞争对手的企业设计是怎样的？
- 我的下一个企业设计是什么？
- 我的战略控制手段是什么？
- 我的公司的价值是什么？

创业者在新的市场中想要盈利并非易事，所以新企业必须有一套或多套明确且有效的以利润为中心的盈利模式。斯莱沃斯基通过自己的实践和调查，总结出了利润产生的22种盈利模式：客户解决方案模式、产品金字塔模式、多种成分系统模式、配电盘模式、速度模式、卖座“大片”模式、利润乘数模式、创业家模式、专业化利润模式、基础产品模式、行业标准模式、品牌模式、独特产品模式、区域领先模式、大额交易模式、价值链定位模式、周期利润模式、售后利润模式、新产品利润模式、相对市场份额模式、经验曲线模式、低成本企业设计模式。

电影院的盈利来源

很多人都知道，美国电影院的主要盈利来源（而非收入来源）是在影院出售食品（冰淇淋、爆米花等零食，甚至影院餐厅提供的正餐）。人们到电影院来的真正目的不一定是看电影本身，而可能是在闲暇时间能够最大限度地放松身心。电影观众的这种需求并不是一下子就能被发现，而是从观众看电影时携带零食，甚至先在影院附近的餐厅吃完饭再来看电影等现象中逐渐被识别的。发现这样的需求后，经营影院的人要问的是：我能不能以可控的成本（以观众愿意接受的价格来衡量）提供这样的产品和服务？这个问题的答案是非常明确而令人乐观的：接触顾客的成本几乎为零，而且产品和服务的渠道具有排他性。顾客不可能在观影中途出去吃饭或购买零食，而观众喜爱在这个时候吃冰淇淋和爆米花，并且很容易化掉的冰淇淋、凉了就不好吃的爆米花从外面携带进来就很难满足顾客真正的需求。如果影院提供这类产品，就意味着拥有了一个其他产品不可能进入的销售渠道，而这种渠道的排他性意味着这些产品可以以相当高的价格出售，从而获得相当可观的利润。各影院之间可以就电影的票价展开竞争，竞争的加剧会导致电影票出现货品化趋势（以略高于甚至低于成本价出售），而销售冰淇淋和爆米花的产品渠道的排他性（别的影院不可能到这里来卖这些产品）可以有效屏蔽货品化。

（三）现金流变化

新企业在不同时期的现金流会有所不同，呈现出J曲线效应（见图5-10）。由图可见，成长潜力大的新企业，在初创期通常会大量消耗资金，通常在最初的几年亏损，其中在第2年和第3年亏损的程度还可能会进一步加剧；在随后几年里，现金流会逐渐改善，呈正向增长。如果在低现金流阶段，新企业没有获得再融资或没有追加的现金投入，创业很有可能会以失败告终。高潜力企业由于在此阶段还没有完全发展壮大，因此几乎不可能靠所拥有的知识资本进行再融资，这正

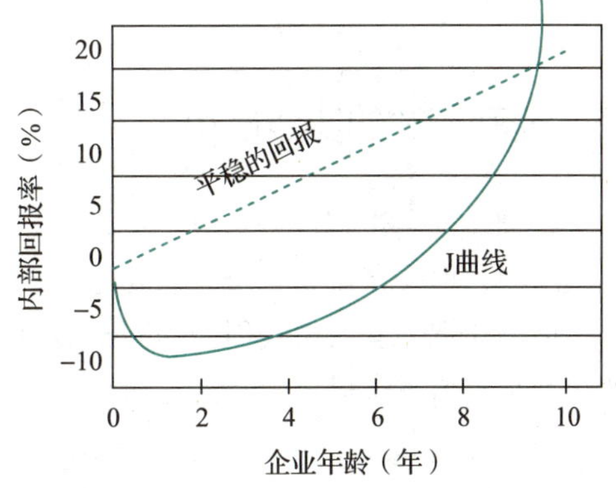

图 5-10 J曲线效应

资料来源：BYGRAVE W D, ZACHARAKIS A. The Portable MBA in Entrepreneurship [M]. John Wiley & Sons, 2nd edition, February, 1997.

是很多新企业在最初 5 年里失败的主要原因之一。除此之外，新企业的经营历史有限，信用记录不足，银行也通常不会贷款给它们，因此，一旦资金提供者中断未来投资，新企业将没有足够的资金维持下去。结果，很多新企业在早期关键阶段耗尽全部资金，而因没有后续资金的支持不得不中止经营。

带货直播好盈利吗

艾媒咨询数据显示，2019 年直播电商行业的总规模达到 4 338 亿元，预计 2020 年规模将突破 9 000 亿元。在巨大的流量、利益面前，众多“草根”和“大咖”纷纷入局。随着直播经济爆火，数据成了衡量主播的重要指标，一场直播没有几个亿点播量都不好意思发战报。然而，庞大的数据流量的背后又掺杂了多少水分?

央视财经在 2020 年 7 月曾曝光，在多个包含“直播涨粉”等字眼的聊天群里，有不少声称可以在各大主流平台上提供“刷观看”“涨粉丝”等服务的广告。每一项服务都明码标价，从几元到上百元不等。增加 2 万观看量外加 15 个真人互动，总共只需 53 元。

《中国新闻周刊》随后也报道，某些机构会通过虚假下单再退货的方式，来骗取商家的“坑位费”和佣金。例如机构通过与商家先签订保底协议，要求商家先付 5 万元的“坑位费”，承诺如果卖货达不到 5 万时全额退还；如果达标，再按 20% 比例提取佣金。直播时，机构会先用 5 万元“坑位费”刷单，完成任务、赚到 1 万佣金后，再分批退货回笼 1 万～2 万元。通过上述操作，商家其实成了主播、机构“薅羊毛”的对象。

企业一般通过以下方式获得现金流入：产品或服务的销售；贷款或借债；资产出售；创业投资。企业现金流出的方式主要包括：运营费支出；偿还贷款和外债；资产购买；创业投资撤出。因此，现金流入和现金流出可被分为以下三类：运营资金，包括销售收入和运营费开支；投资资金，包括资产出售和购买；融资资金，包括偿还贷款和外债，以及创业投资和撤资。

三、盈利模式的实践反思

首先，盈利模式是热点但不是终点。大暑节气非常炎热，盈利模式也是创业进程中的热点问题，但是在盈利这个节点问题上，创业者不能头脑发热，尽管创业必然涉及盈利问题，但不能把创业的模式创新等同于实现盈利，创业者在创业之初并不需要着急盈利。创业盈利是价值主张落地后“开花结果”的过程，意味着包括客户在内的多个主体将收获价值，但在这个过程中，成本－收入关系则是非线性演进过程。调查显示，不少创业项目通常在快速成长的早期并不盈利，一个典型案例是亚马逊，亚马逊早期获评为“世界上最有价值的公司”，那时公司一直没有盈利，更准确地说，亚马逊自创立起十余年始终处于亏损状态，但其股价却一直居高不下，似乎投资者们都相信亚马逊模式终将盈利。这就反映出盈利并不等同于模式创新和创业价值，创业者要冷静认识盈利模式问题。

其次，盈利模式要融入商业模式。正如前一章商业模式画布对应的那张神秘的“脸”，脸上微笑着的嘴巴代表期望下行的成本和期望上扬的收入构成的曲线。如果鲜明的鼻子让人想起猪八戒，明亮的眼睛让人想起孙悟空，那么大胡子遮住嘴巴的形象则会让我们想起沙僧。

资料来源：www.photophoto.cn.

沙僧若隐若现的嘴巴很像成本和收入之间的微妙关系，也反映出盈利模式塑造的复杂性。盈利曲线呈现出的有可能是“微笑”曲线——成本降低、收入增加，也有可能是其他形状的曲线，比如波动的、倾斜的、倒U形或中断的。在创业的模式创新环节中，创业者面对复杂的盈利问题不能头脑发热、简单直接，而需要精心打磨、精雕细刻。

最后，盈利模式不是单一化而是多元化。在商业模式设计和创新过程中，盈利导向呈现两个趋势：一是基于成本导向来打造盈利路线，创造和维持最经济的成本结构，采用低价的价值主张，以及最大限度的自动化和外包化等；二是基于价值导向，专注于提供和创造增值型的价值主张，凭借高度个性化服务实现价值驱动型的盈利路线。所以，大暑节气对应的盈利这一创业节点问题，并不主张创业者一味地追求线性增长，而是提醒创业者需要多方位地以商业模式整体思维去解决盈利问题和推进模式创新。

创业的技术行动

新产品失败先兆的大数据分析

艾里克·安德森等在《营销研究期刊》2015 年第 5 期（10 月）刊发的“失败的先兆”一文中，使用一家大型连锁商店旗下 111 家店铺长达 6 年超过 12 万名会员的 1 000 余万的交易数据进行大数据分析，结果发现：确实存在这样一类顾客，这类顾客的出现是新产品失败的先兆。如果一项新产品的早期购买者是这类顾客，那么失败的可能性就很大，如果这类顾客对这种新产品重复购买，失败的可能性就更大了。文中介绍了两种方法来确定这类顾客：一是将那些购买过失败产品的顾客看作失败的前兆，作者认为购买过失败产品的顾客的偏好是非主流的，因此这些具有非主流偏好的顾客下次购买的新产品也更具失败的可能性；二是将那些喜欢购买小众产品的消费者的偏好看作非主流偏好。这表明一项新产品在刚上市时销量好并不一定是好事，如果这种销量来自这种具有非主流偏好的顾客，那这个新产品的前途就堪忧了。

本章结语

本章通过夏季的六个节气认识了在创业的模式创新进程中常见的六个节点问题。立夏，创业决策有“破”有“立”，创业者通过不同类型的决策推动模式创新过程。

小满，创业领导者“永不满足”，通过不断优化领导方式带领团队推进创业。芒种，市场定位不能“盲”种，创业者需要细分和选择目标市场，定位价值方向。夏至，新产品到来，但新产品的开发要以客户为核心，JTBD理念为创业者开发新产品提供了思维框架。小暑，“热火朝天”完善计划，商业计划（BP）与发现驱动计划（DDP）的异同和联系值得创业者关注。大暑，盈利不能“头脑发热”，J曲线效应提醒创业者不能以企业利润为创业终点，模式创新应围绕客户价值展开。

回顾咖啡案例和本篇开始的歌曲《生如夏花》，咖啡飘出诱人的香气，歌声唱出美好的旋律，就像商业模式画布试图勾勒出美丽的“脸”，希望带给人们美好体验。一个人的美貌需要鼻子、眼睛和嘴巴相搭配，而商业模式这张“脸”的“美貌”和实力就是商业模式背后的价值逻辑。夏耕之后，将迎来收获的秋季，你熟悉的反映秋季的艺术作品有什么呢？经过精益启动的“春种”和模式创新的“夏耕”，创业者将会谱写什么样的秋季篇章呢？

思考与练习

1. 请选择一款产品，通过JTBD理论，从功能方面和情感社交方面来分析产品满足了客户的什么需求。
2. 选取一种产品（如手机、咖啡等），分析这种产品不同品牌的市场定位差异。
3. 请结合实例比较商业模式和盈利模式的异同。
4. 请以小组讨论的方式，围绕大家所熟悉的创业者，分析他们在创业决策和领导方面的特点，并结合个人体会谈谈如何提升自身的创业型决策和领导能力。
5. 请以小组为单位，围绕创业想法撰写一份商业计划书，或围绕其他人已经撰写完成的计划书，分析这份计划书是否在文本上展现了创业构想以及实施创业构想的方法，评价这份计划书文本背后是否阐明了所要创立的企业是什么以及将成为什么，并结合不确定性情境讨论如何让这份商业计划（BP）更具有发现驱动计划（DDP）的特点和功能。

第四篇

PART 4

价值创造：创业的秋收篇

| 开篇语 |

通过对第三篇的学习，我们了解了创业管理的“夏耕”进程——模式创新，认识了夏季节气智慧以及模式创新中的节点问题。我们在第四篇中将开启创业管理的“秋收”进程——价值创造，学习秋季的节气智慧与创业节点问题。创业者精益启动循环要“快”，模式创新如同画“脸”要“好”，那么，在金黄色的创业秋季，创业者将收获什么，又需要什么样的思维和行动呢？本篇将继续探寻创业管理四季歌中传递的创业者在不确定性情境下的验证性、创新性、试错性和迭代性的创业行动机制。

第六章
CHAPTER6

价值创造

⊙ 学习目标

- 认识资源整合的理论内涵
- 理解步步为营和资源拼凑
- 熟悉创业融资的类型和阶段性特征
- 掌握数字时代价值实现的两类实验异同与彼此联系
- 熟悉颠覆性创新的概念、特征以及价值网络颠覆要素

⊙ 创业的艺术思维

说起秋天的颜色，我们很容易想到金黄色，金黄色象征丰收，秋天是收获的季节。自2018年起，我国将每年的秋分节气当天，设立为“中国农民丰收节”，节日主题标志（见图6-1）的背景颜色是中国红，麦穗图案和文字内容的颜色则都是象征丰收的金黄色。

在节日主题标志图中，文字采用了起源于战国时期的隶书，字体清秀且富有艺术性，笔法挺进、秀美庄重、活泼大方，具有深厚的文化底蕴；麦穗作为我国农业的主要代表元素，象征着丰收，组成“丰”字的三条线由麦芒演变而成，形成放射状的弧线，给人一种传播感。

正如前面篇章提到的，创业者与农民具有很多相通之处，比如抢占启动时机、谋划模式新意、付出汗水等，同样，创业者也有收获，但不是坐享其成，而是需要开拓创造；收获的不仅仅是“盆满钵满”的金钱财富，而是于己于人都具有意义的创业价值。因此，创业的秋收，不是创业进程告一段落、画上句号，而是通过价值创造实现创业的意义。创业的收获不是一个封闭的系统，而是一个在创造中实现价值的开放过程。

图6-1 “中国农民丰收节”主题标志

为此，本章围绕创业的秋季即价值创造主题展开，探讨在价值创造过程中创业者如何进行资源整合，如何有效地获取融资，进而提炼出价值实现的规律，挖掘创业者如何创造颠覆性的创新成果，通过这一系列过程的梳理，展现创业者创造价值的丰收场面。

第一节　资源整合

一、资源整合的内涵

资源整合是创业和成长的源泉，是组织所拥有的独一无二的各类资源集合的过程。企业对此资源集合的运用能力，决定着企业能否挖掘到特殊机会。企业是构建在一定管理框架之内的一组资源组合。新创企业资源整合能力包括两个层面：一是从外部环境中识别和获取所需资源的能力；二是对内部资源进行识别、获取、配置和利用的能力。

从一首词到多首歌的资源整合之路

说到秋天的节日，我们很容易想到中秋佳节，而在与中秋有关的艺术作品中，苏轼的《水调歌头·明月几时有》是经典代表作之一。但是，不少人熟悉这首词，可能不是源于苏轼的原作，而是因为邓丽君和王菲等歌手演唱过的一首经典歌曲《但愿人长久》。

在苏轼创作《水调歌头·明月几时有》的900多年之后，邓丽君在20世纪80年代初期，请多位作曲人为包括这首词在内的12首经典诗词进行谱曲，发行了一张诗词歌曲专辑《淡淡幽情》。苏轼这首词由梁弘志作曲，而且邓丽君为这首"新"歌起了新的名字《但愿人长久》。这首歌经邓丽君温婉圆润的演绎，推出后深受听众喜爱，广为流传，几乎成为中秋节的音乐标配，也被其他歌手多次翻唱。

最有名的翻唱应该是王菲的演绎。王菲在1995年发行的专辑中收录了自己翻唱的《但愿人长久》，虽然词曲没有变化，但是王菲的版本有了新的编曲，特别是王菲空灵悠远的演唱，让不少人听出了全新的意境，甚至传唱度不亚于邓丽君的原唱。

近年来一次较有知名度的翻唱则来自龚琳娜。她的代表作是2006年推出的、被有些人认为"雷人"的神曲《忐忑》。2013年，龚琳娜参加了某卫视主办的已成名歌手演唱比拼节目，重新演绎了融合秦腔和摇滚的《但愿人长久》，颠覆的造型、编曲和演唱，引发场内外一番争论，褒贬不一，众说纷纭。

不过，也有人认为，相比较温婉圆润的邓丽君、空灵悠远的王菲，粗犷豪放的龚琳娜才唱出了《但愿人长久》作词者苏轼的情怀，因为苏轼诗词是豪放派，《明月几时有》这首词是苏轼醉酒之后所作。据说，苏轼曾问过一个唱歌的人："我的词要怎么唱才好？"歌者说："您的词，则须关西大汉，抱铜琵琶，执铁绰板，唱大江东去！"苏轼听了以后，笑得前仰后合。

苏轼创作的一首词，经过900多年的历程，变成了一首首歌曲，从邓丽君、王菲到龚琳娜，再到近年来将京剧与二次元相结合的歌者，这些音乐人和苏轼一样也在进行创作，让听众感受到了“老”词带来的新感受。正如本书提到的，艺术创作与创业活动有相通之处，一首词或一首歌如果是一个产品（艺术品），那么，以上的梳理让我们看到，每首歌曲创作所需的资源，并不都是全新的，更准确地说，绝大多数都是“老”资源，比如已有的词或已有的曲等，而这些来自内部和外部的“老”资源，通过创作者的创造性整合，不仅带来了“新”歌曲，更重要的是带来了全新体验，为听众创造了丰富多元的价值。

通过上述歌曲创作的案例，我们可以体会到当创业的进程来到收获价值的阶段，实际上是对价值创新结果进行获取的动态过程，而价值的衡量标准，并非等同于盈利水平等静态的财务指标，而是从模式创新到价值落地过程中的动态的创造效果。比如，衡量一首新歌的价值，不能仅看其点击量或下载量，关键要看其是否和如何给听众带来独特体验。同样，创业者开发的新产品，最终的价值不能停留在账面上的财务指标，而是要深入到用户的体验当中。因此，创业进入秋季阶段，意味着经历了精益启动和模式创新之后，创业者需要价值创造，而创造价值的基础就是资源整合。

资源基础理论奠基人伊迪丝·彭罗斯在《企业成长理论》（*The Theory of the Growth of the Firm*）一书中提出，企业是一定管理框架之内的资源组合，企业成长是逐渐积累知识以拓展其生产领域的资源整合过程。她认为，如果企业或组织像一艘“大船”，创业者则会扮演两种资源整合的角色：一是“帝国缔造者”，即创业者更像是大船“船长”；二是具备“生产型思维”的人，即创业者更像是大船的“舵手”。

创业实践领域也不乏经典的资源整合案例。SpaceX 创始人马斯克在谈到成功回收火箭的做法时说：“我觉得我们已经拥有所有一切，现在只需要好好组织这些元素，让它们集中在一起，确保能在不同的环境中使用，然后任务就完成了。它实际比人们想象的容易得多。”

诺贝尔经济学奖获得者保罗·罗默教授的内生性经济增长理论认为，真正可持续的经济增长并非源于新资源的发现和利用，而是源于将已有的资源重新安排后使其产生更大的价值。这一观点也反映了资源整合对价值创造的基础性地位。

资源整合要注意发挥资源的杠杆效应。比如，创业者能延长对资源的使用，能更充分地利用其他人没有意识到的资源，能利用他人或别的企业的资源来达到自己的创业目的，能将一种资源补足另一种资源以产生复合价值，能利用一种资源获得其他资源等。因此，资金、资产、时间、品牌形象、公共关系和能力等都可以作为资源杠杆。

从时间的纵向角度来看，资源整合的常见方式之一是“步步为营”。从空间的横向角度来看，资源整合的另一种常见方式是“资源拼凑”。这两种资源整合方式相互交织，形成价值创造的动态过程。

二、步步为营

（一）步步为营的概念

步步为营（bootstrapping），本意是“靴子的鞋带”，渐变成了“自助、不求人”的意思，主要指在缺乏资源的情况下，创业者分多个阶段投入资源并且在每个阶段或决策点投入最少的资源。哈佛大学史蒂文森教授致力于研究成功创业者利用资源的独特方法，他指出创业者在企业成长的各个阶段都会努力争取用尽量少的资源来推进企业的发展，他们需要的不是拥有资源，而是要利用这些资源。

在价值创造过程中，创业管理着重强调步步为营的思路，这是因为创业管理跟传统的大企业管理有所不同。而不同之处在于，创业管理具有先天的条件和独特的情境，这一系列约束使得它需要步步为营，而不是一步到位，来实现价值的获取。步步为营作为创业者资源整合的有效方式，主要原因在于以下方面：

- 创业者，特别是年轻的创业者，没有足够长的工作经历来积攒开办企业所需要的资金。
- 新创企业所需外部资金的来源受到限制。大量有关初创资金来源的研究报告显示，创业者的初创资金主要来自创业者个人或家庭成员、朋友。传统的外部资金来源，如银行贷款，几乎不可能成为多数创业者的选择。
- 创业者推迟使用外部资金的要求。在创业初期，从外部筹集资金也会耗费创业者大量的时间和精力，创业者认为不如把这些时间和精力投入到销售等活动中。
- 创业者更希望自己掌控企业全部的所有权。外部融资有可能降低了创业者对企业所有权的份额。
- 企业者希望使可承受风险最小化。
- 创业者希望创造一个更高效的企业。资源少会迫使企业更具柔性，更能随机应变。
- 企业“自助、不求人”的态度使自己看起来“强大”，以便争夺顾客。
- 步步为营的方式可为创业者在企业中增加收入和财富。步步为营意味着创业企业需尽量做到用最经济的办法做事，也就相当于增加企业和个人的收入与财富。
- 步步为营的方式符合审慎控制和管理的价值理念。

步步为营是收集资源、整合资源所依据的行动路线，不仅适合小企业，同样适用于高成长企业、高潜力企业。在实践中，关于人力资源的吸引和利用，也有这样的观念转变：“不求所用，但求所有”的早期落后观念，逐渐演变为“不求所有，但求所在”“不求所在，但求所用”的新观念。

（二）步步为营的行动

步步为营的行动方向主要包括：创业者在资源受限的情况下寻找实现企业理想和目标的途径；最大限度地降低对外部融资的需要；最大限度地发挥创业者投入企业内部资金的作用；实现现金流的最佳使用。多数创业者由于受到获取资源途径的限制而寻找创造性的方式，开发机会，创建企业，并促使企业成长。创业者可以创造条件积极争取和获取资源，但可行的逻辑是充分利用好已有的资源、身边的资源、别人不予重视的资源，发挥资源的杠杆撬动作用。步步为营以尽早达到收支平衡的基本逻辑如图 6-2 所示。

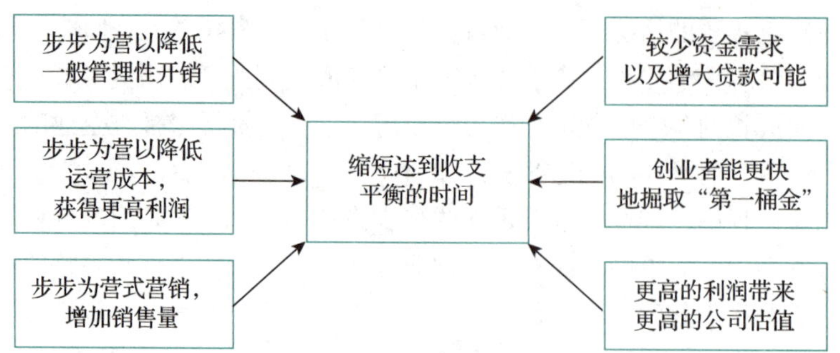

图 6-2 步步为营以尽早达到收支平衡的基本逻辑

步步为营的两大行动原则为保持节俭和目标明确。保持节俭，意味着设法降低资源的使用量，降低管理成本。但过分强调降低成本，会影响产品和服务质量，甚至会制约企业发展。为了求生存和发展，有的创业者不注重环境保护，盗用别人的知识产权，甚至以次充好，在消费者中形成很差的印象。这样的创业活动尽管短期可能赚取利润，但显然没有长期发展的潜力。因此，保持节俭的同时还需要兼顾目标明确，节俭固然重要，但更重要的是实现价值创造的目标。

步步为营的行动策略多种多样。为了降低运营成本，创业者可采取外包的策略，让其他人承担运营和库存的开支，减少固定成本的投资以防止沉没成本过高而降低了自身的灵活性，利用外包伙伴已形成的规模效益和剩余能力为自己降低成本，有时甚至可以利用国外的低成本优势。为了降低管理费用，创业者可来到孵化器或创业服务中心，享受那里提供的廉价办公场所，与别的创业者共享传真和复印设备，同时结交更多的创业者，建立社交网络。创业者也常雇用临时工、租借员工，或招募实习学生来节省人力成本。步步为营策略还表现为自力更生，减少对外部资源的依赖，目的是降低经营风险，加强对所创事业的控制。

“三只松鼠”的“燎原”做法

2012 年，三只松鼠创始人章燎原在刚创业时曾发过一篇帖子：“一个新时代来了，电商有五年的机会，在五年之内，你可以成就一个互联网电商品牌，五年之后，会是消亡的开始。”

以“淘品牌”起家的三只松鼠和“双 11”密不可分。2012 年，公司“双 11”单日销售额 766 万元，使得公司一炮而红。2013 年“双 11”单日销售额 3 562 万元，2014 年单日销售额破亿，2015 年单日销售额 2.66 亿元，2016 年“双 11”销售额达到 5.08 亿元。

“线上的流量瓶颈到了。过去电商依托于人口红利，依托于电商天然的便捷性和基于数字的用户体验提升，把线下的货品变了个样子放到线上去卖”，章燎原认为，以 2017 年“双 11”为节点，消费升级下的休闲食品正开始向商业本质回归。

在新的时期，三只松鼠试图“线上造货，立体卖货”，围绕着“造”字，成为完全以创新为导向的一家公司。“造”字有两层意思：一是立足于平台化的研发，联合伙伴打造极致创新的产品。"过去半年我们推出很多新品，尝到了创新创造的甜头。明年我们要继续创造一些独有商品，而且要彰显出三只松鼠'风味、鲜味、趣味'风格的产品"。二是"造体验"，三只松鼠在供应链上也要做到极致，只要足够新鲜，用户是可以感知到的。

过去三只松鼠的坚果产品从出厂到消费者手中，大约需要 50 天时间，而这已经是行业领先水平。后来公司推出"90 天坚果"，主打更高品质和 90 天的质保期。这次，章燎原放话，2019 年，消费者通过三只松鼠自有渠道买到的坚果产品，都将是在 20 天以内生产的。

三、资源拼凑

（一）资源拼凑的概念

新创企业在成立初期都会面临资源极度匮乏的困境，为了将心中宏伟的商业蓝图变为现实，创业者会将手边可利用的资源创造性地改造或重组，这种"即兴而作"的方式以合适为原则，得到的结果可能不那么完美，却能有效、迅速地摆脱资源约束，实现心中构想。在创业研究领域中，学者们将这种资源整合的方式定义为"资源拼凑"。

拼凑（bricolage）一词的字面本义是"修修补补"，在创业实践中，则是指创业者整合手边的现有资源，加入新元素或是替换旧元素，不断循序渐进和递进完善，最终创造出独特服务和价值的过程。势单力薄的新创企业，想要使有限的资源创造出足以抵御激烈的市场竞争的价值，就需要创业者充当"修补匠"，将单一的增改、递进演化为创造性的拼凑，而且不只要"填补"，更要去"修造"，通过创造性拼凑挣脱资源束缚，从而解决新问题，创造新机会，收获新价值。

资源拼凑有以下主要特征：一是通过加入一些新元素，实现有效组合，结构会因此改变；二是新加入的元素往往是手边已有的东西，也许不是最好的，但可以通过一些技巧或窍门组合在一起；三是这种行为是一种创新行为，会带来意想不到的惊喜。

资源拼凑有全面拼凑和选择性拼凑两种方式。所谓全面拼凑，是指创业者在物质资源、人力资源、技术资源、制度规范和顾客市场等诸多方面长期使用拼凑方法，在企业现金流步入稳定后也依然不停止拼凑的行为。这种行为会导致企业在内部经营管理上难以形成公正有力、符合标准的规则章程，在外部拓展市场上也会因为采用低标准资源遇到阻力，使企业无法走上正轨。选择性拼凑是指创业者在拼凑行为上有一定的选择性，有所为，有所不为。在应用领域上，他们往往只选择在一到两个领域内进行拼凑，以避免全面拼凑的那种自我加强循环。在应用时间上，他们只在早期创业资源紧缺的情况下采用拼凑，随着企业的发展逐渐减少拼凑，甚至到最后完全放弃，由此使得企业摆脱拼凑型企业的阴影，逐步走向正规化，满足更广泛的市场需求。

（二）资源拼凑的行动

资源拼凑的起点：从"窝边草"到"将就用"。善用"窝边草"，意味着善于进行创造性拼凑的创业者拥有的常常是一批现成的"零碎"，它们可以是物质，也可以是技术，甚至是理念，正是这些看似无用的“零碎”帮助创业者冲破了资源约束的困境，将这些在以往大多数情景下不起眼的物质、技术、经验放置于一个新的情景下，形成了创造新产品、新模式至关重要的资源。精于“将就用”，则意味着创业者在应对新挑战或机会时要打破行为偏见，不要去犹豫和疑问手头资源是否能产生有益结果，而是要关注即兴而作的积极行动，努力突破资源约束。由于时间和成本的限制，手边可用的资源往往不是最优的，这就意味着拼凑者需要突破固有观念，打破正常情况下人们对资源和产品的常规理解，有意识且持续地试探一些惯例的底线，坚持尝试突破，不求完美，但求合适。

资源拼凑的亮点：戏仿逻辑与重混打法。戏仿逻辑，意味着让拼凑变得有趣、有料。戏仿逻辑来源于艺术领域，指模仿或重新创新，是一种扭曲或“取笑”原作品的艺术手段。在创业实践中，创业者可通过戏仿出的新的组合，打破原有概念的边界，突破僵化的组织结构，创造出新的、开放式的思维模式和无法估量的价值。重混打法，是让戏仿不同于模仿的关键，意味着将多种资源进行创造性融合并应用到新的场景，这也正是重混衍生价值的关键。在音乐领域，重混出一部“经典作品”，需要经历许多步骤，每一种乐器的使用、每一个音符的嵌入，都会影响乐曲在新场景中的演绎效果。参与重混的元素固然重要，但最为关键的是新场景的打造，一切的出发点都是为了新的目标——满足消费者不断变化的需求。

资源拼凑的拐点：删繁就简实现价值创造。拼凑经常伴随跨界，这就需要创业者警惕“眉毛胡子一把抓”的混乱局面，善于删繁就简，精准把握机遇。这意味着创业者需要能够洞察并提炼出极简却极富生命力的“节奏”，将不同行业的模式、结构元素进行提取，对原有模式进行透视、解构，分离出有价值的元素，创造性地应用到一个新的行业，最终创造出巨大价值。

用彩色碎布条“拼凑”出的新价值

Serengetee 是成立于 2012 年的一家美国服装企业。创业团队是几位年轻人，他们出于兴趣爱好，曾在课堂学习与外出实践的过程中收集了各地有特色的布条作为纪念。后来，这些反映各地文化特色的布条越来越多。在一些人看来，这也许是很平常的一件事情，但是这些年轻人就从布条入手，进行了创业项目的实践。他们将这些有特色的布条搭配成 T 恤的口袋，也就是浅色或白色的 T 恤上装饰有一个彩色的口袋，而这个彩色口袋能够反映一些国家或地区独特的民族或区域文化。

这些年轻人的“拼凑”并不限于此。他们除了推出有口袋的 T 恤，还整合了更多的创业资源。比如，这些具有文化特色的布条所代表的国家和地区中，有一些正在面临贫困、饥饿，以及医疗、教育等社会问题，于是，创业团队把 T 恤的销售与为困难地区提供援助联系在一起。再比如，T 恤的包装和销售环节采用了可降解材料和循环利用等方法，使得彩色口袋的 T 恤又有了“绿色”属性。还有一个有意思的做法是，T 恤的宣传模特，有的就是购买体恤的年轻消费者，这些志愿者的展示很容易引起大量年轻人的共鸣。

以上只是对Serengetee创业做法的简单梳理，但是已经让我们感受到，通过内外部资源的巧妙“拼凑”，这件T恤创造的价值已经远远超过一件普通的T恤，为顾客带来了独特的创新体验。资源拼凑也有其章法，可以是局部的，也可以是全面的，可以是全过程的，也可以是阶段性的。一些碎布条、一个小口袋，也可创造新价值、大事业。

需要注意的是，资源拼凑的元素也就是创业资源本身固然重要，但最为关键的是如何通过新场景的打造和创造性的整合实现新的目标，响应甚至引领用户的动态需求。借用毕加索的名言：“好的艺术家抄袭，伟大的艺术家窃取。”创业者从客户视角出发设计的新产品，在迎合潮流的同时拥抱市场，拼凑的衍生价值才能达到最大化，这也是新创企业避免短命倒闭、实现长期价值的最佳行动方案之一。

第二节 融资获取

一、创业融资的概念内涵

（一）创业融资与企业融资

创业融资不同于企业融资，两者在参与者、供应者、投资者等方面均存在差异。表6-1为创业融资与企业融资的比较。

表6-1 创业融资与企业融资的比较

	创业融资	企业融资
参与者和市场特征不同	创业企业的实际控制人直接参与，市场变化速度快且不确定性高	上市公司CFO参与，成熟的市场
资本的供应者不同	种子基金、天使基金、风险投资、私募股权投资、民间市场的债权、融资租赁等	一级半与二级市场融资、标准化的股权、债权融资
投资者是否参与管理	投资者积极参与管理，为企业提供增值服务	投资者不参与管理，凭感觉投票
信息不对称问题和合约设计	信息严重不对称，投资者通常对重大决策具有特殊权利安排。个性化、非标准化、复杂化、不确定性强	信息不对称，但不影响公司投资决策；外部投资者对公司投资决策没有控制权。标准化、通用化、投行操作
激励协议与契约设计	投资者使用分阶段投资、终止期权及其他合约机制获得更多的控制权并激励创业者	上市公司为股票期权加业绩奖金
利益最大化	创业者利益最大，创业者拥有企业剩余索取权的最后分配权	股东价值最大化，拥有盈利的剩余索取权
投资收获	新企业投资者主要通过公司快速成长和股权资产的流动性获得投资回报	上市公司投资者通过股利和卖出股票的股票增值获得回报

（二）创业融资的类型

1. 自有资金 自有资金是企业为进行生产经营活动而持有、使用，并无须偿还的资金，主要是企业的内部积累，包括内部的资本金、在生产经营过程中的内部留存收益、内部集资、折旧等。期货公司自有资金运作的四大途径包括日常经营管理、金融资产投资、委托证券投资及参与同业拆借。

2. 股权融资 股权融资又称权益性资本融资，是指企业采用自己出资、政府有关部门投资、吸收直接投资、与其他企业合资、吸引投资基金以及公开向社会募集发行股票等方式，通过出让企业的股权来为企业融得资金的经济活动。在股权融资中，投资者以资金换取公司的股权后，便使企业股东之间的关系产生了变化，股东的权利和义务也将进行重新调整，企业发展模式与经营方式随之相应地改变。

3. 债权融资 债权融资是企业以发行债券、银行借贷及商业信用等方式，通过与资金提供方形成债权债务关系而融入资金的方式。从企业融资的渠道看，可以分为直接债务融资（企业直接发行债券、票据等）与间接债务融资（主要是通过银行中介获得的贷款）。

4. 天使投资 天使投资又被称为非正规风险投资，指专门向非上市企业，特别是种子期或早期的创业企业进行非控股性投资的非公开权益资本投资。天使投资属于自由投资者或非正式机构对有创意的创业项目或小型初创企业进行的一次性的前期投资，是一种非组织化的创业投资形式。

5. 风险投资 风险投资是由专业金融人士对创业企业经过一系列周密的考察、评估之后，对创业企业投入大笔资金，以谋求高额回报的投资形式。风险投资机构除了向创业企业提供资金投入，还提供增值服务与监督控制。增值服务和监督控制既是风险投资机构对创业企业提供价值增值的两种途径，也是风险投资机构对创业企业进行管理的两种基本手段。前者是加法，即利用风险投资的行业专长为创业企业提供增值服务，创造新的价值，可谓“雪中送炭”；后者是减法，即通过监督控制，减少创业企业因不确定性引发的代理成本和风险损失，可谓“防患未然”。

6. 私募股权投资 私募股权投资（private equity，PE），是通过私募形式募集资金，对私有企业，即非上市企业进行的权益性投资，从而推动非上市企业价值增长，最终通过上市、并购、管理层回购、股权置换等方式出售持股、套现退出的一种投资行为。

7. 首次公开募股 首次公开募股（initial public offerings，IPO），也被称为上市，是指一家企业或公司第一次将它的股份向公众出售。

8. 商业银行贷款 在债权融资中，商业银行扮演着重要角色。商业银行贷款是常见的一种融资方式，创业者可以借此弥补创业资金的不足。其中，个人经营类贷款包括个人生产经营贷款、个人创业贷款、个人助业贷款、个人小型设备贷款、个人周转性流动资金贷款、下岗失业人员小额担保贷款和个人临时贷款等类型。但由于创业企业的经营风险较高，价值评估困难，商业银行往往不愿意冒太大的风险向创业企业提供贷款。这类贷款发放时往往要求创业者提供担保，包括抵押、质押、第三人保证。

9. 政府背景融资 创业活动对当地经济发展具有推动作用，尤其是科技含量高的产业或当地优势产业对增强地区竞争力、解决就业问题有重要意义。因此，政府越来越关注新创企业的发展，这些处于创业初期的企业在融资方面面临的迫切要求和融资困难的矛盾成为政府致力解决的重要问题。由于经济实力、产业基础、区域文化等有很大差异，各地政府推出创业支持政策方面也不尽相同。以我国为例，常见的政府背景融资主要有科技部科技创新基金、针对某个特定群体的创业基金、地方性优惠政策等。

中国已成为世界上第二大创业投资市场

中国“大众创业、万众创新”蓬勃发展，创新创业环境持续改善，创新创业的主体日趋多元，各类支撑平台不断丰富，已经成为推动经济增长的重要动力。比如，以创业投资为代表的创业资本投入不断强化。创业投资活动在税收支持、规范监管的外部条件支撑下，进一步向实体经济、战略性新兴产业和早期阶段集聚。截至 2018 年底，创业投资机构管理资本量约为 2.4 万亿元，位居世界第二。同时，中国政府还在探索金融服务创新创业的“新模式”，鼓励示范基地着眼化解企业融资难、融资贵问题，依托市场机制，优化政策环境和服务，不断探索创新融资方式，拓展融资渠道，为创新创业提供高水平的金融服务支持。

以国家新兴产业创业投资引导基金为例，这只基金于 2015 年 1 月 14 日由国务院常务会议决定设立，将中央财政战略性新兴产业发展专项资金、中央基建投资资金等合并使用，盘活存量，发挥政府资金杠杆作用，吸引有实力的企业、大型金融机构等社会、民间资本参与。基金总规模 400 亿元，实行市场化运作、专业化管理，公开招标择优选定若干家基金管理公司负责运营、自主投资决策。为突出投资重点，新兴产业创投基金可以参股方式与地方或行业龙头企业相关基金合作，主要投向新兴产业早中期、初创期创新型企业。而且，基金收益分配实行先回本后分红，社会出资人可优先分红。国家出资收益可适当让利，收回资金优先用于基金滚存使用。该基金通过政府和社会、民间资金协同发力，促进大众创业、万众创新，实现产业升级。截至 2019 年 4 月底，该基金已决策参股 356 只创业投资基金，累计支持 4 445 家新兴产业领域的早中期、初创期创新型企业。

二、创业融资的阶段性

创业融资不是仅指筹集创业的启动资金，而是包括整个创业过程的所有融资活动。由不同渠道取得的资金之间的有机构成及其比重关系就是融资结构，即创业者的资金有多少是来源于债权融资，有多少是来源于股权融资。因为不同性质的资金对企业的经营有不同的影响，所以创业者应该合理均衡债权融资与股权融资之间的比例。创业者融资决策通常会受到以下因素的影响：创业阶段、新创企业特征、资金成本、风险状况（见表 6-2）。

创业融资需求具有阶段性特征，不同阶段的资金需求量和企业所能承担的风险程度存在差异，不同的融资渠道所能提供的资金数量和要求企业承担的风险程度也不相同，创业者在融资时必须将不同阶段的融资需求与融资渠道进行匹配，才能高效地开展融资工作，获得创业活动所需的资金，化解融资难题。

表 6-2 创业阶段与融资方式选择

创业阶段	新创企业特征			资金成本	风险状况	合适的融资方式
	产品 / 服务	营销	管理			
种子期	产品和服务还处于构想之中，没有完全开发出来	营销模式尚未确立	管理团队尚未正式形成	企业创办费用，金额不大	面临技术风险、市场风险、管理风险、财务风险，且最重要的是面临创业管理团队尚未形成的风险	创业者自有资金、亲友借款、天使融资
创建期	创新产品从“小试”经过“中试”，达到产品在技术上基本定型并符合市场需要	营销模式还处于探索过程中	有了初步的管理团队，但企业管理模式还处于摸索过程中	创造“中试”及生产条件，加快速度抢占市场，获取先行者优势，资金需求量非常大，需求急	技术风险逐渐下降，但市场风险、管理风险以及财务风险仍然很高	产权技术转让、创业投资、短期借款、商业信用
成长期	产品经过试销和完善后，已经逐步打开市场并拥有一定的市场占有率	市场营销模式已经初步确立	企业组织管理模式正逐渐形成，管理团队已基本稳定	开始有营业收入，但仍处于负现金流状况之中。随着市场的急剧增加，急需大量资金投入生产运营	存在一定的市场风险，并具有较高的管理风险，尚未形成足够的抵押资产或建立起市场信誉	创业投资、商业信用、银行贷款、短期借款、创业投资

阿里巴巴的创业融资之路

第一阶段，自我融资。1999 年，马云和他的创业团队集资 50 万元成立阿里巴巴。阿里巴巴成立初期，公司是小到不能再小，18 个创业者往往是身兼数职。

第二阶段，天使投资。阿里巴巴有一定名气后也很快面临资金的瓶颈，这时以高盛为主的一批投资银行向阿里巴巴投资了 500 万美元。

第三阶段，风险投资。1999 年秋，日本软银总裁孙正义决定给阿里巴巴投资 3 000 万美元，最终马云确定了 2 000 万美元的软银投资，帮助其度过“寒冬”。2004 年 2 月，马云宣布，阿里巴巴再获 8 200 万美元的巨额战略投资。这笔投资是当时国内互联网金额最大的一笔私募投资。2005 年 8 月，雅虎、软银向阿里巴巴投资 10 亿美元。在此期间，阿里巴巴创办淘宝网，创办支付宝，收购雅虎中国，创办阿里软件。

第四阶段，上市。2007 年 11 月，阿里巴巴在中国香港联合交易所正式挂牌上市，正式登上全球资本市场舞台。阿里巴巴的上市，成为全球互联网业第二大规模融资。在此次路演过程中，许多投资者表示，错过了谷歌不想再错过阿里巴巴。

三、创业融资的管理体系

（一）创业融资的信息不对称特点

在市场经济活动中，各类人员对有关信息的掌握和了解存在差异。掌握信息比较充分的人员往往处于比较有利的地位，而信息贫乏的人员则处于比较不利的地位。在创业融资中同样存在着信息不对称（见表 6-3），创业者通常比投资者对自身能力、企业的产品、企业的创新能力、市场前景更加了解，处于信息优势的地位，而投资者则处于相对信息劣势的地位。

表 6-3　创业者和投资者面临融资的信息不对称

创业者	投资者
创业者对关于机会价值的信息是不完全和不确定的	投资者对于机会价值有更客观和整体的观察
掌握更多关于创意技术优点的信息	掌握更多关于项目经济价值的信息
更清楚自身的能力、管理经验和承诺	更清楚项目所需的能力和资源
希望得到更多的融资	希望看到有形的证据来降低不确定性，更关注阶段性目标的具体性和可验证性
更重视投资者的信誉，以保证创意保密	希望创业者能够详尽地阐述创意

由于投资者只能根据感知到的信息进行判断，那些素质不高、技术上有缺陷、经营管理不善的创业企业可能因为对真实的数据和材料进行了粉饰或夸大而获得投资，而真正优秀、未来收益高的企业有可能因为没做好这方面的工作而失去投资。投资前的信息不对称可能导致逆向选择。投资后的信息不对称则与道德风险有关，被投资公司的创业者往往既是大股东又是经营管理者，可能会侵害投资者的利益，例如改变资金用途、关联交易、股

权稀释、给自己订立过高的报酬等，而投资者对创业者的行为很难监控。

（二）创业融资的成本管理

过高的融资成本对创业企业来说是一个沉重的负担，而且会抵消创业企业的成长效应。因此，即使初期的资金很难获得，创业企业仍要寻求一个较低的综合资金成本的融资组合，在投资收益率和资金成本权衡中做出选择。不同的融资渠道，融资成本不一样。

债权融资成本是使用债务资金所需要支付的利息，通常，该成本支付周期较短，支付金额固定。在债权融资中应实现各种融资渠道之间的取长补短，将各种具体的债权资金搭配使用、相互配合，最大限度地降低资金成本。但在股权融资中，投资者获得企业部分股权，其未来潜在的收益是不受限制的，虽然不需要像利息那样无条件定期支付，但会影响创业者对企业的控制权，许多创业投资公司会要求一系列保护投资方利益的否决权，从而介入企业的经营管理中。即使创业者及其团队在初期拥有相对多数的股权比例，但往往在两到三轮融资之后，创业者的股权被大大稀释，决策效率及控制权都会受到影响。因此，在大多数情况下，权益融资的成本要比债务融资的成本高。

（三）创业融资的估值问题

一旦有潜在的投资者对创业的团队、产品和公司表示出兴趣，就会关心估值问题。如果创业者不知道公司估值或随便报出数字，通常会失去融资的机会，或是丢掉大部分的股权。每一家上市公司的股价、每一个并购交易的收购价格、每一轮创业项目的融资估值都可以轻易被大众所得知，然而创业企业的真实价值可能永远是个谜题。

从现金流产生的角度讲，企业价值是企业拥有的核心资产运营所产生的价值；从现金流去向的角度讲，企业价值是指企业所有出资人（包括债权人、股东）共同拥有的企业运营所产生的价值，既包括股权的价值，也包括债权的价值。在日常的交易中，投资者通常以股权价值为落脚点，通过直接评估股权价值或用企业价值减去净债务价值来得到股权价值。

估值通常可以参考以下指标：市场报价、历史投入、固定资产、年利润、年利润率、年销售额、负债能力、资产收益率、年增长率、现金流量法、客户量、市场渠道、强势品牌、优势团队、核心技术、商业模式、特许经营证书、近三年平均利润、未来三年平均利润和平均市盈率等。不同的行业可以采用不同的指标，公司可以采用单个或多个指标，哪些指标最能反映公司的价值就用哪些指标。

第三节　价值实现

一、收割战略与价值获取

（一）收割战略

收割战略意指公司在面对产业衰退时所实施的有计划、有控制的退出战略。常见的收割战术有减少产品型号、缩减销售渠道、放弃小客户等，其最终结果是业务被出售或清算。其目标一般在于通过取消或大幅度削减新投资来控制成本，提高现金流量。收割是利润驱动和经营困境下的“近视”行为。

收割战略有三种：一是卖方融资，即卖方向买方提供贷款，以支付企业购价的一部分；二是有序地撤出所有者以公司现金流形式进行的投资，如果所有者只是简单地出售公司的资产并清算业务，那么退出过程可能是立即进行的，但这对一家创造价值的公司或者说是为投资者赚取有吸引力的回报率的公司是没有意义的；三是首次公开募股，即企业首次向公众出售其股票，这需要向证券交易所登记股票发行，并遵守相关法律，以确保向投资者充分披露信息，防止欺诈。

收割战略是创业者和投资者用来退出企业，并在理想情况下释放他们在企业的投资价值的手段。它不仅仅是出售或离开一家企业，还包括提高现金流、降低风险和创建未来选项，目的在于实现价值的获取。

（二）价值获取

价值获取是指交换价值的实现，是企业从总体产出的经济价值中取得一定份额的过程或机制。企业价值获取为企业的长期获利，只有获得收益，企业才能实现长远发展。传统企业管理观认为，企业创造顾客价值与实现企业价值获取的过程是高度一致的，是企业与上下游企业间价值交换的不同流向。

实际上，顾客价值创造过程与企业价值获取过程并非一回事，两者之间不存在必然的线性关系，例如携程网为用户提供酒店、机票的预订服务，但并不向用户收取费用，而是向酒店、航空公司收取一定的平台提成；很多视频网站采取主要产品免费、VIP 服务收费和向企业收取广告费来实现价值获取。从这个意义上讲，价值网络可以拆分成多条价值链，不同价值链之间相互作用，形成功能互补的价值系统。价值获取来源于不同价值链中具有互补性的价值活动整合，这主要是基于用户和相关参与企业通过不同路径与产品或服务发生的关联作用。

价值获取也是价值落地实现的过程。价值获取路线围绕顾客价值展开，通常包括以下步骤：通过获得的价值确定关键顾客类型；为每位顾客确定当前价值，包括价值元素和总体价值；区分威胁产生和需求变化，包括新技术、需求变化、竞争和替代品；评估当前价值元素的优势；产生新的潜在价值元素，包括新技术、社会商业趋势、未满足需求；获取一种前瞻性的价值主张，包括各级元素、总体价值需求、创新领域。上述这些步骤不是僵化不变的，需要根据价值实现的实际情况，让新企业价值与顾客价值对接，从而为创业者带来创业收益和回报。

移动互联进入用户价值收割时代

中国是全球移动互联网的“老大”，这已是全球共识。以支付宝、微信支付两大全球化移动应用为领军榜样，中国移动互联网的发展进一步刺激了全球移动互联网的创业浪潮。基于短视频、移动社交、移动办公等领域的巨大商机，移动互联网成了企业的焦点。据统计，2017 年我国移动互联网月度活跃设备总数稳定在 10 亿以上，增长变得十分缓慢，这也意味着中国移动互联网红利到顶，而红利后的用户价值收割时代即将开启。随着国内移动消费环境的愈加成熟，中国的移动支付已经引领全球。

纵观 2017 年的科技风口，中国移动互联网的奇妙之处在于，再严肃的新技术形态（如 VR、AI、区块链、短视频泛娱乐 IP、直播、知识付费等商业模式和业态）都能在其成熟之前被“神奇”的力量解构。从 2017 年开始，移动互联网的趋势发生了变化：①线上增长乏力，流量向头部企业集中，中长尾闹起了“大饥荒”，头部却看着流量黑洞令人发愁担忧；②线下牵制、约束或反哺线上，但凡有个入口就不得不瞄着平台发展，跨界层出不穷。

另外，用户破 10 亿之后，红利见顶，人均单日使用时长出现下降；手机厂商越来越集中，iOS 使用量持续下跌，三星基本从第一阵营出局；App 用户越来越集中，其流量越来越多地被小程序、wap、H5 分流；应用分发市场也进一步分散，不仅手机厂商联盟发力，信息流甚至成了应用分发的主渠道。

二、数字技术对价值实现的影响

（一）从模拟时代到数字时代

数字技术改变了创业者与客户联系和创造价值的方式。在全球范围内，企业在信息传播和为客户运送产品方面，已经获得了巨大进步。但今天的客户关系，不仅仅是企业与客户双向沟通，客户间的相互交流与评论要比广告和名人效应更具影响力，客户成为更强势的影响者。客户的动态参与已经成为一个企业成功的关键动力。

数字技术正在改变创业者思考竞争的方式。在越来越多的情况下，新企业不仅会与同行业的公司竞争，也会与其他行业的公司竞争。那些其他行业的公司也许正在用它们新的技术产品争夺新企业的客户。创业者可能会发现，当自己长期与同一领域的对手激烈竞争时，本企业的另一个部门，却正在充分利用该竞争公司的能力并与其进行着合作。在越来越多的情况下，企业的竞争力资产可能不再长久留存于企业，相反，它们可能汇集在相对宽松的商业关系中，帮助创业者找到在同一网络中的合作伙伴。

数字技术需要创业者对如何理解和创造客户价值进行更深入的思考。客户的价值能够被迅速改变，我们的竞争对手也在不断地发现新的、为客户创造价值的机会。这样的情况经常发生，当一个企业在市场上获得成功时，很容易产生自满情绪。因此，不断跟进客户的反馈，找到下一个客户价值来源，才是创业者的当务之急。

在过去的模拟时代，数据在公司内的产生成本较高，企业通常使用的是结构化数据，在数据存储和管理方面困难重重，数据是一个优化过程的工具。在当前的数字时代，数据产生源头无处不在，非结构化数据越来越有应用价值，企业面临的困难在于如何把数据变成有价值的信息，数据成为创造价值的一项重要的无形资产。以上变化使得企业价值主张也发生了变化（见表 6-4）。

表 6-4 从模拟时代到数字时代的企业价值主张变化

模拟时代	数字时代
由行业定义的价值主张	通过客户需求改变定义的价值命题
执行当前价值主张	发掘客户价值的下一个机会
尽可能长地优化商业模式	发展之前，你必须保持独特价值优势
针对目前业务的影响判断改变	根据下一个业务的开拓判断改变
市场的成功让企业自我满足	只有坚持执着才能生存

（二）发散型实验与收敛型实验

从传统意义看，由于创新是昂贵的、高风险的、受约束的，测试新的想法就变得困难且代价较大，因此，企业在向市场正式推出产品之前，主要依靠的就是管理者们的猜测和推断。今天，数字技术已经可以进行连续性的测试和实验，这在过去是不可想象的，技术模型可以进行便宜又快速的想法测试，对于需要不断学习和快速迭代的产品，不论是否推出上市，这种测试都可以成为常态。

由于数字技术的出现，创新变得快速和容易，而且创新测试的价格日益低廉，因此，企业需要掌握快速实验的艺术，这就需要运用一种完全不同的方法来实施创新，通过快速和迭代学习，在创新的基础上验证新的想法。

实验可以被定义为一个循环往复地学习什么起作用、什么不起作用的过程。创业实验的目标事实上并不是一个产品或解决方案，而是一个学习过程——学习有关顾客、市场和引导你找到正确解决方案的可行选项。当你通过实验进行创新，你不必努力规避错误想法，你的目标是快速、低成本且尽可能多地检测出哪些想法可行。这与传统的创新过程是非常不同的，它一般经过分析市场、形成观点、内部讨论、选择一个解决方案的过程，在投放市场之前通过多阶段质量检测来完善产品并从真实的客户那里得到反馈。表 6-5 所示为两种实验法。

表 6-5 两种实验法

收敛型实验	发散型实验
例子：A/B 功能型测试或价格测试	例子：让客户试用产品原型
正式的（科学的）实验设计	非正式的实验设计
提出精确的问题或限定问题范围	提出一个未知范围的问题
努力寻求一个答案	可能提供一个答案或提出更多的问题
需要一个有代表性的客户样本（实验组和观测组）	需要合适的客户（不一定是普通客户）
需要一个具有统计意义的有效样本	样本规模不定
侧重于直接的因果关系	侧重于格式塔（完全形态）影响和意义
目标是测试产品或服务本身	目标是测试针对这个问题的粗略模型（不求最满意但求刚刚好）
验证性	探索性
有利于最优化	有利于想法的产生
在创新的后期阶段比较常用	在创新的前期阶段比较常用

收敛型实验法的关键是它最初的因果假设：如果我增加这项功能，顾客会在我的店里停留更久，或者，如果我改变这种相互关系，顾客会在我的店里花更多钱。当你并不了解两件事物的相互关系时，收敛型实验法就显得尤为重要，你需要去确认哪个是因，哪个是果。

发散型实验法一般不是围绕一个因果问题展开的。与收敛型实验法相比，发散型实验法显得不那么正式。但这并不意味着发散型实验法特别简单，它仍是有结构的，并且我们能够从它的清晰流程中获得巨大收益，这一流程包括创意构造、创建有意义的模型，测试这些模型，基于关键假设收集现实世界的反馈，使用这些信息决定是否继续这个过程和怎样实施最终方案。

这两种实验方法的共同特征在于：增长知识、检验假设、去组织外部寻求答案、促进需要学习的意愿而不是做决策。创业者需要在创业的不同阶段和不同部分综合使用收敛型实验和发散型实验。成功的创新需要平衡探索性学习（产生新的创意）和验证性学习（查证和提炼创意）。

爱彼迎是如何实现价值的

我们来看看爱彼迎（Airbnb）创业团队的三个小伙子把出租气垫床的想法变成一个价值近 200 亿美元公司的过程。

①小伙子们在洛杉矶付不起房租，就想出租气垫床给租客打地铺，并提供早餐；②他们制作了一个简易网站（附带地图的博客）；③两位男士和一位女士来住宿，每人付 80 美元；④在客人离开以后，他们认为这会是一个很好的想法；⑤他们联合以前的室友作为联合创始人，共同运营这个网站；⑥在 SXSW 音乐节上开始创业，做成了两笔生意；⑦在总统选举以前，售卖奥巴马主题麦片，每盒售价 40 美元，最终第一次集资到了 30 000 美元；⑧在保罗·格雷厄姆创设的创业孵化器（Y Combinator）中获得首次融资 20 000 美元；⑨他们每周都会赚 200 美元，但好几个月没有增长；⑩意识到住所照片还不够完美；⑪在纽约市，到出租房屋挨家挨户上门拍照；⑫一个星期赚了 400 美元，营业额增长；⑬在纽约被一个著名的风险投资家拒绝；⑭巴里·马里洛（一位歌手）的鼓手租用了一整套房屋；⑮在种子轮从红杉资本（Sequoia）筹得资金 600 000 美元；⑯筹得资金 720 万美元，又从许多投资者以及阿斯顿·库彻那里筹得 11 200 万美元。最终，他们凭借独特的创意以及清晰的价值主张，使公司估值达到近 200 亿美元。

三、价值实现与可承受损失

一旦创业者开始寻求每个可能降低成立新公司成本的方法，就不得不考虑一个问题：自己能承受哪些潜在风险。现在最关键的就是要问自己几个恰当的问题，这有助于创业者想清楚自己能承担什么损失和愿意承担什么损失。经济学家乔治·沙克尔在一篇论文中提到了可承受损失的概念，他认为创业者具有依据可能的收益和损失判断创业机会的特征，他还提出后者能够帮助创业者评估追求哪个机会。

数据表明，刚起步的创业者似乎仅仅因为有许多创业失败的例子就对创业产生了一定偏见。可承受损失可以减轻失败带来的影响——它通过将损失降低到创业者实际上为了企业发展愿意承受的程度，让失败变得可以接受。如果创业者将潜在损失降低到自己可以接受的程度，即便失败，他们的损失相对那些凭借猜测公司潜在收益而进行投资的创业者来说也要小得多。

要想了解你能承受什么损失，就必须知道你有什么资源，但同时创业者也要对什么资源可以用来冒险，什么资源不可冒风险有所决断。在思考这些问题时要记住，正如心理学家所告诫的那样，理性的人从不会拿对他们真正重要的东西去冒险。从绝对意义上讲，依据企业的性质和规模来关注损失是可行且合理的。因此，创业者应选择确立合适的企业性质和规模，并将自己能承受的主要损失与自身性质和资产规模所决定的损失承受程度保持一致。

心理账户与创业的可承受损失

心理账户的概念最早是在诺贝尔经济学奖获得者理查德·塞勒的《心理账户与消费者行为选择》（1985）中提出来的，后来他又在其他文章中对这一概念做了总结。心理账户基本是从有限理性这个概念直接发展而来：人类的认知处理能力是有限的，需要对账目加以记录。塞勒从理论上阐明，人们将资金进行分类以便了解它们的动态，就和公司里的会计记账一样。例如，他们分别为不同的长期储蓄（如退休金和孩子教育基金）和短期开销（如娱乐和休闲活动）建立了不同的心理账户。心理账户的关键影响在于它颠覆了经济学中可替代性的基本假设，也就是说，人们在心里自动给资金分配了不同的账户。举个简单的例子，对“经济人”来说，“钱总是钱”，但是在大多数“社会人”看来，“不同的心理账户中的钱并不完全等同”。正是由于这种不可替代性，消费者受到心理账户的影响，才会针对不同的账户做出高息贷款、低息存款的奇怪事情。

人们的“心理账户”会将各种资源进行分类，各有不同的考虑。例如，许多人创业都尽量多付出时间，而对于自己投入的资金则能少就少。显然，人们对时间和金钱的解读是不同的。同样，对于有些资源，心理账户是会将它们排除在风险之外的，例如，家长为孩子积攒的教育储蓄就是个很好的例子，这笔钱在创业时通常被认为是风险“禁区”。

一些研究表明，多数人的经验法则都是预支或花掉他们心理账户中自己生活所需的其他方面资源，例如，为自己退休或为家属（孩子和父母）攒的钱。而且，人们对于信用卡消费和其他消费的心理账户是不同的，因为使用信用卡时开销和实际支付的联系没有那么明显。

在弗雷德·史密斯构思联邦快递（FedEx）的创业计划时，他的父亲去世了，联邦快递的创业资金就来自史密斯和她姐姐所得到的共400万美元的遗产。这看起来像一个相当高标准的可承受损失，但这并不令人惊讶。人们将遗产和自己赚来的钱放入了不同的心理账户——人们愿意拿前者冒险，而非后者。其他能够显著增加个人可承受损失的意外之财还包括彩票中奖和资产（如股票）价格的大幅上涨。现在看来，当年史密斯用他和姐姐所得到的遗产投资尚且羽翼未丰的联邦快递公司是多么明智的决定。

可承受损失原则有助于创业者更好地通过机会开发实现创业价值：

（1）可承受损失原则能够降低财务风险，将起步成本最小化以减少创业者的创业风险。

（2）可承受损失原则能够让创业者将精力集中于自己能掌控的事情（潜在风险）上，即便最后情况在意料之外也能继续下去，这会增加创业者的创业信心。

（3）可承受损失原则明确了公司的潜在收益主要取决于创业者和其他利益相关者的行动，这又提升了创业者对公司的可控性，从而更加吸引创业者创业。

（4）可承受损失原则能够让创业者有机会选择一个对自己来说不仅仅是经济上受益的创业项目。把财务之外的因素考虑进去，创业者能够做出更加现实的决定，也符合多数人做重大决定的方式。总之，用可承受损失原则考虑问题能让创业者找到更多支持实验和创新的理由，也更难找到放弃的理由。

第四节 颠覆性创新

一、颠覆性创新的概念与特征

（一）颠覆性创新的概念

颠覆性创新（disruptive innovation），有时也译为破坏性创新：一方面改变既有技术范式，在产品、工艺或商业模式上对现有产品或服务进行重大颠覆性改变，带来的新技术、新产品、新工艺、新服务、新模式的创新程度极高，往往会引发市场本质性变革；另一方面改变既有技术轨道、商业模式、市场结构及产业格局，并创造全新的需求行业和市场，进而改变市场现行制度逻辑。颠覆性创新为企业创造最优独特竞争优势，使现存政策法规局限性进一步暴露。

颠覆性创新理论创始人克里斯坦森认为，颠覆性创新是一个过程，颠覆性技术、服务、商业模式提供了有别于主流技术、服务、商业模式的价值，通常开始时相对于主流技术是处于劣势的；颠覆性创新开拓与发展了一个提供新功能的新市场，而这会对现存市场造成破坏。

颠覆性创新的形成如图 6-3 所示。其中，虚线表示消费者需求轨迹，消费者需求随着时间变化处于相对稳定状态。产品性能改进轨迹在图中以实线表示，图中包括了针对主流低端市场的颠覆性创新，以及与主流产品具有不同性能衡量标准的新市场颠覆性创新。

具体而言，颠覆性创新是指携全新技术的新进入者起初定位于潜在的高端新市场或低端市场，随着其产品或服务性能的提高，最终吸引主流消费者，并且彻底改变原有技术范式以及市场竞争格局的创新过程。颠覆性只是一个公司在某一段时期的创新表现，而非对一个公司永久属性的定义，颠覆性创新的可持续性是脆弱的。相较于颠覆性创新，另一种创新是持续性创新（sustainable innovation），有时也译作延续性创新。维持性创新是指通过竞争压力刺激与组织职能和系统实现，设置系统目标与预算底线，鼓励技术培训并使客户知晓，每周召开包括关键管理人员与营销人员在内的会议，对完成目标以及符合预算底线做出要求，并且设置明确的财务奖励。

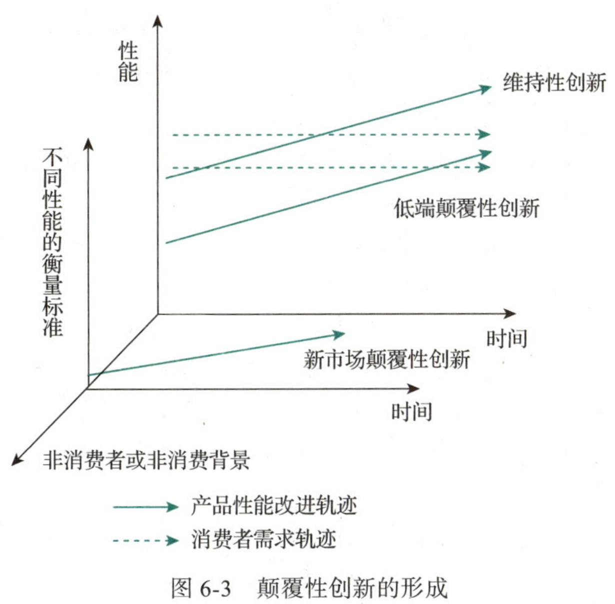

图 6-3 颠覆性创新的形成

（二）颠覆性创新的特征

颠覆性创新的主要特征包括两个方面。一方面，颠覆性创新通常起步于低端市场或新市场。颠覆性创新之所以成功，也正是因为它们起步于这两种在位企业容易忽视的市场。低端市场存在机遇，因为在位企业往往着眼于为最有利可图和要求最高的顾客提供日臻完善的服务，使得它们对要求相对较低的顾客关注不足。实际上，在位企业提供的性能往往超出了要求较低的顾客的需求。因此颠覆者就有了机会，可以为这些低端顾客提供“刚刚好”的产品。另一方面，颠覆者创造出前所未有的新市场。简言之，它们将非顾客转化为顾客。例如，在复印技术刚问世时，施乐（Xerox）公司的目标客户是大型企业，以高昂价格为客户提供所需性能。学校图书管理员、保龄球联盟和其他小客户则因承受不起高价，选择复写纸或蜡纸油印机作为权宜之计。到了 20 世纪 70 年代，新的竞争对手发明了个人油印机，为个人和小公司提供解决方案，新市场由此诞生。从相对较低的起点做起，个人复印机逐渐在施乐看重的主流复印机市场占据了一席之地。

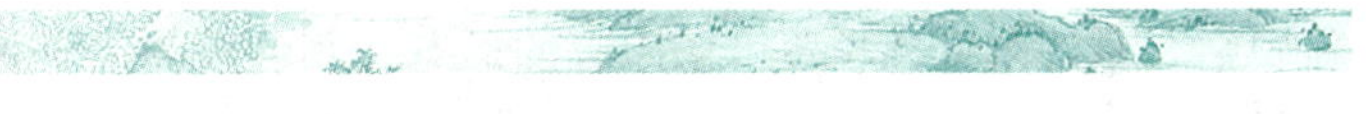

Uber 是颠覆性创新吗

Uber 作为大获成功的出租车行业公司，通过手机软件将乘客与司机捆绑。成立于 2009 年的 Uber，截至 2016 年 11 月，已经将业务扩展到 70 多个国家的 400 余个城市，并且仍在飞速发展。Uber 获得了巨大的商业成功，最新一轮融资显示企业价值高达 500 多亿美元。Uber 毋庸置疑给美国出租车产业带来巨大转变。2019 年，Uber 在纽交所上市。作为硅谷有史以来增长最快、最具争议的创业公司之一，Uber 是颠覆性创新吗？颠覆性理论奠基人克里斯坦森对此给出了否定的答案。尽管人们常用“颠覆”来形容 Uber，但其取得的财务和战略成就不符合颠覆性创新的定义。以下是两点主要原因。

颠覆性创新始于低端市场或前所未有的新市场，根据这个标准，Uber并不符合其中任何一种。Uber的起点并不低：假设Uber从低端市场开始，就意味着出租车服务供应者超出了顾客需求，提供了数量太多、十分便捷和非常清洁的出租车。但现实并非如此。也不能说Uber聚焦于非顾客，即那些觉得现有出行选项过于昂贵或麻烦，宁愿选择公共交通或自己驾车的人。Uber创立于旧金山，一个充斥着出租车的市场，而且Uber的顾客通常习惯出租用车。

Uber被认为扩大了总体需要——当更优秀、更便宜的满足广泛顾客需求的解决方案出现后，往往如此。但颠覆者首先吸引的是低端或尚未感到满足的顾客，再转移到主流市场。Uber则完全反其道而行：先在主流市场占据位置，再转移到传统上被忽视的细分市场。在质量达到主流顾客标准前，颠覆性创新不会以主流顾客为目标。Uber战略中的大部分元素都比较像维持性创新。

到此为止，我们已经解决了Uber是否颠覆了出租车行业的问题，但豪华轿车或Uber的“黑色轿车”(Black Car) 业务符合颠覆的条件，属于例外。Uber精选（Uber Select）提供更豪华的车型，比普通Uber服务价格更高，但比传统的豪车租赁便宜。较低的价格意味着服务上有折扣，Uber精选目前不提供市场上现有行业领导者提供的提前预约服务。因此，Uber精选的目标是豪车出行市场的低端：顾客为了节省费用，愿意牺牲某些便捷选项。Uber如能找到出路，提供与在位企业相同或更好的服务，同时依旧保持成本和价格优势，就能进入豪车服务业的主流市场，走上典型的颠覆之路。

二、颠覆性创新与精益画布

当一个现有行业面对一个能够为顾客提供超大价值的挑战者，而现有企业又无法与之直接竞争时，就出现了商业颠覆。为顾客提供超大价值，意味着颠覆之所以发生，是因为突然出现了一个新的产品，它对顾客的吸引力远远超过现有行业的产品。当数码相机为顾客提供超大价值时，柯达的胶卷相机无法与之直接竞争，这就意味着颠覆性创新的到来。

在理解商业颠覆时还需要注意的地方是，不是所有的创新都是颠覆性的。之所以强调这一点，是因为很多时候颠覆性被简单地理解为“极度创新”。事实上，很多新的商业创意确实是通过否定所在行业的共同假设和权威人物而创造了新的顾客价值，但是这些创新中绝大多数都不会颠覆市场原有的形态，其创新的结果是一个新的产品或品牌，而不是颠覆。

从商业模式创新角度看，为了颠覆一个现存的企业，一个挑战者必须在商业模式的两个方面都表现出显著的差异：一是显著超越在位者所提供价值的价值主张差异（至少对某些顾客来说是这样的）；二是创造壁垒使得在位者难以模仿的价值网络差异。只有当上述两个条件同时满足时，商业颠覆才会发生。如果没有第一个差异，就不会有颠覆，而只是传统的竞争。如果没有第二个差异，在位者可以简单地旁观具有创新性的挑战者如何成功，然后通过模仿挑战者生产自己的复制品以获利。

精益理念对颠覆传统商业模式具有参考价值，有别于商业模式画布的精益创业画布

（见图 6-4）成为实现颠覆性创新且具备独特价值的工具之一。从图中可见，精益画布各模块的核心脉络是将问题和解决方案匹配起来，创业者需要考虑的核心问题是手头有没有值得解决的问题。因此，在第一个阶段，创业者必须先确定手头有没有值得解决的问题，不能在没有确定之前就花上数月甚至数年的时间来推出解决方案。想一个点子不费什么劲，但是要实现它的话却需要花费大量的人力和物力。

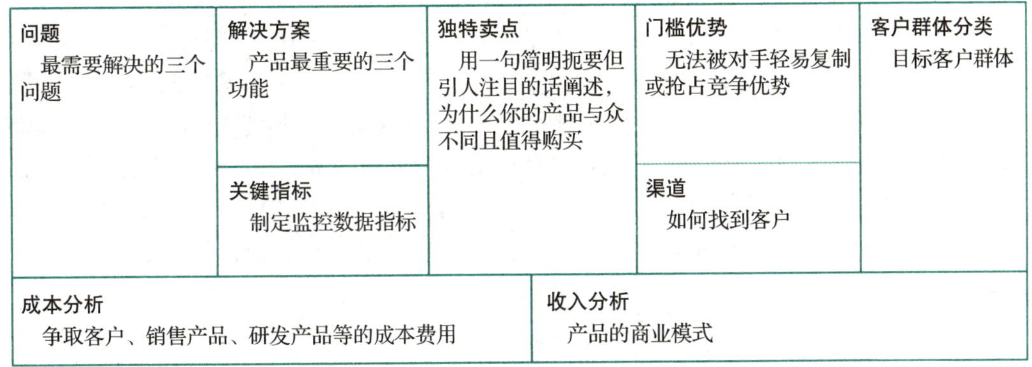

图 6-4 精益创业画布

判断某个问题是否值得解决，可以从回答以下三个问题开始。一是关于必要性：你的解决方案是不是客户想要的？二是关于发展性：他们是否愿意为你的解决方案掏钱？如果不愿意，那么谁来买单？三是关于可行性：你的解决方案能否真正解决问题？在这个阶段，创业者可以通过对目标客户进行观察和访谈相结合的定性方法来回答上述三个问题。在经过这个阶段之后，你应该能明白真正的问题有哪些，并且得出一套能够解决这些问题但又最为精简的对应方案（如 MVP 等）。

三、颠覆性创新与价值网络

颠覆性创新不仅要从问题入手，重新定位价值实现的核心主张，同时还要从问题与解决方案的匹配入手，重新塑造价值实现的系统网络。价值网络由使企业能从价值主张中创造价值、传递价值并获利的人员、合作伙伴、资产以及流程组成，包括渠道、定价、成本结构、资产、资源和客户细分。价值网络中的三个要素是顾客轨迹、颠覆范围和多重在位者。

顾客轨迹，意味着创业者在实现价值时，首要关注哪些顾客会为挑战者进入市场提供基础，而且要明确他们是否已经成为在位者的顾客。颠覆者可以通过两种轨迹进入市场：一是由外向内，即颠覆者最开始将产品销售给那些在位者不提供服务的买方（这些买方处于在位者市场的外部）。随着时间的推移，当颠覆者开始从在位者的市场中直接窃取顾客时，它就逐步进入了该市场。二是由内向外，颠覆者最开始就将产品销售给在位者的某一类顾客子群，这个最初的顾客子群可能很小（有时候是最有经济实力的顾客或最渴望尝试新事物的顾客），但是随着成功的颠覆者不断向外扩张去吸引越来越多在位者的顾客，这个顾客子群会不断壮大。

颠覆范围，并不意味着在位者的业务、产品或服务应当被颠覆性挑战者百分之百取代，相反，在很多颠覆性创新的案例中，颠覆的范围不仅不是百分之百，甚至在经历了颠覆之后，在位者的产品或商业模式仍然存在，只是被局限在市场的一个很小的部分中，但仍然值得关注。当然，在某些情况下确实存在全方位的颠覆，旧的退出历史舞台，新的闪亮登场。比如，当亨利·福特规模化生产的汽车问世，仅仅几年的时间内马和马车就不再作为交通工具出现了。不过，可能并没有一种技术会彻底消失不再使用，就像乘坐马车仍然是现在价值不菲的旅游项目并能带来不错的体验。

多重在位者，提醒创业者在实现价值时，要意识到一种单一的颠覆性商业模式实际上可以颠覆不止一个在位者。多重在位者指的不是同一个行业中那些类似的公司（例如iPhone手机颠覆摩托罗拉和诺基亚），而是受到同一种颠覆性商业模式挑战的完全不同的行业或不同层级的公司。iPhone不仅对那些移动电话公司（如诺基亚）构成颠覆性威胁，也对电脑软件公司（例如微软公司的Windows不再是世界主导操作系统）和在线广告公司或业务（例如随着计算移至很小的手机屏幕，谷歌不得不相应地迅速采取行动）构成威胁。

iPhone对诺基亚手机的颠覆

诺基亚曾是全球移动电话领域的领先者（巅峰时期估值超过2 000亿欧元），但是面对苹果的颠覆，却不能通过仿照iPhone生产智能手机以获得成功。原因在于iPhone相对于诺基亚在价值主张和价值网络方面存在优势（见表6-6）。

表6-6 iPhone（颠覆者）相对于诺基亚（在位者）在价值主张和价值网络方面存在的优势

价值主张方面	价值网络方面
外观设计简洁	设计能力强
使用便捷	拥有运营商补贴
整合了多种功能（音乐、电话、掌上电脑、浏览器、电子邮件、地图）	提供了无限的数据使用
	操作系统设计经验丰富
开发了很多手机应用程序	拥有iTunes音乐平台的所有权
	吸引了大量的手机应用开发人员

例如，价值网络方面的其中一个差异就是苹果公司自身拥有设计简洁的计算机操作系统的能力（具有多年台式计算机产品的设计经验）和iTunes音乐平台的所有权。由于iPod，苹果已经拥有在美国消费者市场占主导地位的数字音乐平台，还有谁会愿意重新从一个新的市场购买诺基亚或其他公司的音乐产品？最后，随着手机应用商城的开放，用户量和销售量呈现爆炸式增长，吸引了成千上万的开发人员学习为iPhone开发应用程序。诺基亚不可能为它的任何一款手机开发如此多的应用程序，在吸引外部开发人员的竞赛中也远远落后。总之，公司价值网络方面的这些差异使诺基亚不可能模仿iPhone的战略，也难以应对其带来的颠覆挑战。

基于价值网络的颠覆性创新步骤，可以遵循以下问题脉络进行：①什么是潜在的颠覆性企业？②谁是在位者？③谁是目标顾客？④挑战者提供给目标顾客的价值是什么？从顾客的角度回答“他们将获得什么样的收益”很重要吗？⑤挑战者的价值主张和在位者的有什么不同？⑥挑战者的价值网络和在位者的有什么不同？⑦挑战者对在位者构成了颠覆性威胁吗？

在不确定性的创业情境下，价值实现过程不可避免地面临颠覆性创新。为新顾客提供低价和可得性可以引起颠覆，为顾客提供极佳的价值主张也会触发颠覆。颠覆并不都是遵循相似的从外到内的轨迹，也会从现有的市场内部开始向外扩张。不过，并非每个创新（无论多么令人惊叹）都必然是现有产业的颠覆者，颠覆也很少是完全彻底的，大多数颠覆只是吸引了在位者市场的重要部分，但不会百分之百地占领市场。颠覆也并不总是不可抗拒的。即使它对在位者的商业模式构成生存威胁，在位者也还是可以采取各种战略，通过为顾客增加新价值使企业适应环境的改变，变得更加多样化，从而得到持续的发展。因此，创业者创造价值的过程，并非一蹴而就，而是在动态的演进中，立足资源整合基础，通过价值获取和颠覆性创新更好地实现服务顾客这一独特使命。

创业的技术行动

从“小度在家”看百度的自我颠覆

2019 年 2 月，百度召开小度新品战略发布会，连发两款智能产品：小度电视伴侣及带屏智能音箱“小度在家”1S。从 2018 年的“百箱大战”到 2019 年以百度为代表的科技巨头在智能硬件产品上的继续发力，让该领域得到飞跃式增长，并从小众逐渐走向大众，智能音箱成为百度人工智能商业化的“排头兵”。或许百度也不是最早做智能音箱的，但它一发力便短时间迅速收获用户价值。百度运营的百科、知道、文库、经验等，从旅游、教育、金融等服务环节，为小度系列智能音箱的内容和服务奠定基础，小度则在此基础上步步为营，将内容和服务等资源整合，打通家居用品与用户想法之间的屏障，颠覆传统家居生活，从而创造与收获用户价值，可以说，小度智能音箱是人工智能商业化的一次示范，也是百度自我颠覆和不断创新的例证。

本章结语

价值创造就是创业者的“秋收”，创业进程中也有金色的收获季节。创业者通过步步为营和资源拼凑等方式进行资源整合，而融资获取是极具代表性的资源整合内容之一，据此实现创业价值甚至是颠覆性创新。需要注意的是，价值创造并非画句号的闭合过程，而是一个不断拓展创业价值的开放过程。因此，我们还需要继续探寻“秋天”的细节，探求如何才能实现创业价值“大丰收”。下一章将会从秋季的六个节气对此问题进行一一解析。

思考与练习

1. 请结合资源基础理论，谈谈资源整合对创业的作用。

2. 比较分析步步为营与资源拼凑的异同。
3. 请结合创业实例，分析创业融资的阶段特征。
4. 请通过小组方式，结合创业实例，讨论收敛型实验和发散型实验的异同之处以及对个人创业思维的启发。
5. 如何认识用户价值实现与企业价值实现之间的联系？
6. 在2015年举办的邓丽君逝世20周年虚拟人纪念演唱会上，费玉清跨时空和虚拟邓丽君合唱了歌曲《但愿人长久》。请参考本章第一节关于这首歌的介绍，查看不同歌手演绎的音视频，你觉得哪一个版本最具颠覆性？为什么？通过对比歌曲创作与项目创业的异同，谈谈你对颠覆性创新的认识。

第七章
CHAPTER7

秋季节气智慧与价值创造节点问题

⊙ 学习目标

- 认识新企业属性及新企业成立应关注的问题
- 理解创业合法性的内涵与获取途径
- 认识创业与治理的关系
- 掌握创业与战略的融合方向
- 掌握公司创业的内涵、动因与实施要点
- 认识国际创业的不同表现形式及其实践特点

⊙ 创业的艺术思维

本章将继续关注“秋收”板块，理解节气智慧与价值创造中创业节点的联系。在上一章的内容中，我们探讨了价值创造在创业管理的“秋收”时节所遇到的一些具体问题，梳理了创业者如何进行资源的整合、融资的获取，如何在实现价值的同时，创造颠覆性创新结果。这个过程并非易事。郑板桥曾题书“删繁就简三秋树”，主张用简练笔墨表现丰富内容。在接下来的章节中，我们将从秋季的六个节气入手，继续关注“秋收”板块中的创业管理进程，剖析创业者可能遇到的关键问题，勾勒创业金秋之树的主干。

第一节 立秋：新企业开门大吉

节气 X 创业

立秋，季节类节气，时间通常在公历每年的8月7日或8日。“立”指开始，“秋”指秋季。“立秋”即秋天的开始。《逸周书·时训解》记载立秋的物候是“立秋之日，凉风至”，接着是“白露降”“寒蝉鸣”。民谚说：“早晨立了秋，晚上凉飕飕。”这时的人们将告别繁花似锦但又酷热难耐的炎夏，步入硕果累累、风清气爽的金秋了。对农民来说，立秋日尤为重要，有农谚“雷打秋，冬半收”“立秋晴一日，农夫不用力”，就是对立秋节气的生动描述。

新企业成立后，许多创业者和投资者都认为，没有比企业成立或者看到第一笔收入更高兴的事情了，就像到了秋季，进入收获的季节，农民看到丰收的果实时的那般喜悦。可现实却是残酷的，在“开门大吉”的时刻，创业者还面临很多风险，甚至涉及法律问题。所以，新企业成立既代表着组织的创立与诞生，但同时也是企业生命周期中最危险、失败率最高的阶段，需要企业关注新企业属性、相关法律、市场进入和运营设计等诸多节点问题。

一、新企业属性

企业一般是指以营利为目的，以实现投资人、客户、员工、社会大众的利益最大化为使命，运用劳动力、资本、土地、信息技术等各种生产要素向市场提供商品或服务，实行自主经营、自负盈亏、独立核算的具有法人资格的社会经济组织。在我国，按照投资人的出资方式和责任形式可将企业分为三大类基本组织形式：独资企业、合伙企业和公司制企业。其中，公司制是最主要、最典型的企业组织形式。

新企业（或创业企业）是指创业者利用商业机会并通过整合资源所创建的一个新的具有法人资格的实体，它能够提供产品或服务，处于成立后至成熟前的早期成长阶段。新企业成立意味着以组织身份参与市场活动并开始实现创业机会价值，但有关新企业成立的标准在目前的学术界和实业界并没有统一的界定。根据相关文献，目前判断新企业成立的观点主要分为三个流派：产业组织学派、种群生态学派、劳动力市场参与学派。综合三个流派的观点，一般有三个维度衡量新企业的成立：存在雇用性质的员工关系、产生第一笔销售、注册登记成为合法实体。

此外，在管理学研究中，也有部分研究以企业成立的时间作为新企业界定的标准，全球创业观察（GEM）界定的新企业指成立时间在42个月以内的企业。部分学者认为新企业跨度长短取决于所处行业、资源等因素，这个时间最短3年，最长12年。国内外越来越多的学者认为企业成立前6年是决定其生存与否的关键时期，因此以6年或更短时间界定新企业。另外，也有学者认为8年是企业创建后的过渡期，以8年为界来定义新企业。

我们要了解新企业属性，需要认识什么是新企业：它是创业的一种具体的组织形式，很多人说新企业具有时间新、产品服务新、组织的运行活动新等特点。可是，需要注意的是，虽然很多人将新企业形容为“呱呱坠地的婴儿”，但是，新企业未必就是小企业，在很多新企业的开办过程中，“呱呱坠地”的可能是一个“庞然大物”（一个新创立并且规模很大的企业），这涉及本书将讨论的有关大企业的创业形式。

成立新企业需要什么条件、什么时间成立比较适宜是创业者普遍关心的问题。现实中，有的创业者认为只要发现了一个创业机会就可以立刻去注册成立一个新企业，但这样可能过于草率，很可能现实情况还没有达到真正成立企业的条件和时机，创业企业很容易成立不久就夭折。因此，创业者成立新企业需要综合考虑一定的外部条件和内部条件。外部条件包括：创业者识别到了有利的商业机会并进行了初步的分析评价，具备成立新企业的经济技术等外部环境，有能源和原材料等必要条件等。内部条件包括：创业者具有一定的创业能力和素质，具有成为创业者的动机，具有较小的创业机会成本，已经获得了某种特许权或者已经开发出了能够创造市场的产品，抑或具备成立新企业的某种特有竞争优势等。

二、新企业相关法律

与创业有关的具体法律集中于知识产权、竞争、质量和劳动等方面，主要包括专利法、商标法、著作权法、反不正当竞争法、合同法等。目前我国由于在初创企业方面立法不健全、融资制度和知识产权制度不完善及法律意识不强等，容易产生在合同、知识产权、融资、人力资源管理等方面的法律问题。

新企业在成立后要关注许多法律相关的细节问题。创业涉及的法律问题相当复杂，对创业者而言，最重要的是认识到相关法律问题，以免由于早期的法律失误而令新企业付出沉重的代价，甚至使其夭折。新企业需要关注的法律问题主要包括以下两个方面。

第一，新企业在相关的法律上是否合规。很多新企业在成立之初，都面临着法律问题，而这些问题与大企业遇到的法律问题有所不同。例如，加班是否多发工资，是否办理劳动合同等。表 7-1 列出了创业企业创建阶段及经营现行业务中的一些基本法律问题。其实，在新企业成立初期，需要重点关注的问题之一当属知识产权。知识产权是人们对自己通过智力活动创造的成果所依法享有的权利，尤其是当前正处于技术时代，新企业的知识、技术产权问题，属于急需专业的法务处理的问题。表 7-1 还列出了经营现行业务中的法律问题。

表 7-1　创业企业创建阶段及经营现行业务中的法律问题

创建阶段的法律问题	经营现行业务中的法律问题
确定企业的法律形式	人力资源管理（劳动）法规
设立税收记录	财务和会计法规
进行租赁和融资谈判	质量法规
起草合同	安全法规
申请专利、商标和版权保护	市场竞争法规

第二，选择新企业的法律组织形式。如在电影《中国合伙人》中，创业企业是继续保持合伙企业组织形式还是准备上市，都会面临公司法等相关法律的制约。新企业是选择像《西游记》中的合伙制组织形式，还是像《水浒传》中一人独大的“好汉帮”组织形式，

都是创业管理领域十分关注的问题。此外，新企业还需要避免出现类似快播的触及道德底线和灰色地带等问题。表 7-2 是各种企业组织形式对于创业者的优劣势比较。

表 7-2 各种企业组织形式对于创业者的优劣势比较

企业组织形式	优 势	劣 势
个人独资企业	企业设立手续非常简便，且费用低 所有者拥有企业控制权 可以迅速对市场变化做出反应 只需交纳个人所得税，无须双重课税 在技术和经营方面易于保密	创业者承担无限责任 企业成功过多依赖创业者个人能力 筹资困难 企业随着创业者退出而消亡，寿命有限 创业者投资的流动性低
合伙企业	创办比较简单，费用低 经营上比较灵活 企业拥有更多人的技能和能力 资金来源较广，信用度较高	合伙创业人承担无限责任 企业绩效依赖合伙人的能力，企业规模受限 企业往往因关键合伙人死亡或退出而解散 合伙人的投资流动性低，产权转让困难
有限责任公司	创业股东只承担有限责任，风险小 公司具有独立寿命，易于存续 可以吸纳多个投资人，促进资本集中 多元化产权结构有利于决策科学化	成立的程序比较复杂，成立费用较高 存在双重纳税问题，税收负担较重 不能公开发行股票，筹集资金的规模受限 产权不能充分流动，资产运作受限
一人公司	设立程序比较便捷，管理成本比较低 鼓励个人创业以及技术型创业 风险承担责任小，经营机制灵活	缺乏信用体系，筹资能力受限，财务审计条件严格，运营较难
股份有限公司	创业股东只承担有限责任，风险小 筹资能力强 公司具有独立寿命，易于存续 职业经理人进行管理，管理水平较高 产权可以股票形式充分流动	成立的程序复杂，成立费用高 存在双重纳税问题，税收负担较重 股份有限公司要定期报告公司的财务状况，公开自己的财务数据，不便严格保密 政府限制较多，法规的要求比较严格

三、新企业市场进入

新企业进入市场指新企业在市场中引入新的经济活动，具体而言，是指新企业将产品或服务推向市场的过程。企业在开发创业机会后，必须采取一定的市场进入方法将产品、服务等推向市场，在这一过程中企业可以选择进入已有市场，也可以选择创建新市场。同时，该过程不仅体现了新企业的战略定位，同时决定了其后续的发展方向。

新企业就像新生儿，新生儿无法一出生就能走路、跑步，新企业也难以初入市场就所向披靡。以开咖啡店为例，如何快速进入咖啡销售市场呢？这里提供三种方式：第一，建立一个全新的企业。创业者可以选择在美丽的风景区或舒适的街角开一家有情调的小店，但是，这种店面运营成本很高。第二，收购现有企业。创业者直接购买一家咖啡店，改善该店的经营状况，因此，收购也是市场经营的一种方式。第三，特许经营、连锁加盟等方式。这三种市场进入方式的差异，不只是资金投入的差异，三种进入方式的创业者对新企业的相关管理方式也不同。例如，特许经营的成功率相对较高，原因在于特许经营依托于授权方现有的经验和积累，但是创新性不强。如果向往开创独具特色的经营模式，那么可以选择自行开店的方式，但同时，其挑战性也不言而喻。

通过收购进入新市场的大企业

亚马逊是一家对并购乐此不疲的科技公司。1999 年，它收购了 eBay 的早期竞争对手 Exchange.com 和在线音乐服务商 AmieStreet.com。2010 年，收购了至少 6 家创业公司，包括在线零售商 Woot.com、美国最大的鞋业网站 Zappos、触摸屏公司 Touchco。值得一提的是，亚马逊在 2004 年收购了中国 B2C 电子商务网站“卓越网”，而这正是亚马逊中国的前身。

面对 Facebook、Twitter 这样的互联网新贵的挑战，日渐成熟的搜索巨头谷歌当然不会坐以待毙。在 2010 年，谷歌高举收购大旗，获取相关技术与人才，致力于为公司持续发展注入新鲜血液和创业精神，收购了斯波萨托创建的网络照片编辑公司 Picnik，同时，斯波萨托也成为谷歌照片部门负责人；以估计超过 2 500 万美元的价格收购了初创公司 DocVerse，并请该公司创始人沙恩·辛哈参与 Cloud Connect 服务项目，该项目可以让用户实现微软 Office 文档的协同功能。2014 年，谷歌以超过 5 亿美元的价格将 DeepMind 收购，DeepMind 现在是谷歌母公司 Alphabet 旗下专注于人工智能技术研发的公司。

中国互联网公司也不乏通过收购进行新市场开拓的创业案例。阿里巴巴在 2013 年 1 月收购虾米音乐，成立音乐事业部；在 2018 年 4 月联合蚂蚁金服以 95 亿美元对饿了么完成全资收购。腾讯最成功的一例收购案无外乎对张小龙研发的 Foxmail 的收购，尽管收购价至今是个谜，但是这并不妨碍腾讯的成功，特别是张小龙在此之后做出的微信。百度则通过收购人工智能相关的公司，实现公司的战略转型和人工智能新事业的开拓。

四、新企业运营设计

新企业成立通过了法律的考验，成功进入广阔的市场，接下来迎接新企业的将是运营问题——如何让企业运转起来。运营是一门管理学问，新企业运营不同于大企业，尤其是制造业和服务业企业的选址，统观服务业大品牌沃尔玛、家乐福在中国的选址，它们只定位于深圳等一线城市，甚至直奔中国一线城市最繁华的街道。梳理整个创业管理的脉络，围绕时间展开“天时”之后，就需要考虑运营设计中有关选址的“地利”问题。在互联网时代，“线上”“线下”等常见名词是否消除了“地利”问题？其实，互联网的线上和线下同样在讨论“地利”问题，但选址已经不限于地理空间，而是关乎运营设计问题。

新企业在运营设计中，除了选址，另一个具有挑战性的就是企业名称。在互联网时代，很多创新型企业名称都有渊源，例如 Google，有人认为 Google 的中文名称谷歌，像农耕时代的名字。其实我们的课程四季歌、二十四节气，不也是充满了农耕的智慧吗？当然，有人认为谷歌不如 Google 那样“酷”，但据 Google 公司的管理者回忆，Google 在美国市场刚出现的时候，经常被误认为是儿童用品企业，之后随着产品和企业被大众熟知和喜爱，名字也逐渐变得“酷”了。所以，在运营设计中的命名环节，不同于中国传统文化中的生辰八字、起名字的学问，新企业在进入市场后的运营阶段需要精心设计。但是，设计并非为了一劳永逸，而是在动态的管理过程中，逐渐让选址、名称等具体的问题，服务于新企业的成长。

新企业开门大吉与秋季收获的立秋节气存在千丝万缕的联系，在秋季丰收的时刻，我们需要关注新企业的基本属性、相关法律、市场进入方式以及运营设计等方面。在本节内容的最后，介绍一个生僻字“甦”（音同“苏”）。“甦”的左侧是更新的“更”，右侧是生命的“生”，这个字曾出现在商业领域的盛会上，以“甦”为主题，并且赋予它“新物种”的含义。所以，我们说新企业开门大吉，其实它更像“甦”或者说新物种的诞生，不只是在简单的法律意义上确立组织形式，而是意味着创业的新物种的产生。

第二节 处暑：合法性谨慎处理

节气 X 创业

处暑，气温类节气，时间通常在公历每年的 8 月 23 日或 24 日。“处”是“终止”的意思，“处暑”表示炎热的暑天结束了。夏天的暑气逐渐消退，但天气还未出现真正意义上的秋凉。据《月令七十二候集解》载，“处，止也，暑气至此而止矣”，这正是体现其冷热交替的特点。处暑以后，我国大部分地区昼夜温差增大，庄稼成熟较快，民间有“处暑禾田连夜变”之说。

处暑节气虽然在秋季，但是“暑”字说明即使在秋季，有时候也会让人觉得有些热（比如“秋老虎”之说）。这种“燥热”显示出处暑的智慧，提醒创业者要注意理性审慎地处理新企业成立时的合法性问题，不仅要了解和遵守有关法律法规，确保自身和他人的利益没有受到非法侵害，更重要的是要让新企业或新事业能够获得顾客认可、市场认同，从而收获价值并实现可持续的价值创造。

一、合法性的内涵与获取

合法性是指在特定社会系统内，对一个实体的行动是否合乎期望，以及是否恰当、合适的一般认识和假定，它反映的是外部环境对于组织特征或行为是否符合外界价值观、规范、要求和期望的一种判断和感知。合法性在特定时间内是有弹性的，依赖于事件的历史，组织可能偶尔会偏离社会规范却仍保有合法性。

对新企业来说，准确地认识到合法性的来源很重要，但是，如何采取有效的方式获得这些合法性更重要。企业主动地获得合法性有两个主要思路：一是对自身进行改变，如建立完善的组织架构、管理团队和操作流程等；二是对所在的外部环境进行改变，如企业通过广告和公关来改变管制环境等。具体来说，新企业可以采取依从、选择、操纵和创造四种有效的途径来获取合法性（见表 7-3）。

表 7-3 合法性获取途径的类型与特征

类　型	含　　义	特　　征
依从	新企业完全依从制度	制度环境难以改变，改变自己顺应环境

（续）

类　型	含　义	特　征
选择	选择更有利的制度环境	有可以选择的更有利的环境
操纵	影响制度环境	现有制度不能完全接受新企业，需要影响制度管制、规范或认知以使其接纳新企业
创造	创造新的制度环境建立认知基础	现有制度没有与企业相匹配的认知基础，需要创造新的模式、实践和认知信仰等

新企业在资源不足的情况下，经常采取象征性行动来获得利益相关者的认可和支持。所谓象征性行动，是指并不实际改变企业的做事方式，而只是将自己描绘或表现得似乎与利益相关者的期望相一致。例如，很多大公司一般会通过公众通告的方式对外宣布要对管理层采用长期激励计划，但绝大部分企业实际上并不实施这些计划，只是让利益相关者感觉到此类计划将被实施而已。

新企业可以在三个层面采取“花小钱，办大事”的象征性行动来获取合法性。一是创业者个体层面。在新企业创建初期，创业者承担了大部分的工作，因此创业者的能力在某种程度上可以代表新企业的能力。要想获得利益相关者的认可，创业者必须满足两个条件：创业者是值得信赖的；创业者有能力来完成组织任务。因此，在创业者个体层面，可以通过向相关利益者传递关于创业者的特殊人力资本和社会资本的信息，来改变外部利益相关者对新企业合法性的认识。二是新企业组织层面。在新企业组织层面，新企业可以通过向利益相关者传递关于新企业的先前成就、技术能力、市场能力及组织专业化的信息，来影响利益相关者对其合法性的认识。三是新企业与其他企业间的关系层面。新企业可以通过与成功的既有外部实体建立组织间关系，比如担保关系、战略联盟等传递象征性行动，从而获得广泛的认可。

合法性具有演化特征。新创企业通过分析社会情境，改变自身和社会情境（制度）的难易程度等，决定采取何种合法化战略。当改变制度难度很大、空间很小，或合法化策略的结果不明确时，应首选依从型合法化战略，避免主动性高的合法化战略的风险；当存在可供选择的、更受欢迎的环境时，选择型合法化战略较有利；当新创企业的创新或创业活动与既有社会实践差异明显，现有制度不能完全接受新企业，比如滴滴的出现已经突破了既有的管制，新企业需要游说和影响制度管制、规范或认知，使社会情境接纳新企业，因而采取操纵型合法化战略较有利；新创企业如果开辟全新行业，将更大程度上突破管制、规范、价值观等既有的制度基础，创业者必须构造新词汇，制造新标签，造就新信仰，传递新故事，以建立公众对于新行业的认同，即采取创造型合法化战略。

二、合法性的认识误区

创业的合法性问题看不见、摸不着，因而容易受到创业者忽视，加之在法律层面上也有合法性问题，有人会将创业的合法性与法律角度的合法性混同。下面将对一些创业合法性认识上的误区及其突破思路进行列举。

爱迪生为电灯合法性的努力

爱迪生于1878年成立的电灯制造公司，日后发展成为通用电气公司（GE），也成为今天我们“言必称GE”的中国企业家们的偶像。其实，爱迪生的过人之处并不在于他发明了电力照明系统，而在于他采取了正确的战略来向社会大众推广他的电力照明系统，使之为大众所接纳，使之制度化、日常生活化，但今天的我们很难想象当时爱迪生所面对的巨大阻力。

1882年，爱迪生合上世界上第一个商用电力系统的电闸，照亮了位于曼哈顿金融区摩根公司办公室的时候，纽约使用煤气作为照明燃料已经有50多年的历史了，煤气产业已与当时社会政治、经济、文化密不可分。1878年，煤气公司已在这个产业投入了总值约15亿美元的资本。市长与市议员们代表着众煤气公司的利益，决不会拱手把这个产业让给爱迪生。

当爱迪生第一次申请营业执照时，纽约市市长硬生生地拒绝了他。当他要在街道地下埋设电线时，市政府又加以阻挠。那时，美国照明公司的电弧灯也已经开始试用，照亮了布鲁克林大桥，媒体上充斥着关于“电线杀人”“电力谋杀”“在电线中有一具尸体”之类的报道。

但爱迪生显然不是一个只懂技术的科学怪人。首先，他努力争取当时华尔街大财团的支持，包括他的照明系统试点所在的德瑞赛尔·摩根公司，还有富可敌国的威廉·范德比尔特——当时美国最大的煤气类股票的所有者。更重要的是，爱迪生匠心独运的“稳健设计”(robust design)。

爱迪生充分估计到了他可能面临的困难。在设计电力照明系统时，他尽量采用既有的煤气系统的设计元素，使他的电力系统易于被大众理解与接受，同时也保持了新的电力系统在技术上的优越性与发展潜力。换言之，当新技术的发明人面临的挑战是在设计新技术的时候，展示一部分旧元素、一部分新元素，同时保留一部分元素隐而不发，暂时不展示给公众，以留下发展空间，是一个不错的办法。

按技术本位的观点，爱迪生应极力宣扬这些革命性的前景才是，但爱迪生没有这样做，相反，他非常谨慎地暂时隐藏了这些先进的技术元素，努力地把电力系统展示成一种与既有的煤气系统尽可能相似的照明系统，也因此获得了大众的认可。

误区一：创新性高则合法性高。例如，虽然现代人的生活已经离不开电灯，可是当年爱迪生推出电灯这个产品的时候，人们还普遍使用煤油灯等传统照明方式，他们认为电灯并非不可或缺的东西，甚至是个“怪物”。所以，电灯泡刚问世时，给人的感觉并非眼前一亮，而是有危险，甚至媒体舆论散播“电灯泡电死人”等负面报道。实际上，电灯泡进入市场合乎法律规定，但合法性提醒创业者，在现在的观念里无论新产品多么正确、多么具有革命意义，在刚刚问世时都有可能面临不被认可的风险，消费者群体不仅会因为不熟悉而慎重使用，甚至会产生抵触情绪。

误区二：合法性低是因为消费者专业知识水平低。爱迪生是发明家，他有专业知识，但普通消费者不懂生产灯泡的专业知识，而且已经形成固有的生活方式，所以电灯这个新产品的合法性低。其实，合法性低的根源并不在于消费者单方面，而是在于价值传递过程中的信息不对称。可以说，信息不对称容易使新企业的市场进入产生先天缺陷，导致合法性低。为此，爱迪生推广电灯泡时，会根据消费者和行业反馈进行相应调整，打通信息传递当中的阻隔。但如果创业者将合法性问题过度归罪于消费者，那么就可能导致故步自封、行动惯性甚至惰性。

误区三：合法性低是创业的障碍。创业初期遇到较低的合法性，不一定都是阻力和打击，也可能会为新企业打开另一扇大门。换言之，新企业也可以通过创新性做法来契合消费者的独特需求，从而迅速获得认可，开辟出比已有企业更快、更新的市场。例如，我们经常提到的“网红”，之所以有人为“网红”买单，是因为“网红”打开的不只是消费者的钱包，还可能是消费者的心结。但是，“网红”如何才能“长红”，单纯依靠运气肯定是行不通的。因此，合法性是双刃剑，不是一锤子买卖，创业者不能消极地听天由命，而是要主动出击甚至出其不意，实现“弯道超车”。2016 年诞生的“拼多多”用了三年左右的时间，做到单日营业额超过京东并成功上市。这个新生电商，在不少人的质疑声中创造了足够多的奇迹，并已经融入人们的日常生活当中。

误区四：解决合法性的路线是线性的。合法性问题的解决，看似是简单的认同和不认同两个结果，实际上达到这个结果的行动路线，并不一定是线性的，更多是非线性的。依旧以爱迪生的电灯泡为例，爱迪生不仅仅是科学家，更是一位艺术思维与技术行动融合的创业者，他为了向市场推广电灯泡，采取了“欲擒故纵”方式，比如将自己的新产品跟已有的老产品进行绑定推介，不是一味地强调电灯泡是唯一的最佳选择，而是在不影响原有产品使用的过程中，让大众接受这个“新奇”产品。由此看出，除了正面迎击和全面顺从，让新产品最终成功走向市场的合法性获取之路还有很多可能。

误区五：合法性高则产品卖得多。合法性高的确有助于新产品销售量的增加，但合法性的获取和实现，不能停留在卖产品上，而是应从创业型营销角度进行拓展。在新企业合法性突破的路上，营销需要把握三个导向：一是创新导向，意味着营销不再是既定的销售组合，而是围绕产品背后的顾客价值进行创新；二是风险承担导向，意味着创业者要认识到营销风险背后可能潜藏的独特用户体验；三是超前行动导向，意味着合法性获取也是一门时间艺术，离不开对时机的掌控。另外，创业营销也需要创业者主动竞争和具有较高的自主性。

第三节　白露：明明白白谋治理

节气 X 创业

白露，水汽类节气，时间通常在公历每年的9月7日或8日。“露”是由于温度降低，水汽在地面或近地物体上凝结而成的水珠。由于天气已凉，空气中的水汽凝结成白色的露珠，所以得名“白露”。白露时节的古代黄河流域的物候是“鸿雁南飞，燕子南归”。白露过后，气温开始下降，民谚有“一场秋风一场凉，一场白露一场霜”，农业上有“白露白迷迷，秋分稻秀齐”的说法。

在创业进程中，也有与白露节气相似的一个创业节点，那就是治理问题。“白”提醒创业者需对治理问题明明白白，而“露”意味着创业治理需要凝练出适合自身的体系架构，“白露之后气温下降”则象征着公司治理让创业当中的“热闹”变成“门道”。也许治理会让饱含火热激情的创业者冷静下来，意识到新企业的价值创造不能天马行空，而要有章可循，要通过系统规范的治理带领、管理和控制企业，为企业的长期发展提供制度保障。

一、公司治理

公司治理（corporate governance），又名公司管治或企业管治，是一套程序、惯例、政策、法律甚至是一个机构，对如何带领、管理及控制公司的影响。经济合作与发展组织（OECD）在《公司治理结构原则》中给出了一个有代表性的定义："公司治理结构是一种据以对商业企业进行管理和控制的体系。"公司治理结构明确规定了公司的各个参与者（诸如董事会、经理层、股东和其他利益相关者）的责任与权利的分布。公司治理是外部投资者用以维护投资收益、控制代理成本的机制。

公司治理的理论基础是代理理论。传统认为"管理的信息是充分的""企业家有充分的积极性去追求企业利润最大化"，而这些假设与现实情况有着明显出入。为此，伯利和米恩斯在 1932 年提出"所有权和控制权分离"的命题，突破了传统的企业利润最大化假说，开创了从激励角度研究企业的先河。委托代理产生的原因在于：所有权和控制权分离；不确定性和分散投资风险；科层组织结构中的信息不对称；有限理性和个人能力的约束。

委托代理是指一个人或一些人（委托人）委托其他人（代理人）根据委托人利益从事某些活动，并相应授予代理人某些决策权的契约关系。委托代理关系是一种经济利益关系，双方都追求自身利益最大化。委托代理理论主张在经营者报酬中必须含有风险收入，否则所有者利益不可能达到最大；当经营者报酬全部是风险收入时，激励机制最优，所有者的利益能保证达到最大。基本假设是：委托人对随机的产出没有（直接的）贡献，代理人的行为不易直接地被委托人观察到。

公司治理的目的是提高企业的绩效并创造价值，为此，有效的治理需要促使经理人与股东及利益相关者之间的利益趋于一致。公司治理也包括处理公司内部利益的相关者及公司治理的众多目标之间的关系。主要利益相关者包括股东、管理人员和理事。其他利益相关者包括雇员、供应商、顾客、银行和其他贷款人、政府政策管理者、环境及整个社区。

企业的治理模式一般分为四种：股东控制型、经理控制型、主银行相机治理机制、股东和员工共同控制型。它们的内涵与典型代表如表 7-4 所示。

表 7-4 四种治理模式的内涵与典型代表

模　式	内　涵	典型代表
股东控制型	股东实质性地掌握企业的控制权，经理人员则只负责企业的日常经营活动。同时，股东对经理人员采取有效的监控和适当的激励措施，使经理人员不至于过分追求自身利益而忽视股东利益，从而减少企业治理过程中的代理成本 在股东控制型企业治理机制中，股东在企业中居于绝对的控制地位，往往使得劳资关系趋于紧张。20 世纪 50 年代，西方发达资本主义国家为了缓解劳资关系，开始推行员工持股制度	韩国和东南亚国家：股东控制型企业多表现为家族类企业或规模较小的企业
经理控制型	公司经理人员掌握着企业的控制权，公司在治理上表现出明显的经理控制和强烈的市场导向特点。公司主要通过市场机制监督、约束和激励经理人员来治理企业 经理控制型治理机制，一方面使企业资产保持了较大的流动性，有利于企业融资和资本市场的优化配置，另一方面使企业经理人员保持了高度的经营自主权，有利于发挥经理人员的创新能力和工作热情，但也使经理人员损害股东利益成为可能	美国：因为美国公司相对分散的股权结构和法律环境，使股东无法通过股东大会有效地行使决策权，而发达的证券市场则保证了股东在这种情况下的投资收益权，并起到了对经理人员的监督和约束作用

（续）

模　式	内　涵	典型代表
主银行相机治理机制	主银行相机治理机制主要表现为：在公司财务状况正常的情况下，经理人员掌握企业的控制权，主银行则通过企业的资金支付结算和向企业派员等方式对企业实施监控。一旦公司出现严重的财务问题时，主银行就接管企业，掌握企业的控制权 主银行指与企业之间保持长期和稳定关系的特定银行。企业来自主银行的借款占该企业借款总额的比重最大，同时，主银行还垄断着关联企业的支付结算、债券和股票发行的代理业务等	日本：日本企业的大股东基本上是法人股东，日本各企业法人之间普遍采取相互持股的方式，形成一个集团内部几家大企业之间复杂的环形持股结构
股东和员工共同控制型	由股东和员工共同掌管企业的控制权，通过民主的方式参与企业决策，并对企业的管理人员进行监督，而专业的经理人员则负责企业的日常管理活动	德国：股东和员工是企业最重要的利益相关者，他们分别是企业物质资本与人力资本的提供者，是企业经营的基础。维护股东和员工的利益，确保他们的长期有效合作，是企业发展的关键

二、创业与治理

创业型治理不同于成熟的大型企业的治理活动，其主要内涵包括创业企业的控制权、股权安排、员工激励、管理制度以及企业文化等方面。创业型治理结构的特点与创业企业的自身特点紧密相关，它是资本提供者为了保证其投资能够得到回报而采取的相应措施。创业是一个在不确定性情境下的动态过程，而治理结构意在帮助创业企业维持稳定，稳步向前。因此，创业与治理融合并非易事。

创业与治理需要相互协同，才能使创业企业的治理工作顺利进行。协调两者关系包括以下两方面的内容。第一，建立健全协调运转、有效制衡的混合所有制企业的公司治理机制。企业应适当引入新股东代表担任 A 股董事，进一步优化多元董事会组成结构；明确董事会在公司的核心地位，强化董事会的重大决策、选人用人机制、薪酬分配等权利；加强经理层建设，探索经理层市场化选聘机制和市场化管理机制。第二，建立员工与企业利益共享、风险共担的市场化机制。企业应拟建立股权激励机制，实现股东、公司、员工利益一致；更好地实现收入能增能减、岗位能上能下、员工能进能出，同时维护好员工的基本权益；推进全生产场景划小承包，激发团队与员工的内生动力和活力；制定以业绩为导向优化薪酬内部分配机制，鼓励多劳多得。

周黑鸭的创业与治理

早期创业阶段　2002 年 4 月，周富裕及夫人以自有资金在武汉开设“夫妻店”——富裕怪味鸭店，其间股东有周富裕、唐建芳。2004 年 9 月，周氏家族于武汉开设第二间门店——周记黑鸭经营部，无新增股东。

公司化阶段　2006 年 6 月，武汉世纪周黑鸭食品有限公司（后于 2008 年 5 月更名为武汉周黑鸭控股公司）成立，注册资本为 50 万元，其中，周富裕占 80%，唐建芳 20%，无新增股东。2009 年 1 月，武汉周黑鸭控股公司注册资本变更为 1 000 万元，其中，周富裕占 64%，唐建芳 36%，无新增股东。2010 年 10 月，深圳天图、天图兴盛向武汉周黑鸭控股公司投资 580 万元与 5 220 万元，投后股份比例分别为 1%、9%，增资扩股后，周富裕持股比例为 57.6%，唐建芳持股比例为 32.4%。2011 年 7 月，10 位周氏家族成员、亲戚及员工（周萍、周长江、杜汉武、文勇、胡佳庆、郝立晓、周小红、唐红夏、朱友华、刘定成）通过受让周氏家族股份，成为公司股东。2011 年 9 月，员工余雪勇通过增资 880 万元获得 1.5% 的股权，成为新股东。2012 年 6 月，东方天富（其中，唐建芳弟弟及姐夫唐勇、朱友华持股 60%、40%，分别是普通合伙人、有限合伙人）以当时净资产价格受让周富裕与天图投资 1.5%、0.5% 的股权，成为新股东。2012 年 6 月，天图投资（天图兴华）与 IDG（钧扬通泰）分别投资 3 000 万元、10 000 万元，各获得周黑鸭 1.76%、5.88% 的股权，IDG 资本成本为新股东。

完成上述各项交易后，周黑鸭股权架构如图 7-1 所示，其中，创始股东股份占比：周富裕 39.49%，唐建芳 27.35%。

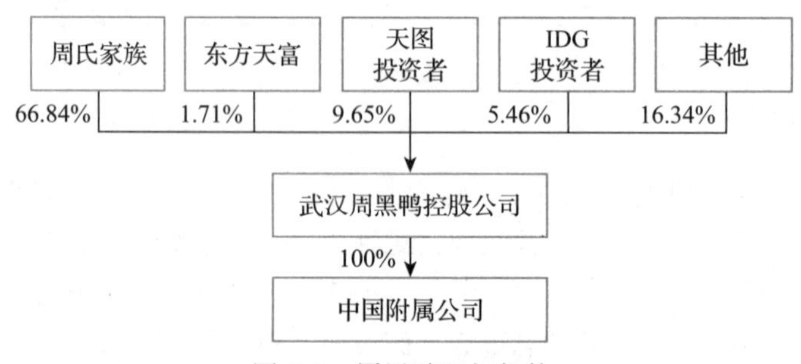

图 7-1 周黑鸭股权架构

直营店的优点是能够控制品质（可精准追踪每一盒产品并回溯生产及采购流程），毛利率相对加盟店较高，但缺点是难以快速扩张（其招股说明书披露，公司从确定店址到开设店铺流程为 45 天，自营门店收支平衡期为 1～2 个月，投资回收期为 2～6 个月）。

由上可见，周黑鸭的创业团队从最开始的夫妻俩，到逐渐有兄弟姐妹等亲戚的加入，随着管理团队的扩展，周黑鸭的公司治理结构也发生了很多的变化，不再是自然人的“一言堂”，外部机构的加入使管理更加有序。随着周黑鸭的日益成长，其治理结构中的成员越来越多，委托代理关系的复杂程度也越来越高。

从委托代理理论角度理解创业治理问题，就好比火车在铁轨上行驶。委托代理的关注点之一在于创业者本人是不是“司机”的问题（所有权与控制权问题）。创业者可以不亲自“开车”，请“司机”帮忙开车。创业者和请来的“司机”存在委托代理关系，而“司机”由于“铁轨”的限制，只能在既有轨道上行驶。但是，“铁轨”也不一定是创业者独自提前铺成的，也可以和“司机”一同铺设，从而决定“火车”的走向。例如，郭士纳作为职业经理人，曾带领面临危机的 IBM 开创了一番新事业。虽然他对公司而言很像请来“开车”的“司机”，但他也像创业者一样掌控着“铁轨的铺设”和“火车的走向”，让公司摆脱困境、创造全新价值并成为行业引领者。

可见，治理架构体系需要创业者明明白白地谋划，避免在价值创造过程中出现纰漏或偏差。例如，在射箭这项运动中，对专业射箭运动员来说，站得稳才是关键。只有站得稳，才可能在变化的环境中，在面对或远、或近、或清楚、或模糊的目标时，实现“人弓合一”，发发必中。“稳”，实际上反映出来的就是治理模式在新企业创业的过程中起到的基础性作用。事实上，不少创业企业失败的原因可能并不是产品或服务出现了问题或消费者不买单，而是因为创业组织架构底层的治理模式这个基础有问题、不稳固。

三、创业者与职业经理人

当创业面临公司治理问题，创业者就不可避免面临关于职业经理人的问题。创业者与职业经理人有什么不同？成功的创业者是不是必然会成为优秀的职业经理人？为此，我们将围绕公司治理的一个重要领导者角色——CEO（首席执行官），来分析创业治理背后的创业者角色转化问题。

创业是创业者将创业想法变为真实产品或服务的过程，其中一个重要的里程碑是新企业的创建。当创业者成为自己创建企业的 CEO，他则要运用管理的方法，让新事业得以生存和成长。因此，成为 CEO 的创业者，需要从驾驭创业想法的“魔术师”，转型为掌控事业章法的“工程师”，而这并非易事。可以说，CEO 的职位，不是给创业者的名利馈赠，而更多的是一份责任和重担，对创业事业的永续发展意义重大。

当创业者成为 CEO 后，他们通常面对两个管理领域的问题：一是要将创业激情保鲜，继续迸发自己的创业活力，感染更多人投入到新事业的开拓当中；二是关注工作业绩的保值，满足股东和消费者等利益相关者的需要，最大化地创造财富和公司价值。二者的融合并不容易，这也是为何不少创业者面对外部融资和上市时都会犹豫或拒绝，甚至有的创业者在公司上市后会有悔意，这说明求“变”的创业要想与求“稳”的治理融合，需要创业者好好谋划。因此，虽然创始人担任企业 CEO 的现象比较普遍，但是，像大象般所向披靡的创业者，是否要走进像冰箱般规范、标准的治理体系，不能盲目跟风，而有必要提前考量。

创业领域有一个命题：创业者如何与职业经理人融为一体？融合方式并不唯一，创业者既可以通过契约形式达成多人合作，也可以通过学习实现个体转型。创业者做 CEO，意味着要兼顾创业精神和专业管理的双重诉求，这给创业者带来的考验是不言而喻的，绝不亚于让大象进冰箱的难度。CEO 是治理结构的一个组成部分，但是，这并不意味着当了 CEO 的创业者从此束手束脚。相反，CEO 仍需要，也依旧可以，让思维和行为联动起来，而非被“冻住”。

表 7-5 对 CEO 的角色进行了不同解读。从字面含义上来说，CEO 是公司治理体系中一个重要的职位，即首席执行官；以一个比喻来解释，如果创业者是大象（elephant），创业者成为 CEO 后要避免被治理体系“套牢”（close），要始终保持“开放”（open）的创业精神；若从创业视角来解读，CEO 就是创造创业机会的人，此时不再只是一个职位称谓，而是充满了丰富而独特创业寓意的动态角色。

表 7-5　CEO 的创业新解读

视　角	英　文	解　读
字面含义	chief executive officer	首席执行官
“大象进冰箱”	close elephant open	保持开放的创业精神
“创造创业机会”	create entrepreneurial opportunity	创造创业机会的角色

创业企业在积极探索如何通过创业治理让企业成长、持续的同时，应依然保持激情和活力。比如，中国联通作为知名大企业，依然想方设法进行治理变革，通过混合所有制改革引入多元的战略投资者，这些战略投资者包括互联网领域中内容的提供者，看上去好像与中国联通原有的业务不相关，但实际上意在通过混合的多元治理结构，激发本企业进行再创业。

《孙子兵法》提到，“策之而知得失之计，作之而知动静之理”，这里的“策”和“作”，原义针对的是敌人，而对成为CEO的创业者来说，也可以“策”和“作”自己，通过不停地分析和尝试，坚持突破自己，这样才有可能知得失、晓动静，最终获取“制胜之形”。所以，“冰箱门”虽然关上了，但是里面的“大象”不能闲着，需要让自己动起来，这样既能够让自己保鲜和保值，也有利于继续推陈出新。

第四节 秋分：创业战略分分清

节气 X 创业

秋分，天文类节气，时间通常在公历每年的9月23日或24日。“秋”指秋季，“分”意为平分。秋分之日，太阳直射赤道，南北半球昼夜平分，所以秋分又被称作“日夜分”。秋分日居秋季九十天之中，平分秋季。《春秋繁露·阴阳出入上下篇》中说：“秋分者，阴阳相半也，故昼夜均而寒暑平。”民谚有：“秋分到寒露，种麦不延误。”秋分过后，秋收、秋耕和秋种的“三秋”工作便陆续开始了。

在创业路上，“秋分”不仅仅意味着价值创造（“秋”），更提醒创业管理者注意在价值创造过程中的创业和战略的关系问题（“分”），二者不能混淆，需要分清楚，才能够形成合力以创造价值。新企业经过成长、成熟、完善和治理，变得规范起来，“秋分”意味着创业者开始收获，同时也要开始为创业的下一段进程做准备。创业者要基于目前的资源形势制定合理的战略，对远景进行全局部署，设立大体行动方法总纲，通过合理的战术手法，达到战略目的。

一、战略选择与创业决策

（一）战略选择

战略是一门源于战争的学问。创业中也有“战争”，也就是竞争，而“战场”就是市场。不过，战争可能直面生死，竞争却不一定都是非赢即输。正如墨子的“非攻”思想，战略竞争在创业领域更强调“多赢”，追求的不是零和博弈的结果，而是动态发展的过程。

在前面章节所介绍的创业决策，与战略管理当中的战略选择具有相通之处。战略选择是一个与组织效能有关的问题，并非所有的组织内部行动者都能够对组织及其运作模式的选择做出相同的判断。组织的战略选择受到组织环境、内部权力结构、制度和政治等多方面的影响，在大多数情况下，战略选择是在复杂性系统中进行的选择过程，强调组织及其运作模式不是自然形成的，而是组织决策的结果，即人所进行的战略选择起到了重要的作用。

战略选择基于两方面基础：一是组织微观层面的各个组分和要素的特征与相互作用关系决定了公司能力的演进；二是公司高层的认知、经验和研讨能力对战略选择的影响。战略选择的好坏有其历史与路径相依性。企业某个特定的战略选择往往依赖于其他维度上的战略选择。

战略选择的成功源于以下几个方面：①对组织在未来将处于何地、将成为什么进行清楚的描述；②分析环境如何且为何变化、未来将如何变化等方面的信息；③不断使企业的竞争能力与变革相适应，保持一种动态的均衡，这样才能够保证企业沿着既定的道路走向未来；④鼓励和激发组织的每一个成员认同组织愿景，并形成一种强大的共同文化规范，使员工为了实现组织愿景而组成一个亲密集体并共同工作。

（二）战略创业决策

创业决策与战略选择相似，也需要创业者判断现有情境，对未来愿景的设计和行动方案等做出规划并实施。战略管理代表硬币的一面，与价值获取相关，而硬币的另一面是创业，与价值创造相关。战略管理和创业领域的融合有助于描述、解释、预测和指导企业的价值获取与创造。战略创业作为整合战略与创业视角的研究领域，得到管理领域学者的广泛关注，如何平衡机会寻求和优势寻求既是战略创业实践面临的挑战，也是目前该领域研究聚焦的核心问题。

在战略管理研究领域，计划学派与学习学派长期争论的一个重要理论和实践问题是：企业应该采用什么类型的战略以更好地应对环境变化？以安索夫为代表的计划学派认为，正式的计划对于稳定和不稳定的环境都是必要的，管理者应该致力于更理性地预测以制订有效的计划，进而提升绩效；以明茨伯格为代表的学习学派则认为，在不确定性情境下，企业需要在市场和实践中学习，以培养柔性和适应性，进而应对不能预期的新机会且做出快速反应。

传统创业战略大多遵循计划型战略，其战略决策逻辑符合目标导向，强调理性地预测、分析和计划以获取竞争优势。然而，创业情境的高不确定性使得企业并不需要过多的正式化，而是需要更多的柔性战略。因此，企业除了可以采取符合计划型战略的目标导向逻辑，也可以发挥自身优势，采取与学习型战略一致的手段导向逻辑，注重保持柔性与适应性，通过小幅试错以探索和识别新的机会。可见，企业在高不确定性的创业情境下应结合使用目标导向和手段导向这两类战略创业决策逻辑以同步寻求机会和优势。

创业情境的高不确定性使企业在进行相关战略决策时常常面临挑战，有效的战略创业决策逻辑是指导企业的战略创业行为以同时求得机会和优势的关键。作为中国创业“教父”级别的人物，马云一次次的创业决策令人佩服，这些决策也是战略选择，引领企业一次次走向新的方向，创造更大价值。在 PC 时代，阿里巴巴收购万网，占据了 PC 时代的一个非常重要的流量入口；开创淘宝，占据了中国电商购物的一个流量入口；发展支付宝，占据了商务结算的流量入口；发展阿里云，占据了中国最大的数据整合入口；收购高德，占据线上地图的流量入口；布局菜鸟，整合物流供应链入口。涉足 PC 互联网、移动互联网以及未来万物互联的物联网等的这些选择，让阿里巴巴在马云的创业型领导下几乎抢占了每一个“风口”。

二、创业战略与战略创业

经过半个多世纪的发展，战略管理经历了很多的理论演变。从最初关注战略范式主导的因素、高管团队，逐渐向其他方面发展。竞争优势理论也开始与商业模式创新，甚至创新创业视角进行相关的融合。那么，在战略理论发展过程中，我们通过梳理它的脉络可以发现，战略具有创新创业的内核，它与创业并不矛盾。正如创业理论经常会借鉴、吸收战略理论，甚至重塑战略理论，战略理论其实也在从创业理论中汲取和再造。

创业战略是基于目前资源形势的判定，创业者对远景的部署以及大体行动方法总纲的设定，具有动态性、宽松性、敌对性、复杂性等特点。相比于短时间内的行动准则和具体的行动方法，创业战略是一个全局的部署，是在较长的时间范围内，让创业者利用众多的现有资源，通过合理的战术手法，达到自己的战略目的的过程。

战略创业是战略研究和创业研究交叉融合的产物，是企业在既有业务领域内关注战略目标的同时，着眼于未来，寻求新的创业机会的过程。创业活动和战略行为的互补有利于企业实现财富最大化，从而更好地推动企业识别和开发创业机会，拥有并保持竞争优势能力，通过动态地运作战略创业以创造财富。

在创业与战略管理的整合视角下，为构建和维持竞争优势，战略创业行为不仅包含机会识别以探索新的机会，也包含资源整合的过程，并且机会识别与资源整合并不是相互独立的，而常常是难以分割、相互促进的。一方面，机会识别为企业提供创业战略实施的方向，这将促使企业有效地整合内外部资源，从而将机会快速转化为价值和竞争优势；另一方面，企业在灵活地整合内外部资源从而获取优势的过程中，发现并构建手段与结果的关系以识别新的机会。综上，战略创业行为体现为机会识别和资源整合的相互促进，以实现机会探索和优势获取的循环互动，从而同步寻求机会和优势的过程。

战略的英文单词字母还可以延伸出如下这些解读：sustainability（可持续）、timing（时机）、redesign（再设计）、ability（能力）、TMT（高管团队）、entrepreneurship（创业）、goodness（向善）、young（年轻化）。从中，我们也能看到战略未来的几种发展方向：战略更加关注持续性，而且具有时间敏感度，强调再造，强调资源和能力的创新，领导者更加拥抱创业，而且战略不是零和博弈，而是为更广阔的社会创造价值的过程，这会让企业变得更加年轻、永葆活力。

三、创业与战略融合方向

1. 竞争的超强性 由于对动态匹配的强调，动态能力研究的主导范式，其实也体现了熊彼特创新思想的精髓。不断地组合或重组资源、能力和知识，正是构建持续竞争优势的创新举措。得益于熊彼特创新理论的启发，理查德·戴维尼提出了超级竞争（hyper competition）学说，对竞争动态分析做出了一个偏重实践应用的理论贡献。在超级竞争中，企业竞争从价格、质量到时间和诀窍，从争夺势力范围到打造丰厚的资源储备，步步推进。超级竞争的一大特点就是竞争优势难以持久。戴维尼还认为合作战略并不能使企业走出超级竞争的困境。在超级竞争中取胜的唯一手段就是毫不犹豫、无所畏惧、全面拥抱、拔剑而战。适应不断打“硬仗”的挑战，不断获取短期竞争优势，应该算是超级竞争中战略管理的最高境界了。这也正应了善于在超级竞争中生存并胜出的英特尔公司前掌门人格鲁夫的那句名言：“只有惶惶不可终日者才能生存。”

2. 竞争的迭代性　与超级竞争学说一脉相承的是对竞争优势日渐短期化的研究。这一分支的研究认为，在某些行业或业务上一成不变的持久竞争优势是不可能的，企业必须不断地通过创造新的短期或临时竞争优势来保持自己持久卓越的经营绩效。这与动态能力的主旨也是类似的，企业需要不断地重组其资源及能力的组合并更新其业务组合，从而实现企业资源和能力与快速多变的外部环境之间的动态契合。所谓的“蓝海战略”则主张规避现有竞争，通过精准定位进行价值创新，从而开辟全新的市场空间。

3M价值创新战略的阶段过程

在3M，人们时刻都可以听到关于创新问题的谈论，3M宣称要成为“世界上最具有创新力的公司”。3M对创新的基本解释既醒目又简单：新思想+能够带来改进或利润的行动。在他们看来，创新不仅仅是一种新的思想，而且是一种可以得到实行并产生实际效果的思想。创新不是刻意得来的，3M公司证明了：当公司越要刻意创新时反而越不如其他公司。便利贴是在一连串意外中诞生的，并不是依循精密的计划得来的，每次意外的发生都是因为某个人履行公司义务的同时可以完全独立从事非公司指定的工作。发明者往往比管理者有更多的空间来表达自我。

3M把创新分为三个主要阶段：涂鸦式创新、设计式创新和指导下的创新。这些阶段从大到小呈漏斗状。在涂鸦式创新阶段，创新的大胆初步设想得到一致的认可和赞许，逐渐演变至更加深入并集中努力的设计式创新阶段。在整个过程中，创新者需要实现众人支持与专人负责之间的平衡，并按照不同阶段逐步增加人力和资金的投入。约束随着阶段的进展而逐渐增强，到了最终阶段，方法和落实要根据经营策略和市场状况来决定。

在具体实施中，公司坚持了以下管理策略：①弹性目标原则。弹性目标是培养创新的一种管理工具，方法就是制定雄心勃勃的但要切合实际的目标。3M公司制定的目标数量并不多，其中有几个与财政收支状况有关，还有一个目标就是专门用于加大创新步伐的，即每年销售额中至少应该有30%来自过去4年中所发明的产品。②视而不见原则。3M公司的管理人员必须要有一定的容忍能力，因为即使你屡次想要取消明显不切实际的研究计划，研究人员也可能会顽固地坚持己见。③授权原则。授权是在员工已做好创新的思想准备之后让他们开始工作，但创新主要还要靠他们自身的动力。当他们发明创造时，公司就要及时给予帮助。这里的技巧在于如何才能不破坏他们这种内在的动力。

对一个以知识创新为生存依托的公司而言，3M公司知道，有强烈的创新意识和创新精神的知识型员工是实现公司价值的最大资源，是3M赖以达到目标的主要工具。

从上述案例中可以看出，企业无论规模大小，都有必要在价值创造路上科学认识并有效融合创业和战略。3M公司成立已百余年，员工有上万人，产品种类丰富且业务遍布全球。经营一家规模如此庞大的公司，战略在管理中发挥的作用可想而知，那么3M的创新创业体现在哪里呢？主要体现为：3M新产品开发的速度非常快，新产品的种类特别多（包括口罩、车膜、便笺、厨房用品、工厂设备等），新产品一经推出便会受到广泛欢迎。那么，新产品推出快、种类多、品质好，这背后就有规模庞大公司战略经营和创业经营的融合门道。需要注意的是，快速决策与快速反应不一定意味着考虑的信息和因素少，而很可能更多，只不过表现为快速尝试和迭代、快速纠偏及应对。

实际上，创新创业正在改造传统战略体系，形成以价值创新为导向的战略管理。成熟大企业完备的组织架构体系，依然可以像小企业一样灵活多样、反应迅速。比如，3M公司在员工的规范管理过程中，会为员工提供一定的自由时间，以便员工安排自己的工作内容，让员工有独立自主的时间安排。3M公司的部分产品其实就来自员工的一些意外发现和偶然所得，甚至来自将实验失败的项目结果巧妙地转变成另外一种具有市场的产品。这就是价值创新战略在成长和成熟组织中的体现，竞争战略的“争”，不是你死我活，而是争先恐后地去“创”。

第五节 寒露：内创业激活“冷冻鱼”

节气 X 创业

寒露，水汽类节气，时间通常在公历每年的10月8日或9日。与白露相比，寒露节气的气温又下降了很多，地面的露水更冷、更多，有成为冻露的可能，因此称为寒露。《月令七十二候集解》说：“九月节，露气寒冷，将凝结也。”寒露时节标志性的物候是金菊盛开。寒露时节，大部分地区气温下降速度加快，昼夜温差增大，天气转凉，因此有“寒露霜降节，紧风就是雪”之说。从农事上看，棉花成熟，人们趁天晴赶紧采摘棉花，民谚有“寒露不摘棉，霜打莫怨天”。

秋季的节气很丰富，处暑还能体会到夏天的味道，但是寒露就感受到了冬天的凉意。创业历程也有这样的时刻，新企业在经历了成立之初热火朝天的发展后，还要面对新的不确定性情境带来的严酷挑战。一些企业在这个节点容易被过去的经验教条和官僚的治理条框等束缚，陷入“被冻住”的状态，新企业就像“休克鱼”一样，虽然还存活着，却失去了活力，此时就需要激发企业的内部活力，通过鼓励企业员工承担企业内部的某些业务内容或工作项目进行内部创业，与企业共同分享成果，实现员工和企业的双赢。

一、公司创业

20世纪80年代以前，有学者注意到与公司创业有关的管理现象，以丹尼·米勒1983年在《管理科学》上所发表的论文为标志，有关公司创业的系统研究逐渐得以发展，成为创业理论的一个重要领域。对于公司创业的定义有不同说法并几经演化，有的称为内部创业，有的称为公司内创业等。从创新本质角度理解，公司创业包含依靠公司产生、开发并贯彻实施新想法和新行为的过程，包括组织中的新产品或新服务、新流程、新管理体制，或与雇员相关的新项目；从创业能力角度理解，公司创业则强调允许公司管理者系统地克服内部约束，通过创新性甚至颠覆性商业活动改造公司。

总体而言，公司创业是公司创新、革新和新事业努力的一个总称，包括创新（涉及将新事物引入市场）、战略革新（涉及在组织革新中主要战略或结构的变化）、公司新事业（通过创业努力创造公司内部新的商业组织）等。

公司创业首先是在已有组织中的创业，为已有组织中的管理者提供主动尝试新鲜创意的自由舞台。公司创业活动的主体是在企业内部具有创业精神的组织成员，他们通常被称为内创业者。在实践中，一些成功的公司创业活动已经在许多企业中展开，如 3M 公司、柯达公司、施乐公司、宏碁公司等知名的大公司。这些大型企业通过建立内部市场和规模相对较小的自主或半自主的经营部门，以一种独特的方式来利用企业的资源以生产产品、提供服务或技术。

公司创业突出创业导向的创新，强调战略导向的创新与创业。公司创业把创新与创业纳入公司整体发展战略，从战略的高度重视创新创业，甚至把建设和领导创业型组织作为公司管理的重点，强调为了创造商业和社会价值而创新，绝不是为了创新而创新。

华为曾经的内部创业

2000 年 8 月 15 日，华为正式出台了关于内部创业的管理规定。根据规定，凡是在公司工作满两年以上的员工，都可以申请离职创业，成为华为的代理商。公司为创业员工提供优惠扶持政策，除了给予相当于员工所持股票价值 70% 的华为设备之外，还有半年的保护扶持期，员工在半年之内创业失败，可以回公司重新安排工作。

对于华为出台这个规定的初衷和背景，从李一男离开华为时发表的“内部创业宣言”中可见一斑。

“任总看到了在未来的竞争中，华为公司不可能仅靠自己一家的力量来独自发展，如果可以团结一大批合作者在周围作为补充，形成一个强大而广泛的统一战线，以应对新经济的到来，完全有理由相信在新经济的竞争中，我们不仅可以赶上朗讯、阿尔卡特等老牌的国际竞争对手，而且也完全可能赶上思科这样的 IT 新贵。”

之后李一男用自己在华为的股票，换取了一批数据通信产品，创办了港湾网络。李一男并非唯一一个响应“内部创业”的华为高管，同时期，副总裁黄耀旭创办了钧天科技，副总裁刘平创办了格林耐特等。但世事难料，内部创业的尝试并没有朝着任正非期望的方向发展。

港湾网络在创办的前三年获得了快速发展，可在 2000 年到 2004 年，华为却遇到了发展瓶颈：3G 长期投入后迟迟不见回报，误判小灵通项目让竞争对手中兴步步紧逼，此外，因为知识产权还与思科爆发了“世纪诉讼”。

更重要的是，港湾网络为了自己的生存，开始与华为进行正面竞争。任正非也毅然决定“痛下杀手”，凡是港湾网络的订单，华为无论花费多大的代价都要竞争。此外，华为还对港湾网络展开了知识产权诉讼。“这两年我们对你们的竞争力度是大了一些，对你们打击得重了一些，这几年在这种情况下，为了我们自己活下去，不竞争也无路可走，这就对不起你们了。”2006 年，华为收购港湾网络时，任正非对双方的竞争直言不讳。

二、内创业的动因与实施

公司创业常被称为内创业，主要原因在于公司创业根本上是发生在企业内部的创业活动，通常由一些有创业意向的企业员工发起，在企业的支持下承担企业内部某些业务内容或工作项目，进行创业并与企业分享成果的创业模式。

公司创业的行动主体（who）是既有组织，通过把组织资源（如产品、服务、技术、规范、结构和操作等）往新的方向延伸，让创新思想最终转化为让企业和个人均获利的创新性成果，同时内创业并不局限于企业的规模，在大、中、小各种规模的企业中均可能发生。

为什么（why）要进行内创业？从企业内部角度考虑，企业经历了新企业创建的成功，难免会产生惯性或惰性，很多过往的成功经验有可能也会成为未来发展的桎梏，同时还要面对老员工的安置以及核心员工的外流等人才方面的挑战。从企业外部角度考虑，企业外部环境的变化、情境的改变，都会迫使企业必须做出响应，从而维持或再造独特的竞争优势。正如艺术领域的变形金刚形象，它最大的魅力在于能够变形，而且每次变形都能积极响应环境，契合外部诉求，成功起步的新企业也要时刻关注自身问题和环境的不确定性，而内创业将有助于增强企业价值创造的能力，提升企业对环境的响应、契合程度甚至引领水平。

什么（what）是内创业的关键？激活"被冻住的休克鱼"的内创业的关键就是要在企业中形成创业行动机制。一方面，自下而上，企业要立足基层员工进行创业制度建设，鼓励员工的创新创业想法，从而转变为有价值的产品或服务；另一方面，自上而下，就像华为从高层管理者自上而下地设计并落实一样，企业要搭建发挥员工创造力的平台，甚至提供相关资金和资源支持。无论是自下而上还是自上而下的内创业管理架构，都有助于激活大企业衍生新企业，激励成功创业者和优秀创业团队不断更新，激发全员创业精神在企业内部焕发。

何时（when）进行内创业？内创业并不意味着盲动，还需要注意变革时机和具体的一些管理细节。价值创造过程需要迎接改变，而对改变的管理常常是习惯于规范管理的管理者并不熟悉的技巧。这是一个巨大的挑战，需要管理者掌握平衡稳定和动态因素的技巧。尤其是当公司越来越规范和成熟时，组织就越来越趋向于教条化和官僚化，就越不倾向于以创业的方式采取行动。官僚化的组织惯性和创业精神与活动是难以和平共处、相容共生的。因此，内创业时机往往选择在传统管理日臻完善、创业精神亟待激活的交叉点，比如传统管理实践对公司创业产生反作用（见表 7-6）之前，管理者应防患于未然，而不是等到反作用造成损失后再进行内创业。

表 7-6 传统管理实践对公司创业的反作用

传统管理实践	对公司创业的反作用
执行标准程序以避免错误	创新的解决方案受到阻碍，浪费资金
根据效率和投资回报率来管理资源	失去竞争优势，市场渗透率低
根据计划进行控制	忽视了应当替代假设的事实
长期计划	目标不可变更且失败成本高
从功能上管理	创业者失败和 / 或创业活动失败
规避风险	机会丧失

（续）

传统管理实践	对公司创业的反作用
努力维护基本业务	当基本业务受到威胁时创业被迫放弃
根据以前的经验判断新的步骤	对竞争和市场做出错误的决策
统一的薪酬	激励性低，操作效率低
提拔能与别人相互协调的个人	失去了独立的创新者

在哪里（where）进行内创业？即便发生在企业内部，公司内创业的范围以及相关需要也要设计和考虑。旭日升曾经是中国茶饮料行业极具创新力的成长型企业，这家企业经历了初期的快速成长和巨大成功后，也尝试进行变革创新，采取了很多内部变革举措，在短时间内对整个组织管理架构体系做出了巨大调整，最后却以失败告终，有人总结背后的教训是“动作太大”。因此，内创业的范围并非越大越好，天翻地覆并不等同于创新创业，更不一定能创造价值，反而有可能引致企业走向失败。

内创业管理范围并非一个具体明确的静态空间，而是对管理悖论的动态平衡过程。图 7-2 的左侧反映了 A 和 B 作为管理悖论（paradox）存在的关系，即“同时且持久存在的、相互矛盾但又相互关联的一组成分”，而不是像右侧那般只是取舍的两难（dilemma）关系。这样来看，内创业范围正好处在 A 和 B 紧张状态的中间地带，而这些地带通常也会打开机会窗口，需要创业者对内创业机会进行精准定位和深度开发，从而通过价值创造过程实现 A 和 B 的动态平衡。

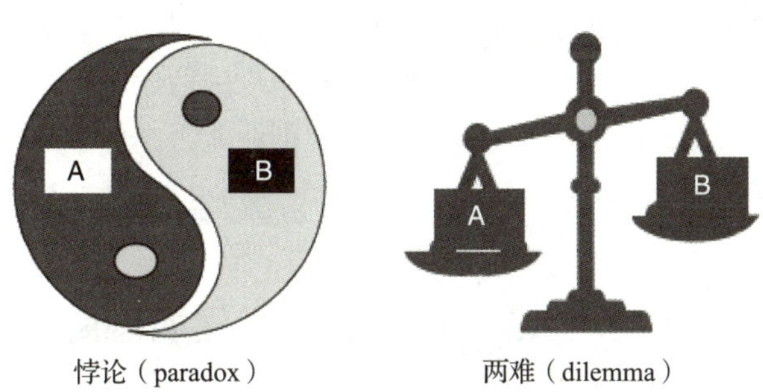

图 7-2　组织紧张状态模型

资料来源：Smith W K, Lewis M W. Toward a Theory of Paradox: A Dynamic Equilibrium Model of Organizing [J]. Academy of Management Review, 2011(36): 381-403.

三、公司创业的特点

公司创业是组织层面的创业行为，但灵感和行动却离不开个体层面。公司创业与个体创业同属创业活动，因此具有一些共同的特征，如机会导向、创造性地整合资源、价值创造、超前行动、创新和变革等，但公司创业和个体创业由于最初的资源禀赋、组织形态、战略目标等背景和条件不同，在创业的风险承担、成果收获、创业环境、创业成长等方面存在较为明显的差异。总的来说，内部创业的灵感来自企业内部员工，并且是在企业的支持下对一些项目或业务内容进行创业的一种创业模式。这种激励方式不仅可以满足员工的创业欲望，同时也能激发企业内部活力，改善内部分配机制，是一种员工和企业双赢的管理制度。

公司创业关注创新，但并不是一定要颠覆。公司创业的创新导向有两类：一是突破性创新（radical innovation）。这类创新代表的是前所未有的突破（如刚出现的个人计算机、便利贴、一次性尿布、隔夜快递等）。这些创新采用的经验与制定的愿景并非完全可控，需要创业者意识到并加以培育。二是渐进式创新（incremental innovation）。这类创新指的是产品或服务进入更新、更广阔市场的系统演进，比如全自动洗衣机和可冷冻酸奶的出现等。很多时候，渐进式创新会紧接着在突破性创新后出现，营销、生产之类的公司传统职能领域及其正式系统都有助于实现渐进式创新。

公司创业发生在组织内部，但完全可以再造组织。一些大企业通过内创业衍生裂变出一个或多个新企业，从而让组织规模变大、结构变宽。但这些衍生组织不一定都是原组织的附属，还可以成为引领原企业的新的成长方向。例如，谷歌在 2015 年进行了组织再造，成立了一家新公司 Alphabet 并将其作为自己的母公司，有人说谷歌没有给自己"找孩子"和"拉兄弟"，而是找了一个"妈妈"，为自己拓展了更新、更广阔的价值创造空间。

公司创业表现为组织变化，但实则是能力提升。詹姆斯·马奇教授使用探索与开发来描述两种重要的组织能力。探索能力建立在新的知识与技能、流程和结构基础上，是指从事改变、试验、柔性、冒险和创新等活动的能力，涉及搜索新的组织实践以及发现新技术、新事业、新流程和新的生产方式等的活动，能够帮助组织发现新的组织实践以及新的技术、事业、流程和产品等；开发能力则包括从事提高效率、复制、选择和实施等的活动，据此让组织把它们已有的知识复制应用于已有领域的经营活动，通过对已有知识的提炼和传统惯例的承袭来营造组织的可靠性与稳定性，拓宽组织已有的知识和技能，改善已有设计并提高已有产品或服务的性能以及已有销售渠道的营销效率。以上两种能力存在显著差异，因此，比组织形式改变更重要的是，公司创业能否在两种能力的水平提升和平衡掌控方面做出改变并实现飞跃。

第六节 霜降：万类霜天逐鹿国际

节气
X
创业

霜降，水汽类节气，时间通常在公历每年的 10 月 23 日或 24 日。作为秋季最后一个节气，"霜降"有天气渐冷、开始降霜的意思。《月令七十二候集解》说："九月中，气肃而凝，露结为霜矣。""霜降始霜"反映的是黄河流域的气候特征，但就中国大部分地区来说，霜降是寒气到来的日子，民谚有"霜降霜降，移花进房"。其实，霜不是从天上降下来的，而是露水遇到寒气凝结而成的。霜降正处于深秋时节，植物停止生长，漫山遍野逐渐变成红黄色，所以有"霜叶红于二月花"的描述。

秋季是价值创造、实现收获的季节，但是在霜降节气，我们更多感受到的是冬季临近的寒冷，不禁让人联想起《沁园春·长沙》中的诗句："万类霜天竞自由。"在全球化背景下，世界变成"地球村"，国际贸易的发展使企业需要面对国际市场的机遇和挑战，这让我们感受到"万类霜天"，即各个新创企业，能够以国际化视角突破挑战，通过国际化经营开辟新的市场和业务，用国际化定位和开辟式创新在国际市场的广袤空间里"竞自由"。

一、创业国际化

企业的国际化经营，是指企业为了寻求更大的市场、寻找更好的资源、追逐更高的利润，而突破企业国际经营界限，在两个或两个以上的国家中从事生产、销售、服务等活动。在当前全球化背景下，各国之间存在贸易纷争，中国探索了多种"走出去"的国家战略，这让创业者感受到，生活在这个"地球村"需要面对外部环境中的机遇和挑战。同时，也正是外部环境中的机遇和挑战带来了"竞自由"的广阔场景。

创业为什么要关注国际化？虽然当前创业管理情境存在不确定性，但是并不意味着这个不确定性只存在于微观的组织中，国家层面的宏观情境同样存在不确定性，在"竞自由"的场景中，我们感受到国际化可能会带来更广阔的事业。因此，国际化动机具备情境导向。同时，由于创业者面临着诸多问题和机会，也会主动或被动地实施国际化创业战略。例如，不少大企业都在试图"走出去"，通过开拓新市场，实现二次创业，又或者一些创业者第一步就将视野瞄向国际市场，通过国际市场推广传统或创新的产品。因此，国际创业的动机不仅仅是大企业寻求再发展的驱动力，也是创业者寻求在更广阔的市场中收获创新价值的动力源泉。

通常，实施国际创业的动机包括：延长产品生命周期、更容易获得原材料、获得新兴市场上的顾客、有机会在全球范围整合运营、有机会更好地利用快速发展的技术等。常见的国际市场进入方式及其优缺点如表 7-7 所示。

表 7-7　国际市场进入方式及其优缺点

进入方式	优　点	缺　点
出口	实现规模经济和经验曲线效应	运输成本高，存在贸易壁垒，控制力低
许可 / 特许	开发成本和风险低	很难通过集中化制造实现规模经济和经验曲线效应，难以控制技术品质，有技术诀窍泄露的风险
战略联盟 / 合资	成本分担，资源共享，通过合作伙伴熟悉东道国市场	有技术诀窍泄露的风险，存在整合问题
国际收购	快速进入新市场	高成本，高风险，谈判复杂，存在整合问题
新建子公司	最大控制，回报高	建立程序复杂，成本高，时间长，高风险

20 世纪 80 年代末期，有学者研究提出，大部分企业国际化分析的首要关注点，只是集中在大型跨国集团和它们的海外投资，忽视了之后实现演进的阶段。企业国际化更为宽泛的定义是企业不断调整自身运营情况（如企业的战略、结构和资源等）去适应国际环境的过程，这个定义将内向国际化和外向国际化概念联系到了一起，同时国际经营也由后期步骤受前期阶段影响的过程性视角，逐渐拓展成随涉入海外市场的程度变化而逐渐演进的过程性视角。

作为一个新兴研究领域，国际创业是指发现、设定、评估和利用跨越国界的商机以创造未来的产品和服务的过程，是关于跨国界的机会行动。国际创业研究围绕公司内部创业、新创企业的资源与环境、战略与绩效之间的关系展开，关注机会焦点。一方面，机遇被视为独特的发现，是国际化的起点，另一方面，机会由国际交流中互动的各方创造。学界现有两个研究分支：关注国际创业者的行为，包括组织、团体和个人；专注于不同国家情境下创业的比较分析。

根据企业国际化过程模型，国际创业模式可以划分出两个维度：国际目标市场范围和国际市场进入模式。国际目标市场范围主要由心理距离不同的目标国家数量来衡量，而国际市场进入模式则主要包括资源承诺不同的出口贸易、契约、合资、并购和新建企业等模式。国际新创企业在初始阶段通常缺少资源和经验，它们这时选择相对较高的资源承诺模式进入国际市场是不太可行的。

国际创业的组织类型存在多种形式，如全球化企业、国际化企业、本土型企业、跨国型企业、多国型企业等。这些不同的企业类型反映了企业在国际创业的道路上，对本土化和全球化的选择。本土化和全球化看似两个相反的方向，实则体现了管理导向的协同。例如，麦当劳和肯德基在拓展全球化业务的同时也在进行本土化改造，并对全球市场和所在国情境变化做出迅速反应。同时，也有一些中国品牌走出国门，在国外市场开拓业务和创造价值。如何在全球化与本土化之间进行转换和平衡？这需要创业者处理相应的国际化管理问题。

开拓中国早餐新市场的雀巢

2018年8月，一直想在中国寻求加速发展的雀巢，新策略“第一枪”在早餐市场打响。雀巢在北京宣布启动“15分钟，优质食品美好生活”项目。雀巢大中华区董事长兼首席执行官罗士德表示，雀巢从2018年起将逐年开展“健康早餐15分钟，开启美好生活”“休闲充电15分钟，开启美好生活”“活力运动15分钟，开启美好生活”等不同主题，呼吁大家每天多花费15分钟，享受优质食品和美好生活。作为该策略率先落地的早餐品牌，雀巢还宣布携手美团、大众点评等第三方外卖平台，一起推广健康早餐。

这个被雀巢总部称为Nestlé 15 Mins Campaign的新策略，如何在中国落地并推动各项业务发展？未来雀巢在中国会有哪些方面的创新呢？罗士德介绍，雀巢更在意立足长远的发展，希望在政府的《“健康中国2030”规划纲要》之下，能更好地为消费者提供营养健康的食品，相信从长远来看会最终获得商业上的回报。雀巢旗下有多个品类的产品都可以融入早餐场景。雀巢通过推广和倡导健康营养早餐的概念，帮助消费者了解如何在家中应用雀巢的产品制作健康的早餐，比如早餐谷物、多趣酷思和奈斯派索咖啡、银鹭的粥系列等。

在此次策略的落地中，雀巢利用大数据深挖消费者早餐行为，同时为11组不同人群设计了154份健康早餐食谱。此外，雀巢还通过联手多家合作伙伴的方式，大规模推广健康早餐概念，并将早餐场景拓宽到外卖场景。以下是雀巢支持中国营养学会开展的针对15 128人的早餐饮食状况调查的部分结果。

①不吃早餐的比例及原因：

- 35%的调查对象不能做到天天吃早餐

- 时间紧以及早上没食欲是主要影响因素

②早餐的营养评价及用餐时间：

- 膳食结构不均衡，种类较为单一，食用谷薯类占91%，乳制品及蔬果类消费率较低，分别为43%和35%
- 11%的调查对象每天吃一样的早餐
- 81%的调查对象早餐用餐时间不足15分钟

③对早餐的认知情况：

- 42%的调查对象认为营养是选择早餐时考虑最主要的因素
- 69%的调查对象对自己目前的早餐不满意，主要体现在营养、方便程度、口味等方面

④早餐食物获取渠道：

- 早餐食物的获取渠道排在前三位的依次为：自己做（53%）、餐厅/食堂（42%）、街边早餐摊（30%）

除雀巢之外，中国谷物早餐市场上还有桂格、家乐氏、五谷磨房、百草味等入局者，不过，拿冷牛奶或酸奶泡一碗谷物早餐并不是主流选择，其市场还处于培育阶段，但随着接受西方生活方式的消费者人数的增加，以及年轻人对健康餐饮需求的增加，谷物早餐品类有着可观的市场增长潜力。有着丰富早餐需求的中国市场，吸引着众多国际创业者的目光。

二、天生国际化

国际创业实践表明，一些新创企业开拓海外市场的过程，是为组织创造价值的跨境创新性、超前行动性和风险承担性行为的集合，从机会开发角度看，国际创业是对跨境商机进行识别、评估和开发从而创造将来的产品或服务的过程。不过，国际创业最终导向是创造新价值，而不只是创造新产品或服务，为此，更准确的国际创业定位是通过识别和开发跨境创业机会从而为组织及市场创造新价值的过程。天生国际化企业就是在上述认识基础上应运而生的。

天生国际化是指企业在刚开始就从国外多个国家取得资源，通过国外销售获取竞争优势的企业形式。从建立之初就在国际市场上运行的天生国际化企业，是国际新创企业的一个子集，特点是早期、快速、广泛地参与到多个地理上分散的国外市场，更好地利用国际市场资源，进而获得卓越国际创业绩效的组织。这一概念自20世纪80年代末期提出以来，受到了学者们的广泛关注，并被赋予了不同的称呼来指代，如国际新创企业、天生全球企业、瞬时国际企业等，这些企业多集中在年轻公司和以技术为导向的小型公司。

随着现代通信技术的发展、运输成本的降低、全球市场形成等因素的影响，天生国际化企业已成为企业国际化发展过程的新形式。与渐进的传统国际公司不同，天生国际化企业从建立之初就将目光放在了全球市场。区分这类企业与其他企业的两大特征是：自创立开始到展开国际化业务中间的间隔时间很短；在多个国外市场取得销售业绩。其中，就企业国际化程度和速度的定量分析，有研究提出天生国际化企业是指在成立后三年内开始开

展国际业务的公司，且出口总值占总销售额的25%甚至更多，也有研究将天生国际化企业的国际业务开展时间限定在1年或6年之内。

有人说国际创业是中国企业成长到一定阶段后才关注到的事情，是成熟的企业才需要关注的，这是其中的一个导向。另一个导向就是天生国际化，也是目前中国学界和实践界密切关注的，不少中国企业在创业伊始就在国际市场开展行动。以前更多关注国外企业“引进来”，现在更多的是讨论中国的企业“走出去”，这就体现出情境的差别。天生国际化也是具有情境属性的行动路线，同样极具创新性，不仅体现在地理位置上的更迭，更包含着企业如何在新的国际市场上收获新的顾客价值的问题，除了出口产品等方式，中国企业也在积极开展特许经营、战略联盟、收购等，占有更多的国际市场，突破现有的价值边界，以创造更多的价值。

三、新兴经济体的开辟式创新

传统观点认为，非常不发达的前沿经济体，往往道路状况欠佳，缺少动力，发展阻碍重重，无法支持面向消费者的企业，不适合作为开拓国际新市场的选择。然而，数百家公司用出人意料的快速可持续增长证明，这种传统观念是错的。在这些市场获得成功的创业者，关注的是开辟式创新的价值创造方式：推出产品及服务，回应当地未满足的需求，创造就业机会，并迅速扩大规模。开辟式创新可以拉动这些经济体的发展，随后政府和金融机构也会逐渐开始提供支持。

作为在全球市场拓展业务并创造价值的方式，开辟式创新有以下特征。第一，这种创新让当地消费者得以接触之前负担不起或无法获得（可能并不存在）的产品或服务，可能会对相应区域经济发展以及创新者或创业者的财富增长这两方面产生深远的影响。第二，采用开辟式创新，企业会充分利用关注盈利能力重于增长的商业模式及价值链。为此，这类创新通常把现有技术运用到不同的商业模式中。第三，开辟式创新源自当地市场，且为当地市场服务，或者说，是根据当地市场状况设计的。因此，创新者必须努力了解这个市场的详情，拿出目标消费者易于理解、可以负担的产品。第四，开辟式创新在当地创造就业机会，推动经济发展。这些工作服务于当地市场，无法外包给其他国家，通常涉及设计、宣传、营销、销售和流通方面的职位，而且这类职位的薪水一般比制造和原材料采购等更容易外包的职位高一些。因此，开辟式创新对于公司乃至国家都可能产生重大影响。

国际创业企业在新兴经济体进行开辟式创新需要注意的原则包括：第一，前沿市场中一定存在重要机会，而且这些机会无法（且不应该）等同于发达市场中的机遇，因为市场的基本状况完全不同。第二，多数现有产品如果能更便宜，都有潜力开辟新市场。第三，开辟式创新不仅仅是创造新的产品或服务，还有一个完整体系，常常催生新的基础设施、法规，以及制造、分销、营销、销售和服务等领域的就业机会。第四，困境可以通过创新来缓解，所以创新不必等待障碍消失才施行。一旦新市场能够为经济体中的投资者、创业者、顾客和政府等各方带来利益，这些利益相关者通常会有动力协助维护资源。这个过程需要时间，不能一蹴而就。第五，如果创新对准未消费市场，那么扩大规模就不会太昂贵。创业者只要找到机会，设计好商业模式，让某个产品或某项服务能够触及庞大的未消费人群，扩大规模的成本相对较低。

创业的技术行动

字节跳动的全球化之路

字节跳动是国际上极具竞争力的创业公司，其估值一度高达750亿美元，全球每日活跃用户超过6亿。创始人张一鸣曾说："我认为我们有机会成为手机用户获取信息的重要门户，不仅在中国，也在国外。"在创立早期，字节跳动就开始布局国际化发展之路。2016年，一款名为Musical.ly的短视频应用在美国青少年中掀起了一阵热潮，这款应用允许用户制作自己假唱和随歌起舞的短视频，这让张一鸣意识到短视频在全球范围内拥有极具潜力的用户群体。2017年，字节跳动推出了TikTok，作为其抖音视频应用的海外版本，同年，以8亿美元收购了Musical.ly。

TikTok的核心战略是"技术出海"，为全球用户提供统一的产品体验，针对不同市场采取符合当地需求的本土化运营策略。强大的技术实力和良好的产品体验，让TikTok在海外多地成为最受当地人欢迎的应用之一。第三方市场数据机构App Annie的统计显示，不仅在越南，TikTok在日本、泰国、菲律宾、马来西亚、柬埔寨等国家都处于市场领先地位，均多次登顶当地App Store或Google Play总榜。TikTok在国际化经营过程中也面临严峻的合法性挑战，需要逐渐适应不同的市场环境并积极进行本土化调整。

2020年3月12日，字节跳动在成立八周年之际，宣布组织全面升级。张一鸣将出任全球CEO，领导公司全球战略和发展，更专注于长期重大课题的探索与战略思考，包括全球化企业管理研究、企业社会责任，以及教育等新业务方向。张一鸣的新目标不仅是创立全球化的业务，更是建立全球化的多元兼容的组织，通过更好的组织，激发每个人的潜能和创造力，服务全球用户。

本章结语

本章通过秋季的六个节气让我们认识了在创业的价值创造进程中常见的六个节点问题。立秋，新企业开门大吉，创业者的新组织成立是激动人心的收获时刻，但法律安排和市场进入等问题依然不能大意。处暑，合法性需要谨慎处理，创建新企业的创业者不能因阶段性的成功而头脑发热，而要冷静、审慎地处理合法性问题，决定是依从还是创造，避免陷入获取合法性的认识误区。白露，明明白白谋治理，创业离不开治理，但不能因为治理而受到牵制，创业者成为CEO应赋予它新内涵。秋分，创业与战略要分清，创业与战略之间的异同和联系在此阶段是节点问题之一，二者融合的方向就是创造新价值。寒露，内创业激活"冷冻鱼"，企业通过公司创业让成长中的新企业避免陷入没有活力的"休克状态"，延续创业精神，不断创造价值。霜降，万类霜天逐鹿国际，国际创业为企业突破、挑战及再次出发提供了新空间，天生国际化和开辟式创新是企业在国际市场上创造价值的新方向。

本章以秋季节气为线索，随天气由暖转寒，新企业也从热火朝天的创立逐渐面临解决合法性、治理、战略、内创业、国际创业等新的创业节点问题。代表秋季的动物之一是"秋蝉"，蝉的叫声像在说"知了、知了"，秋蝉"凄切"的叫声像是告别，但在创业的秋季进程中，"知了"不代表新企业成立就万事大吉，"秋凉"更不意味着创业激情由此式微。相反，通过上述六个节点可以看出，创业的秋季不是一个线性过程告一段落，而是非线性动态演化的价值创造过程。秋收之后，将迎来寒冬腊月，你熟悉的反映冬季的艺术作品有哪些呢？经过精益启动、模式创新和价值创造三个进程，创业者将会谱写什么样的冬季篇章呢？

思考与练习

1. 新企业进入新市场的常见做法有哪些？请结合实例说明。
2. 创业合法性应当主动获取还是被动依从？请谈谈你的认识。
3. 公司治理和战略管理是传统的大企业管理重点，新企业如何处理创业与治理和战略之间的关系呢？请结合实例进行说明。
4. 公司创业关注组织内部的结构和能力，国际创业放眼于组织外部的国际市场，二者之间有什么联系吗？请以小组讨论的形式，将这两个节点问题联系起来进行分析，结合国内外创业案例进行说明。
5. 请围绕创业的价值创造，对比本章六个节点问题在价值创造方面的异同，并说明它们对创业者思维和能力的启发。

永续成长：创业的冬蕴篇

| 开篇语 |

经历了创业管理的春种、夏耕和秋收三段进程，本篇将带领我们走进创业管理四季歌的冬蕴进程——永续成长，学习冬季的节气智慧与创业节点问题。冰天雪地的冬季不仅是万物休养生息的时节，更是积蓄能量迎接新成长阶段的最佳时期。创业进程的冬季，意味着创业者将积蓄能量，是创业企业实现跨越式成长的最佳时期。创业者精益启动循环要“快”速，模式创新如同画脸要“好”看，价值创造就像农民丰收一样期望“多”得，那么，创业的冬蕴时节又需要什么样的思维和行动呢？本篇将继续探寻创业管理四季歌中传递的创业者在不确定性情境下的验证性、创新性、试错性和迭代性的创业行动机制。

第八章
CHAPTER8

企业成长规律

⊙ 学习目标

- 认识企业成长的内在规律及不同视角的基本观点
- 理解企业成长的概念内涵
- 认识企业成长影响要素及其变化规律
- 掌握不同类型企业成长的特点和差异
- 理解不同阶段企业成长的特点和联系
- 了解企业成长重心变化的缘由和规律

⊙ 创业的艺术思维

正如唐诗《江雪》中所述：“孤舟蓑笠翁，独钓寒江雪。”清冷、严寒是冬季最常见的代名词，但对创业管理来说，历经精益启动、模式创新和价值创造一系列过程之后，创业者迎来的是积累能量、贮藏实力的蓄力阶段，严寒过后便是春天的希望和永续的成长。成长是创业领域永恒的话题，然而成长并不是一帆风顺的，创业者所希望的成长是从 0 到 1、1 到 +∞ 的发展与跳跃，然而现实中很有可能出现从 1 到 0 甚至到 -1、-∞ 的情况。在蓄力的冬季，创业者需要厘清企业成长的规律，把握创业成长时机，在每一个关键的转型时期找准方向，真正实现长久而持续的成长。

第一节　要素视角

一、企业成长的概念

作为经济发展和繁荣的基础，企业成长是一个动态的过程，是通过创新、变革和强化管理等手段积蓄、整合并促使资源增值，进而追求企业持续发展的过程。企业成长包括“量”和“质”两个方面。“量”主要表现为企业经营资源的增加，如销售额、资产规模、利润等；“质”主要表现为变革与创新能力，指经营资源的性质变化、结构重组等，如企业创新能力、环境适应能力的变化等。企业成长分为外生性成长和内生性成长两大类型。

（一）外生性成长

古典经济学用分工的规模经济利益来解释企业成长问题。企业存在的意义是将单个的劳动力集合在一个统一的组织之中，形成分工以通过更高的产量和更低的成本获得规模效益。新古典经济学关注企业投入和产出的关系，也就是规模报酬的获取。企业的成长就是将产量调整到最佳规模的过程，在这一过程中企业同时实现了利润最大化的目标。外部性成长变化的原因通常都来自外部，如技术的变革、要素价格的变化、收入或需求的变化等。以科斯为代表的交易费用学派对新古典理论提出了质疑，认为企业的成长应符合交易费用分析范式。在市场交易中存在诸如签约、监督履约和追索违约等相关的交易费用，需要通过形成组织并允许由企业家来支配及控制。企业组织是市场机制的替代物，节约市场交易费用是企业成长的动力。

（二）内生性成长

企业拥有的资源是决定企业能力的基础，彭罗斯从这一角度探讨了企业成长的内生机制。企业是独特的资源集合，其中最重要的是人力资源，企业家和管理者在部署资源时能够觉察到生产机会，并且采取行动为企业带来持续成长的动力，这就构成了“企业资源—企业能力—企业成长”的分析框架。企业的内部物质资源基础和企业家人力资源中的知识共同催生了生产机会，知识的学习和积累会增加企业资源的累积，同时资源和服务的增多又为管理者学习奠定了基础。

生产机会的扩张要同时满足可觉察、有动机和有能力三个条件，同时也会受到一些因素的影响。首先，特定时间与空间下的特定情境会造成一定的偶然性，某个特殊的时间点提供的资源或服务存在一定的特殊性；其次，制度环境、企业的组织架构、政策和规范都会影响企业部署资源的决策；最后，个体否定、影响或改变的作用同样会产生特殊性。具体而言，影响生产机会的最主要因素是企业经营组织的凝聚力和可继承资源的质量。组织的凝聚力体现了企业管理组织机构、价值观、规则等各种资源的一致性和员工的能力，只有继承的资源在企业的经营组织背景下受到了促进，才能真正地推动企业成长。企业能力决定了企业成长的速度、方式和界限。企业能力的关键是管理能力，它是限制企业成长的基本因素，现在通常把管理对企业成长的关键性约束作用称为“彭罗斯效应”。管理资源不能靠市场交易获得，只能依靠自身的继承和积累，管理经验及管理能力决定了企业拥有的资源所产出的产品和服务的数量与质量，并最终制约企业的成长。

海尔的员工成长：“人单合一”

2014年11月26日，海尔董事局主席、首席执行官张瑞敏亲笔写下了《致创客的一封信》，随即成为海尔员工论坛最火的帖子。张瑞敏在这封信中回顾了海尔过去峥嵘的30年，传达了海尔希望成为“时代的企业”的决心。文中提到，时代列车转入一个新的轨道，把我们带进“一个充满生机与挑战的‘人人时代’，一个人人皆创客的时代”。

在张瑞敏看来，成千上万人成就一个企业家，而每一个创新的个体都可以成为一个创业家。正所谓“破一微尘出大千经卷”。在海尔的创业平台上，员工被称作“创客”。海尔不再是生产产品的企业，而是生产创客的平台，从一个封闭的科层制组织转型为一个开放的创业平台，从一个有围墙的花园变为万千物种自演进的生态系统，海尔将这一平台命名为“创客公地”。面对新的挑战，企业要想不被时代抛弃，武器就是：永远创业，永远创新。

海尔进入的新成长阶段对应它的第五个发展战略——网络化战略阶段，海尔“人单合一双赢”管理模式升级为“人单合一2.0”——共创共赢生态圈模式。“人”从员工升级为利益相关方，“单”从用户价值升级到用户资源，“合一双赢”升级为“合一共赢”，最终目的是实现共创共赢生态圈的多方共赢增值。管理的重点从管理者和被管理者身上，重新聚焦到员工和用户身上。“人单合一”模式不同于一般意义上的竞争方式和组织方式，也不同于传统的业务模式与盈利模式的范畴，而是顺应互联网时代“零距离”和“去中心化”“去中介化”的时代特征，从企业、员工和用户三个维度在战略定位、组织结构、运营流程和资源配置领域进行颠覆性、系统性的持续动态变革，在探索实践过程中，不断形成并迭代演进互联网企业创新模式。

二、企业成长的动态过程

（一）企业成长的动态特征

第一，在创业管理中，成长是一个从无到有的过程，招收一个员工这种简单的要素扩充并不全然代表着成长，创业过程中的成长是情境导向和要素变更的结合，是一个组织从无到有的过程，这个过程代表的并不是企业的物理形态的形成过程，而是价值逐渐积累的过程。

第二，创业领域的成长，不仅要注重数量的成长，还要注重质量的成长。企业在发展的过程中关注的重点不仅仅是“量”（如销售额、资产规模、利润等）的增长，还要关注“质”（如变革与创新能力、环境适应能力）的增强。

第三，成长不仅涉及内向型问题，还涉及外向型问题。企业拥有的内在核心资源决定了企业的核心竞争力，与此同时，企业还需要不断从外部吸收资源，实现精益启动和持续增长，由内外部的增长共同构成企业的成长。除此之外，企业的成长问题还涉及组织层面的增多、利益相关者的成长和发展，因此从创业的视角来看，企业成长是一个广义的、动态的过程。

（二）企业成长的要素变化

在创业研究中，企业成长情境涉及诸多问题，比如资源约束的多少、时间窗口的变化以及创业者和创业团队的变化等。创业企业的成长并不是摸不着头绪，而是有规律的变化。图 8-1 是以要素视角对企业成长规律的解读，横向代表创业企业的发展阶段，纵向代表各个要素对企业的重要程度。

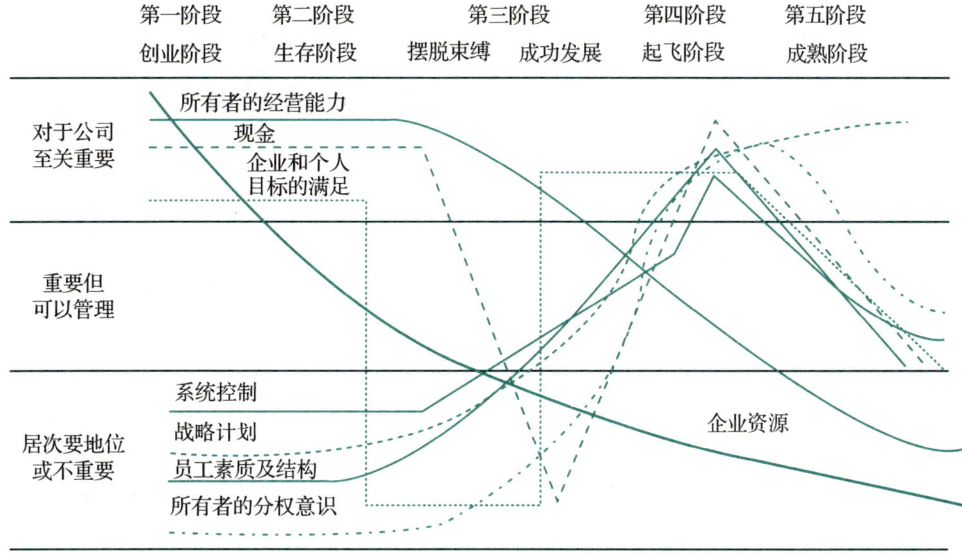

图 8-1　要素视角下的企业成长规律

图 8-1 中的要素是与企业相关的财务资源、人力资源、系统资源和业务资源，以及与所有者相关的所有者自己和企业的目标、所有者的经营能力（在市场营销、发明创造、生产和管理方面）、所有者的管理能力和分权意识以及所有者的远见与建设企业文化、开展团队工作的能力。随着时间推移和要素变化、交织，企业在成长的不同阶段或不同时期，同一要素对企业的重要程度会有所变化。成长是一个多要素联动的结果，既有始终受重视的要素，同样也存在初始重要程度低，后期成长为关键因素的要素。

竞技叠杯与企业成长

在管理研究中，艺术思维贯穿始终，一个画面、一首歌或是一段诗词，背后都蕴含着像二十四节气一样的管理智慧。纸杯游戏是常见的考验平衡、耐心和速度的小游戏，这类游戏在专业领域被称为竞技叠杯（或飞叠杯）。竞技叠杯作为一项新兴的个人或团体运动，要求选手以最快的速度把杯子按规律叠高，然后还原。如今，竞技叠杯日渐流行，全球已有超过两万所学校把这项运动列入正规的体育课程。

我们可以尝试用12个一次性纸杯摆出如图8-2所示的3-6-3叠法、6-6叠法和1-10-1叠法，记录摆好再恢复原貌所用的时间。试验证明这项游戏并没有想象中的简单，然而，顶级玩家完成这项操作只需要几秒的时间。假设由12个纸杯改为15个纸杯，惯性思维容易使人下意识地认为像以往12个杯子的游戏方式一样，每层杯子数有要求、有规律，甚至认为以往叠杯子的经验会有助于完成这次叠放15个纸杯的新任务。然而新的游戏并不是如惯性所想的玩法，而是加入不同的规则：限定一分钟之内，将15个杯子摆出最高的层数。游戏规则的变换会催生出许多不同的思维方式，有人认为15个杯子最高只能摆15层，也有人认为桌子的高度需要算到其中……可行的方法是多种多样的。

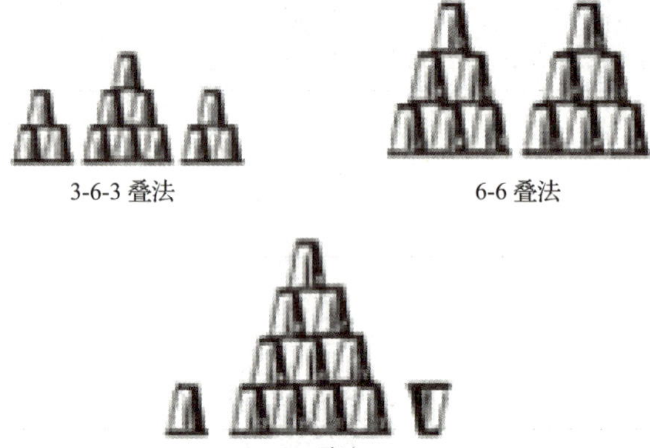

图8-2 竞技叠杯

前后两个不同规则的游戏中，第一种规则体现了成长的变化，第二种规则更多的是展示成长背后的创新。那么，这就是成长的全部吗？如果再改变游戏规则，将杯子的数量变为100个，该如何操作呢？大多数人会认为，从之前的游戏中可以找到规律，做到熟能生巧，然而面对100个杯子，如果摆出13层、14层或是15层，经验会真正发挥作用吗？许多亲身体验过竞技叠杯的玩家用实践经验说明，杯子的不断增多会带来越来越多未知的问题。

一个简单的竞技叠杯游戏让我们看到管理中的许多实际问题：创业是不是人越多越好？面对一百个和十几个杯子的情境，注意事项是相同的吗？事实上，如果我们去分析职业选手的比赛动作，放慢速度后一帧一帧地解析，就会发现选手在摆放的过程中蕴含着大量的技巧和规律。在叠杯子过程中最常见的问题就是杯子坍塌，杯子叠得越高越难完整地收回，一个不经意的失误就有可能导致前功尽弃。创业也是如此，行业中除了令人羡慕的成功创业者，也同样存在大量失败的创业案例。对中国企业而言，现有研究运用了许多统计指标来总结创业结果，虽然结论并不完全一致，但都反映出中国创业型企业的成长难题——寿命不长。

三、企业成长的要素配置

在创业过程中管理者面临的成长挑战是协调和安排不同要素。例如，在创业的春季，

"春姑娘"，即创业者，是这一阶段第一要素，但在创业的中后期，创业者的重要性会发生变化。在早期阶段，销售、生产、研发等其他资源的运用是小型企业建立的基础，创业者的工作能力赋予企业生命力，由于创业初期员工数量不多，此时所有者授权的能力是最低的。随着企业的发展，越来越多的员工进入销售、生产和研发等领域，员工的作用逐渐取代了所有者技能，从而降低了这一要素的重要性。与此同时，创业者必须将更多的时间花费在管理上，通过给其他人授权来合理分配资源。然而，许多创业者由于惯性无法放手去授权，因此许多企业会在第三到第四阶段（见图 8-1）走向灭亡。

创业者应该认识到，从创业初始就需要规划销售、生产以及现金管理等一系列基础性事务，因为这些都需要耗费大量精力。现金的重要性随着业务的变化而变化，对于初始时期的企业来说，现金是一种极其重要的资源，在成功阶段则会变得相对易于管理。随着第四阶段或第五阶段结束，企业成长放缓，现金成为一个可控要素。公司从最初的缓慢增长到快速增长，人员规划和系统控制等问题的重要性逐渐增加，创业者必须认识到并适应新业务在财务、时间和精力方面日益增加的需求。在早期阶段，企业资源是取得成功的重要因素，其中包括获取的市场份额、客户关系、可靠的供应商来源和技术基础，而在后期阶段，由于大客户、供应商或技术来源相关的损失更容易被弥补，这一因素的重要性将逐步下降。

在现实中，并不是所有企业都能成长为大企业，就像歌曲《不想长大》的歌词所言："我不想，我不想长大，长大后世界就没童话。"现有的统计显示，3 年、5 年或 7 年被认为是常见的企业寿命。许多小企业的寿命已经超过了统计结果，而且仍处于健康的成长状态。这部分企业也许并不需要"长大"，只需追求"小而美"的成长逻辑。在成长的过程中，企业会面临许多不确定的因素和各种困难阻力，"小而美"的理念背后的逻辑并非否定企业成长的内涵，"小"既体现数量问题，也暗含质量的优势，"美"则包含着创新性和内生性问题，因此，"小而美"并没有否定成长要素发挥的作用。由此，在创业过程中创业者还需要深入思考：成长的过程是要追求"大而全"的模式还是"小而美"的模式？什么样的资源配置才能实现持续成长？什么样的成长才能为企业带来源源不断的价值？

第二节 类型视角

一、企业成长的不同类型

不同规则的竞技叠杯游戏展示了企业由新生走向扩张的成长规律，在不同的成长阶段重点关注不同的要素，是企业成长、制胜的关键。当然，企业追求的成长不仅有传统意义上"大而全"的规模扩张，也有"小而美"的质量提升。在竞技叠杯游戏中，不仅要追求完成的速度，更要讲究策略。当杯子总数很少时，此时游戏的难度较低，就如同创业领域中的小公司，精简并且运行良好，企业面临的经营困境也较少。然而，当杯子的数量增加时，原有的技巧就变得不那么适用了。随着组织的规模扩大，管理者更加关注企业运行是否平稳，意识到只有打好稳固的发展基础，才能更有效地掌控未来的发展趋势。由此，根据企业的不同类型可以总结出企业各自的成长规律。

企业的成长可以总结为五种类型（见图 8-3），不同钱袋代表了企业成长的结果和价值。图 8-3 中的横轴代表企业在成长过程中需要投入的资源，纵轴代表企业在成长过程中面临的不确定性以及情境的变化，同时，图中还反映了外部力量的介入。由此，构成了五种不同的企业成长类型。

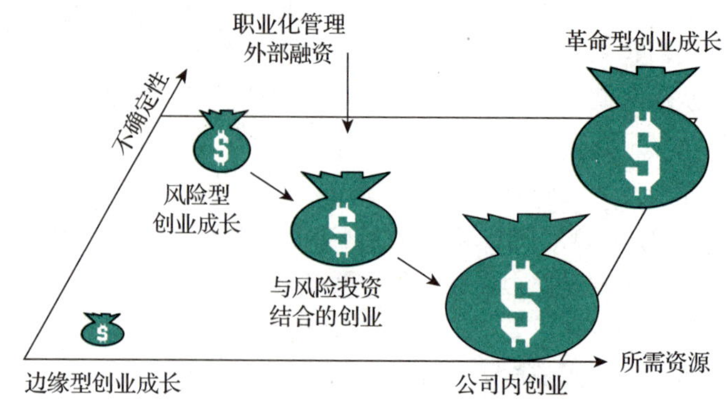

图 8-3 类型视角下的企业成长规律

注：钱袋的大小＝潜在的利润。

边缘型创业成长代表投资规模不大，经营过程中面临的不确定性较低，最终收益较低的创业企业的成长过程。这一类企业并不一味地追求规模的扩张，也许是无法“长大”，也可能是不想“长大”，小型的新创企业追求的是稳定存活。例如，夫妻共同经营的熟食店，投资并不多，对应的钱袋较小，并不期待大额利润，目标是安稳地经营与存活。

图中由左上角到右下角的路径代表风险导向的创业成长之路。左上角意味着投资并不多但是不确定性程度相对较高的风险型创业成长。当向右下方移动时，面临的不确定性逐渐降低，吸引越来越多的外部投资，与此同时钱袋不断变大，表示收益的增加，在箭头所指的中心部分达到平衡状态。此时投资的数量和不确定性相对适中，同时创业企业可以借助外部力量（如职业化管理的外部投资），达到一个非常理想的成长状态。然而，理想并不意味着完美，创业企业成长到一定的阶段时，相较边缘型创业成长会吸引更多的投资，但面临的风险也相应扩大。此时投资者会根据企业面临的不确定性考虑自己会投入多少资金，将风险与投入相匹配。

图中右下角部分的钱袋面积非常大，表明相应的理想收益较高，企业想要获得更高的收益就需要引入更多的资金。由于资金的助力，企业面临的不确定性相对较低。在这一类型中，最常见的例子就是公司内创业，即基于成熟企业进行的创业活动。由于有平台和现有公司的前期积累，企业面临的不确定性相对较低，但也正是基于这个现状，产品和服务需要具有一定的突破性，相对而言也需要较多的投资，如海尔的创客平台，投资远高于一般的产品开发。

图 8-3 中右上角钱袋的大小与右下角的较为相似，而右上角的企业面临极高的不确定性，我们称之为革命型创业成长。革命型创业成长对应的项目往往不是在改变某个产品，而是在颠覆整个行业。例如，快递行业是大部分人熟知的行业，互联网时代使快递业成为目前社会上不可或缺的一个行业。联邦快递的创始人当年在一篇论文中提出了这样一个想法：快速地将美国东海岸的信件传递至西海岸。基于这个想法，他创办了联邦快递公司。他所开创的不仅仅是一个企业，更是一个行业的革命性开端。与此同时，需要注意的是，

联邦快递业务在开始阶段需要整合大量资源，其中包括航线的审批，以及投入较多的资金。这些不同的资源投入和面临不同的不确定性所构建出的成长类型各有特点，同时也各有其合理之处。

二、新企业与在位企业的异同和联系

（一）新企业与在位企业的异同

新古典微观经济学认为，当某个产业存在超额利润时，就会有新企业进入，带来总产出的增加，使得市场价格下降，从而让超额利润消失。由此可见，新企业的持续进入会加剧产业的竞争程度，降低在位企业的市场优势地位和利润率。新近研究认为，新企业进入市场的过程更有可能是对在位企业的替代过程，利用自身与在位企业在产品和服务以及效率等方面的差异和创新，带来市场在数量和质量方面的变化，因此，高效率的新企业进入市场，往往意味着低效率在位企业的退出。

不过，新企业因其“新”也具有一些先天弱势，特别是所面临的资源约束通常较大，而且资源获取途径相对较少，这就使新企业成长需要重视资源基础的重构，积极将资源整合、转化为组织能力。资源基础观认为，新企业战略行为的实施具有很强的资源依赖性，创业导向行为是以对机会的利用为前提，因此对手头现有资源的拼凑使用对于新企业的机会开发和持续成长至关重要。

在位企业是指在行业中具有领先地位的成熟企业，相较于新企业而言，在位企业发展时间较长，拥有了自己的核心资源和竞争优势，同时建立了强大的价值网络。在位企业通常具有以下特征：第一，处于成熟而稳定的市场，有大量需求成熟的顾客；第二，企业现在生产的产品和投资的服务可以获得稳定的收入；第三，在位企业发展前景较为光明，预期寿命较长；第四，它们在行业内具有一定的地位；第五，企业可能是行业中的垄断者或是标准的制定者；第六，在位企业通常规模都较大，以大型企业或集团的形式存在。

（二）新企业与在位企业的线性联系

线性观点认为事物之间存在必然的因果联系，有什么样的因，必然会有什么样的果，以静态、可逆、孤立、还原为主要特征。新古典经济学和新制度经济学采用了静态分析方法，以线性函数表示企业的投入和产出，注重单一外部或是内部的要素分析，把企业生存和发展看作是一种机械运动，认为要素的变化必然导致新企业成长为在位企业的相对结果。

企业成长理论的研究历程经历了从生产函数、契约，到生物体，再到复杂系统的转变，体现了线性思维方式的不断变化。古典经济学的代表亚当·斯密认为，企业存在的理由是为了获得规模经济，企业雇用劳动力并进行一定的分工，可以有效地降低生产成本并增加产量，相较于个体劳动者，能取得较大的规模效益。这种观点从企业外部审视企业的成长，没有引入多种要素的深层次关系，带有一定的机械论倾向。新古典经济学家马歇尔同样认为规模经济决定企业成长，同时从市场结构、企业家理论等方面深入讨论了这一观点，同样借用了本体论和机械论的思想。制度经济学派科斯的交易费用理论认为企业成长的动力是节约交易费用，这一理论拓展了企业成长的边界，但仍是处于线性框架之下的静态分析。彭罗斯的内生性成长理论开启了企业成长内部因素的研究，但是同样没有将内外部因素相结合。后续钱德勒的现代工商企业成长论、纳尔逊的经济变迁的演化理论、爱迪思的企业生命周期理论虽然引入了生命体的探讨，但始终未跳出线性的思维方式。

（三）新企业与在位企业的非线性联系

非线性是相对线性而言的，是指变量之间没有数量上的严格比例关系和图形上的直线关系。非线性是复杂性产生和演化的动力机制，非线性不等于复杂性，非线性导致了复杂性。企业是一个复杂性系统，将复杂性理论应用到企业成长研究中将可能给企业成长理论发展带来新启示。非线性研究主要以非线性科学的主要研究方法在企业领域中的应用为线索，分析企业成长理论的演进逻辑。把企业看作是复杂系统，而不是单纯地借用生命科学或其他学科理论来分析企业成长问题，才可能揭示企业成长的内在规律。

系统动力学的引入为企业成长理论的演化开启了新的视角，这一学派认为企业的成长是一个复杂的动态过程，涉及多变量的相互关联和协调配合，是一种更贴近现实的观点。环境的变化是企业成长过程中不得不面临的问题，复杂、动态的外部环境为企业创造了各种机会和风险。耗散结构理论提出，企业是一个开放的复杂系统，管理耗散结构与企业组织之间在环境的影响下存在非线性的此消彼长、相互依存的复杂关系。混沌理论将企业看作非线性的复杂系统，阐述了企业成长中的复杂变化。复杂性科学研究证明，在非线性动力机制下，事物并不会沿着一条直线发展，在现实世界中，非线性作用打破了空间和时间的对称性，呈现出对称性破缺。

中国的“隐形冠军”：双童吸管

“隐形冠军”企业通常指虽不为公众熟知，但在某个领域处于世界前三强的公司或在某一大洲上名列第一的公司，可以是在某一细分领域或行业里做到全球领先的中小企业，它们中有的甚至占据超过90%的全球市场份额。“隐形冠军”概念首创者、德国企业管理学家赫尔曼·西蒙在2019年11月第二届中国国际进口博览会“隐形冠军”发展高峰论坛上表示，全球化的商业成功并不主要来源于大型企业，而是来源于像“隐形冠军”这样的中等规模世界级企业，中国应该培养更多的“隐形冠军”。

义乌市双童日用品有限公司就是一家中国“隐形冠军”企业。创始人楼仲平出生于20世纪60年代，已在吸管行业坚持了20年，而在创业早期，他至少尝试过20个行业。在英文里，吸管和稻草是同一个词straw，不引人注目，用完即弃，利润也极其微薄。楼仲平算了一笔账：平均销售价在8厘钱，刨除原料成本50%，劳动力成本15%～20%，设备折旧、物流等费用20%多，最后的纯利润只有大约10%。也就是说，生产一根吸管我们只能赚8毫钱，也就是0.000 8元。换过20个行当的楼仲平，不愿再轻易转行。细心的他发现，义乌的吸管包装上几乎都印有一男一女两个儿童的图案，不同的只有厂址和电话。跑到工商局一问，得知这可以作为商标，且无人注册时，楼仲平当即花了2 000元办理手续，“双童”吸管就此诞生。就在前些年，双童吸管在设备和人员没有增加、产量也没有太多提高的情况下，每年的利润增长率（百分比）能达到两位数。一般人可能根本想象不到，一根小小的吸管，一年可以创造出 2 000 多万元的利润。

楼仲平在一次采访中曾谈道：“从地方政府角度来考量，一般知名度较高的大型企业才是扶持保护的重点，政府可能会觉得我们这种‘隐形’企业太过于专注某个细分领域，限制性过强，误以为不能创造更高的营销收入和更大的产业规模以带来更多的社会价值。但其实双童坚持极致的专注，用‘以小博大’的精神去做一根吸管，通过科技创新，对吸管产品、设备和工艺进行研发与技术改造，同时坚持用专注的匠人精神把微小的吸管做到极致，从而实现创造更多价值的目标。”

第三节 阶段视角

一、企业成长障碍与阶段性

企业是在特定管理框架之内的一组资源的组合，企业成长障碍的产生是由于企业不能有效地协调其资源和管理职能。当企业的规模达到极限，无法有效地实施管理的计划、组织、控制和领导的职能时，企业就无法成长。企业面临的成长障碍主要有以下四种：第一，内部障碍。每个管理者有不同的教育背景、经历、个人能力和偏好，导致他们的管理水平是有限的，在实践中容易存在不能正确识别和利用成长机会的情况。第二，外部障碍。由于外部环境的限制，新生的小企业无法获取与大企业相同的低成本的必需性生产资源，这也是新企业相较于其他成熟企业在进入市场时必须承担的额外成本。第三，政策法规障碍。服务于企业的政策法规有时也会限制企业成长。第四，战略障碍。企业的竞争对手会有针对性地设置进入障碍和成长障碍以限制自由竞争，从而获取和保持垄断地位。

企业在成长过程中会表现出创业、守业、展业三个阶段。创业阶段就是孕育和新建一个企业，并使企业在生存下来之后以一定速率继续成长。在创业期，企业解决了生存问题以后，会推出合适的产品，拓展一定的市场，但这时候企业各方面条件都很不完备，没有稳固的持续发展能力，所以，怎样获取资源是处于这一阶段的企业面临的主要难题。守业阶段是指企业制度化、规范化，并走向成熟，自动适应环境的阶段。守业不是静态地固守积存的企业资产，而是要在进一步获取企业资源的动态过程中，通过规范化的管理使企业资源实现优化配置，企业能力得以充分发挥，因此，这一阶段企业面临的主要难题是如何建立有效的经营管理秩序。展业阶段，则是指企业通过兼并、重组或二次创业，整合资源，寻找新的市场机会和增长点，突破瓶颈或起死回生，继续或再度成长的阶段。它是指企业通过拆分、调整、重组或兼并、创新和变革，应对生命周期步入老化或衰退，通过重建品牌、重塑市场或创新客户，增强企业影响力或促使企业获得新生的过程，处于这一阶段的企业遭遇的主要难题是如何打破常规以使企业摆脱僵化而持续成长，或使企业扭转颓势而蜕变重生。

创造性破坏能带来阶段性的扩张。熊彼特认为，经济活动本质上不是静止的，而是一个不断演变的过程。在某个特定时期，拥有竞争优势（表现为优于一般水平的产品、技术或组织能力等）的企业将获得纯利润。但是，动态地看，这种竞争优势是不可能持续的，因为外部环境的变化将对原有的竞争优势基础造成冲击。在这种冲击的作用下，企业原有的竞争优势来源将被新来源所取代以创造新的竞争优势。熊彼特把这种演变过程称为“创造性破坏”。能够利用“创造性破坏”所带来的机会的企业，将在下一个相对静止的时期获得竞争优势和扩张。

二、企业成长的五阶段模型

哈佛大学拉里·格雷纳教授提出的五阶段模型从全新的视角讨论了企业成长规律，该模型认为企业每个阶段都由前期演进和后期的变革或危机部分组成，这些变革和危机使企业加速向下一个阶段跃进。企业通过演变和变革而不断交替向前发展，企业的历史比外界力量更能决定企业的未来。格雷纳以销售收入和雇员人数为指标，根据它们在组织规模和年龄两方面的不同表现组合成一个五阶段成长模型：创立阶段、指导阶段、分权阶段、协调阶段和合作阶段。每个阶段公司的演进期都有其独特的管理方式，而变革期则由公司面临的居支配地位的管理问题所致。如图 8-4 所示，横轴代表组织的年龄，纵轴代表组织的规模，从而形成了图中所示的企业成长路线。这条成长路线由左下角向右上角延伸，在时间推进的同时每个节点都呈现出一个阶段性的变化情况。早期企业可能会面临领导危机，到成长的中后期会面临自立危机、控制危机和烦琐公事程序危机等相关的体系建设问题。

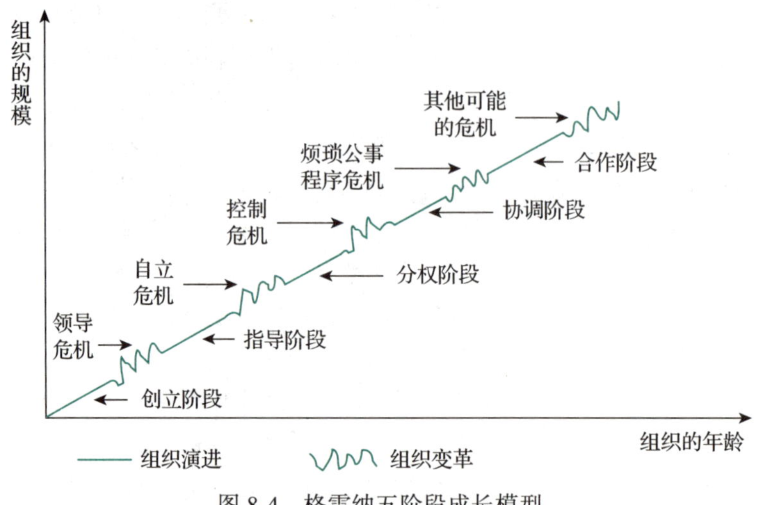

图 8-4 格雷纳五阶段成长模型

在企业成长的过程中，一方面，随着企业更富有经验，逐渐走向成熟，以及规模不断扩大，企业将呈现出有利于成长的健康态势；另一方面，推动企业成长的动力与阻碍企业成长的阻力的相互作用，使企业在各个阶段表现出不同的成长状态。推动企业在现阶段成长的动力往往会是阻碍企业在下一阶段进一步成长的最大障碍。因此，能否突破这种阻碍是企业能否进入下一阶段并达到成长目的的关键。通过对那些生死攸关因素的变革，企业会获得新生，迎来再次发展。这种通过演进和变革相互作用的成长历程是该模型的主要特征之一。

除此之外，丘吉尔和刘易斯从企业规模和管理因素两个维度描述了企业各个发展阶段的特征，提出企业生命周期应包括创立阶段、生存阶段、发展阶段、起飞阶段和成熟阶段。根据这个模型，企业整体发展一般会呈现“暂时或永久维持现状”“持续增长”“战略性转变”和“出售或破产歇业”等典型特征。在每个成长阶段，企业都面临健康成长和经营失败两种结果，很少有企业能够长期维持现状，不少企业会在生存阶段、发展阶段和起飞阶段交替时发生战略性转变，例如那些具有强烈成长意识和充足资源的企业会由生存阶段快速进入起飞阶段。

谷歌：创始人与管理者

谷歌由当时20多岁的拉里·佩奇和谢尔盖·布林创立于1998年，但是直到2001年聘请埃里克·施密特博士担任CEO时，谷歌依然只是一个技术还不错但无法赚到钱的小公司。施密特1955年4月27日出生于美国华盛顿，拥有美国普林斯顿大学电子电气工程师学士学位、加州大学伯克利分校计算机科学硕士学位和博士学位。施密特曾是诺威尔公司的董事长兼首席执行官，负责公司的战略规划、管理和技术发展，他还曾是苹果公司董事会成员。2001年，谷歌创始人佩奇和布林从诺威尔公司聘请施密特担任CEO。当时正是“眼球经济”的衰退时期，此时的谷歌是一家相当出色的搜索引擎技术公司，但除了出售技术，没有其他盈利方式。

身兼互联网战略家、企业家和重大技术开发者的多重身份，施密特有着20年的成功经验。他富有经验且颇具创新力地看到了搜索结果与广告之间最和谐的联系，解决了谷歌在保持主页简明朴素的同时想要增加广告收入的难题，为谷歌找到了最核心也最成功的赚钱方式——AdWords文字广告，即在搜索结果右边附加相关广告。施密特让谷歌从一个单纯的搜索引擎，转变为一个为企业提供各种搜索服务的供应商和互联网上最大的广告平台之一，挖掘出了谷歌的巨大商业潜能。施密特在2011年卸任CEO，转而担任谷歌董事会执行主席并在2018年退出。虽然被不少人评价为“没有他就没有谷歌”，不过施密特也主动承认自己在任时的两个失误：一是对AI技术缺乏远见，二是对发展社交网络的犹豫。因此，企业在成长的每个阶段有其不同特征，既包括机遇，也包括挑战，创业者需要不断突破障碍，推动企业实现进阶成长。

阶段视角所总结的企业成长路径虽然不能反映成长过程中的所有要素构成，但是强调了企业在成长过程中的每个关键节点，当我们把关键节点放大分析时，所显示的不是时间维度的长短，而是管理的相关问题。与其他企业不同，互联网时代技术创新的领军企业之一谷歌在成长初期就聘请了具有专业经验的管理者帮助企业运营，创始人清醒地认识到自己并不是管理领域的专业人才。在初期的成长阶段，面对领导危机和随后而来的自立危机，谷歌需要的是一位具有初期管理经验并具备卓越管理能力的外部人士，并由这位更合适的人来担任企业的CEO。

总体而言，企业成长的阶段模型意味着创业是一个总结规律的过程，但这个时间上的阶段性过程并不意味着所有企业都适宜采用相同的管理措施，而是需要同谷歌一样厘清自身成长路径上的时间脉络，把握好节奏，制订相应的解决方案。正如歌曲的编曲，每首歌都有适合自己的独特音乐节奏，节奏加快或是变慢都会失去原有曲调所传达的意味。如何把握合适的节奏、在什么节点上出重音、在什么节点上用轻音，都是创业者在企业成长的过程中需要摸索和探讨的规律。

第四节 周期视角

一、企业生命周期理论

伊查克·爱迪思在《企业生命周期》一书中，把企业成长过程分为孕育期、婴儿期、学步期、青春期、盛年期、稳定期、贵族期、官僚化早期、官僚期以及死亡十个时期，认为企业成长的每个阶段都可以通过灵活性和可控性两个指标来体现：企业初建或年轻时，充满灵活性，做出变革相对容易，但可控性较差，行为难以预测；当企业进入老化期，企业对行为的控制力较强，但缺乏灵活性，直到最终走向死亡。

在现实生活中，成长并非易事，企业发展的过程中可能会面临诸多风险，正如在竞技叠杯游戏中，如果选手拿到的是玻璃杯而不是纸杯，操作时就会面临更大的风险，一旦失败就可能是一败涂地，承担更加严重的后果。从企业成长规律的阶段可以看出，企业成长的过程并不是线性的单程，而是具有阶段性的、波动的、循环的过程。理论上，虽然在成长的过程中存在波动的阶段，但总体的趋势是上升的，而现实中这种上升趋势并不一定百分百出现，不是必然的发展结果，成长过程中可能会出现下坡路径，甚至呈现总体下滑的趋势，从周期视角出发的企业成长规律便印证了这一事实。

如图 8-5 所示，从周期视角出发，企业的成长过程可以划分为成长和老化两大阶段，共十个时期，其中成长阶段从孕育期开始，经历婴儿期、学步期、青春期、盛年期，直到稳定期结束。稳定期是企业成长的巅峰，到达这一时期后，往往意味着企业即将进入老化阶段。企业的老化阶段一般要经历贵族期、官僚化早期、官僚期，然后死亡。企业在每一个成长阶段会遇到不同的管理难题，也有不同的管理特点（见表 8-1）。图 8-5 中四个字母分别代表四个管理要点：P——执行（performing）、A——管理（administering）、E——创业（entrepreneuring）、I——整合（integrating），而字母大小反映了企业在这些管理要点上的水平高低。

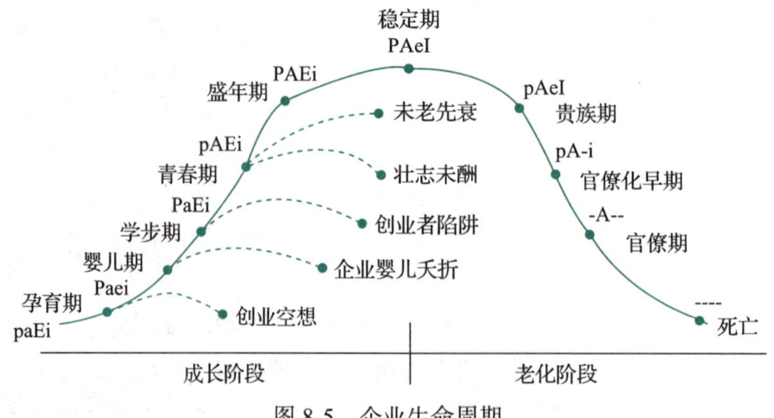

图 8-5 企业生命周期

表 8-1 企业不同成长时期的特点

时 期	特 点
孕育期	企业尚未诞生，仅仅是一种创业的意图
婴儿期	行动导向，机会驱动；缺乏规章制度和经营方针；表现不稳定；易受挫折；管理工作受危机左右；不存在授权，管理上“一言堂”；创业者是企业生存的关键因素
学步期	企业已经克服了现金入不敷出的困难局面，销售额上升，表现出快速成长的势头，但企业仍是机会有限，被动销售，缺乏连续性和重点，因人设事等
青春期	企业得以脱离创业者的影响，并借助职权的授予、领导风格的改变和企业目标的替换而再生。老员工与新来者之间、创业者与专业管理人员之间、创业者与公司之间、集体目标与个人目标之间的冲突是这一时期的主要问题
盛年期	企业的制度和组织结构能够充分发挥作用；视野的开拓与创造力的发挥已制度化；注重成果，企业能够满足顾客的需求；能够制订并贯彻落实计划；无论从销售还是盈利能力来讲，企业都能承受增长所带来的压力；企业分化出新的婴儿期企业，衍生出新的事业
稳定期	企业依然强健，但开始丧失灵活性，表现为：对成长的期望值不高；不努力占领新市场和获取新技术；对构筑发展远景失去兴趣；对人际关系的兴趣超过了对冒险创新的兴趣
贵族期	大量的资金被投入到控制系统、福利措施和设备上；强调做事的方式，而不问所做的内容和原因；企业内部缺乏创新，把兼并其他企业作为获取新的产品和市场的手段；较为成熟的运营能力和良好的财务状况使得在这一时期的企业成为潜在的被并购的目标公司
官僚化早期	强调是谁造成了问题，而不去关注应该采取什么补救措施；冲突和内讧层出不穷；注意力集中于内部争斗，忽视了客户需求
官僚期	制度繁多，行之无效；与世隔绝，只关心自己；没有把握变化的意识；客户必须通过种种办法，绕过或打通层层环节才能与之有效地对接

企业在生命周期中由一个阶段向下一个阶段迈进时，会遇到不同的管理问题，这些难题促使企业改进旧的行为模式，并在新的环境下进行重塑。企业成功地迈入新的历史时期，往往意味着它具备了处理更庞大、更复杂问题的能力，实现了质的飞跃，迎来了新的成长阶段。创业者需要在创业路上不断克服各类管理难题，使企业能够进入下一个更富挑战性的生命阶段，将企业引向盛年，并保持盛年。

共享单车：在风口上的失败

2014 年，戴威创立了 ofo 共享单车，“小黄车”从校园共享单车业务入手，解决了在校学生短途出行的问题。ofo 随即迅速风靡，成为国内第一家共享单车互联网运营公司。2017 年，ofo 共享单车的估值达到了 30 亿美元，戴威凭借 16% 的持股比例，一跃成为一位“90 后”亿万富豪。然而，经历了短暂的风光后，“小黄车”的运营陷入了停滞，只能等待被收购，或者继续苦苦挣扎。从公司的发展历程来看，“小黄车”的成功很大程度上是因为赶上了行业的风口，而“小黄车”的失败，从整个行业大环境来分析，是因为整个行业体系并不成熟，共享单车前期投入巨额资金，如公司高额的运营费用、单车运营维护和维修费用，而“小黄车”显然没有这样的实力，共享单车单一的盈利模式和不值一提的收入，使得它收回成本需要相当长的周期。前后成本与收入的矛盾使“小黄车”难以渡过生命周期转折的难关，最终未能进入稳定成长阶段而陨落。

二、组织衰落与退出战略

（一）组织衰落

企业成长具有生命周期，意味着企业经历了生成、长大、成熟，还要面对衰退甚至死亡的挑战，也是“向死而生”的过程。因此，衰退也是成长应有之义，需要科学认识衰退背后的成长问题。组织衰落是成长老化阶段的表现，具体包括企业需求减少、产量下降、增长率逐渐下降甚至出现负增长、盈利能力大大下降甚至出现亏损、组织的竞争能力削弱等。如果以绩效为标准界定，组织衰落表现为持续的企业绩效下滑，并将衰落企业操作化为财务绩效指标的持续下降；从资源视角看，组织衰落体现在特定时期内（如至少两年内）组织资源基础的实质和绝对量的下降。相较于成长阶段，处于老化阶段的企业在经营方面面临着更为严峻的挑战，管理者需要在不断萎缩的资源条件下努力改善经营绩效，同时利益相关者的矛盾也逐渐凸显，企业经营管理人员在处理多重问题的压力下还会受到来自董事会的监督和投资者、银行、供应商等多方面的大幅限制。

进入老化阶段的组织内人员呈现出与其他阶段不同的特征，主要表现在高管团队的行为特性和组织其他成员的行为特性两方面。具体而言，CEO 和董事会成员的离职率显著升高，领导力削弱；权力集中在少数人手上，危机和短期需求替代战略规划，缺乏长远眼光；保守主义和地盘保护导致决策偏向于抵制变革、拒绝新方案；出现非优先裁员，为了试图缓解冲突而采取均衡裁员。对于组织其他成员而言，员工士气日益低落，对领导者逐渐失去信心，出现为争夺稀缺资源而产生的内讧行为。从战略管理的角度来看，衰落组织表现出战略瘫痪特征，很少主动采取措施，基本不进行兼并和收购，同时会精简组织业务，清算或剥离更多的二级单位以增加现金流，还存在管理失衡现象。处于老化阶段的组织看似陷入深渊，然而“穷则思变”，越来越多的研究发现，在巨大的经营压力下，一些企业会出现触底反弹的行为，以创新推动复苏。

（二）退出战略

企业的衰落，并不意味着组织只能被动而为，也可以通过战略选择实施退出战略。退出战略是指发展潜力小或无发展前途的行业或公司退出市场的一种战略，通过退出市场，使陷入困境的市场主体释放被自身占据的生产资源和要素，在价格规律的引导下，重新完成生产资源和要素的优化配置。

当前不少研究结合实物期权理论，提出业务退出是一类实物期权。秉承“低买高卖”的核心思想，企业有权利选择在形势有利时继续投资，在不利时退出投资，但不承担必须投资的义务。在实物期权的逻辑框架下，处于老化阶段的企业或部分业务预期资产价值、未来盈利能力降低，企业选择在资产价值较高但预期有下跌趋势时售卖，这将有利于企业尽可能地保证资产投资不受损失。当然，业务退出也可以看作企业投资获取看涨期权后，在有一定预期（看跌）和风险偏好的基础上，企业采取的及时行权举动。全盘退出意味着完全退出市场，企业可能丧失未来在该市场占据有利竞争位置的机会（因为进入门槛较高）。因此，在部分退出模式中，退出的部分是看跌期权逻辑，而保留扩张机会，符合看涨期权的逻辑。

在创业领域，对于投资人而言，退出市场主要有以下几种方式：

（1）股权转让。它指企业在后续的融资环节中，将自己所持的股份转让给风险投资（VC）机构或私募股权（PE）基金，这种方式手续简单，完成周期短，操作便利，也相对成熟，许多投资人在赚取到可观的利润之后会采取股权转让的方式退出项目。

（2）并购。并购是指两家或多家独立企业合并为一家企业，通常是一家具有绝对优势的企业吸收一家或多家公司。并购是兼并和收购的合称，兼并强调两家或多家企业合为一体，而收购则是取得被收购企业的全部资产或某项资产的所有权。当企业衰退至生存困难且经营无法持续时，投资人可能会采取出售自己公司且并入其他企业的方式退出。

（3）回购。回购一般是指在投资之初，投资人与企业创始人签订对赌协议，如企业不能在某个约定的时间内 IPO，或者在某个时间段的增长速度达不到约定的数值，创始一方就要以约定的价格来回购投资人手中的股份，使其安全退出。

正如人有生老病死一样，企业的诞生、成长、运行和消亡也是企业发展的必然过程。只有及时有效地将不合格的市场主体淘汰出局，才能确保对社会资源的有效利用。中华人民共和国国家发展和改革委员会（以下简称“国家发展改革委”）、中华人民共和国最高人民法院等十三部委联合印发的《加快完善市场主体退出制度改革方案》是第一个专门涉及市场主体退出问题的国家级文件，方案中强调要完善市场主体退出中的几个非常重要的制度，特别是提出要构建和完善自然人破产制度、特殊主体破产制度和“法庭外”退出制度，健全市场主体退出甄别和预警机制，完善市场主体退出关联权益保障机制，完善市场主体退出配套政策等一系列辅助制度的构建措施，从宏观角度强调了主体退出市场的重要经济意义。一方面，处理“僵尸企业”，制定完善的退出实施办法，有利于提高市场出清效率，提高市场信用水平，推动供给侧结构性改革，加速建设现代化经济体系；另一方面，市场主体的退出是市场经济的重要环节和必然要求，任何主体都有可能退出市场，包括自然人、非企业法人、非法人组织等市场主体，各类市场主体的全覆盖从制度层面保障了市场优胜劣汰的必然规律。

此起彼伏的第二曲线

管理思想大师查尔斯·汉迪提出的第二曲线描绘了企业持续发展的增长路径，如图 8-6 所示，任何一条增长曲线都会滑过抛物线的顶点（增长的极限），企业实现持续增长的秘密是在第一条曲线消失之前开始一条新的 S 曲线，而这条新的 S 曲线就是第二曲线。产品自身存在着一个完整的生命周期（开发期、导入期、成长期、成熟期、衰退期），当它达到巅峰之后将不可避免地走向衰退，但企业若在第一曲线到达峰值转而下降前，尽快寻找到自己的第二曲线，开启一个新增长周期的话，就找到了持续增长的生命线。从广义的发展模式来归纳，实现第二曲线的发展模式至少有四种方式：能力迁移、飞跃式创新、颠覆式创新和多样化。

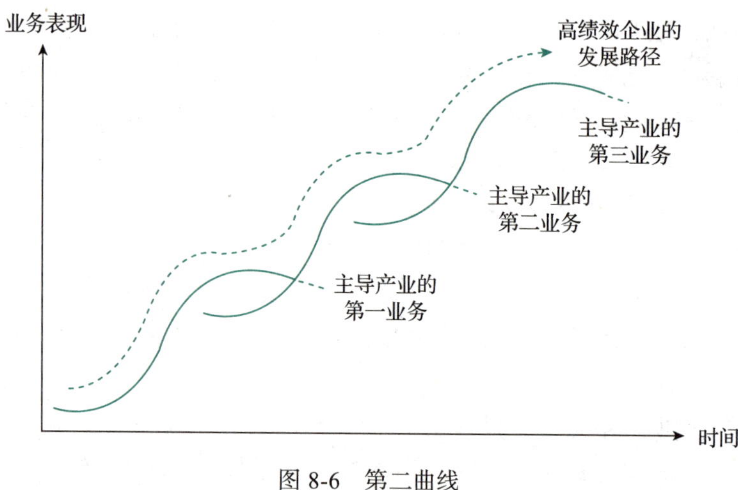

图 8-6 第二曲线

“能力迁移”是指将某一地区或领域内的成功模式推广、复制到新的地区、领域，比如将产品或服务从国内市场转向国际市场。“飞跃式创新”是指原有产品或技术的重大突破或飞跃，最典型的莫过于当前通信技术从 4G 到 5G 的跃升。华为从 2009 年发布首款安卓手机，到折叠屏 Mate X 手机，通过不断提升产品设计和性能，占据了更多的市场份额。“颠覆式创新”是指企业彻底摧毁原来的产品体系，并启动一个新的产品或服务体系。例如微信颠覆了通信运营商的短信，余额宝颠覆了传统银行的定期存款业务。“多元化”就是“不把鸡蛋都放在一个篮子里”，企业同时生产不同的产品或提供不同的服务，以应对不确定的未来需求，提高抗风险能力。

第五节 重心视角

一、产品重心

按照时间进程，产品生命周期一般可分为五个阶段，即产品开发期、导入期、成长期、成熟期和衰退期。产品开发期是指企业找到新的产品构思并进行研究开发的时期，此阶段销售量为零，而且需要投入大量的资金。导入期是指新产品引入市场、销售量缓慢增长的时期，该时期的新产品推广和分销需要大量资金，企业的利润几乎为零。成长期是指产品被市场迅速接受并且带来大幅利润增长的时期。成熟期的特点表现为：大多数潜在购买者已经购买并接受产品，但销售呈现放缓趋势，企业为了保持在行业中的销售份额，会大量投入营销费用。衰退期是指销售和利润不断下滑的时期。

从企业经营实践来看，产品与企业成长密不可分，产品创新与商业模式和产品生命周期的匹配尤为重要。对一个企业的经营乃至一个国家的经济发展来说，产品创新不仅能为企业创造巨大的竞争优势，也能为消费者提供多样化选择，进而拉动消费，促进经济增长。在经营周期内，产品创新是一个不断迭代的过程，根据用户反馈，更新产品创意，满足市场需求，高效地进行产品创新是每个企业应该具备的核心能力。一代产品在开发之前通过探索性创新进入目标市场，随后在成长期和成熟期根据市场对产品的反馈和行业竞争态势不断进行创新、更迭，提高产品竞争力。在上一代产品退出市场之前，第二代产品要进入重复探索性创新的过程，开始新的生命周期，在尽可能延长上一代产品的寿命、获取最大化利润的同时，确保新一代产品成功推出。在企业资源有限、市场变化迅速及竞争加剧的环境下，把握产品演进的规律，根据市场的反馈及时更新产品才能保证企业竞争优势的存续。

分工的细化和竞争的加剧使制造业不断向服务化方向转型，传统的制造业强调“制造＋销售”的模式，重点在于面向产品的制造环节，而新型的服务导向的制造业打破了传统的商业模式，将价值链向高利润环节延伸，通过提高产品附加值、延长产品生命周期，来获取更高的利润和顾客满意度。制造业服务化的细节体现在产品生命周期的各个阶段，这些明显带有服务业特征的环节的出现为传统制造业带来了新的盈利机会。在产品形成阶段，市场研究、产品开发和产品设计打破了以往的僵化模式，更大程度上强调顾客的需求和协同创新，开放式的设计与研发提升了顾客的参与感，设计出的产品也更贴近市场需求；在产品制造环节，采购、加工、装配环节的平台搭建和信息流通保证了及时的供应和高效的组装，同时可以为个性化定制提供保障；销售环节从包装服务、融资租赁服务、网络销售服务到库存管理服务都深化了企业与顾客间的情感联系，增强了顾客黏性；售后阶段的远程维护和报废回收服务不仅节省了企业运营成本，还为顾客提供了全过程的保障。这一系列变革体现了传统制造业在运营全过程的服务导向创新，这种更加面向顾客的经营模式所产出的产品更加贴近市场需求，有助于产业价值链的高端升级和企业竞争力的提升。

二、技术重心

（一）摩尔定律

1965年，仙童公司创始人戈登·摩尔在准备一份关于计算机储存器发展趋势的报告时，发现每个新芯片大约拥有前一个芯片两倍的容量，每个芯片的产生都是在前一个芯片产生后的18～24个月内。如果按这个趋势继续的话，计算能力相对于时间周期将呈指数式的上升，由此产生了后来的摩尔定律，其内容是：当价格不变时，集成电路上可容纳的元器件的数目每隔18～24个月便会增加一倍，性能也将提升一倍。换言之，每一美元所能买到的芯片计算性能将每隔18～24个月翻一倍以上。这一定律揭示了信息技术进步的速度之快。

（二）敏捷制造

20世纪末，美国制造业为应对来自日本等国家的巨大冲击，提出了著名的“敏捷制造”。此后，敏捷制造迅速成为机械制造、计算机、自动控制、管理等领域的研究热点。敏捷制造是通过把企业先进的柔性生产技术和高素质的人员进行全面集成，使企业能够从容应付快速变化及不可预测的市场需求，从而获得企业的长期经济效益的方法，其核心思想是建立灵活的组织，以快速应对变化的市场需求。

（三）迭代开发

迭代的概念起源于数学中的迭代算法，针对无法直接解决的复杂问题而产生，是从一个初始估计出发，寻找一系列近似解来解决问题的过程。所谓迭代开发，就是从创意这一初始假设出发开始，不断调整和修正想法，以探寻新的或类似的解决问题的方式，进而实现创意市场化的过程。迭代开发强调快速创新和用户创新，采取“小而快”的开发模式，用极简的原型和不断进行细微修补的方式快速更迭并进入市场，积极与消费者互动，根据用户认知进行再次开发，重复迭代过程，不断创新并且增强对情境的适应能力。

随着大数据、人工智能及区块链等新兴技术的涌现，第三代技术革命蓄势待发，新技术领域的迭代开发尤为重要。STP 范式，即“科学（science）– 技术（technology）– 产品（product）”模式，描述了科技到现实产品的落地的过程，新兴技术是否实现突破、成功完成创新，一方面取决于技术本身的稳定性和逻辑力度，同时也取决于复杂的商业环境、社会碰撞和强大的伦理约束。过程视角的创新观认为，技术创新具有现实驱动、技术概念形成、知识挖掘和探索、试错以及技术实现突破等几个基本阶段。相比传统技术，新兴技术在这些阶段都表现出相当的跳跃性和非线性。技术的内部开发和外部市场反馈共同促进迭代过程的演进，新兴技术创新的迭代过程的规则难以捉摸，其创新轨迹具有显著的非线性特征。

三、重心前移与模糊前端

（一）重心前移

在传统经济时代，企业管理追求纵向功能性管理，讲求如何提高效率与增加效益、降低成本，生命周期是一个漂亮的钟形曲线。然而，在知识经济时代，产品的生命周期缩短，企业管理的重点是如何快速进入和退出市场，迅速推出升级产品，竞争的关键转向产品生命周期的前端——新事业、新产品策略（包括研发管理、知识产权管理、创新管理、技术策略等)(见图 8-7）。

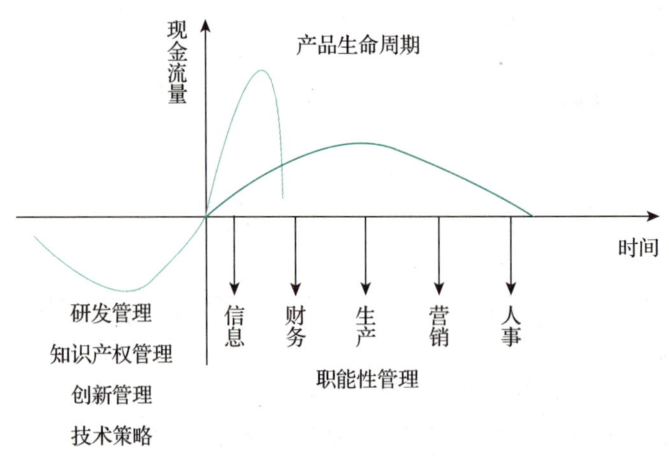

图 8-7　重心视角下的企业成长规律

如图 8-7 所示，较为平缓的曲线代表传统的产品生命周期，相对较长，在图中表现为从零向坐标轴右侧正向延伸的过程。另外一条曲线由两段构成，右侧一段与生命周期曲线走向一致，但曲线相对陡峭狭窄，表示周期较短。这个源自台湾政治大学科技管理研究所网站文章的图示反映出了企业成长重心前移的态势。正如互联网时代的人们普遍认可的摩尔定律反映的那样，产品生命周期在不断压缩。与周期视角有所不同，重心视角提醒创业者，在新产品推向市场（图中原点）之前，需要进行研发、创新等在内的一系列重要的管理工作（图中原点左侧 U 形曲线），而这个产品尚未问世的阶段，往往投入大于收入，呈现盈利为负的状态。我们把这一负向的阶段当作是从无到有的设计工作。另一段较为平缓的曲线提醒企业成长的重心不能仅仅停留在传统的、可预测的情境下，避免仅把成长管理的重心限制在产品投向市场之后的阶段，而有必要以前沿视角和思维，突破图中原点所示的起点，让企业成长不断向前端纵深，关注具有源头性的创新性和创造性内容。现如今，互联网时代的重心偏移给了众多创业者很大的启发，人工智能的潮流势不可当，这类新企业的管理重心与传统重心具有很大区别。创业者需要敏锐地洞察时机，把握好管理的重心，克服企业成长之路上的困难。

（二）模糊前端

模糊前端（fuzzy front end，FFE）也被称为先期活动、第 0 阶段前、概念开发阶段以及创新前端等，从企业成长的重心视角来看，是指企业重心前移到整个新产品开发过程的中早期。模糊前端根据细化程度不同可以被分解为多个子阶段（见表 8-2）。其中，两阶段模型倾向于涵盖前端阶段，如机会的识别与选择、创意的产生、概念的形成、战略的选择等，而三、四阶段的模型倾向于强调后续阶段，如产品定义、项目计划等。至于模糊前端的起点和终点，多数学者认为起始于机会识别或创新产生，终结于公司的一个决定，该决定将确认是否进一步投资或开发项目，也就是是否进入产品开发阶段。从活动视角来看，模糊前端大体可以概括为四类活动：机会识别、创意形成、概念定义、开发计划。它更加强调活动本身的内容，而不是活动的先后顺序，目标更加明确。

表 8-2　不同的模糊前端阶段模型及其描述

阶段模型	描　述
两阶段	第 0 阶段：概念形成；第 1 阶段：项目评估
	创意窗口过程：机会选择、战略选择、标准选择、组合分析、形成创意优先清单；项目选择过程：选择、分析和评价
三阶段	创意形成、产品定义和项目评估
	市场和技术机会、产品与商业创意、产品概念及初步的商业计划
	第 0 阶段前：初步机会识别、市场和技术分析；第 0 阶段：产品概念；第 1 阶段：产品定义、项目计划
	产品或服务机会的识别和分析、创意形成、新产品或服务概念选择
四阶段	创意战略规划、创意产生和采纳、创意筛选与执行以及进一步的概念开发、初步计划
六阶段	项目战略形成、机会分析、机会识别、概念定义、创意产生与丰富、创意分析与选择

百度：决胜 AI 时代

互联网巨头 BAT 都有其明显标签，比如阿里的电子商务、腾讯的网络社交，而公众所熟悉的百度的标签当属搜索引擎。不过，如今的百度，已经在人工智能（AI）领域超前行动，通过战略布局的调整，抢占下一个风口。2017 年 7 月，百度创始人李彦宏乘坐百度无人驾驶汽车上了北京五环，随后北京交管局介入调查，这一新闻才使不少人意识到百度要做无人驾驶汽车项目。2018 年 4 月，在互联网岳麓峰会高峰论坛现场，李彦宏发表主题演讲，提及了自动泊车的实质是最后一公里的无人驾驶，他认为这一应用将比完全无人驾驶时代更早到来。百度虽然是一家主要做搜索引擎的公司，可近年来一直对外宣称它不仅仅是搜索引擎公司，而是技术驱动的 AI 科技公司，并已率先涉足无人驾驶技术的开发，“决胜 AI 时代”也成了百度新的口号。如果把百度比作一个聪慧的 AI 婴孩，百度大脑控制着其全身，大脑的神经网络、神经元都集结着百度多年的 AI 技术沉淀；对话式人工智能平台 DuerOS 和无人驾驶平台 Apollo 相当于手和脚；百度云则扮演着躯干的角色，将大脑的智慧、DuerOS 和 Apollo 的能量传导给体内外。

模糊前端因其无规律以及动态的特点而具有模糊性及不确定性，其中不确定性主要包括组织不确定性、技术不确定性、市场不确定性和资源不确定性。降低模糊前端的不确定性，能获取高质量的产品创意，有利于企业进一步开发出最终产品，对企业新产品开发活动的成功具有积极作用。模糊前端绩效是对阶段结果的评价。影响模糊前端绩效的关键因素，可从企业内部和企业外部两个角度来分析。内部因素具体包括企业文化、领导力和企业内部环境，例如战略、团队、企业文化和信息系统等，外部影响因素主要包括企业所处的环境及企业与环境的互动，例如顾客、供应商、分销渠道、竞争者等利益相关者等。由此可见，作为企业成长重心前移的表现，决胜模糊前端成为在不确定性情境下创业者需要关注的焦点之一。

创业的技术行动

“出门问问”的成长与突破

在中华人民共和国科学技术部 2017 年独角兽名单中，“出门问问”是人工智能语音领域唯一上榜的企业。以语音交互为核心技术，“出门问问”经历了软硬件结合的坎坷之路。

2012 年，前任谷歌研究学者李志飞在北京创立了“出门问问”。该公司本来希望打造移动设备的数字语音助理软件，让该软件成为中国的 Siri。公司成立两年后，李志飞发现智能手机并非人工智能语音助理的理想平台。首席技术官雷欣曾说：“数字化语音助理可能会派上很大用场，但是并非手机的关键功能。毕竟，多数人都习惯于用眼看手机，用手触摸手机。语音控制能力对于耳机、智能手表、汽车仪表板等设备的应用可行性要比手机大得多。”于是，“出门问问”在 2015 年初进军硬件领域，开始生产并应用于智能手表、智能耳机和汽车后视镜上。这些设备都与“出门问问”的数字化语音助理互联，并以 Tic 品牌发布。

虽然硬件业务表现稳健，但是李志飞和雷欣从没有忘记原本的目标——打造成功的人工智能语音平台。毕竟，“出门问问”这个名字体现了出行和语音的结合。因此，“出门问问”再次改变航向。2019 年 5 月 1 日，该公司在旧金山发布其企业及云 AI 解决方案，其内容基本与该公司和大众、谷歌、远传电信的合作相似，但是更具有全球规模。如今，在人工智能盛行的时代，“出门问问”依靠早期积累的经验和资源，针对个性化场景不断研发新产品，寻求成长期的转折和突破。不过，李志飞仍在调整和摸索，他曾在一次演讲中谈道：“我很难判断未来哪一种形态会成功，因为科技发展就是这么残酷，很难让人预测哪一个成功或者说哪一个不成功。”

本章结语

如同个人成长一样，企业成长是一个从量变到质变的过程，销售额的增长、市场份额的扩张、创新能力和管理能力的提高等指标变化缺一不可，是“质”与“量”并重的全面发展。随着企业结构和功能的不断完善，周期性的波动在所难免，每一个关键节点都是企业面临全新挑战的时刻，当管理者合理利用资源克服管理难题，企业组织规模与管理框架完美适应时，企业就迎来了新的成长时期。无论是新生企业还是百年老店，成长都是不可逃避的话题，在不断变化的环境中探寻企业成长规律，在每一个拐点适时变革，是企业持续发展的秘诀。

思考与练习

1. 请结合现实中的创业案例，比如共享单车创业的“热”与“冷”，谈谈你对创业企业如何延长生命周期的想法。
2. 请结合自己所了解的创业型企业成长案例，谈谈你对该企业属于哪一种成长类型的判断及缘由。
3. 结合你所了解的正在进行或曾经创业的企业，说说它们成长规律和不同阶段中各个要素的重要性。
4. 如何理解企业成长这一概念？在格雷纳的企业成长模型中，为什么说“推动企业成长的动力又往往是阻碍企业进一步成长的最大障碍”？

第九章
CHAPTER9

冬季节气智慧与永续成长节点问题

⊙ 学习目标

- 理解创业失败的基本概念和理论
- 认识制度环境在创业过程中发挥的作用
- 理解创业生态系统的基本理论和内涵
- 认识创业伦理产生原因和特点
- 掌握绿色创业机会开发的过程
- 认识社会创业的基本概念和类型

⊙ 创业的艺术思维

歌曲《冬天里的一把火》唱道："你就像那冬天里的一把火，熊熊火焰温暖了我的心窝；每次当你悄悄走近我身边，火光照亮了我。"创业进程也有寒冬季节，是什么温暖了创业者的心窝、照亮了创业前行方向？在上一章关于永续成长规律的基础上，本章将继续探讨创业管理冬蕴板块的一些严酷挑战，比如如何面对失败风险、响应制度环境、营造生态系统、破解伦理困境、实现绿色创业和创造社会价值等，这些问题背后也蕴藏着创业新机会。因此，在接下来的章节，我们将从冬季的六个节气入手，解析冬季板块中的创业管理遇到的节点问题。

第一节　立冬：直面创业失败

节气 X 创业

立冬，季节类节气，时间通常在公历每年 11 月 7 日或 8 日。“立，建始也”，“立”是开始，“冬”是冬季节令，“立冬”即是冬天的开始。立冬之时，黄河中下游开始结冰，土地表层开始冻结。古语云：“冬，终也，物终而皆收藏也。”旧时农俗，农民在立冬观察风向，可预知来年农事丰歉，民谚有“立冬西北风，来年五谷丰”。

创业是创业者对自己拥有的资源或努力获得的资源进行优化整合，从而创造出更大经济或社会价值的过程。创业面临着多种不确定性，创业失败对创业者来说也是家常便饭，每一次失败就如同寒冬的来临。凛冬将至，迎来春天最有效的方法是直面失败，修复负面情绪，分析失败的原因，从中学习经验，不断地实验试错，通过商业模式的重塑迎来新的转机。在创业的“低谷期”不断积累，才能迎接来年的“五谷丰”。

一、创业失败与归因

（一）创业失败和复原

创业失败是指创业者未实现目标或期望而终止经营或退出企业的情形，新企业歇业、资不抵债、破产等都是创业失败常见的表现形式，但究其根本，创业失败的标准一般由创业者主观认定，只有项目的决策人（如创业者）才有定义项目是否已经失败的权力。创业失败是试错的重要手段，创业者应该关注如何最小化创业失败的成本并最大化创业失败的价值，使失败无限逼近成功。失败造成的损失会使创业者产生负面情绪，从而影响创业者从失败中学习的能力，修复负面情绪、“化悲痛为力量”、从失败中学习经验是创业者成长的必经之路。

创业失败是大概率事件，如何在失败时克服负面情绪是后续开创新事业的关键。按照创业者的反应，创业失败复原过程可分为回避、接受、归因和学习四个阶段。面对创业失败所带来的紧张刺激，创业者在初期通常难以接受，想要逃避，并且尽可能地推迟失败。这种来自精神层面的极大刺激会给创业者造成情绪上的压力，致使创业者想要逃离失败情境，试图从负面情绪中抽离。紧接着，创业者可能会从外部环境中获得情感或是物质上的支持，进而意识到自身的价值，这种积极的心理暗示将创业者自身与创业失败分离开来，创业者视失败为试错，开始正视创业失败，并试图处理失败带来的负面后果。

接受失败的现实之后，创业者会从内部与外部对失败进行归因和评判，虽然这种判断可能会因带有主观倾向而与实际不符，增加了创业者从失败中走出来的难度，但也为创业者开创新事业带来了动力。与失败相对应的学习一般包括内部学习和外部学习：内部学习的内容主要为企业运营管理、社会网络关系构建与维护、财务管理、产品研发等，特别关注与企业创建、经营、管理和退出相关的内容；外部学习主要包括法律、规章等制度与政策，以及行业特性、产业链上下游关系等内容。经过回避、接受、归因和学习四个阶段，创业者通常会恢复自信，以实际创业行动检验学习成果。

（二）归因理论

归因是个体对自己和他人的行为原因做出解释和推测的过程。归因的差异会造成创业者对失败情境关注焦点的不同，虽然个体归因得出的原因不一定是真实原因，但作为对事件和行为原因的认知的主观解读，往往比真实、客观的原因更能影响个体行为。失败后创业者的归因会影响创业者的注意力分配，进而影响反思的内容。

一般情况下，创业者失败后归因存在两种情况，一种会倾向于反思内部“人”的因素，另一种倾向于反思外部“环境”因素。当创业者进行内部归因时，会相信失败原因是自身可控且相对稳定的，如个人行为方式、能力和努力等，对于这部分，创业者在失败后会更可能通过心理模拟清晰地了解各种复杂因素以及自身行为与各种可能结果之间的关系，把一些可能会改变现状的举措与各种可能的结果联系起来，形成有效的因果推断；当创业者从外部归因时，他们会偏向于认为造成先前失败的原因是不确定或不稳定的、难以控制且随机变化的，导致事件失败的原因或事物发展规律无法被清晰认知，会将失败归结于外部环境或他人行为而不是创业者自身。

二、组织韧性与再造

（一）创业韧性

创业韧性是韧性概念的延伸，是将组织韧性置于创业领域的一种应用，是创业者在创业过程中面对由创业引发的变化、逆境与干扰时能否有效应对和积极适应的能力与过程，具体表现为创业者能否坚定信念、保持信心、坚韧不拔，直至达成或合理化创业目标。创业韧性主要有以下特征：第一，创业韧性的产生基于创业情境，在创业过程中直接或间接地影响创业失败与坚守；第二，由创业活动引发的变化、逆境与干扰是触发创业韧性的前提条件；第三，创业韧性不仅体现在创业者坚持最初的创业理念和行为上，也体现在创业者根据创业环境的变化，带领组织合理调整创业目标，量力而行；第四，创业韧性是创业者的一种带领组织成长能力，体现为动态发展的过程，这种能力既会增强，也会减弱。

（二）再造理论

再造意味着针对企业业务流程的基本问题进行反思，并对其进行彻底的重新设计，以便在成本、质量、服务和速度等当前衡量企业业绩的这些重要尺度上取得显著的进展。

再造理论关注四个关键词。一是“基本的”，企业在进行改革和再造之前，应该对自己企业的运作有清晰的认知和把握，找出最基本的问题，例如：为什么开启这项业务？为什么规定这种操作流程？基于这些基本问题，人们会在从事业务工作时总结因袭的规则和前提，确定企业的业务工作是什么、怎么做，找出问题的所在从而进行改革。二是“彻底的”，彻底意味着再造工程必须重新设计，从事物的根本着手，而不是对现有的事物做表面的改动。企业再造需要打破现有的组织结构和工作流程，并且开辟完成工作的崭新途径，重塑企业的业务流程。三是“显著的”，再造不是在业绩上取得点滴的改善或细微的提高，而是在经营业绩上取得显著的改进。进行再造的企业可以分为三种：公司深陷困境，除了重塑企业架构外别无选择；企业未陷入困境，但管理层已经预见到未来即将面临困难；为了预防难以察觉的困境，在企业鼎盛时期进行再造。四是“流程”，业务流程是一系列业务活动，包括某种或多种资源投入，最终创造出对顾客有价值的产品。再造以流程为导向，将注意力集中在整个业务流程的重组和优化上，往往能带来更高的效率和更大的价值。

周鸿祎：创业失败与连环创业

关于创业失败的定义，国内外学者众说纷纭，但是有一点是大家所公认的，那就是创业的失败率是非常高的，通常认为是90%～95%。电影《大话西游》中有一句经典的台词：“假如上天再给我一次重来的机会……”许多创业者面对创业失败时的心情也是如此，会寻找和利用一切资源进行二次甚至多次创业，这些创业者被称为连环创业者。连环创业听起来激动人心，但是背后是一次次创业失败的经验积累。360软件成功之前，周鸿祎曾做过一个名为3721的搜索引擎，然而百度也同时推出了类似服务，双方竞争十分激烈。于是周鸿祎在3721客户端中加入了一个专门用来删除百度客户端的模块，而这个模块自身是无法删除的，这让周鸿祎戴上了“流氓软件之父”的帽子。后来，周鸿祎认为百度的搜索引擎性能确实优越，同时由于行业环境低迷，在市场占有率还占优势的情况下，他把3721卖给了雅虎，导致价值10亿美元的市场份额最后被百度占领。虽然失败，周鸿祎却没有放弃，而是继续创业，最后专注于360杀毒软件，同样有所成就。

三、创业失败与模式重塑

创业领域著名的湖畔大学在入学之初就会提到这样一个问题：很多优秀的创业者、优秀的创业想法和机会，甚至是不错的商业模式，为什么最后会失败呢？人们通常更喜欢研究成功的规律，那么失败就没有价值了吗？对创业者而言，立冬带来的严寒并不应成为关注的焦点，在艰难险阻中总结经验才是最重要的，不断测试，重塑商业模式，便可在“寒冬”中迎来希望的曙光。

在学习的过程中，有的人喜欢去找标准答案，但是在创业的过程当中，处于创业之路的创业者更需要学会提出问题，提问的过程对创业者本身来说是一种提升，比恍然大悟找出答案更加重要的是总结出失败背后的问题并进行归因。进行问题的归因之后，创业者就要将思维转换为行动，甚至转换为最佳方案当中非常关键的模式重塑。如何实现一个完整的、更加具有系统性的解决方案？这需要创业者在不断测试的基础上重塑整个过程，利用商业模式画布上微笑的那张脸来对自己的创业项目进行模式重塑，实现各个要素的串联，这才是失败后重新出发的良方。反观自然界一个很具有启发性的案例——鹰之重生，创业者、管理者面临创业之后的重塑应该如鹰之重生一般，虽然经历非常痛苦，但这并不意味着生命就此终结，而是通过这次的蜕变迎来新的生命旅程。

首先，问题归因是直面创业失败、总结经验的起点。图 9-1 是全球知名创业投资研究机构 CB Insights 对创业失败原因的总结。如图所示，这些因素中既有资金的问题，也有创业者和创业团队的问题，有先天原因，也有后天因素，甚至还有一些不可抗力的问题。从中可以看出，问题的归因要比创业失败的界定更有意义。对于失败原因的分析可以触及创业成长过程中的关键点。创业者最容易经历的失败是新产品和服务在市场上没有反响或是反响很差，企业陷入没有盈利和收入的状态，此时创业者不仅要界定这种状态是不是创业失败，更需要认真分析企业为什么会陷入这种状态。

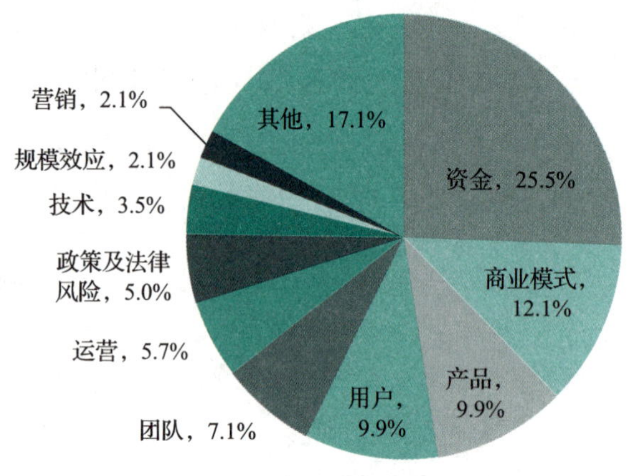

图 9-1 创业失败的原因

在问题归因的过程中要注意两点：比找答案更加重要的是找问题；错误的归因也会导致失败。如果企业的产品销路不畅，企业没有收入，此时创业者已经找到了问题，但是错误的归因也会导致失败的结果。如果创业者发现销路不畅是由于顾客的注意力不集中，难以全程完成服务的操作步骤，这部分归因于外部；如果仔细分析企业内部，也许会得出产品存在影响顾客使用过程体验的设计缺陷。内外归因的解决方案是完全不同的，因此，在创业失败之后寻找问题和归因的过程中，应全面分析失败的各种影响因素，解构创业项目背后存在的原因和相应的解决方案，以便找对病因，对症下药。

其次，进行问题的归因之后，创业者就要将思维转化为行动，进行创业失败的实验测试。如图 9-2 所示，在行动层面上的模式测试涉及三个要素：速度、专注和学习。这三个要素的组合可以生成一个模式测试的行动关键点。如果专注于速度和学习，过于快速强调学习的过程，而忽略了其他要素，会导致测试的盲目性。如果过于强调万事俱备，那么就可能会错失学习的时机。因此模式测试是将思维转换为行动，甚至转换为最佳方案当中非常关键的环节。要策划一个完整的、更具系统性的解决方案，创业者应在测试的基础上重塑整个过程。

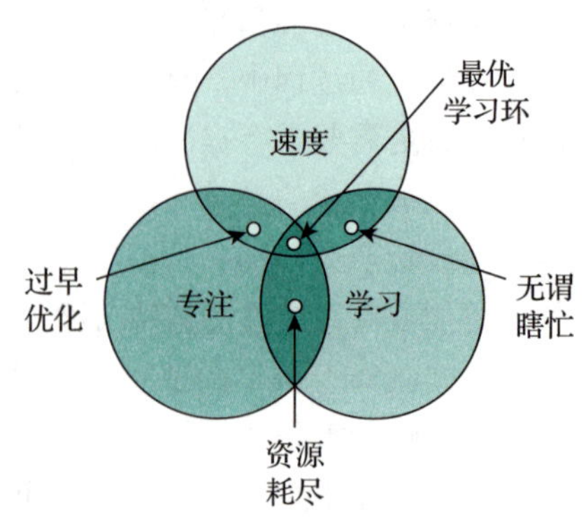

图 9-2 模式测试三要素

最后，商业模式画布是创业者进行模式重塑的有效工具，创业者可以用本书第三篇介绍的画布背后的“笑脸”来对自己的创业项目进行模式重塑。正如前面章节所介绍的，画布中的九个模块代表不同的要素，通过各个要素的串联，创业者可以更加科学地分析和拆解商业模式，明确用户需求进行模式的优化整合，在失败经验归因的基础上，进行模式的重塑和优化，探索企业重新出发的全新模式。

第二节 小雪：谁在雪中送炭

节气 X 创业

小雪

小雪，降水类节气，时间通常在每年公历 11 月 23 日或 24 日。《群芳谱》记载："小雪气寒而将雪矣，地寒未甚而雪未大也。"从小雪节气开始，从天而降的就不再是雨水，而应该是雪花了。但这时刚进入冬季不久，气温没有降得很多，所以雪落到地上很快就会融化，形成不明显的积雪。小雪节气下雪是好兆头，民谚有"小雪雪满天，来年是丰年"。此时大地呈现初冬的景象，但还没到大雪纷飞的时节。

2018 年国务院常务会议中提出："打造大众创业、万众创新升级版，不仅要巩固近年来快速发展的新业态、新模式，还要向更广阔的领域拓展，使创业创新在更大范围、更高层次和更深程度上蔚然成风。""双创"时代的政策导向为创业活动提供了极大的助力，在实践中，创业活动离不开制度和环境的支持，无论是政府、家庭还是投资机构，都能在创业的关键节点帮助创业者迎来新的转折，甚至雪中送炭，帮助创业者渡过难关。

一、制度环境与助力性环境

（一）制度环境

创业活动依存的制度环境，由三个核心维度的制度支撑，分别是规制维度、认知维度和规范维度，为创业行为发挥稳定的作用。规制维度由法律、规章和政府政策等促进和限制行为的制度构成。认知维度由人们所拥有的知识和技能构成。这表现为一定区域内专业知识体系的制度化，以及特定信息成为共享的社会知识的一部分，例如在一些国家，创办新企业的知识被广泛传播，而在另一些国家人们却缺乏相关的甚至是最为基础的知识技能。规范维度反映的是社会公众对创业活动、价值创造以及创新思想的尊重程度，社会文化、价值观、信仰和行为准则都与这一维度有关。

（二）助力性环境

助力性环境是指在知识溢出的基础上，能产生出大量机会的一种环境，包括基础设施、资本市场以及开创新企业的激励等助力性要素。传统的制度由认知、规范和规章制度构成，主要影响一个国家或区域中创业活动的数量，而助力性环境则体现环境制度对创业活动质量的提高效用。这种制度环境对于创新影响力大的创业更加重要，换言之，追求创新的创业者，以及致力于引进新产品、新服务和新流程的创业企业受到助力性制度环境的影响较大。

二、制度创业

制度创业是指组织或个人关注特定的制度安排，认识到开创新的制度或改变现行的制度蕴含的潜在利益，从而建立获得认同所需的规则、价值观、信念和行为模式，并且从中创造和开发盈利机会。传统的制度理论强调制度对组织过程的影响，而创业研究强调创造性力量的变革性。制度创业理论结合了看似矛盾的两者，为解释制度从何而来提供了新的思路。

制度创业者可能是个人、组织，或是由个人和组织结成的联盟，由于一些西方国家非营利组织在公共事务治理和推动制度变革方面发挥了相当重要的作用，而且制度创业更加关注行动主体之间的结构化关系，因此现有对于制度创业主体的讨论主要聚焦于组织，尤其是非营利组织。非营利组织开展制度创业活动并不是以盈利为目的，而化解社会问题并提高社会总福利以获得社会效益，往往是它们实施制度创业的初衷。与非营利组织不同，营利组织开展制度创业活动的最终目的是盈利，但它们开展的制度创业活动往往也会导致制度变迁，推动所在行业的转型升级。

从辩证主义过程视角来看，制度创业不仅揭开了制度变革从何而来的“黑箱”，还提出了制度变革的矛盾统一性，即行动者的实践活动与结构的制度化是一个互为因果、相互作用的循环过程（见图 9-3）。

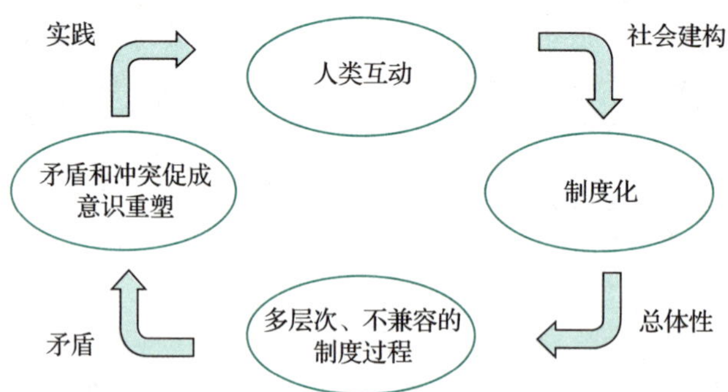

图 9-3 制度化与制度变革的过程模型

具体而言，第一，社会建构聚集于有序的、可预期的关系产生和复制的社会过程。受利益和权利牵引的人类互动使得社会模式逐渐形成，最终一套新的制度得以确立和复制。第二，总体性指的是社会模式间的互相联系。任何特定的社会结构如组织、组织场域或国家都不是相互隔离的抽象存在，而是多层次、相互渗透的广义社会结构的一部分。随着持续不断的社会建构过程的展开，社会结构之间的松散耦合关系引发了社会系统内的分歧和不兼容。第三，矛盾即既有社会安排内部之间的断裂和不一致，矛盾和冲突在某些情况下促生了场域成员改变现有秩序的意识和行动。第四，实践即在理性分析现有社会形式局限和潜力的基础上，自由地、创造性地重构社会模式。

尽管制度创业通常被认为是一种积极的变革，有利于人类和社会进步，但这并不能否认制度创业也存在外部不经济性。对营利组织来说，获得可持续竞争优势能够有效保证其长期盈利，而制度创业先行者获取的独特制度优势也有极高的使用价值，因此这类组织往往会出于自利性独占制度优势，产生一些基于制度优势的垄断性组织设置市场进入的制度障碍的现象。

中关村创业大街：从一条街到创业孵化平台

曾经，中关村创业大街团队的十几个人围着一个大桌子开始了筹备工作。如今，在创业大街上，新的创新需求和深度服务更多了。这些年来，创业大街完成了从一条街到一个生态的蜕变。

在国内，中关村创业大街各服务机构不断地向全国各地输出创新服务资源、模式和理念。随着“放管服”㊀改革的持续深化及降税减费政策的进一步落实，中关村的营商环境不断优化，“最多跑一次”等便捷服务的推出，让创业者们有了更多获得感。海淀区推出“集群注册”政策，免费为初创企业提供注册地址。2019 年 4 月，中关村创业大街的北京博脑医疗科技有限公司创始人张跃曦成功在政策扶持下拿到了营业执照。“集群注册”服务是中关村创业大街于 2019 年全新推出的服务产品“翼”计划的一部分。“翼”计划分为“振翼”“展翼”“比翼”三个阶段，为优秀创业项目提供从 0 到 1、从 1 到 100 过程中的全方位精准支持。“振翼”阶段将为初创企业提供免费或优惠的初创服务；“展翼”阶段会为项目团队提供各项政策对接、产业对接和投资对接机会；“比翼”阶段，获得认可的团队将有机会获得中关村创业大街自有投资基金或大街生态内投资机构的全方位投融资支持。

30 余场创客马拉松活动、3 个国际创新中心……如今，创业大街变成了一条生态链，链接了国际、国内的优秀创新创业资源，以及创新创业的相关主体和合作方。创业大街已经是国际化、年轻化的城市创新空间。这个空间里有可容纳 20～300 人的活动场地 25 个，10～150 平方米的独立办公室 50 个，开放工位 1 000 个，近 5 年里，在这里举办的活动有 5 600 场，创业大街已经变成了创新创业青年开放交流并开始创新创业梦想的地方，也是青年人向往的地方。互通互鉴，对创新创业来说也是一样重要。通过融合创业团队、领军企业、孵化机构、专业服务机构、高校院所以及政府部门等创新主体，在全球合作的背景下，中关村创业大街一定会持续作为全国创新创业的孵化体系和组织体系的风向标。

三、政策和融资支持

在小雨节气中，创业者的汗水和泪水就是“雨水”，而在小雪节气中的这场雪是从何而来的呢？在小雪节气中，创业者关注的重点是创业的政策和环境。在创新创业时代，很多创业者会感受到，在需要支持和帮助时，政府、银行、机构、学校、家庭等给予支撑力量。“小雪雪满天，来年是丰年”，在寒冷的创业冬季，这些来自制度的支持如同雪中送炭，为创业者带来暖意和亮光。但是要想成为被雪中送炭的幸运儿，创业者还应该发挥自身的管理能力。

在制度设计中，政策体系如何提供资金的支持不容忽视。创业融资是创业管理的关键内容，在企业成长的过程和发展的不同阶段，融资始终是困扰创业者的一个难题。创业融资的主要渠道有风险投资、天使投资、创新基金、中小企业担保贷款、政府基金、互联网金融等方式，这些对企业的发展壮大起到了雪中送炭的作用。以共享单车为例，创业型企

㊀ 简政放权、放管结合、优化服务的简称。

业能在短时间内扩大规模、占领市场，与其快速融资能力是密不可分的。例如摩拜在成立不久的2017年6月，就已经完成了E轮融资，创新工场、高瓴资本、红杉资本、华平投资、工银国际、交银国际、腾讯、美团等资本方纷纷投资摩拜。中资、外资、国资、民资齐聚一堂，为创业企业永续成长雪中送炭，为独角兽企业迅速成长为行业巨头添柴加油，这些都保障了企业在创立和发展的关键阶段实现可持续的跨越成长。

陈鸿昌：返乡创业助力精准扶贫

2018年CCTV评选的创业榜样陈鸿昌是中国人民大学毕业的高才生，在返乡创业和精准扶贫政策的支持下，毅然决然放弃了繁华大都市的优越生活，回乡创业。陈鸿昌于2011年创建了京康现代农业开发有限公司，在家乡发展特色优势茶产业，规划现代化综合型生态农业产业园，辐射带动生态旅游、名贵花果种植、特色养殖等绿色、综合循环产业的发展，打造特色茶旅小镇。2017年，公司产业精准扶贫使安康市汉滨区牛蹄镇550个贫困户增收139.18万元，人均增收933.45元。陈鸿昌的成功不仅是因为不忘初心，更因为政策的帮扶助力，在精准扶贫背景下的返乡创业更是为更多有志青年提供了施展理想抱负的平台，可见，制度层面对服务社会大众的创业者的支持从不会缺席。

第三节 大雪：兆丰年的生态系统

节气 X 创业……

大雪，降水类节气，时间通常在公历每年的12月7日或8日。《月令七十二候集解》说："至此而雪盛矣。"大雪时节天气更冷，降雪的可能性比小雪时更大了，有时小雪不见得降雪，但大雪一定有雪，民谚有"小雪不见雪，大雪满天飞"。农业生产中有"瑞雪兆丰年"之说，因为深厚而疏松的积雪，会像棉被一样帮助农作物御寒越冬。

看似严酷的大雪环境却为农作物提供了度过寒冬的条件，可见利用环境要比顺应环境重要得多。创业生态系统就是创业过程中的"大雪"，它通过有机整体之间的交互作用调节创业过程实现动态平衡，从而利用环境的优势创造出更多的价值，让创业者无惧严寒，在"大雪"环境的历练下持续成长。

一、创业生态系统的概念和特征

创业生态系统强调系统内要素的融合和交互，而要素的融合和交互大多通过参与者的网络、共生关系及共享的文化价值来促进。生物学领域的生态系统是指在一定时间和空间范围内，生物与生物之间、生物与物质环境之间，通过物质循环、能量流动与信息传递形成特定的营养结构和生物多样性的功能单位。借鉴了生物学领域生态系统概念内涵的创业生态系统是由多种创业参与主体（包括创业企业以及相关企业和机构）及其所处的创业环境所构成的有机整体，彼此间进行着复杂的交互作用，致力于提高整体创业活动水平（创业数量和创业成功率）。良好的创业生态系统，有助于提供创业决策所需的资源，保证创业决策实现价值和调节创业决策的动态平衡。

创业生态系统具有六个特征：多样性、网络性、共生性、竞争性、自我维持性及区域性。创业生态系统构成主体多样且各自承担不同的角色，在活动的过程中相互依存。同时，虽然主体之间有共同的价值取向和愿景，但也存在由于资源稀缺而导致的竞争行为，因此，为了实现长期生存，创业生态系统必须能够实现动态的自我维持和自我强化，从而保证生态平衡。在这种平衡状态下，创业活动呈现出稳定发展的整体特征，系统内部的资源汇聚机制和价值交换机制也始终稳定运行，形成一种有益于企业成长的良性环境。

创业生态系统：硅谷 VS 北京

硅谷，位于美国加利福尼亚州，是旧金山市和圣何塞市之间一块约 48 公里长、16 公里宽的狭长地带。这里是美国重要的电子工业基地，也是世界最为知名的电子工业集中地。硅谷具有科技、信息、人才等多方面的优势，集中了近万家高科技公司。硅谷的起步和发展，得益于当地的大学特别是斯坦福大学、加州大学伯克利分校等著名高校。许多大学不但鼓励科技人员进行技术创新，还实施了一系列鼓励科技人员创立科技产业的政策。

这一系列相互依赖的体系经常被人简称为“生态系统”“创新的社会结构”“孵化器区域”。这样的“生态系统”催生了成千上万的高科技公司，助力一些企业和高新技术产业取得了独一无二的地位。硅谷既“善待成功者”，也有“鼓励创新，宽容失败”的文化氛围，它推崇创业、宽容失败、鼓励冒险的文化与观念，极大地激发了人们的创新和奋斗精神，为硅谷企业注入了强大的精神活力及创造力。

在 2019 年发布的一份全球创业生态系统报告中，从科技独角兽方面看，北京位居世界第二，仅次于硅谷。在全球估值最高的三个独角兽中，两个来自北京。作为一个全球领先的创业生态系统，北京在大多数创业子领域里的排名均位于前三，表现突出。

想要理解“科学技术是第一生产力”这句话的意义和分量，一定要去北京中关村走一走、看一看。在这里，人才、技术、资本发挥着前所未有的巨大作用，而驱动这“三驾马车”加速前进的则是中关村不断完善的强大创业生态系统。2014 年中关村在全国率先建成了创业生态系统，帮助创业者解决办公场地、知识产权、资金投入、合作伙伴等各方面的需求问题。来中关村的创业者只需要专注于科技创新，其他都由中关村创业生态系统内的合作伙伴完成，各种创新要素在中关村实现了深度融合。

孵化器和创业加速器扮演的是生态帮扶的角色，打破了信息不对称、资源不对等以及和政府的一些产业资源对接、专业资源对接各种方面的问题壁垒。2018 年，北京设立规模达 300 亿元的科技创新母基金，专注于布局硬科技和早期创新。中关村科研是全国率先进入以长期资本为主的新生态，以使得创业生态系统能够更好地服务硬科技。

二、创业生态系统的作用和评价

良好的创业生态系统对创业者成长决策具有积极作用。一方面，它能提供企业成长所需资源。创业活动的成长助动力来自外部支持要素所提供的各类资源，创业生态系统所特有的资源汇聚机制使得各个不同的外部组织所提供的资源能够以一个系统化整体的形式出现，充分服务于创业成长。由风险投资、政府部门、行业协会、孵化机构等不同支持要素，以及外部创业环境所构成的综合性系统所能够汇聚的资源是多元化的，通过创业生态系统内部稳定有序的流动机制，这些资源能够以一定的规律汇聚于创业活动中，从而保证了新创企业的良性成长。另一方面，它能促进企业成长以实现价值。在不同的外部组织为创业活动提供资源的同时，企业成长也在以不同的形式回馈这些组织机构。这种双向的联系使得双方都能够从中获益。如果把价值链的分析视角拓展到单一的企业之外，在整个生态系统内分析其存在机理时可以发现，新创企业识别机会、开发创新项目、实现市场成长的过程，也是其不断与外部组织交换价值的过程。这一过程以创业活动为中心进行整合，最终形成生态系统内部的价值网络，从而维系整个创业生态系统的运转。

对创业生态系统的评价需要从不同层面来考虑。从创业企业层面出发，创业生态系统的测量指标包括整体的稳健性、生产率和创新性，主要采用新创企业数量、新创企业存活率、资产累积情况、企业研发投入增长率、企业研发投入占收益的比例、多样性及创新性等指标。从网络层面出发，通常采用资产收益率等财务指标以及合作关系数量、合作伙伴多样性等指标，以测量其合作伙伴和网络的健康程度。从系统层面出发，基于其组成因素，可以分为创业基础因素（如基础设施、管理、政策、市场、创新）、相关环境因素（如金融服务、创业教育、文化氛围、网络服务）、个人因素（创业者或创业团队）。

《全球创业生态系统报告》的评价模型

国际知名创业调查公司 Startup Genome 每年会发布以城市为单位的《全球创业生态系统报告》，通过开发创业生态系统生命周期模型与成功要素模型（见图 9-4），来评估创业生态系统的绩效，而在诸多成功要素中，报告指出，“联结度”关乎初创企业的成败及生态系统的效能，是建构创业生态系统的基础。鼓励创业生态系统内的创业者集结创业，而兼具全球联结与本土联结优势的移民是经济发展的新活力。

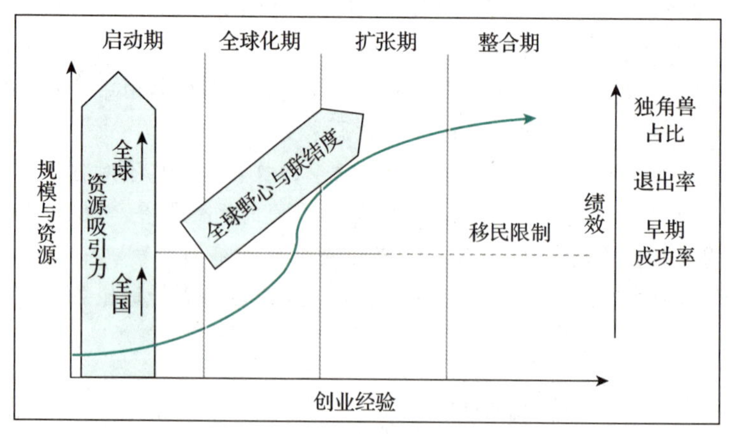

图 9-4 《全球创业生态系统报告》的评价模型

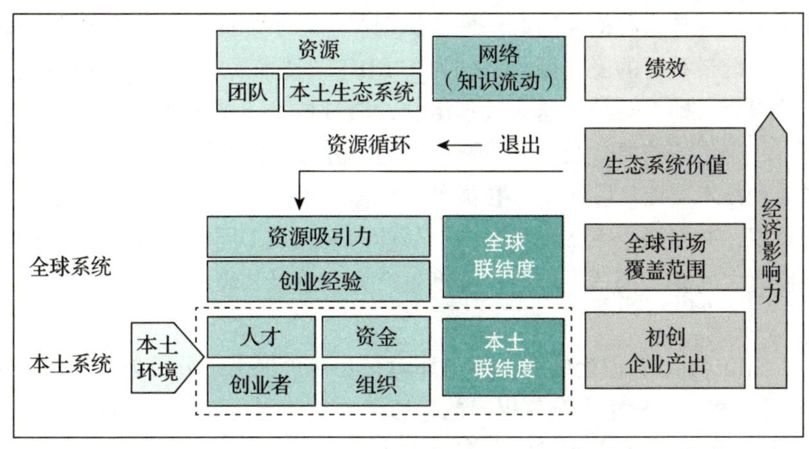

图 9-4 （续）

创业生态系统演进复杂，各发展阶段具有不同的特点、资源特色和需求。为缩小过去生态系统研究与实务操作之间的差距，加入创业生态系统生命周期模型，将创业分为启动期、全球化期、扩张期以及整合期，而对生态系统的绩效则以早期成功率、退出率以及独角兽产出率来评估，对创业生态系统演进的各个阶段以及影响演进的指标和促进因素进行量化分析，帮助创业生态系统中的决策者和参与者确定优先次序并集中精力采取相应的行动。

为便于进行全球跨城市比较，将迈克尔·波特的产业集群框架理论纳入创业生态系统研究中，并开发了一个成功要素模型，包括集群大小（影响创新与新企业进驻速度）、企业家（心态与野心、创业基因、创业策略与创业知识储备）、本土联结度（本地社群网络与知识流动）、全球联结度（跨国企业家互动关系的质量与强度）以及规模量产（创业早期便定位国际市场在量产后就可让获利翻倍）等要素，用以衡量支持本地创业公司的成功要素。因此，成功要素模型是一个以企业家为中心的模型。

创业生态系统是个复杂的系统，采用生命周期模型与成功要素模型，为评估创业生态系统绩效提供了两类可互相验证但又各有聚焦的角度，前者描述了创业生态系统的成长过程，后者分解出的每个成功要素都可在整个生命周期的不同层面上加以体现。因此，生命周期模型是一个镜头，通过它可以查看各个创业生态系统在成功要素上的差距（和优势），以了解每个要素的重要性，而成功要素模型则提供了第二个镜头，通过它可以了解差距的相对重要性。

三、创业生态系统的理论视角

创业生态系统是社会系统与技术系统的有机融合，实质上也是一种社会技术系统。社会技术系统理论认为组织是由社会系统和技术系统相互作用而形成的，是由正式组织、非正式组织、技术系统、成员的素质等多种因素相互协调、配合而形成的复合系统。其中，社会系统包含人（或使用者）及其所关心的事物、组织文化、人际关系、价值观、信念、动机、互动形态、学习及适应变革能力等；技术系统则包含资讯系统、工具、功能架构、技术方法、专业知识等。

社会技术系统理论为我们从组织层面认识创业生态系统提供了分析视角。按照社会技术系统理论，系统最重要的三大因素是“人”“组织”“技术”，该理论强调组织中社会系统与技术系统的集合，即人与技术这一最佳组合，通过技术、市场环境和管理过程相互作用而创造价值。一个组织若要让员工更具有生产力，并且又能满足员工的成就需求，必须要兼顾社会层面和技术层面。除了工作技能外，团体关系、组织以及环境互动的工作设计方式也需要被重视，并在两个系统中找寻一个最佳的平衡点，同时进行社会系统与技术系统的改变，使彼此之间相互调适、配合，提高生产力、质量与满意度，建立一个有效率的工作环境。

“给养”（affordance）理论则从主体与环境交互视角提供了分析创业生态系统的思路。“给养”一词是生态心理学家吉布森提出的，后来也常被译为可供性、承担性、示能性等。“给养”揭示了有机体和环境之间的交互决定关系，这种关系存在以下主要特质。第一，“给养”是属于环境的，是环境提供给有机体的可利用资源的性质，这些资源可能是有益的，也可能是有害的。第二，“给养”是环境中实体所具有的属性，但并不是环境的全部属性，而是指能够支持行动者使用的那些属性，决定实体可能如何被使用。第三，“给养”虽然是属于环境的，但它并不是环境的固有属性，它是由客体（与行动者属性相关的）属性与行动者属性共同决定的，是在具体情境之中的内在属性。

都江堰水利工程的启示

都江堰水利工程由分水鱼嘴、飞沙堰、宝瓶口等部分组成，两千多年来一直发挥着防洪灌溉的作用，使成都平原成为沃野千里的“天府之国”，至今灌区已达三十余县市、面积近千万亩，是全世界迄今为止年代最久、唯一留存、仍在一直使用、以无坝引水为特征的宏大水利工程。

如图 9-5 所示，都江堰是把已有的山和水通过一个水利工程顺其自然建造而成的一个堰，扭转该地区多年以来非旱即涝的状态，使成都平原转变为“天府之国”的宝地，两千多年来依然造福着下游人民。建造都江堰的李冰，就像如今的创业者一般，面临难度极大的工程，却可以借助“天时”“地利”“人和”，通过观察和利用水流变化的规律，打造一个以自然为基础的生态系统。

都江堰的鱼嘴修建在一处精挑细选的弯道，是位于岷江江心的低矮堤坝，把江水分为外江（汇入岷江）和内江（流向成都平原），利用拐弯时水流与砂石在速度和方向上的运动差异，巧妙实现“四六分水”和“二八分沙”的效果。

飞沙堰是工程的关键要害之一，主要作用是在泄洪的同时实现排沙，巧妙利用离心力作用将泥沙、卵石甚至重达千斤的巨石从这里抛入外江。都江堰的治水名言“深淘滩，低作堰”，就是指飞沙堰内江的河道要“深淘”，才能保证灌区用水，而“作堰”高度要恰当，太高或太低都不合适。

宝瓶口是人工凿成的控制内江进水的咽喉，因形似瓶口且功能奇特，故命名为宝瓶口。由于要严格并自动控制内江水进入成都平原的流量，李冰依旧参考山形和水流特点，利用热胀冷缩原理在山间炸出和凿开一道“金灌口”，从而成为都江堰“水旱从人”的关键环节。

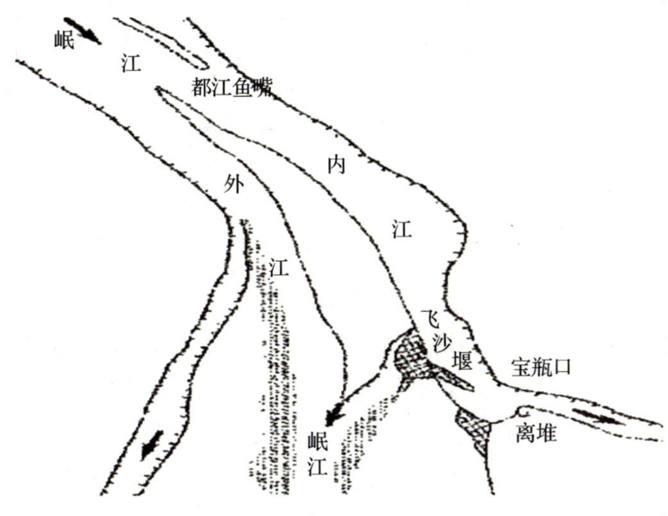

图 9-5　都江堰水利工程

从鱼嘴、飞沙堰到宝瓶口，都江堰水利工程是一幅千年千里的山水画卷，也可以是启迪创业者行动的生态系统建设路线图。面对社会环境的挑战之山、技术创新的机遇之水，作为行动派的创业者，也可以像李冰一样，造就经济环境中的创业生态系统，让创业更可持续地为更多人和更广大的社会创造价值。

第四节　冬至："第一桶金"的黑与白

节气
X
创业

冬至，天文类节气，时间通常在公历每年的12月21日或22日。这天，太阳直射南回归线，北半球白天最短，夜晚最长，有"夜长至，昼短至"之说。冬至时天寒地冻，农事活动基本停歇，人们在屋里唱着数九歌，用九九消寒图记载阴晴，以占卜来年丰收。冬至在传统社会是要加以庆祝和纪念的，已不仅仅是一个节气，更像是一个节日。如今浙江一些地方也叫冬至节。北方冬至吃饺子、南方冬至吃汤圆的习俗，包含了人们对时间节点的敬重。

在冬至节气，创业者迎来了创业道路上最为严酷的挑战——创业伦理问题。创业企业乐于在新市场开发新技术、创立新模式。在并不成熟的新领域，行业规范尚未建立，监管机制并不健全，风险难以预测，创业者无法回避个人利益与伦理道德之间的冲突。"第一桶金"有违伦理道德的例子屡见不鲜，尤其是在尚不成熟的新兴领域。违背伦理道德规范的企业是无法取得长久发展的，如今对伦理的遵守已不仅仅是最基本法律层面的要求，更要求企业当作一种责任去承担。在风险极高且极为复杂的创业领域，总有法律监管不健全的地方，这就需要创业者遵守道德规范，谋求长久生存之道。

科技创新创业是当今国内较为流行的创业方向，许多创业者结合自己所在城市的生态系统特点打造独特的创业项目。“兆丰年”的生态系统创建之后，创业者即将面临创业道路上最为严酷的挑战，即创业伦理问题，这首先是对创业“第一桶金”是否合乎伦理的考验。许多创业者在创业过程中最痛苦的时刻莫过于在此刻面临这样的责问，而创业者“过冬”的秘诀便是依靠制度环境支持，主动承担社会责任，不违反伦理道德，寻找有“温度”的解决方案，让创业的“第一桶金”不再“冰冷无情”。

一、“第一桶金”与创业伦理

“第一桶金”是一个在创业实践领域常被提及的概念，即企业者在创业过程中赚的第一笔钱。“第一桶金”对创业者来说尤为重要，没有成功获得“第一桶金”的创业很难继续走下去。创业者依靠着“第一桶金”完成了原始资本积累，为以后的再创业或企业的后续发展壮大奠定了坚实的资源基础。创业本身是对机会的开发，而机会往往存在于他人身上，如何将他人机会与自我进行整合，是创业过程中值得思考的关键问题。例如，一些高科技公司出资成立非营利组织，目的是通过非营利组织向社会普及新技术，形成更广泛的社会力量来监督高科技公司的运营，同时推动企业更好地承担社会责任、做出正确的伦理选择。

创业作为一种商业活动，根本目的是获取经济利益，但是随着经济的飞速发展，在高速增长的背景下，许多企业会陷入伦理困境，实践证明，违背伦理道德而获取的经济利益会使企业最终走向消亡，只有合乎伦理规则的创业行为才能长久地存续。创业与伦理的交织使得企业在生存和发展的过程中所面临的机遇与挑战并存。按照行为主体的不同层次，创业与伦理的交织可以分为两种类型：个体层面的创业者伦理和组织层面的创业组织伦理，而创业型组织的伦理意识和水平通常高于个体创业者。

二、创业伦理与机会选择

创业组织伦理是指新创组织在创业过程中所应该遵循的伦理道德和规范，是整个企业组织行为和员工个人行为活动的依据和准则，同时为创业过程中所出现的伦理问题提供处理方式和判断依据。营造信任和合作的伦理氛围对实现组织目标具有重要作用，而这离不开显性和隐性结构的支撑。显性结构包括可被旁观者观察到的正式架构、合规计划、使命陈述和道德培训项目等；隐性结构则包括旁观者难以察觉的非正式架构、管理者与员工拥有的伦理认知和开展的伦理讨论，以及获得组织认可的诚信行为等。

在创业过程中，资源是稀缺的，环境是不确定的，风险是难以预测的，规则是尚未完善的，还有竞争压力时刻存在。面对这些挑战，创业者通常会在陷入追求个人利益与遵循伦理规范的两难困境。创业者伦理是指创业者所秉持的合理或可接受的规范，包含创业者伦理意识和伦理行为两个层面：伦理意识是指创业者对所处情境是否具有伦理意义，以及能否从合法性视角进行考察的思考；伦理行为则是创业者实施伦理决策、判断的过程。伦理意识与伦理行为之间具有紧密联系，伦理意识的缺失势必造成行为上对伦理的忽视。

伦理是创业内涵的应有之义，创业伦理嵌在创业机会选择的过程中。如图 9-6 所示，横轴和纵轴分别代表着识别与利用创业机会的手段和目的维度，以他人价值、自我价值、非经济手段及经济手段的不同选择组合规划为四种路径。

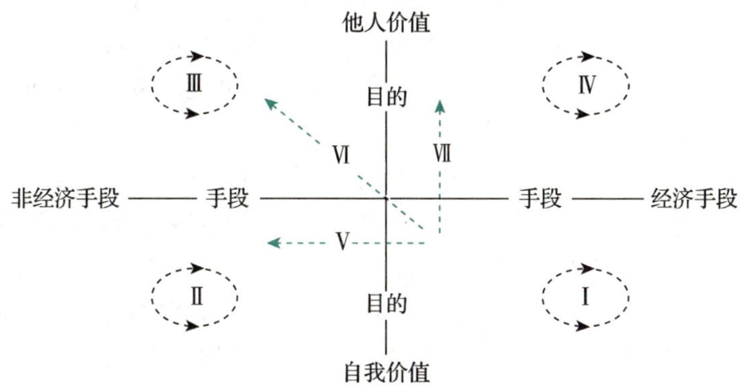

图 9-6　基于创业伦理的创业机会选择框架

路径Ⅰ代表创业者的“第一桶金”来自运用经济手段获取自我价值的过程。在传统视角下以利润最大化为目标的创业活动，大多是创业者在这条路径上的选择结果。在这条道路上，我们可以看到一些不合伦理的“第一桶金”，周鸿祎的3721软件就是其中的典型代表。路径Ⅱ代表创业者主要依靠非经济手段来收获自己的“第一桶金”，当前新兴的生态创业活动是这条路径的体现之一。路径Ⅲ反映了创业者强调通过实现他人价值、运用非经济手段来收获“第一桶金”，比较典型的做法是非营利组织的创生。路径Ⅳ也反映了创业者对他人价值的关注，但侧重于运用经济手段来赢得“第一桶金”。社会企业是这一创业路径选择结果的载体之一，也是一种社会创业形式。路径Ⅴ表示，在创业机会选择的动态过程中，创业者为了实现自我价值，运用的手段从经济型向非经济型转变。路径Ⅵ意味着创业机会从“经济手段－自我价值”转变为“非经济手段－他人价值”，表现为创业者在新价值创造过程中目标诉求导向和实施手段的双重改变。路径Ⅶ体现为创业者在选择创业机会的过程中持续运用经济手段，对创业机会的选择从为自己谋取财富转向帮助他人实现价值。

三、创业伦理与资源决策

创业企业在发展初期往往面临资源约束的困境，同时，极高的失败率使多数企业不可避免地走入困境，因此大多数资源都被浪费，而浪费本身就是一种伦理问题的体现。但反过来，创业伦理对新创企业的资源识别、选择和利用具有指导作用，促使企业在遵守伦理道德的基础上开创新事业，对资源及其获取途径有选择性，合理地利用资源。一方面，伦理道德约束企业在获取资源时采用正当的渠道和方式，合理使用资源。为了企业的长久存续，创业者在企业建立初期要具有长远的战略眼光，通过合理、合法的正规渠道获取资源，更要合理地利用资源，以良好的创业基础为未来事业的发展打下根基，避免陷入“创业原罪”“寻租”等困境，同时避免在竞争的过程中被竞争对手构陷和超越。另一方面，伦理道德的约束要求企业提高对内部资源的保护意识。专利、技术等涉及企业核心竞争力的关键性资源关乎企业的生存和发展，是企业保持竞争优势和在市场上立于不败之地的关键，对这些关键资源的保护是企业在运用资源时应注意的重要问题。

创业者在资源整合中面对的伦理困境及解决方案，与创业者决策密切相关，这就使得创业者的伦理决策也成为创业情境下伦理研究的重点。创业活动是否真正符合伦理道德的要求，取决于创业者决策时是否综合考虑伦理因素。创业者只有在符合正确方向的决策的指引之下才能有正确的创业活动，才能在创业活动中将伦理道德落到实处。制定合乎伦理道德的创业决策受到众多因素的影响，例如创业环境、创业政策、与创业活动有关的利益相关者等。

在创业情境下，影响创业伦理决策制定的因素主要有以下几点：第一，工作特点。创业企业的工作与传统企业相比弹性较大，这种环境会催生创新性的思维和决策。第二，个人性格特点。创业者的个人性格特点会影响创业决策，冒险倾向、成就感需要、立场独立等情境下会催生不同的创业决策。第三，组织特点。具有高水平的工作判断力、较强的责任承担意识或是高效利用时间的能力会提高创业者的决策能力。第四，环境特点。创业企业的外部环境是高度不稳定的，随时变化的外部环境中夹杂着极其复杂的外部信息，给创业者带来了极大的创业压力，这种压力会给创业者造成紧张感，从而影响创业者的伦理行为，对做出正确的伦理决策产生不利影响。

伦理决策与电车难题

多年以来，关于创业者“第一桶金”的伦理否定说法并不少见，这种说法被称为“创业者的原罪”。伦理问题作为哲学范畴的问题，在当前，特别是科技盛行的时代，依然流行。例如无人驾驶这一新事物，就面临着严重的伦理挑战，若是无人驾驶的汽车出现了交通事故，造成人员伤亡，责任认定标准的缺失就会引发一系列社会伦理问题。

麻省理工学院参考“电车难题”设计了“电车司机应该撞向路人还是撞向障碍物（乘客会遇难）”等场景（见图 9-7），2016 年启动了一个名为道德机器（the moral machine）的在线测试项目，收集整理了公众的道德决策数据，并在 2018 年 10 月的《自然》杂志发表了他们的研究发现。研究人员对九个不同的因素进行了测试，其中包括电车司机更倾向于撞到男性还是女性，选择拯救多数人还是少数人，牺牲年轻人还是老人，撞向普通行人还是横穿马路的行人，甚至还会在地位低和地位高的人之间做出选择。来自 233 个国家和地区的数百万用户共计 4 000 万个道德决策的数据反映出一些较具一致性的全球偏好（global preference）：人们更倾向于拯救人类而不是动物，拯救多数人而牺牲少数人，优先拯救儿童。

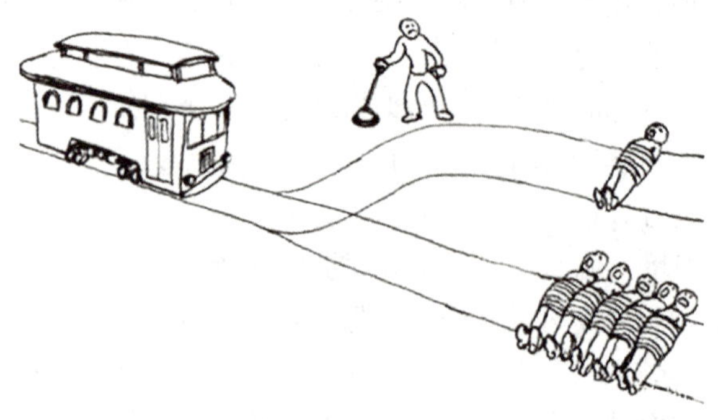

图 9-7 电车难题

资料来源：www.image.baidu.com.

不过，思想实验的结果落到具体现实中，又有了不一样的表现。虽然上述研究表明，测试者倾向于拯救多数人而牺牲少数人，但是，如果在少数人里有自己的孩子，而多数人是陌生人的场景下，不少测试者会选择放弃让电车转向（牺牲多数人），而去保护自己的孩子（拯救少数人）。奔驰公司面对这个难题时也曾给出正面回应：奔驰的下一代无人驾驶车会优先保证车上乘客的安全，如果有可能拯救生命，那么一定要先救车上的乘客。但这样的表态，又引发了新的争论。

创业领域权威期刊《商业创业杂志》在2009年曾出版了“伦理与创业”专刊，其中围绕技术创新与创业伦理进行了专门讨论。文章提出，技术是价值载体，技术创新特别是“破坏性创新”带来的范式变革，冲击着每个人的价值判断，而创业者特别是创业型企业是伦理变革的行动主体，他们往往通过充满想象力的方式来直面“伦理创新”情境带来的问题。甚至可以说，正是伦理困境成为创新创业的源泉，基于技术创新的创业伦理问题是未来研究值得探寻的道路。

第五节　小寒：绿色创业提热度

节气 X 创业

小寒，气温类节气，时间通常在公历每年的1月5日或6日，“寒”是“寒冷”，“小”是指寒冷的程度低。从字面上看，“小寒”就是指还没有达到最冷的程度，实则不然。俗语云：“三九四九冰上走。”“三九”通常在小寒节气内，在我国大部分地区，小寒开启了一年中最寒冷的日子。此时的物候是南方大雁开始准备向北飞以便来年春天能够到达北方，喜鹊开始筑巢，家禽开始孵蛋，野禽开始鸣叫。

创业之路也有小寒节气般的严酷挑战，创业者需要提升热度积极应对，而绿色创业正是提升创业实践热度的重要管理对策。绿色创业是指创业者识别和开发将未来产品和服务变为现实机会的过程，最终创造的是兼顾经济、环境和社会多方面利益诉求的新价值。这股创业新潮流为创业者应对新问题提供了解决思路和行动方向，将创业活动目标从追求经济利益最大化拓展为创造绿色新价值，这对当前全球经济社会可持续发展具有重要意义。

一、绿色创业的提出背景

自20世纪七八十年代以来，谋求经济社会可持续发展已经成为各国发展战略的基点，亦即在满足当代人需要的同时，不损害后代人满足其需求能力的发展。在此背景下，作为经济社会发展重要微观主体的创业者，有必要在可持续发展方面承担相应的责任并做出力所能及的贡献，通过创业活动实现自身可持续发展的同时也协助促进经济社会可持续发展。为此，创业者可以通过两种途径实现上述诉求：一是被动地遵从那些可持续发展导向的官方标准和政策；二是主动地把可持续发展作为创业决策的考量要素，增加高于外部环境预期的投入，如加强环保生产技术的开发、积极投身社会公益事业等，并努力获取超出投入的回报。不过，以往所采取的那种“被动响应”的做法，常常无法满足当今可持续发展的迫切需要，而更为积极超前的“主动行动”方式，成为当今创业实践服务可持续发展的优势特色所在。

在可持续发展背景下，创业被视为一剂“灵药”，成为实现环境友好、社会平等和经济繁荣的重要推动力量，越来越受到各国政府以及管理领域的重视。如何通过一系列变革和创新满足经济、环境和社会“三重底线”（triple bottom line，TBL）需求，成为创业研究领域新的焦点问题，而“绿色创业”的出现正好为回答这一问题提供了巧妙的思路。

目前，有关创业与可持续发展融合的讨论，已从传统意义上的环境主题延伸到了经济、环境和社会“三位一体”领域，涵盖了“三重底线”：经济繁荣、环境友好和社会平等。其中，经济底线关注增加利润和投资分红等传统的商业责任，环境底线关注环境保护责任，社会底线则关注对社会其他利益相关者的责任。依据 TBL 原则，融合创业与可持续发展的研究实质就是从只关注经济底线转向同时关注经济底线、环境底线和社会底线，从而在已有商业创业研究的基础上形成了针对生态创业和社会创业等不同价值取向的创业实践的研究（见图 9-8）。

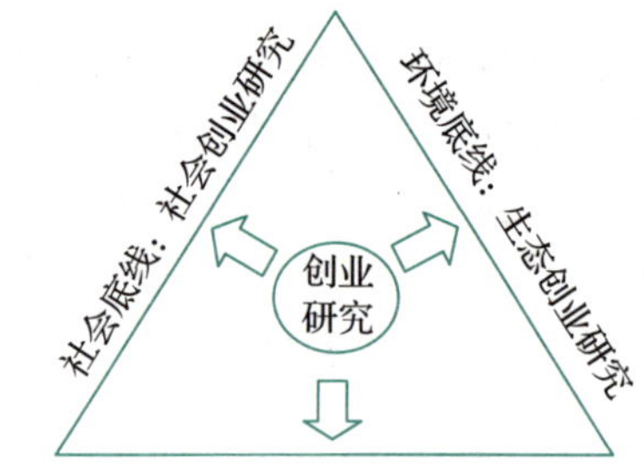

图 9-8 基于三重底线的创业研究取向

围绕“生态创业”和“环境创业”等形态展开的绿色创业研究日趋活跃，许多学者尝试从各自角度回答绿色创业的核心内涵和重要价值。但事实上，研究的关键并不在于罗列大量的绿色创业形态，也不能停留于寻找某些标准对其进行类别上的划分，而是须从对绿色创业概念外延的讨论，深入到理论本质，才能从根本上回答绿色创业“为何”“如何”为可持续发展做出贡献。经典研究提出，应当从“什么应具可持续性”和“什么应得到发展”两个层面来探讨创业与可持续发展的融合主题，据此可以梳理出：具有可持续发展属性的绿色创业活动追寻的是创造未来产品、过程和服务的机会，关注自然环境的保持、生活质量的保障，着眼于为个人、经济和社会创造经济性和非经济性的价值。

二、绿色创业的概念内涵

作为一个新兴的研究主题，绿色创业尚未形成统一的定义，常见的表述名称还有可持续创业、环境创业和生态创业等多种形式。比较有代表性的界定包括：绿色创业是识别、评价和利用经济机会的过程，这些机会出现于市场失灵状态下，有利于企业保持可持续发展，而且与环境具有密切联系；绿色创业关注的是那些把未来产品和服务带到现实当中的机会，绿色创业就是对这些机会的识别、创造和利用的过程，同时还包括由谁完成以及将会产生什么经济、心理、社会和环境结果等问题。总的来看，研究对绿色创业的理解基本一致，即整合商业创业和可持续发展两个概念分析企业创业活动，商业创业的核心是机会的识别与利用，目的是价值创造，而可持续发展是综合环境、社会和经济“三位一体”来实现企业成长。

对绿色创业内涵的理解，有狭义和广义之分。狭义的绿色创业是指既有企业出于追求在成本、创新或营销方面的优势而实现绿色化，或是创立一个提供环保类产品和服务的创新性企业，这种绿色创业是短期的、局部的；广义的绿色创业则是建立在环境创新基础上的一种创新性、市场导向、个体推动的价值创造形式，或是出于绿色化目的而创建新企业，并且这类企业是以可持续为目标，这种绿色创业是长期的、全面的。绿色创业的实施个体被称为绿色创业者，他们通过创建那些在设计、生产、工艺和营销等每一管理环节都绿色化的企业，寻求实现新事业可持续发展的途径，追求个人价值观与环保理念和创业动机的融合。

绿色创业与传统的商业创业之间的联系，可以通过以下两个问题进行解析。首先，为什么商业创业具有绿色属性？环境经济学和创业研究是两个不同视角，前者把环境恶化看成市场失灵的必然结果，而后者则认为市场失灵会催生创业机会。有关环境的市场失灵是获取创业利润的机会，也能减少有损环境的经济行为，这就是创业能够帮助解决当前环境与社会经济问题的根本原因。通过测度识别机会和配置资源的能力，我们不难发现，组织在实施环境保护举措方面存在差异的主要原因在于创业者的行为，尤其是“创业式拼凑”（利用手头的资源来做事），而这可以解释创业者如何应对环境约束而创造新机会。

其次，怎样评价商业创业结果的绿色程度？总体上，研究达成的共识是应该突破从财务绩效来考察商业创业绩效的思维定式，关注采用更加全面的指标体系来测度创业的产出结果，以便鉴别相关创业活动是否“绿色化”以及绿色化程度。在市场失灵带来环境恶化的同时，创业者创造绿色创业机会，因此，创业价值的测度除了利润和就业等传统指标外，还应考察自然环境、生活方式、绿色技术等方面的进步。目前，常见做法是把环境价值、社会价值和经济价值三方面的评价指标整合在一起，扩展创业绩效考量体系。

三、绿色创业的整合框架

基于可持续发展的绿色创业整合框架如图 9-9 所示，包括以下三部分内容。首先，绿色创业应当兼顾环境、社会和经济三者的可持续性，呈“三足鼎立”的管理架构。对绿色创业而言，经济可持续性是基础，因此，争取一定的经济回报，是绿色创业得以进行的基本保证。无论社会企业、非营利组织还是营利组织，在绿色创业过程中，都需要获得一定的经济报酬，才能保证可持续性。环境和社会可持续性是绿色创业的支撑。绿色创业的最终目标要通过实现环境友好和社会平等来实现，因此，绿色创业也必须对自然环境、社区福利或社会福祉产生积极的作用。绿色创业并不等同于企业履行社会责任或组织从事公益慈善活动，前者的核心要义还是立足于“创业”，而社会责任和公益慈善等并不一定关注创新、风险承担和超前行动等有关创业的基本问题。

其次，绿色创业应该整合创业者和创业团队、创业机会、创业资源的“发展性”作用，必须以创建新事业为导向。作为创业的三个基本要素，创业者和创业团队、创业机会、创业资源对于创业过程的不同阶段具有不同的重要性，创业就是一个对这三者不断进行平衡的过程，绿色创业也是这样一个过程。绿色创业者必须根据自己要实现的创业目标，通过创立创业团队、识别机会、动员创业所需的资源来开发产品和实现目标。这就意味着，创业者和创业团队、创业机会、创业资源在绿色创业过程中扮演着不同的角色，而这三个要素动态、平衡整合的结果也就是新事业的创建与发展。如图 9-9 所示，绿色创业的创业内核、发展结果并不囿于三重底线范围内，而是通过突破性创新等推动可持续价值创造。换言之，这不仅是一个问题解决方案，还是包括经济价值和非经济价值在内的新价值创造路径。

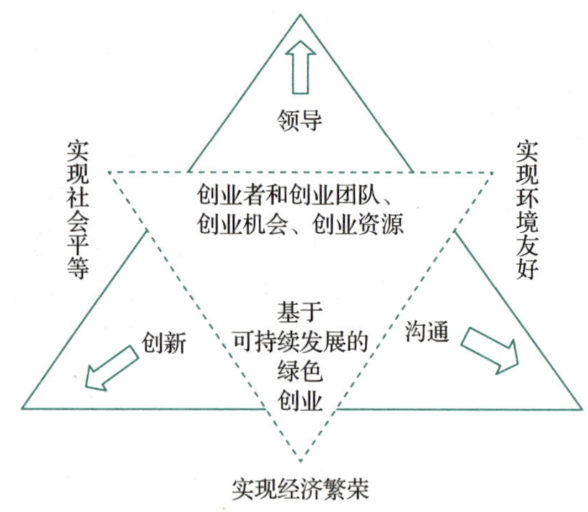

图 9-9　基于可持续发展的绿色创业整合框架

最后，创业者要充分发挥创新、沟通、领导在绿色创业中的作用。创业三要素之所以能够形成相互匹配和协调的创业合力，是因为创新、沟通、领导这三个重要的管理职能在创业三要素之间发挥的桥梁和纽带作用。对需要平衡经济、环境和社会诉求的可持续创业来说，这三个管理职能的衔接作用尤为重要。具体而言，这里的创新就意味着可持续创业者必须创造性地整合商业机会开发和社会使命实现这两个容易对立的目标。

四、绿色创业的机会开发

绿色创业何以能从一种可持续发展理念转化为创业者实实在在的创业行动？对这个问题的回答，需要从机会这一创业的核心主题深入解析。正是绿色创业机会的开发，使得创业者将“看”到的机会转变为“做”到的新事业。换言之，机会开发是绿色创业得以发生的缘起，是创业者从感知潜在机会到创造可持续价值之间的桥梁及纽带。

图 9-10 反映了绿色创业机会的开发过程。图中编号①区域表明，绿色创业机会开发是一个双阶段的结构体系。具体而言，绿色创业机会开发行为的起点是创业者不再忽视环境信号，而是承认存在一个对他人而言的机会（即“他人机会”信念）；然后，创业者不再犹豫不前，相信存在属于自己的机会（即“自我机会”信念）。编号②区域代表创业者伦理对绿色创业机会开发具有驱动作用。创业者在机会开发过程中，常会面临伦理困境，尤其对绿色创业者而言，当价值诉求呈现多重性时，如何在经济收益与可持续发展甚至如何在善恶之间进行取舍或平衡，就成为创业者绕不开的挑战，创业者伦理因此成为绿色创业机会开发研究的核心主题。编号③区域代表制度环境对绿色创业机会开发所具有的引领作用。通过制度手段促进当地创业水平提高或区域环境问题解决，是各国政府应对可持续发展挑战、转变传统经济增长方式的常用策略。编号④区域代表创业者伦理与制度环境之

间存在交互作用。编号⑤区域代表情境嵌入下的绿色创业机会开发需要以可持续价值实现为导向。上述过程还受到调节要素的影响。研究认为，个体行为是知识和动机作用的结果，知识与人力资本、动机与自我效能感会影响机会开发的过程，因此，绿色创业机会从“他人机会”到“自我机会”的开发过程会受到知识和动机的调节作用。总体而言，创业者伦理与制度环境对绿色创业机会开发的影响并不是一个封闭的过程，它最终要实现创业的目标，即新价值的创造，这也是一个创业机会发展过程的指向所在。

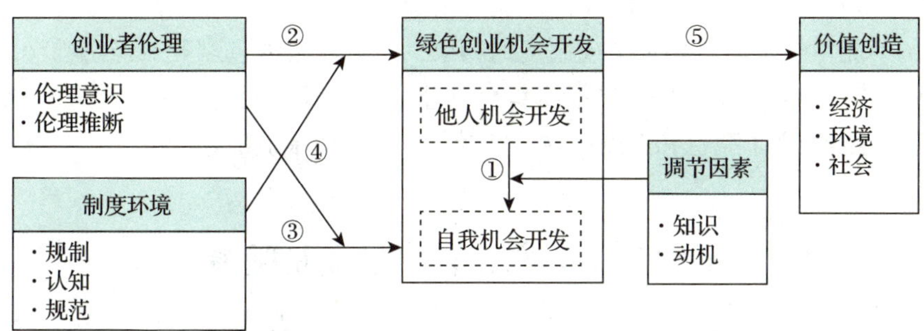

图 9-10　绿色创业机会的开发过程

绿色创业者有话说：绿色是一种机会

新奥集团创始人王玉锁是绿色创业先行者，创建了这家以“创建现代能源体系，提高人民生活品质”为使命的企业。新奥集团在30多年成长历程中不断推陈出新，如今依托云计算、物联网、大数据、人工智能、区块链等技术，创建了清洁能源生态圈和生命健康生态圈。以下节选自王玉锁在中国绿色公司年会上的发言，我们从中可以体会到这位创业者对绿色的独特认识。

我认为，绿色首先是高效、节约。高效不仅指能源的效益，还包括工作、生活当中的各种效率，如果效率提高了，就间接为地球减少了排放，增加了绿色；节约，我们每个人都能直接感受到。高效、节约是一种生活态度，就像发展事业一样，我们要从一点一滴做起。

绿色对我们来说是机会。社会对绿色的追求，给我们每一个做企业的人都带来了机会，不管是在短期目标的转变方面，还是在经营方式的改变方面，特别是民营企业，最愿意尝试创新，同时也不愿被别人挤压，所以民营企业要抓住绿色的机会来发展自己。这是我对绿色的认识。

现在我们的能源，延用的是欧美多年养成的“简单用能”的方式。我们未来的方向是在能源生产中，形成一个可再生能源的循环，实现在能源生产当中的高效和低排放。这样就形成了一个真正的最佳状态。能否形成这样的一个最佳状态？我觉得能。我们的先辈已经在两千多年前讲了这个道理，《荀子》中说：“天有其时，地有其财，人有其治。”只要天、地、人合一，我们就能够创建在这一理想状态下的新能源体系。通过技术创新、人的智慧，我们就能够完成人类对地球的回报，也能实现我们自己的品牌要求。

绿色创业者伦理和制度环境对绿色创业机会开发的作用，不是从轻重、好坏等选项中简单取舍，而是呈现出彼此胶着的状态，二者存在交互效应，一方对绿色创业机会开发的作用，会受到不同水平的另一方的影响，最终开发出绿色机会并获取广泛的创业价值。创业者在绿色创业过程中需要兼顾可持续发展的多重目标，使得他们容易陷入个人利益与社会福祉、经济回报与非经济价值等冲突构成的决策困境。特别是在中国生态文明建设和绿色发展的时代背景下，如何践行“绿水青山就是金山银山”的理念，对创业者的认知和能力都提出了高要求。创业者应当意识到，绿色创业机会从被感知到转化为实际行动的“惊险一跃”，不能单纯依靠道德水平或制度的约束，而需着眼绿色创业对经济社会的积极作用和长远价值。越来越多的创业者投身绿色创业实践，绿色创业水平与质量的不断提高，为创新创业之路增添了亮色和温度，对经济社会可持续发展具有重要意义。

第六节 大寒：社会创业是暖流

节气
X
创业

大寒，气温类节气，时间通常在公历每年的1月20日或21日，是二十四节气中的最后一个节令。“大寒年年有，不在三九在四九”，大寒期间常有大雪降落，落地后成为厚厚的积雪，此时降落的大雪一般要等春节之后才会随气温升高慢慢融化。此时为一年四季最寒冷的时节，寒气至极，故曰大寒，民谚有“小寒冻土，大寒冻河”，人畜都要保温防寒，古代的腊日就在这一时节，腊日的腊鼓习俗就用于驱除寒气，召唤阳春。

相较于小寒节气，寒冬腊月需要的不仅仅是一抹暖阳，更需要社会创业为冬季节气注入一股暖流。企业将自身利益与社会福祉联系在一起，通过组织发展创新来实现社会效益，在这一过程中不仅取得了经营绩效的提升，还在一定程度上解决了所面临的社会问题。一些传统行业诸如教育、健康、养老等都需要引入新鲜力量解决目前社会的痛点，这些现实需求为社会创业提供了发挥作用的热土。在新时代、新思想的指引下，重经济、轻社会的发展模式将得到根本改变，饱含社会创新激情、践行社会创业梦想的社会创业者将成为新时代的生力军，社会创业也将发挥越来越重要的作用。

一、社会创业的概念内涵

社会创业（social entrepreneurship，也译为公益创业）概念的提出可以追溯到20世纪50年代，反映了一种致力于解决自由市场体系和政府没有解决的社会问题的创业活动，自21世纪以来日益受到广泛关注并成为重要且有影响力的创业研究和实践前沿课题。社会创业理论知识是多学科交叉的结果，与创业管理、公共管理和社会学等研究相关，不同的理论视角的关注点各有差异。例如，公共管理视角主张吸纳和利用民间社会力量来共同解决社会问题，社会学视角关注解决复杂社会问题和推动社会变革的各种社会创新行动，而创业视角则将社会领域亟待解决的问题视为创新创业的机会，这也成为社会创业研究的主导思路。

社会创业意指组织通过创业方式将社会公众利益与自身商业利益融合在一起，在组织得到发展的同时实现社会福祉的增加，表现形式既包括非营利机构创造性地采用商业运作模式提升其社会服务能力，还包括企业通过创造性地满足社会需要提升其竞争能力与盈利空间。创业机会是社会创业过程的核心线索，社会创业者将政府、社会和市场等宏观层面的问题转化为微观层面的创业机会，进行创新探索和开发，从而创造出经济和社会的多重价值。

社会创业者是社会创业的行动主体，其独特的行为属性一直被认为是认识社会创业的关键。社会创业者受创造社会价值这一神圣使命的驱动而开展创业活动，努力通过采取创业行动来履行自己的使命，通过识别和开发创业机会来创造更多的社会价值，而且并不排斥市场力量，会通过创造性地采用商业运作方式来提升自身的社会服务能力，并在重大决策中体现创新性、风险承担倾向和行动超前性，开展社会创业理念传播、能力构建和活动组织等创业行动。

社会创业者代表：格莱珉银行创始人穆罕默德·尤努斯

1974 年，在美国担任经济学教授的穆罕默德·尤努斯来到了他的祖国孟加拉国的一个小乡村，他希望能用自己所讲授的经济学理论来解决发生在自己家乡的真实世界的贫困。在这座极端贫困的小乡村，他发现了一个重要的社会创业机会，从而萌生了创建社会企业的想法。他认为，农民通常都具有一定技能并且吃苦耐劳，但是，由于他们很难获得贷款购买原材料来从事商业交易，所以他们的劳作往往收益甚微。透过这个现象，尤努斯教授识别出一个机会，即农村的贫困可以通过额度很小的贷款予以解决。

1976 年，尤努斯教授在孟加拉国的一座农村正式创办了向当地村民进行小额贷款业务的新企业，这项新事业的目标诉求就是作为借款方的贫困农民收入能够增加，同时他们所在农村的贫困率得以下降。1983 年，根据孟加拉国政府的有关规定，这项新事业获准成为一家合法的银行机构，并命名为格莱珉银行。银行一直保持着良好的增长，不仅 99% 的贷款得到了偿还，而且银行业务覆盖面迅速扩大，新事业初衷大多得以实现，取得了理想的回报，还影响带动了其他发展中国家，帮助了数百万贫困者通过个人努力摆脱贫困。

2006 年，尤努斯教授及其创办的格莱珉银行获得了诺贝尔和平奖。诺贝尔评审委员会评价尤努斯教授的突出贡献是“从基层推动了经济和社会的发展”，认为他是一位“能够有效地将愿景转化为现实行动从而让全世界范围数百万民众获益的领导者”，尤其高度评价了格莱珉银行的“小额贷款”理念，将它视为一股重要的、突破社会和经济条件束缚的社会变革力量。

二、社会创业的常见类型

社会创业属于具有社会目标的创新活动，其主体极具多样性，无论是在营利性部门，如在具备社会目标的商业企业，还是在非营利部门，甚至跨部门的合作（如混合结构形式），都可以开展社会创新活动。目前社会创业的研究与实践涵盖三个不同的领域：一是非营利机构创造性地采用商业运作模式提升其社会服务能力即非营利组织创业；二是企业通过创造性地满足社会需要提升其竞争能力与盈利空间即社会企业创业；三是大型企业通过内部孵化社会企业或社会项目，惠及企业利益相关者之外的群体即公司社会创业。

1. 非营利组织创业 企业和政府之外的志愿团体、民间协会和社会组织构成了非营利组织，这些部门为民众提供非营利性的公共服务。由于市场失灵的存在，民众对非营利组织提供的社会服务具有持续性需求，而且诉求水平呈现有增无减的趋势。当前，越来越多的非营利组织通过创业方式建立和成长，成为社会创业的典型组织形式之一。非营利组织关注创业的主要原因在于创业被认为能够带来更高的运营效率，而创业倾向低程度的非营利组织往往会做出不适宜的投资决策并缺乏市场响应能力，从而难以实现组织的目标和使命。社会创业有助于推动更多非营利组织的产生，提升非营利组织的生存能力、创新优势和持续成长能力。

2. 社会企业创业 社会企业是介于纯慈善（非营利组织）与纯商业（商业企业）之间的连续体，是第三部门的要素之一，也是社会经济的另一种形式，主要任务是探索并利用市场机会创造社会价值。社会企业具有经济和社会双重属性。从经济属性看，社会企业在经济层面的成长可分为产品和市场两个维度。产品维度的成长指产品或服务供给的增长，表现为社会企业活动规模的扩大；市场维度的成长指企业依靠核心产品或服务不断开发新的顾客群体。从社会属性看，社会企业的社会层面成长指社会价值的增加，体现为吸纳新增就业人口、缩小贫富差距、保护环境、增加社会福利等可感知的新增社会价值。

3. 公司社会创业 这是指以公司为行动主体，以满足社会需要、推动社会变革为根本归宿的创新与资源整合过程。商业领域的公司创业旨在通过新产品、新业务或新市场的开发，实现创新和战略更新，突破企业发展瓶颈，实现绩效的提升和企业成长，落脚点是企业自身经济价值的创造。公司社会创业则侧重于解决社会问题和创造社会价值，此时的社会创业个体是身处企业内部、得到组织资源支持的个体。企业对于 BOP 市场（金字塔底端市场）的开发以及相关战略的执行，是典型的公司社会创业行为。BOP 市场行动通常表现为在位企业将金字塔底层的问题与需求作为创业机会的来源，通过将 BOP 市场底端“弱势群体”同时作为消费者和生产者来创造双赢的价值，不仅惠及企业自身，更能增加低收入人群的自我认同感和创业动力，实现创业的经济和社会的双重价值。

友成基金会的社会创业

友成企业家扶贫基金会（简称“友成基金会”）于 2007 年成立，是经国务院批准在民政部注册的全国性慈善组织，业务主管单位是国务院扶贫开发领导小组办公室。友成基金会以推动人类更公平、更有效率、更可持续发展为目标，以研发和推广社会价值标准、发现和支持“新公益”领袖人才、建立跨界合作的社会创新网络支持平台为使命，通过研发倡导、实验孵化、资助合作，打造新公益价值链，推动更公平、更有效和更可持续的社会生态系统的建立，开展了社会创新、教育扶贫、电商扶贫、产业扶贫等项目。

友成基金会的创业团队具有多元性，其核心创始人是王平和汤敏，创业合伙人包括民营企业家陈东升、台湾企业家刘吉人、香港信和集团主席黄志祥等。五人共同组成相互信任、信念一致、富有责任感和亲社会性的社会创业团队，多元的团队特征赋予友成基金会全面而独特的社会创新视角。友成基金会通过三个“五年计划”，逐步构建社会创新生态系统，致力于扶贫事业，实现并提升社会价值，创造项目经济价值。

在友成基金会中以理事为网络连接点的资源包括战略发展研究方面，其项目关注点基于战略和现状的研究与匹配。友成基金会的资金来源呈现出以理事和项目为节点的网状结构，其用于项目实验的关键资金绝大部分是友成基金会理事捐赠的非限定资金，理事们不仅是友成基金会的关键人力资本，更以自身为网络节点，将收入和供职企业的正常社会项目资金交由友成基金会运作。这些资源的注入推动了友成基金会专项基金项目的机会创造和经济价值获得，从而实现经济盈利目标。

三、社会创业的过程要素

（一）公益创投

作为社会创业输入环节的主要因素，公益创业投资（简称“公益创投”）是一种创新型的资本投入方式，为中小企业或新成立的公益组织提供资金资助和技术管理支持，并且互相之间建立长期的合作伙伴关系，以此来扶持公益组织事业的发展。公益创投有三大主要特点：一是资金与能力并重，对企业和公益组织的支持不仅仅是金钱投入，更有管理经验和技术的支持；二是长期、深度介入，通过建立长期的合作伙伴关系形成长线的帮扶形式，从根本上推动公益组织与企业的发展和运营；三是监督和评估并行，公益创投并不意味着单方面的投入，投资方还会对企业和组织进行一定的监督以检验投入的效果。简言之，公益创投从根本上是为了经济价值和社会价值的共同实现。

（二）共益导向

作为社会创业转换环节的关键因素，共益导向（benefit orientation）旨在发挥企业资源整合的创业力量解决社会问题，不仅要在流程上达到商业经营的细化标准，还要在价值层面符合道德规范的基本要求。不论是否被认证为共益企业，企业都应具有使命兼容性和价值共享性的共益导向行为，更多的创业者意识到应采取原发性的创新行动，重视负责任的企业家精神并为社会创造可持续共享价值。研究发现，共益导向凸显了社会创业的以下三个属性：双元性，即将社会责任感融入创业者最初的价值观和企业组织架构中，使创业企业追求经济和社会双重使命，进而获得经济和社会的双重价值；自反性，即不断通过自我反思评估与使命相关的多方影响，以迭代试验来修复在使命制度化的过程中与实践不适应的部分，避免意外损失；可持续性，即以使命为中心，用市场策略解决环境、社会问题，通过商业交易而不是让渡部分利润以服务于公共事业，尊重利益相关者利益和“三重底线”原则，追求稳定的经济增长，向利益相关者传达公司的可持续价值主张。

（三）社会创新

作为社会创业输出环节的重要因素，社会创新是一部分群体或个人针对未被满足的社会需求，有意促成的、能够更好地解决社会问题和满足社会需求的活动，这一要素更加关注利用创新技术创造出优化社会关系和解决社会问题的新想法，最终带来的价值在很大程度上有益于社会。研究发现，创新技术在社会创新中的应用越来越广泛，有助于从社会、企业、社区以及个人四个层面推动社会问题的解决，例如，运用大数据技术提高运营效率、推动产品迭代和解决贫困问题等。

创业与技术行动

数字创业企业正在解决社会问题，引领社会创新

数字创业企业以前所未有的态势颠覆传统创业形式并重塑竞争格局，深刻影响着社会生产和生活的方方面面。以大数据、云计算和智能制造为代表的数字技术在近年来异军突起，依靠动态整合碎片化创业机会，以市场为导向，凭借低成本、易扩散的优势引发了数字创业的热潮。相较于传统形式的技术创新，数字技术在扩散过程中产生的影响覆盖了更加广泛的群体，带来了富有包容性的增长，与前沿性的社会创新理念不谋而合，即倡导以技术创新解决社会问题并实现社会价值。对越来越多的数字创业企业而言，纯粹的商业利益不再是一个企业的唯一目标，社会环境正期盼着更具使命感的企业不断涌现。

数字技术对解决社会问题具有底层优势，特别是在当前注重负责任创新的管理情境下，数字创业企业相较于其他企业更加关注社会领域，在使命感的引导下，企业追求商业利益的同时也会响应社会需求，这不仅能够解决现实问题，而且具有可持续发展的创新价值。例如人工智能技术优势与现实需求完美契合，人工智能技术的数据处理能力、迁移学习能力和生产应用能力让社会问题的解决成为可能，效率的提升使人从烦冗的工作中解放，新技术方案的出现为社会治理和医疗健康提供解决方案，为社会创新价值的实现创造无限可能。

本章结语

没有一个冬天不能逾越，没有一个春天不会到来。冬季蕴藏新的生机，创业者面对如同寒冬般的严酷挑战，不应只是被动应对，完全可以主动出击，通过攻克节点难题，实现资源的积累和能力的提升，从而为创业注入源源不断的活力。创业寒冬是总结阶段性经验并实现跨越式成长的黄金时期，永续成长便是创业管理冬季板块的核心主题。如同冬季带给人们的感受，创业失败就是创业进程的寒冬时刻，创业者需要直面失败并理性归因，进行自我重塑和升级。严寒时期的雪中送炭尤为珍贵，制度环境宛若“东风”，为营造创业生态系统助力，达到“瑞雪兆丰年”的长远之效。突破严酷挑战意味着离“春天”也越来越近，绿色创业的温度和社会创业的暖流为创业之路指出新方向。冬去春来，四季轮回，创业进程也不断迭代升级，创业者永远在路上。

思考与练习

1. 请以小组方式选择一个的创业失败项目，查找相关资料或进行访谈，分析该项目失

败的原因，并结合商业模式画布等工具，尝试对该项目进行模式重塑。

2. 请结合你所知道的创业者获得创业“第一桶金”的故事，谈谈你对“第一桶金”的伦理道德问题的看法。

3. 请了解你家乡的创新创业现状，结合相关政策和制度措施，谈谈如何建设或完善家乡的创业生态系统。

4. 与传统个体创业、公司创业相比，绿色创业和社会创业是不是意味着创业者要有更高的伦理道德水平？请简要说明理由。

5. 人工智能时代的创业者和创业型企业，在哪些领域实现和创造了社会创新价值？请结合中国实例进行分析。

第六篇
PART 6

展望：科技创新时代的创业管理

| 开篇语 |

走过春夏秋冬四季，创业者历经精益启动、模式创新、价值创造、永续成长四段进程，通过打通和突破一个个创业节点，形成在不确定性情境下的验证性、创新性、试错性和迭代性的创业管理机制。艺术思维和技术行动联动的创业管理金字塔，不只是一个立体的空间体系，还会随着时间推移而不断动态演进，发生新变化，产生新方向。那么，当下与未来的创业管理，需要重视哪些创新要点，又有什么创新方向？在全书的结尾篇章，我们将对此进行探讨和展望。

第十章
CHAPTER10

创业管理的创新发展

⊙ 学习目标

- 理解技术创新与创业管理的内在联系
- 认识学术创业内涵与学术创业者角色
- 理解组织变革的内涵和创业学习意义
- 认识在中国情境下的企业家精神的内涵体系
- 了解可持续发展及其与创新创业的关系
- 认识数字经济带来的创新创业新契机

⊙ 创业的艺术思维

创业四季，时光流转，创业者永远在路上，探索着在不确定情境下创业管理金字塔的未知和未来。能够诠释创业者坚毅、努力和追求的信念并极易引发共鸣的代表歌曲之一是《蓝莲花》。这首歌的创作初衷是写给玄奘的，创作者许巍想要表达对信念坚定者的敬意。整首歌寥寥几句，却充满了力量："没有什么能够阻挡，你对自由的向往，天马行空的生涯，你的心了无牵挂。穿过幽暗的岁月，也曾感到彷徨，当你低头的瞬间，才发觉脚下的路。心中那自由的世界，如此的清澈高远，盛开着永不凋零，蓝莲花。"新东方创始人俞敏洪在2015年初开启洪泰基金新合伙人时代时唱过这首歌，现场收获了不少掌声，不过收获最大掌声以及笑声的，是他在发言的结尾提到，希望自己将来的墓志铭上刻着"他一生与年轻相伴"。对创业者和创业企业而言，年轻代表着源源不竭的变革精神，创业管理离不开创业者上下求索、不断创新的精神支持。

第一节 创业管理的创新修炼

节气 X 创业……

冬练三九 夏练三伏

民谚云："夏至三庚入伏，冬至逢壬数九。""三伏"是指夏至日后第三庚日的初伏（10天）、第四庚日的中伏（10天或20天）、立秋（阳历8月7日或8日）后第一庚日的三伏（10天）。出伏天在阳历的7月中旬至8月中旬。三九天是指从冬至逢壬日算起的三个寒天，冬至当天开始数九，这就是人们所说的"提冬数九"，三九在小寒与大寒之间，是一年中最寒冷的一段时间。

"冬练三九，夏练三伏"，这是前人在长期锻炼过程中总结出来的经验，具有一定的科学道理。例如，在严寒天气下锻炼，能增加肌体对寒邪的抵抗力，可预防冬季常见病的发生；而在酷热天气下锻炼，能提高人的耐热能力，使得肌体能更好地适应炎热的自然气候，从而达到防病健体的目的。

创业者在如同四季更替的创业进程中，也会遇到火热的三伏天、寒苦的三九天，同样也需要进行修炼，让创业之路健康发展，实现基业长青。那么，修炼的关键是什么呢？2018年12月国务院发布实施的《关于推动创新创业高质量发展打造"双创"升级版的意见》指出了重要方向："创新催生创业，创业也带动创新，在创新创业的相互促进下，高技术产业和战略性新兴产业快速成长。"这反映出科技创新与创业之间的本质且深远的联系。

一、技术创新

（一）科学、技术与知识

科学（science）一词源于拉丁文"scientia"，其本义为学问或知识，含义相当于"格致之学"，即用"格物致知"表示探究事物而获得知识的概念。科学的内涵和外延随着科学本身的发展及人们对科学认识的不断深化而发展变化。科学是一个完整的知识体系，运用定理、原理、定律等对零散的知识进行总体描述，有计划地发展并研究。同时，科学还是自然、社会和思维的知识体系集合体，起到改变客观世界的作用，表现为创造性的智力活动，不仅反映客观世界规律，还可以反复实践、认识和检验。

技术（technology）一词来源于古希腊语"techne"（艺术、技巧）和"logos"（言辞、说话）的结合，意为完美的技艺和演讲。技术的狭义定义限制在工程学的范围内，如机械技术、电子技术、化工技术、建筑技术；技术的广义定义则涉及人类为自身生存和社会发展所进行的实践活动，指为了达到预期目的而根据客观规律对自然、社会进行调节、控制、改造的知识、技能、手段、规则和方法的集合。

知识是创新创业的发动机。《辞海》从人类文化和文明视角，将知识解释为人类在对世界的认知和改造过程中获得的结晶与积累的经验。经济合作与发展组织（OECD）从经济视角提出，知识是蕴含在人（特别是人力资本）和技术中的重要成分，是经济发展的核心。从教育视角来看，知识具有专业技能内涵，与学科特点和研究领域紧密相关，是集科技和信息于一体并具有重要无形价值的要素，与土地、劳动力、资本等生产要素一样不可或缺。

（二）科技知识与创新创业

科学、技术和知识与创新创业具有本质联系。一方面，创新与科学、技术和知识密不可分。马克思在《资本论》中强调了自然科学在技术进步中的作用，认为社会生产力的发展来源于发挥着作用的劳动的社会性质、社会内部的分工以及智力劳动特别是自然科学的发展。熊彼特最早在经济上使用创新概念，他在 20 世纪二三十年代提出创新即生产要素的新组合，它包括五个方面：采用一种新的产品，采用一种新的生产方法，开辟一个新的市场，掌握原材料或半制成品的一种新的供应来源，实现任何一种工业的新的组织。经济学家索洛在 20 世纪 50 年代提出的增长模型就包含了技术进步的作用，发现当时美国经济增长大约有 80% 源于技术创新，仅 20% 源于资本积累。

另一方面，创业是技术开发及商业化的重要方式。技术创业利用科学和工程上的突破性提升为用户开发更好的产品和服务。从组织创生的角度看，技术创业是指由独立的个人或公司创建的、旨在利用技术发现的新企业，比如一个或几个人对科技知识的创新运用，为了达到自己的愿景和目标，建立和经营一个企业，并且承担财务风险。同时，从机会开发的角度看，技术创业表现为一种基于识别高潜力、高技术性商业机会的企业领导方式，包括汇集人才和资金资源以及利用重要而适时的决策，实现技术创新价值和组织管理升级。因此，基于科学技术的创业活动，不仅是创业者发现已经存在的技术机会和推测其未来发展趋势的过程，而且是通过整合资源创造新机会的过程，具有原创性和演化性等特征。

ABCDEF 创新技术要融合应用

2019 年 11 月 30 日第十一届中国经济前瞻论坛于北京举行，科技部副部长李萌在主旨演讲中提出了 ABCDEF 创新技术的融合应用。

A（AI）是人工智能。人工智能是一项战略性、渗透性的技术，正在对各行各业进行全方位的赋能。人工智能的发展应当坚持应用先导、应用驱动。大规模推动人工智能与实体经济融合，可以弥补我国当前劳动力成本上升、比较优势下降的弱点。

B（blockchain）是区块链技术。区块链技术包括分布式数据存储、共识机制、加密算法、智能合约等，特点是无中心化、公开透明、不可更改性、可回溯。近年来，区块链技术引起了全世界的关注，一些国家围绕着区块链的研发、应用和监管相继出台了国家战略。

C（cloud edge collaboration）是云边协同。云计算已经成为各行各业越来越离不开的基础能力，在网络化、数字化和智能化中不可或缺。

D（big data）是大数据。大数据是继实验观察、理论推导、计算机模拟之后的科学研究新范式。数据已经成为重要的生产要素。过去讲经济发展靠要素驱动、投资驱动，现在强调创新驱动和数据驱动。

E（ethics）是伦理。科技伦理是科技活动必须遵守的行为规则，对科技的健康发展乃至社会的安全都有重大的影响。随着科技发展水平不断提高，科技伦理问题变得更加紧迫，任何违反科技伦理规范的行为都必须坚决反对。

F（5th generation mobile communications）是 5G。5G 是中国科技产业在全球领跑的

标志性技术，把以前人与人的通信连接拓展到物与物的连接，甚至是智能与智能的连接，开启了万物互联、万智互联的新阶段。目前5G的布局才刚刚开始，从理论到技术还需要进一步研发和完善，也有很多未知领域与应用场景需要开拓及挖掘。

只有ABCDEF创新技术融合应用才能释放出巨大的发展能量，给经济社会发展带来的可能已经不仅仅是新的增长点，而是新的潮流剧增。

技术创业融合了科学、技术、知识和创新，聚焦技术机会和市场机会的匹配，通过对技术机会的识别和开发，进行新的资源配置，实现科学、技术、知识的新价值。从行动主体看，技术创业也可以被划分为独立技术创业和公司技术创业。技术创业可以来自技术上的革命性突破或渐进提高，目标市场可以是现有市场，也可以是全新市场，可以发生于单一个体身上，也可以发生在公司内部。独立技术创业指非公司的个人或团体进行的创业，主要强调新创企业；公司技术创业则强调公司内部进行的创业，除新创企业外，公司技术创业还涉及公司内部某一部分与技术相关的创新，可能包括新生产方式和新生产程序。

（三）技术创新与商业模式

创业型管理者需要关注和提升组织的技术创新能力。从知识和资源视角看，技术创新能力的本质是企业拥有的知识。技术创新能力是企业为支持技术活动与技术创新的实现，附着在内部人员、设备、信息和组织中的内生化知识存量的综合。技术创新能力的静态特征表现为一定的知识存量，动态特征则表现为对存量的操作，如搜索、筛选、格式化、存储、纯化、编码、激活等。从创业过程视角看，技术创新能力是技术的搜寻能力、学习能力和价值创造能力的综合表现，指企业开发和利用资源来创造相关的特定技术的能力，并可以从中获取更多技术及资源来实现竞争优势，通过技术吸收和转化来提升不确定性情境下的组织成长活力。

依据创新主体与外部经济环境的关系，技术创新模式主要有自主创新模式、模仿创新模式和合作创新模式。所谓自主创新模式，是指企业利用自身的创新资源和条件，自主开展研发活动，获取拥有自主知识产权的技术创新成果，并通过市场交易的方式实现经济回报。借助自主创新模式，企业掌握核心技术，技术上的原创性可使其在市场竞争中保持相对优势，并为后续技术创新积累存量知识资本。所谓模仿创新模式，是指企业购买和引进其他创新主体的先进技术，在消化、吸收和掌握核心技术的基础上，通过模仿实现二次创新，开发出具有市场竞争力的创新产品。所谓合作创新模式，是指以企业为主体，企业与企业之间、企业与科研机构和高等学校之间以利益共享、风险共担及优势互补为基础进行联合创新。一般而言，发达国家的企业更加关注自主创新，而发展中国家的企业则大多起步于模仿创新。

华为的5G之路

市场调研公司IHS的报告显示，预计2035年5G将为整个世界经济产出带来12.3万亿美元，带动全球整体投资2 000亿美元。早在2009年，华为就投入5G领域研发，一直与行业领先合作伙伴开展广泛合作，已联合签署30多项5G合作备忘录，在超大宽带技术、低时延高可靠性连接技术等领域创造了多项纪录，远远超过国际电信联盟对于5G网络要求，处于全行业领导地位。2016年11月17日，国际无线标准化机构3GPP无线物理层87次会议就5G短码方案进行讨论，最终华为的Polar方案从两大竞争对手的方案（美国高通主推LDPC方案、法国主推Turbo2.0方案）中胜出，在5G规则制定上拥有了更多主动权，摆脱了3G、4G时代亦步亦趋的技术形式，引领着全球5G技术的创新热潮。

华为的实践表明，通过敏锐把握环境变化，主动创新可以在市场压力下获得行业引领地位，其中有3个关键要素：一是敏锐。任正非多次强调，“要让听得见炮声的人来决策”“让一线发挥作用，而不是让拥有资源的人指挥战争、拥兵自重”。为了达到更迅速、真实、全面地把握市场环境和制度环境变化的目的，华为对营销部门和内部管理结构做出了一系列变革。二是主动。船小好调头，船大好顶浪。在从小到大的成长过程中，华为人的危机意识十分强烈，习惯于超前谋划，主动建立《华为基本法》，主动持续进行研发投入，主动针对复杂多变的市场环境开展有针对性的创新。三是引领。华为以创新为驱动力，从国内市场到亚非拉市场，再到欧美市场、5G（未来）市场，一步步完成了从适应环境到引领环境这一转型。

当前，关于商业模式和技术创新战略孰轻孰重的讨论一直在持续。随着互联网经济繁荣发展以及人工智能、大数据技术的广泛应用，在技术创新以外，商业模式创新成为经济发展的又一增长极。事实上，商业模式与技术创新战略虽然在概念定义和解决问题等方面各有侧重（见表10-1），但二者并非彼此对立，相反却是可以根据企业实际实现协同发展的。比如，对于人才、技术、智力密集型的中小企业，技术创新战略在企业组织竞争优势来源中占主导地位，而商业模式创新成为辅助技术创新成果推广与转化的手段；创新资本缺乏或创新能力不足的中小型企业，更倾向于发现与挖掘市场机会，商业模式往往构成组织的核心生存手段，而技术创新战略成为辅助手段；活跃在新兴技术应用前沿的大型企业组织，既需要通过高强度的产品研发巩固自身核心竞争力，也需要通过持续发现与创造市场机会并改变自身商业模式来塑造市场竞争优势，此时商业模式与技术创新战略是相辅相成的关系。

表10-1　商业模式与技术创新战略比较

	商业模式	技术创新战略
定义	企业捕捉商业机会从而以创造价值为目的所设计的交易内容、交易结构和交易治理	企业以技术发展为中心，通过不同的创新方式为企业创造更多价值、提升竞争优势的决策
解决的主要问题	如何将技术商业化	面对竞争对手，企业应采取什么定位
	将哪些合作者联系在一起进行商业机会的探索，以及如何将他们与焦点企业联结起来进行交易	应采取哪种技术创新战略（例如，自主研发战略还是技术引进战略）
	有哪些信息和产品在合作者之间进行交易，以及使这些交易实现需要哪些资源和能力配置	如何进行技术创新
	如何控制合作者之间的交易，以及采用哪些措施来激励这些合作者	要进行哪类技术创新
		如何应用技术创新成果
分析单元	焦点企业及其交易伙伴	企业
关注点	外部导向：关注企业与其他人的交易过程	内部及外部导向：关注企业在竞争过程中的活动和行为

二、学术创业

（一）知识的溢出、过滤与三螺旋模型

知识溢出是指创造知识的企业之外的其他组织或个人，免费或者部分免费地使用这些知识而获益的过程。知识溢出和知识转移虽然都是指知识流动，但它们在知识溢出创业理论框架下却有不同的含义。在知识转移中，知识接收方需要向流出方支付一定数量并且被双方认可的报酬。但是，在知识溢出中，知识接收方是无偿地使用溢出知识，或者知识接收方没有给流出方支付完全的报酬。因为大部分知识，即那些隐性知识都存在于人类大脑中，掌握这些知识的人才流动是实现知识溢出的重要途径。因此，知识溢出主要是通过人才流动实现的，即通过知识创造者或其他员工离开创造知识的企业并创办新企业而实现知识溢出。

知识过滤是指那些阻碍企业将自己创造和拥有的知识转化为商业知识的因素。这些因素既可能是企业现有能力、战略导向、组织文化，甚至是政府宏观政策等，也可能是公司政策、传统观念、路径依赖、关系网络和知识转化机制等。知识固有的不确定性、不对称性及高交易成本等性质，会导致人们很难精确地计算知识预期价值。因此，知识创造者与管理者对同一知识的评价标准和结果可能不同。这些不同会使得部分新知识不能引起管理者的注意而未被利用。由于知识过滤的存在，在位企业所拥有的知识与最终被商业化的知识之间存在差异。未被利用的知识越多，就会越强烈地激励在位企业员工通过人才流动的形式，创办自己的企业以商业化这些知识。

三螺旋模型（见图 10-1）由三方组成：以高校为代表的科研单位与其他一些研究单位；企业；以政府为代表的地方性的、国家层面的乃至国际层面的管理部门。这三方在创新活动中不仅履行传统的职能——高校的知识创造、企业的财富生产和政府的政策协调，它们彼此之间的互动也使它们各自衍生出新的职能，最终三方完成创新目标，形成了一个创新型社会。在三螺旋模型中，高校、企业和政府之间的沟通与交流，有助于形成基于知识流动的创新系统，通过各参与者的相互作用实现创新的螺旋式上升，并经过产学研协同创新将知识转化为生产力。

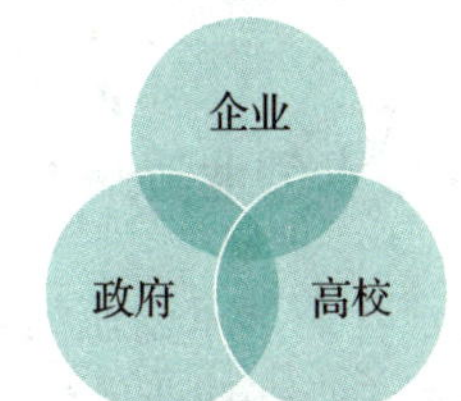

图 10-1　三螺旋模型基本框架

（二）学术创业的基本概念

科学知识的内在属性和高校组织的使命拓展都使学术创业的出现成为必然。新熊彼特主义经济学家提出，经济发展的主要推动力是能够创造科学知识实际产出的日益增长，以及经济体系将这些抽象科学知识转化为具体市场创新的能力。因此，知识才是创业者成功最重要的资源，而拥有丰富知识资源的高校应当而且必须成为科学领域乃至整个社会的重要创业者。学术创业活动与企业创业活动（如企业家个体创业、公司创业等）具有不同之处，经济领域的创业无法等同或替代学术创业。尤其是 20 世纪 80 年代以来，各国高校组织和学者个体的专利、特许、衍生企业等诸多形式的学术创业逐步兴起，管理学、经济学、社会学等研究领域对此产生了浓厚兴趣，以学术创业为主题的出版物、文献综述也日渐增多。

关于学术创业的内涵理解，常见的有两种不同导向（见图 10-2）。一是侧重于创业导向（外向型），即强调学术创业的商业化结果，把学术创业等同于学术组织或个人创办新企业，代表性的表述如：学术创业是为了开发产生于学术机构的一套智力资本而创建一个新企业，是一个商业化的开发过程，超越了传统的创新特许，表现为创建一项新事业，包括起源于高校的技术和知识的衍生。二是侧重于学术导向（内向型），即强调学术组织或个体在创业过程中的主体地位，如强调学者通过对研究创意或研究导向的产品进行开发并推向市场从而增加个体或机构利润、影响力或声誉的活动，是在高校正式的基础教学和科研任务之外的所有商业化活动，关注把研究者的全新角色和资源融入现有组织背景下的整合过程，将其视为反映研究者从事工作的一种全新模式。

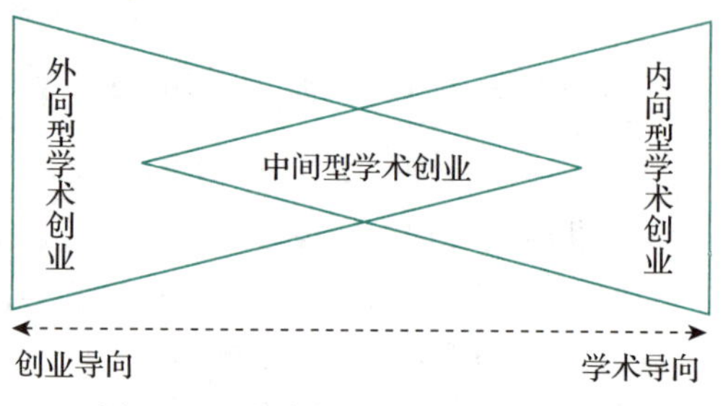

图 10-2 学术创业内涵的导向类型

综上可见，学术创业内涵还应注意整合学术和创业两个具有不同特性的导向（中间型），这是一个广泛外延的概念体系，意味着学者和学术组织突破资源束缚、识别并利用机会以实现个体和组织成长的过程。从狭义上理解，学术创业是由学者或学术组织所参与的商业上的创业活动（如产学合作、基于高校的风险投资基金、以高校为基础的孵化器企业、由学者组建的新创企业、在企业和学术部门具有双重身份的研究者等）；从广义上理解，学者的创业行为还包括对学术生涯的创业型管理，如创建一个新的研究领域或机构，同时可能伴随着商业化战略，也可以既有学术组织内部的创业活动，同时还包括与其他外部机构（如企业和政府）之间的作用关系，从而形成一个动态的创业系统。

（三）学术创业者

学者是学术创业的核心参与主体，学者投身创业的暗涌已经不可小觑。学者创业并不等同于学者职业发生变化，而是意味着学术研究更加注重价值实现的过程。管理大师彼得·德鲁克认为，科学的以及非科学的新知识是创业机会来源的“超级明星”。因此，学者作为新知识的缔造者，不可能与创业相隔绝，而会伴随知识与创业的关系演进，不同程度地参与创业活动。学者创业通常有以下四条路径。

一是转型之路。曾经具有老师身份的明星企业家，并不鲜见。他们离开“象牙塔”，在校园外开拓自己的事业，转型成为创业者，最广为人知的当属马云和俞敏洪两位。学者从高校走向社会，会面临诸多挑战，制度约束、机会损失和社会认可等都是摆在曾经的教书匠面前的难题。

二是跨界之路。跨界的创业学者，需要将自身知识与创业事业进行有效融合，而不单单是找一份兼职。但是，要做到这点，并非易事。必须承认，并不是每一位跨界的创业学者都能成就“传奇”，公众对他们的认识依然不够充分。反对者的理由在于，高校教师兼职创业可能会忽视本职工作，占用过多的时间和精力，从而无法更好地保证本职教学和科研工作，导致对学生培养的投入不足；支持者的出发点在于，高等教育已不仅限于理论学习，高校教师如果具有一定的社会实践经验，则有助于提高学生对知识的理解和应用水平。

三是合伙之路。学者的智力资本与商人的财务资本联合，像是美丽佳人与成功英才的结合，也是学者创业的路径之一。最为经典的代表，可以追溯到推动工业革命的蒸汽机发明人詹姆斯·瓦特。他的设计让蒸汽能量有效用于工矿和运输业，但是，倘若没有当时伯明翰企业家马修·博尔顿的鼎力相助，瓦特的发明极有可能不为世人所知、所用。学者纯专业的思维方式转向运作企业的经营性思维方式，对多数学者来说都是巨大的挑战，搭建什么样的团队以及匹配什么样的资源显得尤为艰难，而这可以通过学者和资本力量的合伙，将技术和商业结合的方式来实现。但是，这并不意味着学者创业的合伙之路只适用于自然科学领域，社会科学领域的学者同样可以与非学术力量整合并开创新事业。

四是育人之路。“师者，所以传道授业解惑也。”学者创业也可以把目光聚焦在学生身上。上述的转型、跨界和合伙之路，都是学者面向校园之外开拓创业空间，以应用性的产品或服务为成果，通常被视为外向型学术创业的实现方式。与此同时，还有一些学者着眼于大学教育自身，将创业精神和能力应用于教学与科研活动，通过创新创业人才培养，服务于学术知识的成果转化和价值实现。虽然这种回归教育本源的内向型学术创业并不直接带来应用成果，但是培育学生的创新创业意识和素质并通过他们创造新价值，也依然具有创业的革命性本质。

人工智能时代的科学家创业

创新工场创始人李开复在一次演讲中介绍了他对科学家、创业者和人工智能时代的科学家创业的思考和体会：

“我自己也算是科学家创业，在非常早的时候涉足了人工智能领域。本质上，科学家和创业者有非常大的不同：科学家追求的是科研突破，创业者追求的是商业回报；科学家讲究严谨，创业者讲究速度；科学家要慢工出细活，而创业者要快速迭代。在科研领域里我们每次问的第一个问题是：这件事情别人是否做过，是不是全新的？如果有人做过一定要看自己有没有可增加的价值，但往往在别人创新的基础上寻求增加的价值不如自己寻求突破的价值大，所以每个科学家不断追求创新，做前人未做过的研究，这代表了科学家追求创新的突破精神和严谨态度。

今天，科学家创业迎来了一个有史以来最好的时机，大家可以看到，除了今天谈的人工智能之外，在区块链、生命科学、高能电池、细胞扩增、基因编辑领域，几乎布满了创业的机会。但是科学家参与创业的时候一定要想清楚，前人摔过的跟头怎么去避免。

在人工智能时代，科学家怎么参与科技革命？①科学家亲自创业，这个最困难，因为科学家的职能本质是创新，而不是创造商业价值，他们存在太多短板。②找商业合伙人一起合作，这个是可以实现的。③留在学校继续创新，把创新的技术授权出去，让学生或别人借此创业。我非常鼓励学者这样做。④提供开源，发布数据和内容。我建议科学家不要因为经济利益加入大公司或自行创业。顶尖科学家是稀缺的资源，我们更希望科学家能把技术推到一个更高的层次。

三、组织变革

（一）从技术变革到组织变革

技术创新创业反映的技术变革，促进了组织成员积极学习新设备或新技术的操作，并可被运用于改进管理方式、获取创新资讯及使多元化生产方式等。技术变革强调现代化科技应用于组织变革的程度，是以解决问题的现代化的知识、方法及技术作为改变组织流程的证据。快速的信息传递速度、个性化的消费者需求及竞争对手的威胁，都迫使企业掌握良好的应对变革的能力。

技术变革离不开组织结构的引领和支撑。组织变革在形式上表现为结构变革，这主要指组织兼顾内外需求，对实质性的组织设计进行修改，包括任务和权责的划分、组织目标与设计、组织结构的功能及绩效评价制度等。组织结构的适时变革，使企业与变化着的内外部环境相适应，保证了企业的健康发展。对高科技创业企业来说，当企业对组织结构进行适当的调整，比如以研发部门为重心，将大部分资源都投在新产品的研发与市场化上时，技术创新绩效将得到提高。

组织变革在内涵上表现为通过人员变革实现组织能力的提升。例如，对员工知识、观念态度、个人行为及整个群体行为的变革，可以保证合理利用各种资源，提升完成组织目标的能力水平。人是影响企业创新的基础要素，人员变革的目的在于提高组织成员技能及树立正确的态度与动机，以发挥组织效能，即强化个人、群体或组织在决策、解决问题、人际沟通及工作关系等方面的能力。企业可以从以下几个方面去进行人员变革、促成创新：应用良好的人事选聘、培训、任用和考核制度，使每一个人才都适得其所；把企业的经营理念传达给每一位员工，让他们能够发挥专业自主权，提高自身素质，为达成共同愿景而努力；发挥各部门的职能，鼓励企业内部各部门建立广泛的联系。

组织变革在过程上表现为通过文化变革实现组织持续成长。组织变革也具有阶段性，通常被分为解冻、变革、再冻结三阶段。在解冻阶段，人们逐渐认识到原有的工作方法不再适用，这可能是由于明显的危机，或是由于领导者向人们努力描述那些还没有被组织中的大多数人意识到的威胁和机会；在变革阶段，人们寻找新的工作方式，选择有前途的工作方式；在再冻结阶段，新的工作方式被确立和实施。对成功的变革来说，这三个阶段中的每一个阶段都是重要的和必经的，这也意味着大部分成员所共同分享的价值与信仰体系要积极改变，因此文化变革必不可少。对已有的价值观进行创新，可以使组织与新的竞争环境相匹配。信息化时代以知识和观念创造新价值，企业文化变革把创新植入企业文化中，建立一个开放的环境，使员工分享不同的信息和观点，从而提高组织的整体创新水平，提升并延续技术创新绩效。

（二）组织变革中的惯性与路径依赖

组织惯性是组织运行表现出的一种属性，是指当面对环境变动或未遇到外部力量作用时，组织通过其内部重复的、可识别的行为模式而保持自身发展运动状态的行为或倾向。组织惯性是企业惯例在组织情景约束下的实践活动剔除随机性的稳定部分，是企业固有的属性。从组织惯性的定义可以看出，惯例是组织惯性形成的根源，惯例为企业的组织惯性勾画了行动的范围和选择空间。如果已形成的惯例，如原思维模式、原行为方式，曾对组织产生了有利的结果，那么越是成功的经验产生的组织惯性则越大。组织惯性的定义表明，企业同自然界物体一样，其发展运动状态改变，即组织变革的发生，也需要有外部力量作诱因。

另外，企业也要谨防组织惯性转化为惰性进而阻碍组织变革。随着组织惰性的不断积累，组织结构的刚性也随之上升，组织变革的行为模式将会逐渐固化，有可能使组织变革陷入一种无效率但又难以摆脱的变革路径之中，即呈现“路径依赖”的特征。组织对可行变革方式的搜寻是带有组织历史印记的策略搜寻，这种搜寻将组织变革策略的选择范围缩小了，某一特定变革方式的抉择将组织的变革方式引入一个动态的缩小过程中，而这种现象的发生正是由于组织变革中自我强化机制的存在。当自我强化作用累积到一定程度，特定的组织变革行为方式或策略将会锁定在某一个路径之中，难以被其他组织变革行为方式或策略所替代，这时组织变革呈现路径依赖性。

路径依赖主要由沉没成本和转换成本的作用导致：沉没成本意味着组织早期花费大量人力、物力形成了组织行为惯例，连同组织内部人力资本的专用性，对组织变革路径产生了束缚；转换成本意味着采用新的组织变革行为方式或策略会带来不可预期的风险和费用，这也会成为组织变革的约束或障碍。

起死回生，人人是创客

在企业兼并的目标上，海尔主要选择那些硬件不错但软件不强的企业，即那些技术、设备、人才素质俱佳，只是因管理不善而在市场竞争中败下阵来的企业。海尔集团董事局主席、首席执行官张瑞敏曾形象地称这种现象为“好鱼吃不到，坏鱼不能吃，只能吃半死不活的‘休克鱼’”。也就是说，鱼的肌体完好，好比企业的硬件完备；鱼处于休克状态，好比企业的思路、观念、管理有问题。“吃”这种“鱼”后，只要注入海尔的管理和文化模式，很快就可以使它起死回生，从休克状态变为鲜活的状态，海尔人把这种兼并称为“低冲门扩张”。

如今，海尔再出发，企业目标不再是单纯地生产产品，而是培养创客。正如张瑞敏所言：如果是单单定位于生产产品，就会被束缚，但如果是培养创客，就会有很多新的产品、新的创意生成，“要跟上用户点击鼠标的速度”。所以，员工由服从领导变为服从用户。员工成为自主满足用户需求的“创客”，企业则成为服务于员工的平台。他还说：“我不是仅去吸引用户，而是要让他们成为终身用户。非常重要的是，我们的目标不是争第一，而是争唯一。”

（三）组织变革中的创业学习

组织变革也是组织学习的过程。组织学习是指组织成员在组织设计中发现错误，并通过重新构建组织以修正错误的过程，呈现阶段性特点，学习的对象主要集中于对外部知识的应用与对新知识的学习，学习的效果主要侧重于组织的创新性及对组织绩效的改善，以达成提高组织竞争力的目的。在创业型组织中，创业者作为各要素关系的中枢，需要通过不断学习来开发机会和配置资源，创业学习贯穿整个组织学习和变革的过程，并对创业成长起到至关重要的作用。

创业学习的概念体系包括以下几方面：

第一，从发生时间看，创业学习主要发生在新企业的孕育、初创和早期成长阶段。

第二，关于学习目标，创业学习的最终目标是完成创业任务，主要包括机会识别和机会开发，但在机会识别与机会开发过程中，新企业需要逐步提升创业能力，并累积战略性资源。

第三，关于创业主体，除了备受学者们关注的创业者创业学习之外，员工、群体和组织也是新企业重要的学习主体，不同的主体具有不同的任务分工和学习内容。

第四，关于知识源，创业学习理论模型指出，创业学习并不是简单地从外部环境中获取知识，而是学习者的社会身份、与利益相关者的企业共建以及社会情境三者之间相互作用的结果。新企业的创业学习可依据知识源分为内源学习和外源学习，对于不同的学习主体，其知识源有所差异。

第五，关于创业学习的客体，创业知识与一般知识具有本质区别。企业知识主要包括创业机会、创业资源，以及新企业运营的知识，这些知识以显性或隐性的状态存在，对于新企业有效识别和开发创业机会、提高新企业的合法性、降低不确定性、成功将新产品或新服务推向市场具有重要作用。

第六，创业学习的方式主要包括经验式、认知式和实践式。经验式创业学习主要强调个体利用自身先前经验，通过反复地思考、实践和归纳总结，将已有的、有价值的经验转化为知识；认知式创业学习强调了他人经验的重要性，创业者主要通过观察他人来进行学习，这种学习方式也被称为观察学习；实践式创业学习，也称情境学习，指发生于特定的环境背景或独特的社会情境下，通过创业实践获取新知识的学习过程。

为什么打造“中台”

提起“中台”，可能很多人不太熟悉，但是如果说“前台”和“后台”，大多数人都知道是什么意思。日常生活中提到的“前台”多是指与企业终端用户直接产生交互的业务平台，比如平常使用的App、门户网站等，“前台”通常具有机动灵活的特性，能对用户的需求做出最快的反馈；“后台”则是指由企业各个后端管理系统组成的支持平台，简单来说就是IT支持类平台，比如企业内的数据库、各个运维系统（如ERP、CRM系统）等，“后台”强调的是稳定。

随着业务不断发展壮大，快速反馈的“前台”与稳定踏实的“后台”容易衔接不畅，为了确保“前台”与“后台”相互独立又高效联动，企业就需要重视组织中的“中台”。这一概念在不少创业型企业中日益受到关注，成为组织变革的新方向。

以阿里为例，淘宝、天猫以及聚划算等业务板块虽然相互独立，但是用户群体没变，用户下了订单还是需要企业以同样的方式去处理。因此，阿里没有针对不同的业务板块来做单独开发，而是把需要重复开发或重复执行的业务内容整合在一个通用的平台上，大家都能随时从平台中获取想要的资源，"中台"便慢慢建立起来，很好地衔接了企业"前台"和"后台"，各业务板块可以共用一套用户系统和订单管理系统等，避免了大量重复的情况，给企业减少了大量的开发成本。

第二节 创业管理的创新方向

节气X创业：周而复始

《文子·自然》中写道："十二月运行，周而复始。"春夏秋冬，寒暑往来，四个季节看似原地兜圈，实则是在循环运转，实现持续发展和演进。创业进程亦是如此，正如孟子所言："君子创业垂统，为可继也。"创业者开创一番新事业，需要不断创新、重新出发，在事业的传承和延续中实现基业长青。那么，面向未来的创业管理有哪些创新方向呢？

一、企业家精神

（一）创业与企业家精神

创业、中小企业、民营经济这几个概念多与就业、产值、利税等指标挂钩。根据2018年底的一项研究，民营经济创造了我国60%以上GDP，缴纳了50%以上的税收，贡献了70%以上的技术创新和新产品开发，提供了80%以上的就业岗位。因此，以民营经济为主要背景的企业家精神成为中国创业情境下的重要概念，具有独特内涵和创新价值。

具有强烈的创新、风险承担与改革发展精神的企业经营者、创业者、高级管理人员可以被称为企业家。如果勇于冒险、敢为天下先、试错性进取等企业家精神离开创业情境，就很难被强化。企业家并不局限于创业者，但在企业家群体中，创业者的比例最大，主要是因为创业情境更有助于培育和强化企业家精神。

中国之所以能在改革开放40多年来取得如此巨大的成就，主要有政策、人口红利、资本的积累以及农村改革等因素的推动，但更重要的是，中国出现了企业家经济。企业家经济的产生，对应着一类全新人群的出现，他们在中国改革开放的经济发展历程中起着举足轻重的作用。企业家不仅是一群能引领变化的人，而且是一群不断利用变化、实现价值创造的人。

2017年9月国家发布的《中共中央国务院关于营造企业家健康成长环境弘扬优秀企业家精神更好发挥企业家作用的意见》（以下简称《意见》），标志着"企业家"这一名词自新中国成立以来首次被写入中央文件，这一举动具有重大的历史和现实意义。《意见》界定了优秀企业家精神的时代内涵：创新发展、敢于担当、专注品质、追求卓越、诚信守约、履行责任、艰苦奋斗、爱国敬业、服务社会。这36个字既是对以往优秀企业家精神的总结，也是对新时代企业家的精神指引。其中包含了企业家精神的共性和相对稳定的内涵，这些是需要代代传承的精神品质。同时，这一内涵也强调了企业家精神的时代性和动态性，以在企业家群体中更好地弘扬工匠精神并鼓励他们创造更多的社会价值，让优秀的企业家在创新驱动发展、由经济大国变成经济强国、实现中华民族伟大复兴的“中国梦”的进程中发挥引领作用，提升中国市场经济参与者的整体精神水平。从《意见》的内容中，我们可以清晰地看出企业家精神与创业情境的高度契合，甚至可以说创业情境孕育了企业家精神。

改革开放以来的中国企业家精神

在改革开放之初，一批创业者涌现出来，以乡村人才、城市经济的边缘青年为主，他们在创业过程中表现出的“敢为天下先”、敢闯敢干以及在与政策互动中形成的实事求是精神是新时代企业家应继承的，也是企业家精神的基本要素。到20世纪80年代中期，城市体制改革启动之后，中国涌现出一批实业兴邦的企业家，如柳传志、张瑞敏、王石、宗庆后、李东生等，他们踏实地做实业、抓质量。在供不应求、商品极其短缺是主要问题，而质量、产品创新还不是主要矛盾的时代，多数人都在扩大产能，但这些实业企业家则在努力提升质量，他们眼光独特，富有远见，把握住了商业的本质。

他们中的多数人至今仍然活跃在企业改革、创新发展的主战场，有的仍然具有引领作用。企业家积极承担社会责任是重要的，但能够看清商业的本质，围绕本质保持警觉性，务实进取，对企业家来说更加重要，企业也会因此更具有发展持续性。20世纪90年代兴起的创业者群体虽然仍具有社会边缘群体的特征，但行为规律明显不同，这一群体在创业活动中既能把握市场规律，又特别注重与政府的互动，这种互动使得他们不再像改革初期创业者群体那样只是提供典型经验，而是积极参与政府经济决策，在提升民营经济的地位甚至国有企业的改革创新方面都起到了促进作用。

（二）企业家精神的土壤：营商环境

营商环境是指企业等市场主体在市场经济活动中所涉及的体制机制性因素和条件，包括市场主体在市场准入、生产经营、退出过程中涉及的有关外部因素及条件，是经济持续、健康、高质量发展的助推器和生命线，是伴随企业活动整个过程（包括从开办、营运到结束的各环节）的各种周围境况和条件的总和，对激发并保护企业家精神具有重要意义。营商环境包括诸多方面，例如，保护企业家合法权益（财产权、创新权益、自主经营权等）的法治环境；促进企业家公平竞争、诚信经营的市场环境，表现在公平竞争权益保障、诚信经营激励与约束机制以及监管公平性、规范性、简约性等方面；尊重和激励企业家实干、创业的社会氛围，包含“亲”“清”新型政商关系、正向激励导向、积极向上的舆论氛围等。

2019年10月，世界银行集团在美国华盛顿发布的《全球营商环境报告2020》（以下简称《报告》）显示，由于大力推进改革开放，中国营商环境全球排名继前一年从78位跃至46位后，这一次再度提升，升至第31位，连续两年入列全球营商环境改善幅度最大的十大经济体。专家指出，中国营商环境改善是一个长期持续的过程，随着新一轮改革政策的落实，中国市场将向世界展现出更大魅力。

《报告》显示，中国整体营商环境的改善体现在多个细节指标上。目前在中国办理施工许可证耗时 111 天，中国在该指标的质量指数上得到 15 分的高分，高于东亚地区 132 天和 9.4 分的平均水平。中国本地企业家解决商业纠纷平均耗时 496 天，费用为索赔金额的 16.2%，均高于东亚太平洋地区平均水平。中国还改善了司法行政质量，在该指标上获得了 17 分，而满分为 18 分，是截至目前全球获得该指标分数最高的国家。中国企业接入电力需要 2 个环节，耗时 32 天，仅为东亚太平洋地区平均值的一半。

自 2020 年 1 月 1 日起，国务院颁布的《优化营商环境条例》(以下简称《条例》) 开始实施。国家通过制定专门的行政法规，推进市场化、法治化、国际化营商环境的建设，以国家立法为各类市场主体投资、兴业提供制度保障，有助于深化改革开放、促进公平竞争、增强市场活力和经济内生动力，在“放管服”改革持续深化中推动高质量发展。

《条例》主体内容包括以下五个方面：第一，在市场主体保护方面，国家坚持权利平等、机会平等、规则平等，保障各种所有制经济平等地受到法律保护，保证市场主体依法享有经营自主权等；第二，在市场环境方面，国家持续深化商事制度改革，统一企业登记业务规范，统一数据标准和平台服务接口，采用统一社会信用代码进行登记管理；第三，在政务服务方面，政府及其有关部门将进一步增强服务意识，切实转变工作作风，为市场主体提供规范、便利、高效的政务服务；第四，在监管执法方面，政府有关部门应当严格按照法律法规和职责要求，落实监管责任，明确监管对象和范围，厘清监管事权，依法对市场主体进行监管，实现监管全覆盖；第五，在法治保障方面，国家会根据优化营商环境的需要，依照法定权限和程序及时制定或修改、废止有关法律、法规、规章、行政规范性文件，特别提出，优化营商环境的改革措施涉及调整实施现行法律、行政法规等有关规定的，依照法定程序经有权机关授权后，可以先试、先行。

世界 500 强和企业家精神

在 2018 年《财富》CEO 峰会上，时任中国建材集团董事长和党委书记的宋志平先生，受邀做了题为“世界 500 强和企业家精神”的主旨演讲。他是伴随我国改革开放成长起来的优秀企业家，从事企业管理工作的 40 年中有 5 年时间同时担任中国建材集团董事长和国药集团董事长，把这两家企业一同带入世界 500 强的行列，积累了大量灵活实用的改革经验，一系列改革实践被誉为“国企改革的铺路石”。以下是宋志平演讲的节选。

企业家精神可以概括为六个字：创新、坚守、责任。企业家品格可以概括为四点：保护环境、热心公益、关心员工的全面发展、做好世界公民。我们要知道，企业家不长青，但企业可以长青。我们的企业有一代又一代人的薪火相传，所以作为企业家，我们有一个任务，就是培养年轻一代，让他们能够脱颖而出，让他们能够接得了这个班。中国经济的发展和企业的成长，是个接力赛，要让年轻一代接好班，接着往前跑。我相信我们一定会有一个辉煌的未来，我们的目标并不只是要站在世界舞台的中央，我们还要为人类命运共同体做出我们应有的贡献。

40 年来，这首诗（歌德《浮士德》节选）一直激励着我，也和今天的主旨有关，与创新有关。我想在这里与大家分享：“辽阔的世界，宏伟的人生，长年累月，真诚勤奋；不断探索，不断创新，常常周而复始，从不停顿；忠于守旧，而又乐于迎新，心情舒畅，目标纯正，啊！这样又会前进一程！”

二、可持续发展

（一）可持续发展理念的传播与发展

长期以来，创业研究一直关注经济绩效，经常用经济或财务指标来衡量创业结果。但是，单纯追寻商业利润最大化的创业理念，并未在当前的商业创业研究中得到完全的支持。事实上，创业者并不都是一味地谋求收入最大化，创业研究学者也在努力拓展创业研究的视角，试图更全面地认识和科学地评价商业创业的产出结果。在这一研究取向的引导下，融合环境和社会诉求的可持续发展主题逐步渗透到商业创业研究领域，联合国将可持续发展理念解释为“既满足当代的需要，又不对后代需求的满足能力构成危害的发展”。与传统发展观相比，可持续发展强调人力资本投资、减贫，主张经济发展应当充分审视自然资源的承载能力，揭示了“发展、协调、持续”的系统本质，反映了“动力、质量、公平”的有机统一，创建了“和谐、稳定、安全”的人文环境，体现了“速度、数量、质量”的绿色运行。在利他理念的影响下，创业研究呈现绿色化的趋势，逐渐囊括绿色创业和社会创业在内的以可持续发展为诉求的创业研究，为理解创业现象开辟了更广阔领域。

全球环境保护运动的里程碑：《寂静的春天》

1962 年《寂静的春天》一书的问世，引发了近代以来关于人类发展与自然生态可持续性的热烈讨论。该书以寓言式的开头描绘了一个美丽村庄的突变。书的前半部分，对土壤、植物、动物、水源等相互联系的生态网络的讲解，说明了化学药剂对大自然产生的毒害；后半部分则针对人类生活所接触的化学毒害问题，提出严重的警告。作者以详尽的阐释和独到的分析，细致地讲述了以 DDT[㊀]为代表的杀虫剂的广泛使用对人们的生存环境造成的难以逆转的危害。人类不断想控制自然的结果，就是逐渐使生态破坏殆尽，并且会在不知不觉间累积毒物于自身，最终遗祸子孙。该书指出，人类用自己制造的毒药来提高农业产量，无异于饮鸩止渴，人类应该走“其他的路”。

作者在书中对农业科学家的科学实践活动和政府的政策提出挑战，并号召人们迅速改变对自然世界的看法和观点，呼吁人们认真思考人类社会的发展问题。在该书的影响下，仅至 1962 年底，就有 40 多个提案在美国各州通过立法以限制杀虫剂的使用；DDT 和其他几种剧毒杀虫剂也被从生产与使用的名单中清除。另外，该书还记录了工业文明带来的

㊀ 瑞士化学家穆勒（Pawl Mueller）因发明合成了 DDT（Dichloro-diphenyl-trichloroethane）而获得诺贝尔奖。

诸多负面影响，唤起了人们的意识和关注，进而催生了1970年美国环境保护署的设立，直接推动了日后现代环保主义的发展。该书同时引发了公众对环境问题的关注，各种环境保护组织纷纷成立，从而促使联合国于1972年6月在斯德哥尔摩召开了“联合国人类环境会议”，并由各国签署了《联合国人类环境会议宣言》，开始了世界范围的环境保护事业。

绿色创业整合了“绿色”和“创业”两个概念内涵，反映了在当今社会环境下商业创业与可持续发展概念的融合，是创业组织与环境互动的过程。从广义上来讲，绿色创业的提出源于近年来在全球范围内兴起的社会创业理念。社会创业是一种致力于解决自由市场体系和政府没有解决的社会问题的创业活动。社会创业并不排斥市场力量，但社会创业在进行商业运作的过程中必须坚持创造社会价值的原则不动摇。社会创业者会努力通过采取创业行动来履行自己的使命，通过识别和开发创业机会来创造更多的社会价值，并在重大决策中体现创新性、行动超前性和风险承担倾向。社会价值的创造和绿色创业的利他倾向本质上是相同的，最终目的都是实现经济、环境和社会的共同发展。那么，绿色创业怎样能让一种可持续发展理念转化为创业者实实在在的行动并最终创造出兼顾经济、环境和社会“三重底线”的社会福祉呢？*Journal of Business Venturing* 时任主编麦克马伦在2018年的研究中指出，绿色创业生态系统是揭示个体和组织创业活动如何推动可持续发展的重要主题。

绿色创业生态系统是环境约束条件下绿色创业主体得以契合区域可持续发展诉求的核心所在，是在环境约束条件下绿色创业主体得以契合区域可持续发展诉求的核心所在。绿色创业生态系统的形成与演化，不是从小到大、从少到多的线性过程，而是多资源要素、多环节步骤彼此胶着的复杂状态。系统中的核心主体与所处环境进行的交互，不仅可以带来经济价值，还能实现生态和社会价值。其中，技术助推绿色创业生态系统从一种潜在可能涌现成为一种结构形态，成为绿色创业者与其他主体及环境之间主动和反复作用的根本动因。社会创新则是绿色创业生态系统通过异质性主体之间协同演化产生的重要效应。绿色创业生态系统能够很好地契合绿色发展与创新发展的协同，伴随绿色创业生态系统相关研究的兴起，经济、生态和社会各个领域涌现了众多以绿色创业为缘起的新企业。2019年2月，《国家发展改革委关于培育发展现代化都市圈的指导意见》以下简称《指导意见》发布，《指导意见》提出，到2035年形成的若干具有全球影响力的都市圈，既是功能多样、产业集聚、设施完善的创新创业平台，也是强化生态环境共保共治和绿色的生态网络。

（二）《2030年可持续发展议程》与创新创业

联合国成员国在2015年联合国可持续发展峰会上就《2030年可持续发展议程》的17个目标达成了共识。这17个目标依次是：消除贫困，消除饥饿，确保良好健康与福祉，确保包容和公平的优质教育，实现性别平等，提供清洁饮水与卫生设施，提供经济适用的清洁能源，获得体面工作与经济增长，建造工业和基础设施并推动创新，减少国内与国际的不平等，建立包容、安全、可持续的城市和社区，采用可持续消费和生产模式，采取紧急行动以应对气候变化，保护和可持续利用海洋资源，保护、恢复、促进陆地生态系统的可持续利用，创建和平、包容的社会及机构，重振可持续发展的全球伙伴关系。在2015

年这一议程又增加了被分解的169个子目标和232个指标。

联合国《2030年可持续发展议程》的目标为创新创业研究和创新创业实践方向以及政策制定与评价提供了参考。比如，为了实现人人获得体面工作和促进经济增长的目标，创新政策既要鼓励创业者通过技术升级来发展高附加值行业，又要激励创业企业改善劳动环境和强度，增加就业岗位。创新政策支持智能化机器人技术发展，不是为了让更多产业的工人失业，而是为了提高工作效率、降低工作强度，从而让人们更体面地工作；创新政策鼓励发展“互联网+”产品销售平台，不是要让城市和社区的实体商场消失，而是为了让那些行动不便人群的需求能够更便捷地得到满足。

2016年12月，国务院发布的《中国落实2030年可持续发展议程创新示范区建设方案》(以下简称《方案》)，引起了国内外的广泛关注，是当前中国推进可持续发展的标志性事件。《方案》在多个方面体现出可持续发展对创新创业的引导：一是在突破GDP导向的传统发展思维方面，可持续发展的理念会推动创新创业视域从经济维度延伸至生态和社会多维度；二是在扭转被动应对的传统主体角色方面，可持续发展观会促使创新创业者从问题入手，通过制度、科技等各方面的变革和创新，发挥创业的主动高效机制，提供系统性解决方案；三是在调动全社会积极性方面，可持续发展推动形成政府引导、市场配置资源、各利益相关方共同参与的系统机制，促进创新创业能力的转型升级。

中国特色社会主义进入新时代，我国社会的主要矛盾已经转化为人民日益增长的美好生活需要和不平衡不充分的发展之间的矛盾。人们对物质文化的需求达到了更高的层次，对环境保护、生态安全等方面的要求也日益提升，更希望建立、健全以生态价值观念为准则的生态文化体系，以产业生态化和生态产业化为主体的生态经济体系，以改善生态环境质量为核心的目标责任体系，以治理体系和治理能力现代化为保障的生态文明制度体系，以生态系统良性循环和环境风险有效防控为重点的生态安全体系。

坚持人与自然和谐共生，必须不断创新生态优先的治理方式，将绿色发展理念融入新型工业化、信息化、城镇化、农业现代化的全过程和各方面，协同推进经济发展和环境污染防治、生态系统保护。践行绿色发展理念、更好地坚持人与自然和谐共生，已成为实现高质量发展的必然选择。绿色发展理念正在深刻改变着中国。解决中国的生态环境问题，实质上是解决全球生态环境问题的重要组成部分，因而也在为世界可持续发展提供中国方案。

中国的绿色技术创新行动

2019年1月，国家发展改革委、科技部联合印发了《关于构建市场导向的绿色技术创新体系的指导意见》(以下简称《意见》)，我国将开展绿色技术创新“十百千”行动，在2019年到2022年期间，培育10个年产值超过500亿元的绿色技术创新龙头企业，支持100家企业创建国家绿色企业技术中心，认定1 000家绿色技术创新企业。

《意见》明确，我国将加大对企业绿色技术创新的支持力度，财政资金支持的非基础性绿色技术研发项目、市场导向明确的绿色技术创新项目都必须要有企业参与，而且强调健全科研人员评价激励机制，增加绿色技术创新科技成果转化数量、质量、经济效益在绩效考核评优、科研考核加分和职称评定晋级中的比重。值得一提的是，《意见》允许绿色技术发明人或研发团队以持有股权、分红等形式获得技术转移、转化收益，科研人员离岗后仍保持持有股权的权利。根据《意见》，我国将制定和发布绿色产业指导目录、绿色技术推广目录、绿色技术与装备淘汰目录，引导绿色技术创新方向，推动各行业技术、装备升级，鼓励和引导社会资本投向绿色产业，健全绿色技术知识产权保护制度，强化绿色技术在研发、示范、推广、应用、产业化各环节的知识产权保护。

三、数字化转型

（一）数字经济与“数字鸿沟”

我们正处在新一轮科技革命和产业变革蓄势待发的时期，以互联网、大数据、人工智能为代表的新一代信息技术日新月异。当前，经济越来越呈现数字化特征，企业也越来越从数字经济中汲取发展新动能。以数字产业化为基础、产业数字化为主题的经济活动，通过改造和提升传统产业竞争力，促进产业深度融合，助推我国经济发展实现三大变革：①质量变革，提升产品和服务质量；②效率变革，降低市场交易成本；③动力变革，加快培育增长新动能。

数字技术本身就是科技革命产生的创新成果，并以数字化方式实现不同形式的创新，基于数据驱动的新动能日趋成为经济发展的主力，数字技术催生了一批极具活力的新模式、新业态、新产业。比如，目前在企业层面开展的数字化转型探索，有效推动了管理创新、商业模式创新、营销创新和品牌创新。

与此同时，对信息检索、获取、加工、处理、应用、分析、评价能力的差异所形成的“数字鸿沟”，也已渗透到社会生活、经济、文化、教育等领域，成为制约人们获取和创造财富的主要因素之一。随着经济社会的发展，地区间、行业间和群体间的“数字鸿沟”不是在缩小，而是在日益扩大。这种信息通信技术在普及和使用中的不平衡现象，既体现在不同国家之间，也体现在同一个国家内部的不同区域、不同人群中。然而，信息已成为当下信息化社会重要的生产要素，对信息的拥有和应用直接决定人们对财富的创造能力，“数字鸿沟”也就成了难以逾越的“财富鸿沟”。

一块屏幕为什么能改变命运

2018 年 12 月 13 日下午，网易 CEO 丁磊在朋友圈发文称，将捐出 1 亿元投入在线教育公益，支持更多贫困地区的学校落地网课直播模式，推动中国教育资源普惠。丁磊表示：“这个事情太棒了！但我觉得只落地 200 多所学校远远不够，应该增加到 2 000 所甚至 20 000 所。网易决定捐出 1 亿元，来支持更多学校落地这个模式，让知识实现无阶层流动，让中国处处都是学区房。”

让丁磊如此受触动的，是中国青年报不久前发表的《这块屏幕可能改变命运》的文章。文章指出，248 所贫困地区的中学，通过直播，与著名的成都七中同步上课，从而改变了贫困地区学生的命运。这些教学资源相对落后的学校，通过一条网线全天候跟随成都七中平行直播，大幅度提升了这些贫困地区学校的升学率，有的学校出了省状元，有的本科升学率涨了几倍、十几倍。16 年来，7.2 万名学生跟随成都七中走完了高中三年。其中 88 人考上了清华大学、北京大学，大多数成功考取了本科。位于云南省的国家级贫困县禄劝县教育局局长王开富感慨道："在我们这样的贫困县，投资教育是防止贫困代际传递最好的办法。"

虽然这篇文章在当年教育行业引发了暂时的热议和争论，但其反映出的数字经济时代的问题值得持续思考。在区域、城乡与群体间原本就存在较大发展差距的国家和地区，越是相对富裕的地区和群体也越容易及早融入数字经济体系，通过利用信息和通信技术（ICT）带来的便捷和高效，巩固他们在财富的生产与分配过程中的优势地位。

在全球的范围来看，发达国家和地区拥有着更高的数字经济份额，因此进一步扩大了与不发达国家和地区之间的经济发展差距，甚至也在某种程度上形成了"数字霸权"。在"数字鸿沟"仍持续扩大的情况下，如何通过体制变革与政策调整来加强治理，为数字经济的普惠性与可持续发展创造更好的环境和条件，已经变得尤为迫切和重要。

（二）数字技术与创业结合

在创业初期阶段，数字技术影响着创业机会的识别和创业计划的制订。一方面，数字技术的特性为机会识别过程提供了便利。第一，数字技术的可编辑性拓展了机会识别的参与主体，企业、用户之间以及各自内部之间的沟通变得更加频繁和密集，增强了机会识别的能力，创造了更多的可能性。同时，可编辑意味着数字技术与传统技术能够无障碍地相互组合，创造新的机会和需求。第二，强大的数据收集能力和信息处理能力增强了企业机会评估的能力，使企业能够更加快速高效地识别出有价值的机会。第三，数字技术的开放性和关联性降低了企业进入的壁垒和经营风险，为机会的利用提供有效支撑。同时，用户能够实时参与并且及时反馈，形成协同共创机制。另一方面，数字技术改变了企业创业战略的价值定位和战略行为。在价值定位层面，企业由传统的交易者变为共创机制中的交互主体，发挥推动和连接作用。在战略行为层面，数字技术可以有效地节约试错成本，使企业快速迭代，创造竞争优势。

在创业实施阶段，数字技术打破了时间和空间的限制，生态系统的构建和平台模式的产生使企业能够持续不断地创造价值。开放性的环境赋予创业过程更加灵活和自由的空间，使得产品创意和商业模式快速形成、发布、改变和再创新。数字技术的扩散性和可编辑性又不断地提供新的可供开发的机会，持续地给生态系统赋予活力。在创业产出阶段，创业过程时间和空间界限的突破造就数字创业产出的边界也被打破，产品和服务的功能、内容与传播媒介可以分离，出现形式灵活、边际模糊的市场产出，创业的结果变得不可预见并且呈现出非线性的演变。这种产出结果的持续变化和演进，突破了原始创业初期阶段所开发的创业机会的限制，创业活动不再拘泥于原有的时间和空间，呈现出动态、并行和碎片化的演变轨迹。

（三）数字创业企业

在早期的研究中，数字创业被认为是从属于创业的一个子类别，在创业的过程中将传统组织中的部分或全部要素进行数字化，也有一些学者认为数字创业是扩展的创业，以社会数字技术支持数字信息的获取和处理进而带来数字价值，简言之，数字技术为创业增添了附加值。新近研究综合了上述两种观点，提出数字创业更像是创业和数字技术的交叉部分，代表着技术与创业的深度融合，是技术创业在数字经济时代的典型代表，本质上是通过对新技术和新知识的创造性开发，重构经济关系来实现技术的“商业化”。

数字经济、下沉市场与创业新生力量

2019 年，下沉市场成为数字经济时代的热词，甚至被视为过去三年和未来三年互联网产品的主要增长来源。数字创业也能走农村包围城市道路，这背后是网民人口结构发生了变化。人口结构和人口动态的变化，是最重要的发展趋势。

在下沉市场和微信生态的叠加沉淀下，拼多多、快手和趣头条（PKQ）等正在以惊人的速度崛起。在未来的互联网博弈中，它们会取代百度、阿里巴巴和腾讯（BAT）以及头条、美团和滴滴（TMD）的位置吗？

面对 PKQ 日益强大的新生力量，BAT 等互联网巨头也纷纷提出了针对三、四线城镇的“下沉计划”，无论是资本市场的检测还是用户的考验，这些新经济势力的发展不断突破我们对市场认知的传统边界。这些新经济力量的代表，即将迎来更严格的市场考验。

数字创业企业表现出与传统创业企业完全不同的特征。首先，数字创业机会呈现碎片化趋势，企业识别机会表现为动态化的过程。用户、竞争者和其他利益相关者的动态变化成了决策的重要依据，企业倾向于通过搭建平台的模式创造信息交互的机会。与此同时，创业主体的层次更加丰富，单一主体创业模式正向团队化、公司化以及产业链生态化的方向发展，更广泛、更多样、持续演进的行动主体逐渐参与到创业过程中来。基于开放平台，多主体共同参与机会开发，机会空间被显著地拓展，以往难以实现的商业模式变得更加实际可行。

其次，数字技术的应用使无形要素的主导作用更加突出，企业内生不确定性更加复杂。企业创业过程中要面对内生不确定性提高、外生不确定性降低的相互交织的过程。技术的无限延展性打破了创业过程中时间和空间的边界，但也对企业的经营管理提出了更多挑战，它所产生的内生不确定性和动态性较传统企业的更为复杂，然而，人工智能技术的数据收集和分析的能力，也极大地提高了企业收集信息的效率，智能算法的自动决策能力帮助企业在备选方案中寻找最佳决策，从而降低了外部不确定性对企业的影响。

最后，数字创业企业的产出相比于传统企业的产品和服务，边界更加模糊，具有产生迭代价值的能力。新企业面临资源约束的同时还存在技术替代的风险，为了更好地发挥技术对创业活动的外部推动作用，创业者和创业企业需要不断更新技术和知识，始终保持行业领先地位。数字创业企业在与市场和用户不断交互的过程中，拓宽传统意义上产品和服务的边界，快速迭代并以低成本创造共享价值。同样地，产出端的结果也具有无形性和无限延展的特点，产品和服务的价值并不会随交易结束而消失，而是无限延展、演化，产生更广泛影响，这一特性造就数字创业企业所带来的价值更具包容性，更易于社会属性相结合而创造社会价值。

创业万花筒

创新创业新转变

2020年1月12日，国家发展改革委创新和高技术发展司有关负责人在2019年“创响中国”系列活动总结暨成果展示活动上指出，当前创新创业正在发生五个转变。具体而言，创新创业工作格局，从分散创业蓬勃发展到协调、融通的体系化发展；应用方向，从面上均衡发力向点面结合、重点突破转变；工作导向，从培育“铺天盖地”的初创企业向支持持续创业、精益创业转变；工作重点，从注重出台一系列创新创业政策向深化机制改革转变；工作视野，从偏重营造国内创新创造生态环境向着眼构建全球平台、网络转变。

数字技术与创新创业的融合为未来研究和实践提出了许多新问题：如何挖掘和应用具有破坏性的创新技术的创业潜力？智能时代的机器智慧会对创业者的决策方式和结果预判产生怎样的影响？大数据和人工智能技术潜在的危机和伦理困境如何突破？这些问题反映了数字技术对创业管理活动、组织架构和价值创造的颠覆性影响。尤其以人工智能为代表的数字创业企业与各领域深度融合，为各行各业带来了全新变革，如何处理好人工智能发展与法律、安全、道德伦理和治理等方面的关系，发挥人工智能技术的“头雁”作用，是新一轮创新创业管理变革中需要探索的重要问题。

创业的技术行动

2020年1月23日，由于突然爆发的新冠疫情，为了减少人群聚集、避免引发额外风险，《囧妈》《唐人街探案3》《夺冠》《姜子牙》《熊出没·狂野大陆》和《紧急救援》等被称为“史上最强春节档”的电影纷纷相继宣布退出春节档。但在24日上午，字节跳动方面表示，在和《囧妈》出品方欢喜传媒沟通后，它争取到这部贺岁喜剧在大年初一（1月25日）0点起与大家如约见面，用户可在手机上打开抖音、今日头条、西瓜视频、抖音火山版及欢喜首映中任意一款App或者在智能电视上打开华数鲜时光免费观看《囧妈》全片。有观众喝彩，有院线抨击，有分析师计算盈亏，总之，自消息传出便炸开了锅，也带来了很多有意思的问题：新技术和新模式孰轻孰重？免费和盈利孰真孰假？普惠价值和竞争优势如何兼顾？快速行动与长久发展怎样平衡？无论答案是什么，我们相信创新的“硬技术”和创业的“软思维”将不断碰撞出火花，照亮经济社会高质量发展的未来之路。

本章结语

科技创新时代呼唤高质量创业管理，创业者亟待从技术创新、学术创业和组织变革入手，提升个人素养和企业管理水平，加强技术创新与商业模式深度融合，拓展产学研合作等学术创业领域，推进组织变革和创业学习，修炼和提升创新创业能力。特别是在中国情境下，创业管理的创新方向，需要“向内观心”，激发企业家精神；“向外求索”，响应可持续发展；“内外兼修”，紧跟甚至引领数字化转型，以人工智能技术为突破口，促进创新创业的高质量发展。

思考与练习

1. 科学、技术、知识之间有什么联系，对创新创业有什么影响？
2. 技术创新与商业模式谁更重要？请结合实例，谈谈你对这一问题的看法。
3. 学术创业与高校的教学、科研使命矛盾吗？为什么？请结合实例说明。
4. 中国的创新创业情境有何独特之处？你如何认识企业家精神发挥的作用？
5. 请以小组形式，查阅联合国《2030年可持续发展议程》的具体目标，并结合实例说明这些目标对创新创业未来发展的参考或启发。
6. 数字经济在改变你的学习、工作和生活吗？请尽量多地举例说明，并分析这些现象背后都有哪些创业者的创新行动。

参考文献

[1] 毕海德. 新企业的起源与演进 [M]. 魏如山，译. 北京：中国人民大学出版社，2004.

[2] 莱斯. 精益创业：新创企业的成长思维 [M]. 吴彤，译. 北京：中信出版社，2012.

[3] 莱斯. 在印度：靠洗衣服也能成大企业家！ [EB/OL].（2014-04-19）[2020-03-21]. http://bschool.hexun. com/2014-04-19/164261450.html.

[4] 安蓓. 我国加快完善市场主体退出制度改革 [EB/OL].（2019-07-16）[2020-03-21]. http://www.xinhuanet.com/2019-07/16/c_1124761319.htm.

[5] 白胜. 克里斯坦森发展颠覆性创新理论的 4 个特色 [J]. 科技进步与对策，2018，35（10）：25-30.

[6] 卡塞雷斯. 重混战略：融合内外部资源共创新价值 [M]. 徐飞，等译. 北京：中国人民大学出版社，2017.

[7] 张九庆. 面向可持续发展目标的创新政策 [J]. 中国科技论坛，2018，32（9）：3.

[8] 蔡莉，彭秀青，NAMBISAN S，等. 创业生态系统研究回顾与展望 [J]. 吉林大学社会科学学报，2016，56（1）：5-16，187.

[9] 蔡元兵. 周黑鸭股权架构演变及重要启示 [EB/OL].（2018-06-08）[2020-03-21]. http://blog.sina.com.cn/s/blog_7bd08ae90102xe2n.html.

[10] 蔡钟明. 非普遍的“普遍主义”[D]. 上海：华东师范大学，2006.

[11] 曹晨. 新形势下苏中地区新型农民培育问题研究 [D]. 苏州：苏州大学，2012.

[12] 曹清. 价值主张：如何用一句话占据用户心智？ [EB/OL].（2018-08-28）[2020-03-21]. https://m.sohu.com/a/250531649_414106.

[13] 曹巍. 我国私募股权投资市场对外开放法律制度研究 [D]. 重庆：西南政法大学，2011.

[14] 曹勇，罗紫薇，周蕊. 众包战略与模糊前端创新 [J]. 中国科技论坛，2017，33（6）：159-163.

[15] 曾楚宏，朱仁宏，李孔岳. 基于战略视角的组织合法性研究 [J]. 外国经济与管理，2008，30（2）：9-15.

[16] 曾楚宏，朱仁宏，李孔岳. 新创企业成长的组织合法性获取机制 [J]. 财经科学，2009，53（8）：64-72.

[17] 常永胜，罗海鸥. 基于创业导向的专业硕士研究生培养目标与路径研究 [J]. 高教探索，2012，28（6）：100-104.

[18] 陈国权. 团队学习和学习型团队：概念、能力模型、测量及对团队绩效的影响 [J]. 管理学报，2007，21（5）：602-609.

[19] 陈寒松，辛爱芳. 基于资源观的民营企业创业研究 [J]. 山东财政学院学报，2008，20（6）：60-64，86.

[20] 陈弘达. 电子信息材料 [J]. 新型工业化，2015，5（11）：34-70.

[21] 陈加喜. 证券公司并购效应与整合问题研究 [D]. 广州：暨南大学，2015.

[22] 陈劲. 研究与开发管理 [M]. 北京：清华大学出版社，2009.

[23] 陈琦，曹兴. 企业成长理论述评 [J]. 湘潭大学学报（哲学社会科学版），2008，32（3）：72-75，90.

[24] 陈文婷，杨学儒，李新春. 基于过程视角的家族创业研究 [J]. 外国经济与管理，2009，31（2）：50-57.

[25] 陈晓燕. 成长性企业财务特征研究 [D]. 上海：上海交通大学，2009.

[26] 池军. 重新审视特质论、认知论及有效导向理性工具对创业者及创业过程的作用 [J]. 现代财经（天津财经大学学报），2010，30（10）：69-75.

[27] 崔成涛，等. 与领导谈现代管理学 [M]. 北京：企业管理出版社，2001.

[28] 崔祥民. 产业集群内创业者社会资本对创业机会价值影响研究 [D]. 镇江：江苏大学，2011.

[29] 戴维奇. "战略创业"与"公司创业"是同一个构念吗？——兼论中国背景下战略创业未来研究的三个方向 [J]. 科学学与科学技术管理，2015，36（9）：11-20.

[30] 戴维奇. 理解"公司社会创业"：构念定位、研究梳理与研究议程 [J]. 科学学与科学技术管理，2016，37（4）：35-44.

[31] 戴振洋，彭德力. 泰勒科学管理理论对工程项目管理的启示 [J]. 重庆交通大学学报（社会科学版），2010，10（2）：19-22，27.

[32] 杜威，文闵. 我们怎样思维经验与教育：再论反省思维与教学的关系 [M]. 北京：人民教育出版社，2005.

[33] 杜运周，王小伟，邓长庚，等. 组织衰落与复苏战略：国外理论述评及未来研究启示 [J]. 外国经济与管理，2015，37（6）：26-38.

[34] 段茹，李华晶. 善用拼凑，从网红到长红：以喜茶创业为例 [J]. 清华管理评论，2018，9（5）：42-48.

[35] 段姗. 企业资源整合能力、联盟网络与知识共享关联机制研究 [D]. 杭州：浙江大学，2018.

[36] 樊硕. 彭罗斯：企业如何成长？ [J]. 中外管理，2011，21（4）：52-53.

[37] 方世建，孙累累，方文丽. 建构主义视角下的创业机会研究经典模型评介 [J]. 外国经济与管理，2013，35（5）：2-13，22.

[38] 福布斯中国. 独角兽出门问问重拾 AI 愿景，WHY？ [EB/OL].（2019-05-06）[2020-03-21]. http://3g.forbeschina.com/entrepreneur/485.

[39] 付为政. 基于内生增长理论的呼包鄂城市群经济增长动能转换研究 [D]. 呼和浩特：内蒙古师范大学，2017.

[40] 葛宝山，高洋，蒋大可. Timmons 的思想演变及其贡献：对创业学的再思考 [J]. 科学学研究，2013，31（8）：1207-1215.

[41] 葛宝山，王浩宇. 资源整合、创业学习与创新研究 [J]. 南方经济，2017，35（3）：57-70.

[42] 龚焱. 精益创业方法论 [M]. 北京：机械工业出版社，2015.

[43] 顾阳. 400 亿引导基金支持大众创业 [J]. 经营管理者，2015，31（5）：29.

[44] 郭刚. 开展内部创业：实现员工企业共赢 [J]. 中国勘察设计，2018，34（10）：50-53.

[45] 郭润萍，陈海涛，蔡义茹，等. 战略创业决策逻辑的理论基础、类型分析与研究框架构建 [J]. 外国经济与管理，2017，39（5）：33-45.

[46] 郭天超，陈君. 商业模式与战略的关系研究 [J]. 华东经济管理，2012，26（4）：93-96.

[47] 内克，格林，布拉什. 如何教创业：基于实践的百森教学法 [M]. 薛红志，等译. 北京：机械工业出版社，2015.

[48] 韩健，孙飞. 微信公众平台上我国城市形象修辞策略探究 [J]. 湖湘论坛，2018，31（3）：124-131.

[49] 韩姜. 百度亮出人工智能 1 000 天成绩单：已落地变现，你多少都用过 [EB/OL].（2018-12-04）

[2020-03-21]. http://caifuhao.eastmoney.com/news/20181204111245124513420.

[50] 韩鹏. 高新技术企业盈利模式变革研究 [J]. 企业经济，2017，36（7）：66-71.

[51] 韩太祥. 企业成长理论综述 [J]. 经济学动态，2002，42（5）：84-88.

[52] 韩炜，何丰均. 不确定情境下的创业研究：第二届“创业与创新研究前沿论坛”会议综述 [J]. 工业工程与管理，2017，22（6）：175-179.

[53] 韩英华. 昙花一现的掉渣烧饼 [J]. 企业改革与管理，2008，16（3）：40-41.

[54] 韩勇. 中国高科技企业研发流程管理研究 [D]. 成都：西南交通大学，2007.

[55] 韩志新. 可持续生计视角下的失地农民创业研究 [D]. 天津：天津大学，2009.

[56] 郝喜玲，张玉利，刘依冉，等. 创业失败情境下的反事实思维研究框架构建 [J]. 外国经济与管理，2018，40（4）：3-15.

[57] 郝喜玲，朱兆珍. 创业者元认知监控、失败学习与团队创业精神关系研究 [J]. 科技进步与对策，2016，33（12）：16-22.

[58] 贺亮. 试错机会是最好的创业政策 [EB/OL].（2018-06-12）[2020-03-21]. http://news.eastday.com/eastday/13news/auto/news/china/20180612/u7ai7805111.html.

[59] 洪徐. 人类非遗代表作“二十四节气”之一九华立春祭 [J]. 文化交流，2017，31（4）：68-70.

[60] 胡玲玉，吴剑琳，古继宝. 创业环境和创业自我效能对个体创业意向的影响 [J]. 管理学报，2014，11（10）：1484-1490.

[61] 胡杨成，徐敏辉. 社会创业导向对非营利组织绩效的影响研究：兼论环境不确定性的调节效应 [J]. 江西社会科学，2014，34（1）：228-232.

[62] 黄红莉，杨莉. 如家快速发展之战略分析 [J]. 湖北经济学院学报（人文社会科学版），2012，09（10）：84-85，92.

[63] 纪慧生，姚树香. 制造企业技术创新与商业模式创新协同演化：一个多案例研究 [J]. 科技进步与对策，2019，36（3）：90-97.

[64] 贾品荣. CEO 奇招：故事中的 CEO 哲学 [M]. 成都：四川大学出版社，2005.

[65] 贾璇. 任正非：“内部创业”中发现资本市场威胁 [EB/OL].（2012-03-10）[2020-03-21]. http://tech.cnr.cn/jdxw/201203/t20120310_509268779.shtml.

[66] 简七理财. 你要警惕身边的“灰犀牛”[J]. 金融经济，2017，35（17）：40-41.

[67] 姜杰，张喜民，孙立宁. 管理学名著概要 [M]. 济南：山东人民出版社，2005.

[68] 姜月鑫. 大学创业生态系统评价指标体系构建及其应用研究 [D]. 杭州：浙江大学，2018.

[69] 蒋碧波. 中小高新技术企业创业期融资模式比较与选择研究 [J]. 商场现代化，2017，45（14）：234-235.

[70] 蒋向利. 打造创新创业升级版推动“双创”高质量发展 国务院发布《关于推动创新创业高质量发展打造“双创”升级版的意见》[J]. 中国科技产业，2018，31（10）：80.

[71] 解国政. 基于尖端突变理论的组织惯性测量研究 [D]. 武汉：武汉科技大学，2011.

[72] 金建培，金雪军. 西方企业成长研究发展述评 [J]. 技术经济，2008，27（4）：40-44，62.

[73] 金依明，王颖. 市场营销学 [M]. 北京：中国电力出版社，2006.

[74] 克里斯坦森，雷纳，麦克唐纳德. 什么才是颠覆性创新 [EB/OL].（2015-12-02）[2020-03-21]. https://www.hbrchina.org/2015-12-02/3640.html.

[75] 乐云，刘明强，胡毅. 组织学习的研究脉络与前沿热点分析 [J]. 科技管理研究，2018，38（15）：222-228.

[76] 雷妮. 敏捷性理论视角下组织学习过程模型实证研究：以企业为例 [J]. 湘潭大学学报（哲学社会科学版），2015，39（1）：85-91.

[77] 黎明. 上市之后，瑞幸咖啡还要跨越三座大山 [EB/OL].（2019-05-18）[2020-03-21]. https://

baijiahao.baidu.com/s?id=1633835336493772026&wfr=spider&for=pc.
[78] 李洪烈. 鼎新信息公司的知识管理问题研究 [D]. 东北大学，2004.
[79] 李开复. 人工智能时代如何创业 [EB/OL].（2018-11-30）[2020-03-21]. http://www.360doc.com/content/18/1130/11/27362060_798322269.shtml.
[80] 中国政府网. 李克强主持召开国务院常务会议决定设立国家新兴产业创业投资引导基金助力创业创新和产业升级 [EB/OL].（2015-01-14）[2020-03-21]. http://www.gov.cn/guowuyuan/2015-01/14/content_2804136.htm.
[81] 李林. 企业多元化战略研究 [D]. 湘潭：湘潭大学，2006.
[82] 李宁慧. 面向知识性任务的产品研发团队协调模型研究 [D]. 广州：暨南大学，2018.
[83] 李强. 大象也能翩翩起舞 [EB/OL].（2020-03-22）[2020-08-22]. https://book.douban.com/review/12422708/.
[84] 李赛可. 从经营管理视角看美国报业收割及其重构 [J]. 新闻界，2014，30（9）：2-8.
[85] 李彤彤，武法提. 网络学习环境的给养分析与具体化描述 [J]. 现代远程教育研究，2016，29（5）：39-49.
[86] 李伟. 人民日报纵横：数字经济推动高质量发展 [EB/OL].（2019-06-06）[2020-03-21]. http://opinion.people.com.cn/n1/2019/0606/c1003-31123328.html.
[87] 李伟. 中关村创业大街扮靓"双创周" [J]. 中国科技财富，2015，17（11）：28-29.
[88] 李翔宇. 管理文明论 [D]. 苏州：苏州大学，2005.
[89] 李新春，苏琦，董文卓. 公司治理与企业家精神 [J]. 经济研究，2006，52（2）：57-68.
[90] 李雄德. 大学生职业发展与就业指导 [M]. 南昌：江西高校出版社，2008.
[91] 李雪灵，范长亮，申佳，等. 创业失败与失败成本：创业者及外部环境的调节作用 [J]. 吉林大学社会科学学报，2014，54（1）：159-166，176.
[92] 李永发，李东. 面临颠覆威胁的在位者商业模式重塑策略 [J]. 科研管理，2015，36（4）：145-153.
[93] 李珍刚. 泰罗科学管理理论体系及其启示 [J]. 广西民族学院学报（哲学社会科学版），2002，25（S1）：65-68.
[94] 李政，李薇，张帆. 中央企业提高技术创新能力的机制与路径：基于公司创业理论的研究 [J]. 国有经济评论，2011，3（1）：43-59.
[95] 李志启. 关于国家新型产业创业投资引导基金 [J]. 中国工程咨询，2015，16（3）：74-75.
[96] 李志启. 什么是 PPP 模式 [J]. 中国工程咨询，2015，16（3）：75-76.
[97] 厉以宁，曹凤岐. 中国企业管理教学案例 [M]. 北京：北京大学出版社，1999.
[98] 梁海山，魏江，万新明. 企业技术创新能力体系变迁及其绩效影响机制：海尔开放式创新新范式 [J]. 管理评论，2018，30（7）：281-291.
[99] 林嵩. 创业情境研究综述与展望 [J]. 外国经济与管理，2012，34（7）：35-41，60.
[100] 林嵩. 创业生态系统：概念发展与运行机制 [J]. 中央财经大学学报，2011，31（4）：58-62.
[101] 林嵩. 创业资源的获取与整合：创业过程的一个解读视角 [J]. 经济问题探索，2007，28（6）：166-169.
[102] 林之晨. 创业者必须找到可重复、可规模化的商业模式 [EB/OL].（2013-10-25）[2020-03-21]. https://wenku.baidu.com/view/63341b8a284ac850ac02421b.html.
[103] 林志扬，从奎. 组织变革中的路径依赖机制及破解策略研究 [J]. 现代管理科学，2013，32（11）：28-30.
[104] 刘刚. 企业成长之谜：一个演化经济学的解释 [J]. 南开经济研究，2003，19（5）：9-14.
[105] 刘国亮，冯立超，刘佳. 企业价值创造与获取研究：基于价值网络 [J]. 学习与探索，2016，

38（12）：124-127.
[106] 刘佳，李新春. 创业机会开发：理论前沿与研究动态 [J]. 学术界，2013，28（12）：216-225，312.
[107] 刘兰剑，陈璐. 大学生成功创业组织保障政策体系研究 [J]. 现代教育科学，2010，27（11）：89-92.
[108] 刘礼花. 创业团队契约治理和关系治理研究述评 [J]. 经济研究导刊，2016，12（14）：157-160.
[109] 刘文勇. 颠覆式创新的内涵特征与实现路径解析 [J]. 商业研究，2019，62（2）：18-24.
[110] 刘喜才. 我国企业内部劳动力市场研究 [D]. 厦门：厦门大学，2006.
[111] 刘小元，李永壮. 董事会、资源约束与创新环境影响下的创业企业研发强度：来自创业板企业的证据 [J]. 软科学，2012，26（6）：99-104.
[112] 刘欣. 创业心理资本、创业机会能力及创业绩效的关系研究 [D]. 苏州：苏州大学，2013.
[113] 刘中慧. 认知偏差对创业新手资源整合行为的影响研究 [D]. 杭州：浙江理工大学，2018.
[114] 柳献初. 从制度创新打开赶超的突破口：中国重卡业怎样实现由“大”到“强”的历史性转折系列谈之六 [J]. 商用汽车，2012，32（7）：84-86.
[115] 龙丹，汤若曦. 因果逻辑与效果逻辑：两种决策方式的比较 [J]. 企业管理，2015，35（4）：15-16.
[116] 龙丹，田新. 资源束缚下的成功之道创造性拼凑创业从拼凑开始 [J]. 企业管理，2009，30（5）：4-6.
[117] 罗珉. 战略选择论的起源、发展与复杂性范式 [J]. 外国经济与管理，2006，28（1）：9-16.
[118] 罗明忠. 商业银行人力资源供给与需求及其均衡研究 [D]. 广州：暨南大学，2004.
[119] 吕晨，杨雅楠，何晴，等. 众创背景下精益创业信息互动平台建设研究 [J]. 未来与发展，2018，42（1）：1-6.
[120] 吕鸿江，程明，周应堂，等. 商业模式设计的适应性进化机理研究 [J]. 中国软科学，2016，31（2）：126-144.
[121] 吕鸿江. 企业如何设计商业模式适应环境：CAS 视角的理论框架 [J]. 外国经济与管理，2015，37（12）：16-29，43.
[122] 马晨. 小微企业创业者特质与创业绩效的关系研究 [D]. 呼和浩特：内蒙古财经大学，2017.
[123] 马浩. 战略管理学 50 年：发展脉络与主导范式 [J]. 外国经济与管理，2017，39（7）：15-32.
[124] 马强，远德玉. 技术行动的嵌入性与技术的产业化 [J]. 自然辩证法研究，2004，19（5）：71-74，93.
[125] 马晓芳. 华为“港湾劫”：试水内部创业始末 [EB/OL].（2012-03-09）[2020-03-21]. https://tech.qq.com/a/20120309/000014.htm.
[126] 马云飞. 71.5 亿美元把零售业务卖给雀巢但星爸爸还是星爸爸 [EB/OL].（2018-09-02）[2020-03-21]. https://www.wdzj.com/hjzs/ptsj/20180902/761784-1.html.
[127] 马奎特. 探询式领导 [M]. 张庆文，傅俊清，谢亚伟，译. 北京：机械工业出版社，2015.
[128] 哈默，钱皮. 企业再造：企业革命的宣言书 [M]. 王珊珊，等译. 上海：上海译文出版社，2007.
[129] 毛晶慧，曹阳. ABCDEF 融合应用将成高质量发展新方向 [EB/OL].（2019-12-01）[2020-03-21]. https://www.bokumono.cn/hot/66925.html.
[130] 孟范祥. 组织惯性对企业组织变革影响机理及系统动力学模型研究 [D]. 北京：北京交通大学，2010.
[131] 莫寰. 中国文化背景下的创业意愿路径图：基于“计划行为理论”[J]. 科研管理，2009，30

（6）：128-135.

[132] 宁迪. 从“高光”驶向“黯淡”ofo 小黄车带来的警示 [N]. 中国青年报，2018-12-11（10）.

[133] 牛芳，张玉利，杨俊. 坚持还是放弃？基于前景理论的新生创业者承诺升级研究 [J]. 南开管理评论，2012，15（1）：131-141.

[134] 潘宏亮. 创业者吸收能力、双元创新战略对天生国际化企业成长绩效的影响 [J]. 科学学与科学技术管理，2018，39（12）：94-110.

[135] 彭程. “互联网 +”企业的价值获取战略 [J]. 企业管理，2015，36（7）：116-118.

[136] 彭华涛，谢科范. 企业生命周期与生存风险防范 [J]. 软科学，2004，18（5）：81-84.

[137] 彭建华，段万春，陈朝良. 变革型领导理论述评 [J]. 经济问题探索，2004，24（9）：106-107.

[138] 彭涛，黄福广，李少育. 风险资本对企业代理成本的影响：公司治理的视角 [J]. 管理科学，2018，31（4）：62-78.

[139] 彭学兵，张钢. 技术创业与技术创新研究 [J]. 科技进步与对策，2010，27（3）：15-19.

[140] 彭瑜欣. 绿色发展背景下的创业管理实践：以晶科能源控股有限公司为例 [J]. 科技中国，2017，22（6）：67-73.

[141] 乔会超. 肖知兴：为什么创新常有，而成功者寥寥 [EB/OL].（2019-02-01）[2020-03-21]. https://new.qq.com/omn/20190131/20190131B13JIW.html.

[142] 秦志华，赖晓. 从商业创意出发理解创业研究的特征 [J]. 管理学报，2010，7（2）：225-232.

[143] 邱晓克. 中国中小民营企业成长研究 [D]. 呼和浩特：内蒙古大学，2005.

[144] 饶世权. 论科技进步与社会科学思维方式 [J]. 科学管理研究，2007，26（1）：33-36.

[145] 人民网. 推动新时代绿色发展和生态文明建设 [EB/OL].（2018-06-04）[2020-03-21]. http://m.people.cn/n4/2018/0604/c203-11086115.html.

[146] 邵文革，李寿和. 农村青年创业导航 [M]. 杭州：浙江工商大学出版社，2011.

[147] 深圳市思考者科技有限公司. 乡村洗衣服务：客户需求是产品研发的第一推动力 [EB/OL].（2014-11-27）[2020-03-21]. http://blog.sina.com.cn/s/blog_13a0051030102v2wv.html.

[148] 沈又幸，郭玲丽，曾鸣. 丹麦风电发展经验及对我国的借鉴 [J]. 华东电力，2008，36（11）：153-157.

[149] 盛南，王重鸣. 社会创业导向构思的探索性案例研究 [J]. 管理世界，2008，24（8）：127-137.

[150] 施雯. “创客型”竞争情报 [J]. 竞争情报，2015，11（1）：7-14.

[151] 石友蓉. 财务战略管理 [M]. 武汉：武汉理工大学出版社，2006.

[152] 布兰克，多夫. 创业者手册 [M]. 新华都商学院，译. 北京：机械工业出版社，2013.

[153] 史东明. 组织创新：效率与竞争力 [M]. 北京：清华大学出版社，2007.

[154] 舒成利，辜孟蕾. 知识溢出创业理论：评述与未来研究方向 [J]. 科技进步与对策，2019，36（5）：154-160.

[155] 罗宾斯，贾奇. 组织行为学 [M]. 李原，等译. 北京：中国人民大学出版社，2008.

[156] 宋培林. 试析企业成长不同阶段的企业家胜任力结构及其自我跃迁机理 [J]. 经济管理，2011，33（3）：183-190.

[157] 孙晓华，李宏伟. 管理效率的功能探析 [J]. 技术经济与管理研究，2014，35（4）：51-55.

[158] 谈毅. 风险与收益相匹配：产学研协同创新的必由之路（以宝钢集团为案例）[J]. 中国高校科技，2014，28（12）：42-45.

[159] 汤若曦. 效果逻辑创业决策的前置因素研究 [D]. 合肥：合肥工业大学，2016.

[160] 唐方成. 新技术商业化的风险要素及其作用机理：基于社会技术系统理论的实证研究 [J]. 系

统工程理论与实践，2013，33（3）：622-631.
[161] 滕海丽. 创业伦理对新创企业利益相关者管理能力的影响研究 [D]. 大连：大连理工大学，2017.
[162] 田莉. 新企业初始条件与生存及成长关系研究前沿探析 [J]. 外国经济与管理，2010，32（8）：27-34，41.
[163] 涂雅晴. RQ 期货公司自有资金运作的风险管控 [D]. 南昌：南昌大学，2014.
[164] 万玲. 打造良好营商环境的关键节点：深化行政审批制度改革 [J]. 行政与法，2018，35（10）：1-7.
[165] 汪滢，汪琼. 社会技术系统理论视角下教师的知识与 MOOCs 行动：基于北京大学首批开设 MOOCs 教师的质性研究 [J]. 远程教育杂志，2015，33（2）：55-61.
[166] 王朝云，程丽. 不确定性情境下启发式在创业决策中的应用 [J]. 重庆科技学院学报（社会科学版），2017，24（3）：53-57.
[167] 王诚. 从产品的生命周期探讨寻呼行业的营销策略 [D]. 北京：对外经济贸易大学，2003.
[168] 王芳宜. 反思创业失败的教训 [J]. 光彩，2015，22（12）：52-55.
[169] 王国红，周建林，秦兰. 创业团队认知研究现状探析与未来展望 [J]. 外国经济与管理，2017，39（4）：3-14.
[170] 王弘钰，刘伯龙. 创业型领导研究述评与展望 [J]. 外国经济与管理，2018，40（4）：84-95.
[171] 王慧林. 关于合唱排练中“合”的思考 [J]. 大连教育学院学报，2008，24（1）：37.
[172] 王俊岭. 中国营商环境越来越好 [N]. 中国城市报，2019-10-28（4）.
[173] 王玲，蔡莉，彭秀青，等. 机会：资源一体化创业行为的理论模型构建（基于国企背景的新能源汽车新企业的案例研究）[J]. 科学学研究，2017，35（12）：1854-1863.
[174] 王岭. 施密特：硅谷神话的缔造者（互联网大咖秀）[N]. 人民日报海外版，2016-6-23（07）.
[175] 王强. 改变世界的是问题，不是答案 [EB/OL].（2018-10-15）[2020-03-21]. http://www.360-doc.com/content/18/1015/11/22953_794876957.shtml.
[176] 王俏尹. 创业者风险控制能力、创业自我效能与新创企业成长 [D]. 杭州：浙江理工大学，2014.
[177] 王钦. 海尔“人单合一”模式：回归常识，聚焦“人”与“单”[EB/OL].（2018-06-29）[2020-03-21]. https://www.sohu.com/a/238436112_210984.
[178] 王琼. 科技型中小企业融资问题研究：基于信息不对称的分析 [D]. 成都：西南财经大学，2007.
[179] 王荣. 基于内生增长理论的高科技企业增长研究 [D]. 合肥：中国科学技术大学，2006.
[180] 王维，刘岗. 市场营销学 [M]. 北京：经济科学出版社，2004.
[181] 王翔，李东，后士香. 商业模式结构耦合对企业绩效的影响的实证研究 [J]. 科研管理，2015，36（7）：96-104.
[182] 王晓文，田新. 拼凑双刃剑：迷失还是超越 [J]. 企业管理，2009，30（5）：6-8.
[183] 王秀峰，李华晶，张玉利. 创业环境与新企业竞争优势：CPSED 的检验 [J]. 科学学研究，2013，31（10）：1548-1552，1547.
[184] 王询，张淑敏. 组织中激励契约设计的经济学思考 [J]. 辽宁师范大学学报（社会科学版），2007，32（1）：47-50.
[185] 王迎. 非正式学习成果认定的研究与实践 [J]. 中国电化教育，2012，33（1）：33-37.
[186] 王颖. 张一鸣的字节跳动全球化之路 [EB/OL].（2019-06-29）[2020-03-21]. https://new.qq.com/omn/20190629/20190629A0GCFG00.
[187] 邬爱其，贾生华，曲波. 企业持续成长决定因素理论综述 [J]. 外国经济与管理，2003，25（5）：13-18.
[188] 魏炜，朱武祥. 商业模式创新比技术创新更重要吗 [EB/OL].（2016-10-23）[2020-03-21]. https://m.sohu.com/a/116911014_465915.

[189] 吴茂辉. 大学生创业关键影响因素分析 [J]. 科技创业月刊，2017，30（14）：31-32.
[190] 吴佩，姚亚伟，陈继祥. 后发企业颠覆性创新最新研究进展与展望 [J]. 软科学，2016，30（9）：108-111.
[191] 吴晓波，章小初，陈小玲. B-C 移动商务价值主张实证研究 [J]. 管理工程学报，2011，25（4）：213- 221.
[192] 吴晓波，赵子溢. 商业模式创新的前因问题：研究综述与展望 [J]. 外国经济与管理，2017，39（1）：114-127.
[193] 项国鹏，胡玉和，迟考勋. 国外制度创业研究前沿探析与未来展望 [J]. 外国经济与管理，2011，33（5）：1-8，16.
[194] 萧佑和. 大和有话说：别迷恋大数据 从一杯奶昔的故事，搞懂"创新的用途理论" [EB/OL].（2018-11-29）[2020-03-21]. http://www.iothome.com/tech/fenxi/2018/1129/9670.html.
[195] 小食代. 雀巢新策略"第一枪"在早餐市场打响，我们和雀巢中国 CEO 聊了聊 [EB/OL].（2018-08-16）[2020-03-21]. https://www.sohu.com/a/247606158_209478.
[196] 谢洛德. 企业家不是天生的 [M]. 金马，译. 北京：清华大学出版社，2005.
[197] 新华网. 国家发展改革委、科技部有关负责人就《关于构建市场导向的绿色技术创新体系的指导意见》答记者问 [EB/OL].（2019-05-15）[2020-03-21]. http://www.xinhuanet.com/energy/2019-05/15/c_1124495293.htm.
[198] 新浪科技. 谷歌大举收购创业公司保持活力 [EB/OL].（2011-03-07）[2020-03-21]. http://www.techweb.com.cn/news/2011-03-07/949336.shtml.
[199] 邢会强，孙红伟. 狂赚 71 倍：软银投资阿里巴巴 [J]. 国际融资，2009，10（6）：43-45.
[200] 熊诗平，周卫民. 初创期创业团队的组建与筛选 [J]. 海派经济学，2017，15（3）：135-146.
[201] 熊学兵，任佩瑜. 基于超循环理论的组织知识管理系统演化研究 [J]. 经济经纬，2010，26（1）：89-92.
[202] 徐莹睿. 浅谈决策中的非理性行为 [J]. 科技信息，2010，26（8）：385-386.
[203] 徐忠伟. 中国民营企业可持续成长影响因素的实证研究 [D]. 复旦大学，2005.
[204] 许芳. 组织行为学原理与实务 [M]. 北京：清华大学出版社，2007.
[205] 许振荣. S 科技公司创业中的团队优化与治理探讨 [D]. 苏州大学，2014.
[206] 薛红志，牛芳. 国外创业计划研究前沿探析 [J]. 外国经济与管理，2009，31（2）：1-7.
[207] 薛红志. 做被子游戏，教你创业思维 [J]. 中外管理，2012，21（7）：102-104.
[208] 布鲁克斯. 社会创业：创造社会价值的现代方法 [M]. 李华晶译. 北京：机械工业出版社，2009.
[209] 严正. 蓝海战略与商业模式创新 [EB/OL]. [2020-03-21]. https://www. http://www.docin.com/p-967719244.html.
[210] 颜丽. 我国餐饮业特许经营发展对策研究 [D]. 济南：山东大学，2006.
[211] 燕波涛. PTBI 精益创业基础教育对大学生创业意愿的影响研究 [D]. 徐州：中国矿业大学，2018.
[212] 杨常青. 知识创新的哲学分析 [D]. 大连：大连理工大学，2006.
[213] 杨海愿. 创新型组织的组织结构设计研究 [D]. 上海：同济大学，2006.
[214] 杨香豹. 如何成为"瞪羚企业" [J]. 企业文化旬刊，2014，4（3）：69-70.
[215] 叶克飞. 卖吸管也能过亿，你想过它是一个这么大的生意吗 [EB/OL].（2017-12-17）[2020-03-21]. http://www.360doc.com/content/17/1217/13/19237101_713815533.shtml.
[216] 叶晓楠，雷杰如. 进入 3.0 时代中关村创业大街的咖啡没有凉 [EB/OL].（2019-08-06）[2020-03-21]. https://m.sohu.com/a/331912197_250075.
[217] 爱迪思. 企业生命周期 [M]. 赵睿，译. 北京：中国社会科学出版社，1997.

[218] 刘海东. 创新型中小企业迎来发展良机 [J]. 江苏企业管理，2008，000（004）：43.

[219] “褚橙”褚一斌：做一个好农民，带着一群好农民，把农业做好！ [EB/OL].（2018-10-19）[2020-03-21]. https://www.sohu.com/a/270027303_638430.

[220] “咖啡陪你”陨落了 [EB/OL].（2019-10-15）[2020-03-21]. http://www.kanlingshou.com/longsqiang/vip_doc/11037001.html.

[221] “咖啡之翼”收购“莱杯咖啡”，智能咖啡机的“决赛圈”怎么打？ [EB/OL].（2019-06-10）[2020-03-21]. https://view.inews.qq.com/w2/20190610A0AHHJ00?tbkt=C1&openid=o04IBAFyuhVBqHZAthg-hViGnrh8&uid=&refer=wx_hot.

[222] 《精益创业》核心解读 [EB/OL].（2019-01-15）[2020-03-21]. https://www.jianshu.com/p/a0eb10c46644.

[223] 《这块屏幕可能改变命运》刷屏 网易丁磊捐 1 亿做在线教育公益 [EB/OL].（2018-12-04）[2020-03-21]. http://www.chinanews.com/business/2018/12-14/8701942.shtml.

[224] 3M 公司创新案例分析 [EB/OL].（2012-03-17）[2020-03-21]. http://www.doc88.com/p-102817765364.html.

[225] 7 亿人扫码坐公交，原是武汉一句话 [EB/OL].（2018-06-12）[2020-03-21]. https://www.135995.com/91/72179.html.

[226] AI 发展只是“锤子”砸“钉子”？ [EB/OL].（2018-12-28）[2020-03-21]. https://city.huanqiu.com/article/9CaKrnKgoU0.

[227] AI 企业生死搏杀，从安防到金融，战火持续蔓延 [EB/OL].（2018-05-28）[2020-03-21]. http://testm.pedaily.cn/news/431722?t=0&resid=437061.

[228] No.002 聊一聊商业模式 [EB/OL].（2019-04-09）[2020-03-21]. https://www.jianshu.com/p/63ec76f7301e?utm_campaign=hugo14.

[229] Uber 模式的最全解读 [EB/OL].（2015-10-02）[2020-03-21]. https://www.sohu.com/a/34100073_114844.

[230] 陈鸿昌：一缕茶香，也有诗和远方 [EB/OL].（2018-12-13）[2020-03-21]. https://m.sohu.com/a/283960045_747686.

[231] 创立以来的最重要改版：支付宝变心了？ [EB/OL].（2020-03-13）[2020-03-21]. http://info.hhczy.com/article/20200313/37991.shtml.

[232] 创业百道第 15 节商业模式画布是什么 [EB/OL].（2015-04-16）[2020-03-21]. https://view.inews.qq.com/a/20150416A000WQ00.

[233] 创业管理讲稿特殊营销问题 [EB/OL].（2018-09-04）[2020-03-21]. https://ishare.iask.sina.com.cn/f/1H2DvlXChx2u.html.

[234] 创业机会课件 [EB/OL].（2019-07-18）[2020-03-21]. https://wenku.baidu.com/view/affc65fa82c4bb4cf7ec4afe04a1b0717ed5b34d.html.

[235] 创业者手册：教你如何构建伟大的企业第一章 [EB/OL].（2013-03-15）[2020-03-21]. https://www.donews.com/net/201303/1441921.shtm.

[236] 纯干货！手把手教你客户开发 [EB/OL].（2013-02-19）[2020-03-21]. https://m.chinaz.com/mip/article/292729.shtml.

[237] 从 3 000 家店到四处关门，品牌大败局，店老板更伤不起！ [EB/OL].（2017-10-10）[2020-03-21]. https://www.sohu.com/a/196943349_100031641.

[238] 从创业小兵到行业执牛耳：科大讯飞的成长故事 [EB/OL].（2013-11-22）[2020-03-21]. http://xinjipin.com/show.asp?id=16679.

[239] 从马云到乔布斯，从《一无所有》到《三百六十五里路》，这些商业大佬都爱哪些歌 [EB/OL].

（2018-04-16）[2020-03-21]. https://www.chinaventure.com.cn/cmsmodel/news/detail/325354.html.

[240] 第一章商业模式之画布部分 [EB/OL].（2015-12-15）[2020-03-21]. https://www.doc88.com/p-9039712586578.html.

[241] 对话 Rent the Runway 创始人：从灰姑娘到派对女神，只有一条高级礼裙的距离 [EB/OL].（2015-06-02）[2020-03-21]. https://zhuanlan.zhihu.com/p/20054770.

[242] 对话彭蕾：阿里巴巴文化落地与价值观考核 [EB/OL].（2018-11-27）[2020-03-21]. http://www.360doc.com/content/18/1127/13/27441563_797554915.shtml.

[243] 发改委：中国已经成为世界上第二大创业投资市场 [EB/OL].（2018-09-28）[2020-03-21]. http://finance.china.com.cn/news/20180928/4771896.shtml.

[244] 硅谷的创新创业生态 [N]. 经济日报，2014-11-17（13）.

[245] 华尔街日报：惠普突然放弃 PC 业务引投资者不满 [EB/OL].（2011-08-20）[2020-03-21]. https://it.sohu.com/20110820/n316868453.shtml.

[246] 华为核心价值主张是怎样演变的 [EB/OL].（2017-05-30）[2020-03-21]. https://www.sohu.com/a/144708030_178777.

[247] 惠普最后决定不会放弃 PC 电脑业务 [EB/OL].（2014-01-09）[2020-03-21]. http://tech.china.com.cn/it/20140109/86012.shtml.

[248] 今夜酒店特价创始人的反省 [EB/OL].（2014-05-14）[2020-03-21]. http://spzx.foods1.com/show_2544575.htm.

[249] 绝对会失败的人生计划，定还是不定？ [EB/OL].（2016-04-01）[2020-03-21]. http://m.sohu.com/a/67185174_119942.

[250] 咖啡江湖"新咖"怼"大咖"：星巴克能否承受互联网颠覆？ [EB/OL].（2018-05-24）[2020-03-21]. https://www.kg.com/article/449149612763258880.

[251] 开辟式创新或成为最有利的创新思想 [EB/OL].（2020-01-16）[2020-03-21]. http://www.toojiao.com/Index/News/news/id/16302.html.

[252] 克里斯坦森：数据并不适用于最重要的事情 [EB/OL].（2017-02-16）[2020-03-21]. https://m.hexun.com/bschool/2017-02-16/188168430.html.

[253] 快手创始人程一笑首次亮相 1.5 亿日活他做对了什么？ [EB/OL].（2018-12-03）[2020-03-21]. http://mini.eastday.com/a/181203091701077.html.

[254] 雷军名言：在风口上，猪也能飞起来！其实后面还有更重要的一句！ [EB/OL].（2018-07-17）[2020-03-21]. http://mini.eastday.com/bdmip/180717034423544.html.

[255] 马斯克：自动驾驶技术并不容易复制 [EB/OL].（2015-12-23）[2020-03-21]. https://www.sohu.com/a/50181485_119737.

[256] 马云告诉你，企业为什么要有使命，愿景，价值观？ [EB/OL].（2018-02-05）[2020-03-21]. http://www.360doc.com/content/18/0205/18/472536_727938807.shtml.

[257] 没有创新精神的人永远都只能是一个执行者 [EB/OL].（2018-09-22）[2020-03-21]. http://www.woshiqian.com/post/7059.html.

[258] 企业"烧钱"的正确姿势 [EB/OL].（2018-05-15）[2020-03-21]. https://zhuanlan.zhihu.com/p/36884104.

[259] 企业员工价值体系的构建 [EB/OL]. [2020-03-21]. https://www.docin.com/p-1447532515.html.

[260] 牵手阿里，星巴克能否跑通咖啡行业新零售？ [EB/OL].（2018-08-02）[2020-03-21]. https://baijiahao.baidu.com/s?id=1607659146611093001&wfr=spider&for=pc.

[261] 人物角色 vs. Jobs-to-be-Done ：该用什么方法好呢 [EB/OL].（2017-08-19）[2020-03-21]. https://www.jianshu.com/p/0d63d9dac3e6?utm_campaign=maleskine&utm_content=note&utm_

medium=seo_notes&utm_source=recommendation.

[262] 瑞幸咖啡纳斯达克上市，用 6 句文案发表了一份《咖啡宣言》[EB/OL].（2019-05-18）[2020-03-21]. https://www.jianshu.com/p/e79909072938.

[263] 瑞幸咖啡为什么并不幸运？ [EB/OL].（2018-12-19）[2020-03-21]. https://m.sohu.com/a/283020068_114819.

[264] 三只松鼠创始人谈 IPO、谈“造体验”，明年开启增长第二条曲线！ [EB/OL].（2018-11-08）[2020-03-21]. https://baijiahao.baidu.com/s?id=1616572271283409588&wfr=spider&for=pc.

[265] 桑德伯格：我是怎样成为 Facebook 的首席运营官 [EB/OL].（2018-07-11）[2020-03-21]. http://dy.163.com/v2/article/detail/DME265M60518PKBU.html.

[266] 商汤科技：人工智能商业化模式 1+1+X [EB/OL].（2018-11-12）[2020-03-21]. https://www.hbr-china.org/2018-11-12/6967.html.

[267] 商业模式≠收费模式 [EB/OL].（2012-07-01）[2020-03-21]. http://www.360doc.com/content/12/0701/21/3044619_221590337.shtml.

[268] 商业模式的颠覆：只听新人笑，不听旧人哭？ [EB/OL].（2017-05-17）[2020-03-21]. https://m.sohu.com/a/141495124_488849.

[269] 商业模式的五种类型 [EB/OL].（2018-07-02）[2020-03-21]. https://xw.qq.com/amphtml/20180702G1VTI900.

[270] 熵减，企业保持活力之源 [EB/OL].（2019-08-26）[2020-03-21]. https://www.douban.com/note/731780318/.

[271] 设计思维 101[EB/OL].（2018-04-19）[2020-03-21]. http://www.chanpin100.com/article/106709.

[272] 速美得 [EB/OL].（2015-05-25）[2020-03-21]. https://wenku.baidu.com/view/96c58f445fbfc77da-269b1aa.html.

[273] 腾讯、阿里的“中台”战略是什么，企业该如进行中台建设？ [EB/OL].（2019-07-31）[2020-03-21]. https://baijiahao.baidu.com/s?id=1640549600292909231&wfr=spider&for=pc.

[274] 外卖失利？星巴克交出外卖业务一个月成绩单 [EB/OL].（2018-11-07）[2020-03-21]. https://www.iyiou.com/p/84947.

[275] 微软重回巅峰、华为持续突破背后，正是“第二曲线战略”[EB/OL].（2019-08-23）[2020-03-21]. https://new.qq.com/omn/20190823/20190823A02ULE00.html.

[276] 为什么星巴克的“第三空间”越走越远？ [EB/OL].（2018-07-05）[2020-03-21]. https://36kr.com/p/5141802.html.

[277] 无人驾驶技术竟然离你这么近？哈弗 F7x 引领轿跑 SUV 科技风潮！ [EB/OL].（2019-04-09）[2020-03-21]. https://www.sohu.com/a/309035299_120006497.

[278] 现代服务业商业模式解析 [EB/OL].（2019-10-11）[2020-03-21]. https://wenku.baidu.com/view/cd4919a62f3f5727a5e9856a561252d381eb2038.html.

[279] 小雪节气的由来，二十四节气之小雪是什么意思 [EB/OL].（2018-11-22）[2020-03-21]. https://m.sohu.com/a/277131716_808625.

[280] 心理学家教你如何度过创业躁郁症 [EB/OL].（2013-06-07）[2020-03-21]. https://www.douban.com/group/topic/40115781/.

[281] 新奥集团董事局主席王玉锁：绿色是一种机会 [EB/OL].（2011-08-31）[2020-03-21]. http://news.ifeng.com/gundong/detail_2011_08/31/8829687_0.shtml.

[282] 星巴克要上外卖了，瑞幸咖啡们还好吗？ [EB/OL].（2018-07-17）[2020-03-21]. http://www.gxspw.com.cn/newsshow.aspx?id=1527.

[283] 星巴克用户收入高于瑞幸白领是争夺主战场 [EB/OL].（2018-09-06）[2020-03-21]. http://

www.ebrun.com/20180906/296119.shtml.

[284] 亚马逊发展逻辑冲破一贯思维：靠“烧钱”赢天下 [EB/OL].（2017-12-12）[2020-03-21]. https://www.sohu.com/a/209954758_641199.

[285] 张一鸣回忆创业历程：小民宅里诞生第一版推荐引擎 [EB/OL].（2019-03-14）[2020-03-21]. http://mini.eastday.com/a/190314141447850.html.

[286] 这有可能是有史以来对 Uber 模式的最新解读 [EB/OL].（2015-10-04）[2020-03-21]. http://www.360doc.com/content/15/1004/21/8392747_503298125.shtml.

[287] 职场案例：优势互补的唐僧团队 [EB/OL].（2019-09-23）[2020-03-21]. https://news.tianyancha.com/detail/ea2b936dd279c9ce8024741be0d10ac3c7ae89b0.html.

[288] 智能音箱：百度人工智能商业化的绝佳示范 [EB/OL].（2019-03-01）[2020-03-21]. https://www.csdn.net/article/a/2019-03-01/15969952.

[289] 中国移动互联网红利到顶 [EB/OL].（2018-02-22）[2020-03-21]. https://cto.xiniu.com/news/details.html?id=127.

[290] 周末分享 | 黑天鹅、灰犀牛、伦敦鲸……盘点金融圈中的动物们 [EB/OL].（2017-08-21）[2020-03-21]. http://mt.sohu.com/20170821/n507685143.shtml.

[291] 最好创业想法的构思框架（一）[EB/OL].（2017-12-19）[2020-03-21]. https://yuedu.baidu.com/hybrid/column/5a6a4360eef9aef8941ea76e58fafab069dc4492.

[292] 《瑞幸咖啡宣言》，归结起来只有两个字 [EB/OL].（2019-05-22）[2020-03-21]. https://www.sohu.com/a/315665334_100160038.

[293] 殷志峰. 熵减：我们的活力之源 [EB/OL].（2018-05-14）[2020-03-21]. https://www.sohu.com/a/231537007_178777.

[294] 尹珏林，张玉利. 制度创业的前沿研究与经典模型评介 [J]. 经济理论与经济管理，2009，29（9）：39-43.

[295] 尹苗苗，王玲. 创业领域资源整合研究现状与未来探析 [J]. 外国经济与管理，2015，37（8）：3-12，29.

[296] 于林. 我国天使投资发展现状与对策研究 [J]. 改革与战略，2012，28（10）：66-68.

[297] 于晓宇，汪欣悦. 知难而退还是破釜沉舟：转型经济制度环境背景下的创业失败成本研究 [J]. 现代管理科学，2011，30（2）：47-50.

[298] 于晓宇. 创业失败研究评介与未来展望 [J]. 外国经济与管理，2011，33（9）：19-26，58.

[299] 余江，孟庆时，张越，等. 数字创业：数字化时代创业理论和实践的新趋势 [J]. 科学学研究，2018，36（10）：1801-1808.

[300] 余伟萍. 企业持续发展之源 [M]. 北京：清华大学出版社，2005.

[301] 郁培丽，刘沐洋，潘培尧. 颠覆性创新合法性与企业家战略行动：研究述评与展望 [J]. 外国经济与管理，2019，41（3）：111-125，152.

[302] 袁小乐. QY 企业在创业阶段的企业文化和成长管理 [D]. 上海：复旦大学，2013.

[303] 翟丽，洪志娟，张芮. 新产品开发模糊前端研究综述 [J]. 研究与发展管理，2014，26（4）：106-115.

[304] 张炳申，罗明忠. 民营企业人力资源管理：基于企业成长的视角 [M]. 北京：中国金融出版社，2007.

[305] 张慧玉，李华晶. 创业直觉判断可靠吗：基于自然决策理论与启发式偏见理论的评析 [J]. 科学学研究，2016，34（4）：574-581.

[306] 张江. 不确定关系的确定性：阐释的边界讨论之二 [EB/OL].（2017-09-18）[2020-03-21]. http://www.wyzxwk.com/e/m/show.php?classid=13&id=383523.

[307] 张敬伟，杜鑫，成文，等.新企业商业模式形成过程中认知与行动的互动：一项跨案例研究[J].外国经济与管理，2019，41（2）：44-57.

[308] 张梦琪.创业者社会资本、创业机会开发与新创企业成长关系研究[D].长春：吉林大学，2015.

[309] 张鹏，王子真，赵博园，等.颠覆性创新理论研究综述[J].机械设计，2018，35（12）：1-6.

[310] 张瑞敏.致创客的一封信[N].经济日报，2015-1-12（15）.

[311] 张文杰.用精益创业思想指导大学生创业[J].教育现代化，2018，5（40）：51-53.

[312] 张兴军.创业者的选修课[J].中国经济信息，2016，26（3）：108-109.

[313] 张学平.基于企业生命周期的财务战略研究[D].首都经济贸易大学，2004.

[314] 张永凯.企业技术创新模式演化分析：以苹果、三星和华为为例[J].广东财经大学学报，2018，33（2）：54-61，111.

[315] 张玉利，李乾文.双元型组织研究评介[J].外国经济与管理，2006，28（1）：1-8.

[316] 张玉利，田新，王瑞.创业决策：Effectuation理论及其发展[J].研究与发展管理，2011，23（2）：48-57.

[317] 张玉利，谢巍.改革开放、创业与企业家精神[J].南开管理评论，2018，21（5）：4-9.

[318] 张玉利.创新与创业基础[M].北京：高等教育出版社，2017.

[319] 张玉利.创业管理[M].4版.北京：机械工业出版社，2016.

[320] 张玉利.企业家型企业的创业与快速成长[M].天津：南开大学出版社，2003.

[321] 张玉明，刘德胜.从线性到非线性：企业成长理论回顾、现状与展望[J].福建师范大学学报（哲学社会科学版），2010，55（1）：23-28.

[322] 张煜枫.企业估值：什么时候估？估的是什么？[EB/OL].（2018-05-07）[2020-03-21].https://www.6513.org/6150.html.

[323] 张志雄.基于企业生命周期的薪酬策略研究[D].厦门：厦门大学，2006.

[324] 章俊杰，赵红岩.天生全球企业研究现状述评与未来展望[J].科技管理研究，2014，34（14）：118-124.

[325] 赵菲.泰罗合作理论在中国企业中的应用研究[D].苏州：苏州大学，2012.

[326] 赵海春.价值投资：颠覆性创新型企业的研究[D].上海：上海交通大学，2012.

[327] 赵晶晶.基于精益理念构建财务共享服务模式研究[D].北京：对外经济贸易大学，2017.

[328] 赵婧，李朋波.创业团队关系治理研究述评与展望[J].中国人力资源开发，2015，29（5）：33-41.

[329] 赵淑兰.打造最优创新创业生态环境：中关村何以成为创新发展高地[N].经济日报，2014-11-17（13）.

[330] 赵祖华.现代科学技术概论[M].北京：北京理工大学出版社，2008.

[331] 郑炳章，李占乔，朱燕空.基于环境视角的创业研究框架构建[J].技术经济与管理研究，2009，30（6）：34-36.

[332] 郑健雄.罗默的内生增长理论与我国的创新驱动发展战略：兼论政府与市场的关系[J].福建论坛（人文社会科学版），2019，39（2）：11-17.

[333] 郑秀芝，龙丹.基于过程观的创业决策研究述评与展望[J].外国经济与管理，2012，34（8）：11-17.

[334] 周建林.创业团队认知能力与创业决策关系研究[D].大连：大连理工大学，2017.

[335] 周键.创业者社会特质、创业能力与创业企业成长机理研究[D].济南：山东大学，2017.

[336] 周劲波，黄胜.国际创业能力、模式与绩效关系研究[J].管理学报，2016，13（4）：588-594.

[337] 周鑫琴，罗长田．激发创新创业活力需要企业家精神 [J]. 人民论坛，2017，25（35）：76-77.

[338] 朱明洋，林子华．国外商业模式价值逻辑研究述评与展望 [J]. 科技进步与对策，2015，32（1）：153-160.

[339] 朱仁宏，曾楚宏，代吉林．创业团队研究述评与展望 [J]. 外国经济与管理，2012，34（11）：11-18.

[340] 朱仁宏，代吉林，曾楚宏．创业团队演化与治理研究：基于人力资本理论的解释 [J]. 学术研究，2013，56（10）：81-86，100，159.

[341] 朱仁宏，李新春．创业团队契约治理与新创企业绩效关系研究 [J]. 中山大学学报（社会科学版），2014，54（4）：199-208.

[342] 朱秀梅，吕庆文，刘月．创业学习转移：模型构建及机制分析 [J]. 外国经济与管理，2017，39（8）：3-15.

[343] 祝碧衡．解读 2018 年全球创业生态系统报告系列（3）连结：创业生态系统的致胜法宝 [EB/OL].（2018-10-30）[2020-03-21]. http://www.istis.sh.cn/list/list.aspx?id=11585.

推荐阅读

中文书名	作者	书号	定价
创业管理（第4版） （“十二五”普通高等教育本科国家级规划教材）	张玉利等	978-7-111-54099-1	39.00
创业八讲	朱恒源	978-7-111-53665-9	35.00
创业画布	刘志阳	978-7-111-58892-4	59.00
创新管理：获得竞争优势的三维空间	李宇	978-7-111-59742-1	50.00
商业计划书：原理、演示与案例（第2版）	邓立治	978-7-111-60456-3	39.00
生产运作管理（第5版）	陈荣秋，马士华	978-7-111-56474-4	50.00
生产与运作管理（第3版）	陈志祥	978-7-111-57407-1	39.00
运营管理（第4版） （“十二五”普通高等教育本科国家级规划教材）	马风才	978-7-111-57951-9	45.00
战略管理	魏江等	978-7-111-58915-0	45.00
战略管理：思维与要径（第3版） （“十二五”普通高等教育本科国家级规划教材）	黄旭	978-7-111-51141-0	39.00
管理学原理（第2版）	陈传明等	978-7-111-37505-0	36.00
管理学（第2版）	郝云宏	978-7-111-60890-5	45.00
管理学高级教程	高良谋	978-7-111-49041-8	65.00
组织行为学（第3版）	陈春花等	978-7-111-52580-6	39.00
组织理论与设计	武立东	978-7-111-48263-5	39.00
人力资源管理	刘善仕等	978-7-111-52193-8	39.00
战略人力资源管理	唐贵瑶等	978-7-111-60595-9	45.00
市场营销管理：需求的创造与传递（第4版） （“十二五”普通高等教育本科国家级规划教材）	钱旭潮	978-7-111-54277-3	40.00
管理经济学（“十二五”普通高等教育本科国家级规划教材）	毛蕴诗	978-7-111-39608-6	45.00
基础会计学（第2版）	潘爱玲	978-7-111-57991-5	39.00
公司财务管理：理论与案例（第2版）	马忠	978-7-111-48670-1	65.00
财务管理	刘淑莲	978-7-111-50691-1	39.00
企业财务分析（第3版）	袁天荣	978-7-111-60517-1	49.00
数据、模型与决策	梁樑等	978-7-111-55534-6	45.00
管理伦理学	苏勇	978-7-111-56437-9	35.00
商业伦理学	刘爱军	978-7-111-53556-0	39.00
领导学：方法与艺术（第2版）	仵凤清	978-7-111-47932-1	39.00
管理沟通：成功管理的基石（第3版）	魏江等	978-7-111-46992-6	39.00
管理沟通：理念、方法与技能	张振刚等	978-7-111-48351-9	39.00
国际企业管理	乐国林	978-7-111-56562-8	45.00
国际商务（第2版）	王炜瀚	978-7-111-51265-3	40.00
项目管理（第2版） （“十二五”普通高等教育本科国家级规划教材）	孙新波	978-7-111-52554-7	45.00
供应链管理（第5版）	马士华等	978-7-111-55301-4	39.00
企业文化（第3版） （“十二五”普通高等教育本科国家级规划教材）	陈春花等	978-7-111-58713-2	45.00
管理哲学	孙新波	978-7-111-61009-0	49.00
论语的管理精义	张钢	978-7-111-48449-3	59.00
大学・中庸的管理释义	张钢	978-7-111-56248-1	40.00